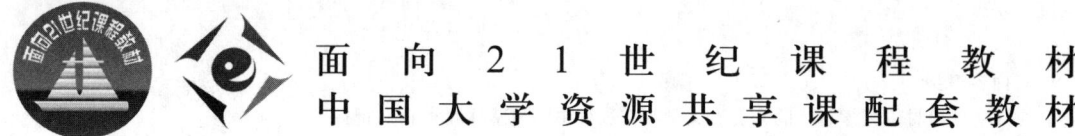

面向21世纪课程教材
中国大学资源共享课配套教材

文学欣赏导引

Wenxue Xinshang Daoyin

（第二版）

王先霈　王耀辉　主编
魏天无　副主编

高等教育出版社·北京

内容提要

本教材以文学鉴赏的角度、文学鉴赏过程中的情感体验和意义把握、文学语言的品味、文学技巧的认知等问题作为线索，分别讲解诗歌、散文、小说、电影文本的具体赏析，选择不同时代、不同国家、不同风格的文本，引导学生仔细阅读、精心品味，从文学阅读的角度把握各种文本类型欣赏的基本规律，从而激发学生对文学美的好奇心、惊奇感，培养学生强烈的文学兴趣和初步的感悟能力，培养起良好的审美心态和较为纯正的艺术趣味，尽快完成由中学语文学习到大学文学专业学习的过渡与深化，也为进一步学习文艺学课程和文学专业其他课程奠定基础。

教材将文学鉴赏及文学文本的常识性知识融会在具体文本的解析之中，在叙述上尽力做到可接受性与新颖性、亲切性的恰当结合，并根据学生实际情况，将电影欣赏纳入文学欣赏范畴，具有较强的可读性。

本教材适合高等院校文学专业一年级学生使用，也可作为通识课教材使用。

图书在版编目（ＣＩＰ）数据

文学欣赏导引/王先霈,王耀辉主编. --2 版. --北京:高等教育出版社,2014.6（2025.5 重印）
ISBN 978-7-04-039654-6

Ⅰ.①文… Ⅱ.①王… ②王… Ⅲ.①文学欣赏-高等学校-教材 Ⅳ.①I06

中国版本图书馆 CIP 数据核字(2014)第 073348 号

策划编辑 云慧霞	责任编辑 云慧霞	高 贝	封面设计 杨立新	版式设计 于 婕
责任校对 孟 玲	责任印制 刁 毅			

出版发行	高等教育出版社		网 址	http://www.hep.edu.cn
社 址	北京市西城区德外大街 4 号			http://www.hep.com.cn
邮政编码	100120		网上订购	http://www.landraco.com
印 刷	中农印务有限公司			http://www.landraco.com.cn
开 本	787mm×960mm 1/16			
印 张	17		版 次	2005 年 7 月第 1 版
字 数	310 千字			2014 年 6 月第 2 版
购书热线	010-58581118		印 次	2025 年 5 月第 9 次印刷
咨询电话	400-810-0598		定 价	34.30 元

本书如有缺页、倒页、脱页等质量问题,请到所购图书销售部门联系调换

版权所有 侵权必究

物 料 号 39654-00

参编者(按撰写章节为序)

王先霈　（华中师范大学）

王耀辉　（华中师范大学）

梁艳萍　（湖北大学）

徐　敏　（华中师范大学）

焦亚东　（淮阴师范学院）

梅　兰　（华中科技大学）

朱平珍　（湖南理工学院）

魏天无　（华中师范大学）

前言

本书和《文学理论导引》《文学批评导引》共同组成一套以大学中文系本科学生为主要对象的文艺学系列教材。系列教材的总体结构设计,根据的是我们对文艺学学科性质和范畴的认识,以及对中文系教学需要的认识。《中国大百科全书》(简明版)"文艺学"条说:"一般认为,文艺学有三个主要组成部分:文学理论、文学史、文学批评;也有人认为文艺学即指文学理论。"①这里所列前后两种说法,是长期以来流行的,很有代表性,但都不十分精确。在我国现行的学科体系中,文艺学是一个二级学科的名称。文学史不是文艺学的分支学科,而是与文艺学并列的学科,文学史专家不认为自己的研究属于文艺学范围。在文学界,文学批评也是职有专司,它更多地指向当前具体文学现象,特别是指向新出现的文学作品,与文学理论研究有不言自明的分工。准确地说,文艺学是由文学理论、文学史学和文学批评学组成,这三部分各有自己的研究对象,彼此又相互关联。文学史学包括关于文学发展规律的理论,给文学史研究提供方法和原则上的理论依据。文学批评学是对于文学批评的批评,或者说是元批评。至于优秀的文学批评、优秀的文学史著述可能带有颇强的理论性,具有文学理论和文学批评学、文学史学的价值,那是学科分工以外的话题。

但是,相对而言,很长时间以来,在我国高等学校中文系的教学中,在文艺学的几个分支中,对文学批评学和文学史学的关注时间较晚、投入力量较弱,在教材建设中其成果与文学理论完全不能相比,是尚待发展和充实的领域。这种现象显然不能使人满意,亟待改变。我们这套系列教材的出版,就是为了改变这种状况,建立较为完整的文艺学教材体系和教学体系的尝试。由于教学时数的限制,除了《文学欣赏导引》《文学理论导引》可以作为本科基础课的教材之外,《文学批评导引》可以作为本科选修课或者研究生学位课教材。

高等教育不同于基础教育,它负担专业教育的任务,学生从中学进入大学中文系,有一个文学欣赏习惯的转变和审美趣味的培育问题;同时,多年的教学经验提醒我们,低年级学生接受思辨性较强的理论课程存在一些困难,需要知识的准备和思维方式转换上的准备。鉴于以上两点,我们设想以"文学欣赏导引"课程来给学生提供这方面的帮助。

这套教材从内容到体例,都吸收了参与者们多年学科研究与教学研究的成

---

① 《中国大百科全书》(简明版),中国大百科全书出版社 1995 年版,第 5080~5081 页。

果,纸质文本和电子文本以及网络资源相互补充,力求让教师和学生使用时感觉方便。同时,其中还有疏漏、缺失,技术上需要改进之处更多,恳望使用者提出批评和建议。

王先霈

2004 年 11 月 3 日于武昌桂子山

目录

1. 总论

概说：文学与文学的欣赏

这是一本和同学们讨论如何进行文学鉴赏的教材。文学鉴赏牵涉许多方面，包括鉴赏者的文化素养、生活阅历、知识范围等，本教材只是希望通过一些独具特色的文学文本的讲解、品鉴，谈谈如何去读"懂"一首诗、一篇散文或一部小说，并且能够从文学阅读中得到更多的启悟和获得更大的快感。考虑到当前社会文化生活中视听艺术广受关注的实际情况，除了传统的文学作品之外，我们还将从文学的角度谈谈电影作品的欣赏。

人的一生中，会去做各自喜爱的不同的事情，而文学阅读是绝大多数人都会有的。不必说正在接受高等教育的学子，几乎是所有的人，无论性别年龄，也无论从事何种职业，都少不了要或多或少接触文学作品，都会遇到如何更好地进行文学欣赏的问题。

孩童缠着长辈讲故事，古代辛苦劳碌的农民围着篝火讲谈民间传说，现代人在互联网上浏览各种网络作品——文学欣赏不仅很好地填充了人们空闲的时光，也能够让人从中获得精神的愉悦和享受。奥地利作家茨威格有一部中篇小说《象棋的故事》，写德国盖世太保想要逼迫受托管理奥地利王室成员财产的律师说出财产的去向。他们对他不是拷打折磨，而是把他"关进一个完完全全的真空之中"。这个人为了精神不至于崩溃，就在脑子里温习过去背熟的东西，把它们朗诵出来，民歌啊，儿歌啊，中学里学的荷马史诗啊。这部小说生动而深刻地写出了文学欣赏对于文明人的精神的重要性。文学欣赏不仅会给人增加许多生活的情趣，而且，这背后实际上还连带着一个也许人们并没有十分清晰地意识到，然而却是必不可少的人生需求，即在文学艺术作品的鉴赏中获得某种心灵的抚慰。

生活对于每个人来说都不是一件轻而易举的事情。即使仅仅为了生存，也需要我们去劳碌奔波，去奋斗拼搏。何况我们并不仅仅满足于生存，除了生存，我们还希求发展，希求能够通过奋斗最大限度地实现自我的人生价值，不断地提升自己的人生境界，并尽各人所能为社会、为民族作出多一些的贡献。从这个意义上说，人生就是一个不断奋斗的过程。每一个人犹如离家在外的游子，总是寻寻觅觅、上下求索地走在一条少不了坎坷艰辛的人生之途上；同时，每一个人也总是需要找到一条回归精神家园的路，去寻找精神的慰藉和满足，因为我们的情感需要抚慰，我们疲惫的身心需要休憩，在生活的打磨下开始变得迟钝、粗糙的感觉也希望得到恢复。否则，我们的精神就会出现破损，我们的心理会出现失衡，我们的人格甚至可能会发生分裂。

文学艺术提供给我们的就是这样的精神家园。好的文学艺术作品创造的世界，是一个充满奇思妙想、与现实既有密切关联而又不同的世界。它能够让人沉浸于美的、情感的天地之中，使人忘却尘世的一切，而进入一种自由和谐的心灵之境。它培养我们对于生活的感觉，启发我们关于合理的美好世界的想象，给生活增加情趣和诗意，也让身心得到休憩和滋养。在这个世界中，每个人的多种多样的微妙复杂的情感都能得到真诚的回应。文学艺术能够让人感动，能够让人获得丰富而深刻的情感体验，能够给人提供充分的精神的愉悦和满足，使人超脱于世俗功利的欲求。从这个角度看，在人的心灵成长、人性完善和人格建构中，在保证人的精神的平衡性、完整性和丰富性上，文学阅读，或者扩大一点说，文艺鉴赏活动所起的作用，都是不可替代的。事实上，在每日繁忙工作之余的宁静的夜晚，假如总有那么一段难得的闲暇，能在温暖的台灯下或品味"大漠孤烟直，长河落日圆"的苍凉壮美，或神游于《红楼梦》中太虚幻境的旖旎绝妍，实在是很令人神往的。

人类需要文学，现代社会里的有素养的人生活中不能没有文学阅读，那么，是不是可以说我们已经学会了欣赏文学作品呢？

这问题似乎问得有些无理。大多数同学已经具备了相当的文学阅读经验，都读过不少古今中外的诗歌、小说、散文、剧本等。文学作品不就是用人们日常使用的语言来抒发某种情感，或讲述某个故事吗？况且，我们在阅读过程中，还常常被作品描写的人物、故事，被它抒发的情感所打动，比如在《红楼梦》中读到"黛玉葬花"一节时，许多人会情不自禁地落下泪来，这难道还不够吗？还有什么会不会的问题吗？

我们当然不能说一般的文学阅读不是一种文学欣赏。一定意义上说，能够读懂作品告诉我们的事情，并且能够被作品感动，这已经是一种相当不错的欣赏了。但是，文学欣赏的确又不能仅仅停止于知道作品中说的什么事，被它写到的人、事或抒发的情感所打动。比如我们读陶渊明《饮酒》（其五）中的两句诗："采菊东篱下，悠然见南山。"诗人写自己在东篱下采菊，悠然自得之中望见远处的南山。这是诗人的两个动作。诗的字面意思我们都懂，但是，这里又的确还有一些需要细心揣摩的地方。譬如"悠然见南山"的"见"，本来可以解作"看"或"望"，将"见"换成"看"或"望"也并不影响字面的意思，而且，从一般达意的角度看，"望"比"见"可能还显得"准确"一些，因为"望"本身就是向远处看的意思。可是为什么诗人偏偏不用"看"或"望"呢？细细揣摩我们会知道，这正是诗人要求我们给予注意的地方。这两句诗实际上写出了一个融入自然而超凡脱俗、超然无我的诗人形象。一个"见"字突出的是诗人无意中的看见，微妙地传达出诗人在全不经意中深得自然之趣的悠闲自得。假如换成"看"或"望"，无意之中的"见"便成为有意的远望，味道也就全不一样了。由此看来，文学作品的阅读欣赏，的确不是如某些同学原来想象的那样简单，不是仅仅知道作品告诉了我们什么，或我们是否体验到一份感动就足够了。我们要能透过文本的字面意思去领悟那涵泳不尽的真义，要能细致地体悟文字中蕴含的情趣、妙味，还要能够从作者的选词用字中领会作者独具的匠心。而要能做到这些，的确还存在一个会不会读、会不会欣赏的问题，存在一个如何不断提升欣赏水平的问题。

要从理论上解决如何去解读、欣赏文学文本的问题，当然应该对文学文本解读、欣赏的性质和过程有一个大致的了解。

文学文本的解读是一般的文学阅读、文学接受活动的细化和深化，它是一个对文本的反映、实现、转换、改变、丰富的过程，也是一个融会了读者的感受、体验、联想、想象，以及审美判断等多种心理活动机制的特殊的认识活动和心理活动过程。

说文本解读活动是对文本的反映和实现，这不难理解。文学是语言的艺术。正如前面已经谈到的，文学文本呈现于读者面前的，只是一个语言的组合体。它不像绘画、雕塑那样，艺术家将塑造的艺术形象直接展示于我们的视觉；也不像音乐那样，直接用旋律、节奏和乐音的组合，构成能够引起某种特殊艺术效果的音响，来直接作用于我们的听觉。文学文本包含的某种意义、意味，它所刻画的形象、抒发的情感，都是由语言符号的特殊组合得以传达的。

3

　　通过文字的阅读，在文本语言符号的提示下，我们调动自己的艺术感受能力去感知形象，展开自己的联想和想象去进行形象的再造，从而尽可能完整、清晰地将作品形象、意境"复现"在自己的意识屏幕上，这也就是一个文本的反映和实现的过程。不过，这样一个过程，并不是一个对于文本的机械"复制"过程。从文学鉴赏的过程来看，读者对于文学文本的感受、体验和理解，一定是融会了自我生活经验、欣赏经验的，读者的感受能力、艺术趣味以及他所具有的对于社会生活、对于人生以及对于文学艺术本身的认识，都将被运用于他对某个文学文本的解读之中，对文本进行"补充"甚至"改造"，从而也会丰富文本的内涵。这也就是为什么同一个文学文本，不同的读者会读出不尽相同甚至完全不同的内涵的主要原因。而从文学文本本身来看，它也要求必须有读者的补充和丰富。正如叶圣陶指出的："文艺作品往往不是倾筐倒箧地说的，说出来的只是一部分罢了，还有一部分所谓言外之意、弦外之音，没有说出来，必须驱遣我们的想象，才能够领会它。"① 而且，文本中没有说出来的部分，常常是至关重要的部分；如果没有读者的想象去加以补充、丰富，文本事实上无法在读者那里获得真正的反映和实现。比如列夫·托尔斯泰的小说《安娜·卡列尼娜》中，女主人公第一次出场时，对她有这样的描写：

　　　　弗龙斯基跟着乘务员向客车走去，在车厢门口他突然停住脚步，给一位正走下车来的夫人让路。凭着社交界中人的眼力，瞥了一瞥这位夫人的风姿，弗龙斯基就辨别出她是属于上流社会的。他道了声歉，就走进车厢去，但是感到他非得再看她一眼不可；这并不是因为她非常美丽，也不是因为她的整个姿态上所显露出来的优美文雅的风度，而是因为在她走过他身边时她那迷人的脸上的表情带着几分特别的柔情蜜意。当他回过头来看的时候，她也掉过头来了。她那双在浓密的睫毛下面显得阴暗了的、闪耀着的灰色眼睛亲切而注意地盯着他的脸，好像她在辨认他一样，随后又立刻转向走过的人群，好像是在寻找什么人似的。在那短促的一瞥中，弗龙斯基已经注意到有一股压抑着的生气流露在她的脸上，在她那亮晶晶的眼睛和把她的朱唇弯曲了的隐隐约约的微笑之间掠过。仿佛有一种过剩的生命力洋溢在她整个的身心，违反她的意志，时而在她的眼睛的闪光里，时而在她的微笑中显现出来。她故意地竭力隐藏住她眼睛里的光辉，但它却违反她的意志在隐约可辨的微笑里闪烁着。②

────────────

① 叶圣陶：《文艺作品的鉴赏》，龙协涛编《鉴赏文存》，人民文学出版社1984年版，第11页。
② ［俄］列夫·托尔斯泰：《安娜·卡列尼娜》（上），草婴译，上海文艺出版社2008年版，第79页。

这里作家借助叙事人的口吻仅仅写到安娜的眼神，但一百多年来千万个读者却好像看到了她的外貌和心灵，感受到了她的性格和处境。这些，都是由读者依据作品的提示补充进去的。德国接受美学的重要理论家伊瑟尔认为，正是文本中那些需要读者"以揣度加以填充的地方"，把读者"牵涉到事件中，以提供未言部分的意义。所言部分只是作为未言部分的参考而有意义……而由于未言部分在读者想象中成活，所言部分也就'扩大'，比原先有较多的含义：甚至琐碎的小事也深刻得惊人"①。这是讲文学接受过程的规律，也是向读者提出了要求。

那么，文学作品的解读和鉴赏要经过哪些步骤呢？

从实践上看，较为深入精细的文学鉴赏和文学文本解读，大体上是一个由一般性阅读、细读到批评性阅读组成的相互联系、逐步深入的过程。

一般性阅读是由通晓文字（词、句），到把握作者意图或文本"原意"的阅读过程。这一过程所做的工作，主要是初步把握组成文本的字、词、句、段各自的含义，以及它们之间的关系和相互作用，领会文本在词、句组合中包含的基本意思，了解文本的基本主旨。西方现代文学理论家将文学文本区分为"第一文本"和"第二文本"。文学文本可以有许多种不同的载体。古代曾经把文字写在竹简上，或者写在白绢上，除此之外，还有铸在钟鼎上的、刻在石碑上的；现在，又有电子文本（E-Book）这样一种全新的载体。不管用什么载体，这些都还只是文学文本存在的物质外壳，不是文学文本本身。书籍的纸张、纸上用油墨印刷的文字符号，都不是文学文本，只是文学文本的物质载体。各种各样记录了文学符码的载体，可以叫做"第一文本"；而"第一文本"被接受者掌握的内容，也就是阅读中的意义整体，相应地可以叫做"第二文本"。后者才是我们要研究的真正的文学文本。对于文学文本的载体，对于"第一文本"，我们在文学理论批评研究中是不需要太多关注的。"第二文本"，即经过读者接受而生成新的意义的文本，是文本的审美存在形式。一般性阅读也就是将"第一文本"转换为"第二文本"必须经过的过程，这也大体上是一个相对被动的"非生产性"的阅读过程。

任何一个读者在进入具体文本的阅读和鉴赏过程之前，对这一个文本总是陌生的。虽然我们强调读者积极参与文本创造的重要性，但读者的积极参与总要在对文本逐渐了解的基础上才能实现，这是不言自明的。

细读是在一般性阅读的基础上，对于词的搭配，特殊句式、句群的意味、语气，以及特殊的修辞手段的运用，等等，都进行仔细研究，体味每个词的本

① ［德］伊瑟尔：《本文与读者的相互作用》，见蒋孔阳编《二十世纪西方美学名著选》（下），复旦大学出版社 1987 年版，第 511 页。

义、暗示义、联想义等，在词、句的关系，也即由"上下文"构成的具体"语境"中，重新确定词义，进而深入把握作品整体的过程。

　　作家萧乾曾将文学作品的语言比喻为有待兑现的"支票"，而将对于文学作品的鉴赏形象地比喻为"经验的汇兑"。他说："文字是天然含蓄的东西。无论多么明显地写出，后面总还跟着一点别的东西：也许是一种口气，也许是一片情感。即就字面说，他们也只是一根根的线，后面牵着无穷的经验。文字好像是支票，银行却是读者的经验库。'善读'的艺术即在如何把握着支票的全部价值，并能在自己的银行里兑了现。"①这段话确实形象地揭示了文学语言不同于科学语言的特殊性，以及由此而来的文学鉴赏的特殊性。文学文本需要细读，需要在具体语境中重新确定词义，一个重要的原因，就在于文学语言语义传达的特殊性。文学文本中的语词运用，并不像日常语言或科学语言那样，一般是仅仅通过它们的词典义来完成一种指称的或认知的功能，而更多的是要传达一份情味，显示一种旨趣。特别是在一些关键之处，作家、诗人常常要打破语言的常规，在特殊的语境中赋予语词新的意义。大多数情况下，读者都要经过细致的玩味，才能透过字面发现跟在它后面的那些"别的东西"。比如大家都很熟悉的"红杏枝头春意闹""云破月来花弄影"，王国维评这两句诗着一"闹"字、着一"弄"字而"境界全出"，何以如此，就需要我们在这两首诗词创造的整体意境中去细心体味。相反，假如不能通过细心玩味体会出它们的情味、妙处，也就等于是入宝山却空手而归了。

　　文学作品的解读与鉴赏的更高层次，是批评性阅读。这是一个将文学文本与作者、与时代联系起来，对文本作延伸性阅读的过程。文本的细读过程，大体上还是一个在相对"中立"的意义上理解文本的过程。也就是说，在细读过程中，大体上仍然是将文本看成一个自足、独立的客体，这一过程中获得的理解，也仍然是对文本自身在语言的特殊组合中传达出来的特别意味的把握，是我们对文本本身的一种主观反应。在这一过程中，我们自身的主观反应以及由此获得的理解，对于文本的解读自然是非常重要的。但是，文学文本的解读既不能完全停留在文本本身，也不能仅仅停留在纯粹个人化的反应上。对于文学文本的解读，还要求我们能够对文本的美学趣味、社会意义、审美价值等作出分析和判断。这必然要求我们借助文本以外的更大的意义系统。比如，只有将《红楼梦》放置于具体的时代环境中加以考察，才能真正知道它何以能够被看成是"一部形象的封建社会的百科全书"；而只有对鲁迅走过的道路有比较清楚的了解，也才能理解为什么他能够写出如《狂人日记》《阿Q正传》那样的小说，也才会对这些小说中的人物有更深刻的认识。

---

　　① 萧乾：《经验的汇兑》，龙协涛编《鉴赏文存》，人民文学出版社 1984 年版，第 455 页。

　　在这一过程中，读者将自己对于文本的主观反应与超越主观反应的普遍原理、公认的原则、常识等相互联系又适度分离，是十分必要的。批评性阅读过程中对文本所作的审美判断总是带有个体体验性质，总会受到个体艺术趣味的影响，这是文学接受过程中必然会有的现象。读者对文本的解读总是建立在个人反应基础之上的，而且，从某种意义上看，读者的个人体验以及他的个人趣味，常常还是引导读者从一个特定层面理解作品独特之处的很好的"向导"。但是，批评性阅读是一种认识活动，读者应该意识到自己的个人偏好可能会扭曲原作。因此，在自己个人的反应、文本的实际以及文本包含的作者的意向之间保持合理的平衡，无论如何都是必要的。

　　还应该特别指出，这里区分的文学作品解读与鉴赏的三个步骤，只是为了论述的方便所作的相对的划分。事实上，在具体的作品阅读过程中，这三个步骤一定是相互联系、相互交叉而成为一个整体的。在作品阅读过程中的某个特定的片刻，可能其中一个步骤的特征显示得更加突出一些，但并不能据此就认为可以在时间过程上明确划定它们分属的步骤或阶段。这是我们在理解上应该注意的。

　　从上面的讨论中可以看到，文学欣赏实际上是一种读者以自身修养为基础进行的主体实践活动，这一活动的质量，换句话说，我们会不会欣赏文学作品，能否真正读"懂"一篇（部）文学作品，与我们的主体素养，以及由此体现出来的主体能力密切相关。

　　从总体上看，文学欣赏需要的读者的能力涉及多个方面。这里撮其大要，从三个方面谈谈读者必须具备的基本能力。

　　首先是艺术感受力*，即读者对于艺术形象的感觉能力、审美能力。从认识论的角度看，我们认识一个事物，首先总是从对于该事物的感知开始的，感觉越敏锐、越精细，对事物特征的把握也就越准确、越全面。文学文本解读作为一种理解活动、认识活动，当然离不开对于艺术形象的感知。因此，艺术感受力是读者必备的一种基本能力。

　　对于文学欣赏者来说，其艺术感受力的一个基本内容，是通常所说的语感能力，也就是读者对文学语言的感受力和理解力，特别是对特殊语境中语词特殊意蕴、情味、旨趣、色彩、意象等的领悟能力。当然，这里也包括对于文学语言的音韵、节奏，以及由此形成的文学语言的整齐美、抑扬美、回环美等形

---

*　　请访问爱课程网→资源共享课→文艺学系列课程/孙文宪→1.总论→第二讲概
　　说上2(00：27：10—00：33：00)/魏天无。

式美的感受力。正如我们已经知道的，我们阅读文学作品，首先面对的就是一个语言的组合体。语言是我们感知文学形象的"桥梁"，只有首先通过语言的阅读，我们才能从局部到整体全面感知文本的形象刻画，并与文本发生交流。欣赏音乐需要有对旋律、节奏以及音色、音调的感受力，欣赏绘画需要有对色彩、线条以及构图等的感受力，同样，文学欣赏当然也需要相应的语感能力。

读者应该具备的另一种基本能力即艺术推想力。所谓艺术推想力是指体味作品的语言内涵，将语言符号转换成为艺术符号，由之进行再建想象，以准确把握作品中的艺术形象，并对它有所补充、有所丰富、有所发展的能力。这是任何一个文学欣赏者都应该具备的一种思维能力。

文学欣赏实践中，读者的艺术推想力的作用，首先表现在通过再建性想象的发挥，填补艺术"空白"，把握整体形象。文学借助语言刻画艺术形象，总是通过突出对象特征，采取"以少总多""以一当十"的方式完成的。作家不可能毫发无遗地描绘出对象的全部。事实上，即使在表面看来已经很细致写出的地方，读者要将作家这些已经写出的部分由语言符号转化为艺术符号（形象或意象），也仍然需要艺术思维能力的发挥。比如《诗经·卫风·硕人》的第二章："手如柔荑，肤如凝脂，领如蝤蛴，齿如瓠犀，螓首蛾眉。巧笑倩兮，美目盼兮。"这一章用比喻来写卫庄公夫人庄姜的美丽，柔荑被用来形容其十指的细长白嫩，凝冻的油脂被用来状写她皮肤的细腻滑润，而天牛的幼虫、瓠瓜的籽也分别被用来比喻她的细长白皙的颈项和整齐洁白的牙齿，至于"螓首蛾眉"更是成为中国古代赞美女子额头和眉毛的习用语了。不用说，假如我们没有艺术思维能力的发挥，对这些描绘加以补充、丰富，在头脑里将它们转化为艺术形象，而仅仅根据字面用作比喻的那些事物进行简单的"组装"，那就成为一幅拙劣的漫画了。从这里可以看出，能否具备较好的艺术推想力，还在一定程度上决定了我们能否从作品获得美的享受。除此之外，读者的艺术推想力的作用还体现在欣赏过程中，对作品人物、内涵、主题意蕴以及艺术构想的发掘上。比如特定环境下人物的所思所想、所言所行，以及他为什么这样去思想、为什么会有这样的言行；其内在的和外在的依据是什么，是否得到了恰当的表现；作家或者诗人为什么这样来安排文本结构，还有没有可能采取另外的结构方式，其结果会如何……通过发挥艺术推想力求得的有关这些问题的答案，往往能够引导我们深入发掘作品意义，并对作品艺术上的成败得失获得更加清晰的认识。

除上面谈到的艺术感受力和艺术推想力之外，从主体素养来看，读者具备一定的生活阅历和知识储备，对文学欣赏也是十分必要的。作为一种精神产品，文学总是一定的社会生活在作家头脑中反映的产物，作家对生活的认识是否正确，是否独到、深刻，他对于生活所作的反映是否真实且达到了艺术化的高度，这些都是我们在文本解读过程中必须注意且应该作出判断的问题。而对这些问题的判断，一方面需要我们有相应的思想水平，另一方面也需要有相应的人生阅历和生活经验。人生阅历和生活经验是我们判断作品反映的社会生活的真实性、艺术描写的生动性的很重要的依据，也是深入体验和理解作品情感的必不可少的基础。宋人周紫芝《竹坡诗话》中谈道："余顷年游蒋山，夜上宝公塔，时天已昏黑，而月犹未出，前临大江，下视佛屋峥嵘，时闻风铃，铿然有声。忽记杜少陵诗：'夜深殿突兀，风动金琅铛。'恍然如己语也。又尝独行山谷间，古木夹道交阴，惟闻子规相应木间，乃知'雨边山木合，终日子规啼'之为佳句也。又暑中濒溪，与客纳凉，时夕阳在山，蝉声满树，观二人洗马于溪中。曰，此少陵所谓'晚凉看洗马，森木乱鸣蝉'者也。此诗平日诵之，不见其工，惟当所见处，乃知其为妙。作诗正要写所见耳，不必过为奇险也。"①一般读者读诗，自然并不一定都需要亲历诗中所写的情景，但周紫芝这里所谈的经验，无论如何也是能够给我们启发的。

由于文学作品反映的是上下几千年、纵横几万里的事物，天上地下无所不包，文学欣赏者应该具备的知识储备也就是十分广泛的。这里要特别强调的，则是相应的文史知识和关于文学语言以及文本形式的知识。文学在漫长的发展过程中形成了自己的发展历史，也形成了自己特殊的文本形式，形成了它独有的语言运用方式和艺术表现方式。了解相关文史知识，具备一定的关于文学语言及文学文本的专业知识，比如诗歌中的比兴、隐喻、象征等手法，小说的叙事方式、人物刻画方法，散文的结构方式，等等，对于解读相应的文本一定会有较大的帮助。例如，中国古代诗歌中的用典就是一种非常常见的表现方法，假如不知道诗歌涉及的典故以及典故运用的相关知识，对于相关文本的理解也就必然会遇到障碍。同时，文学文本的解读还必然会涉及一些规则的运用。如《古诗十九首·行行重行行》中有"浮云蔽白日，游子不顾反"的诗句，清代学者吴淇解"顾反"为"返顾"，认为这两句诗是说"游子日远，岂敢望其还家，求其一返顾而不得"。今人叶嘉莹指出，这种解释是错误的，错就错在对于词义的误解和对于汉语构词规则的忽视。"顾"在中国旧诗中通常有"顾念""回顾"两种用法，这里应该是"顾念"的意思，而吴淇解作"回望"的意思了。同时，这里应该是"不顾"连读，而不应该是"顾反"连读然后将它勉强解作"返顾"。汉语中的复合词虽然可以颠倒，但必须构成复合词的词性相同才行。而这里"返顾"一为副词，一为动词，在诗中绝无颠倒使用而成"顾反"的道理。②从这里可以看到，相关的知识储备对于文学欣赏的重要。

---

① 周紫芝：《竹坡诗话》，见何文焕辑《历代诗话》（上），中华书局1981年版，第343页。

② 参见叶嘉莹：《中国古典诗歌评论集》，广东人民出版社1982年版，第123～124页。

当然，大多数情况下，是否具备专业知识和专业的眼光，并不一定影响我们从一个特定的角度去理解、欣赏文学作品，但一个具有一定的相关知识，并能建立起一种文本阅读的专业眼光的读者，对文学作品理解的准确程度和深刻程度，以及他从作品的解读和鉴赏中能够获得的艺术享受，与一般读者比较，终归不会是一样的。而且，对于相关文史知识、语言知识、文本知识的了解，也是培养良好语感，提高文学欣赏能力的一个重要途径。

1.1. 多角度的理解与文学美的品鉴

小时候，
故乡是一枚小小的邮票，
我在这头，
母亲在那头。

长大后，
故乡是一张窄窄的船票，
我在这头，
新娘在那头。

后来啊，
故乡是一方矮矮的坟墓，
我在外头，
母亲在里头。

而现在，
故乡是一湾浅浅的海峡，
我在这头，
大陆在那头。

——余光中《乡愁》

一个在外漂泊的游子，总会在不期而然中涌起一种怀乡的情绪——思乡，这是一种伤情的感怀，是游子们长久都化解不开的情结。故乡、故土，这留着我们对世界的最初感知，留着我们对生命的最初体验的地方，那里的一山一水、一草一木，烙印在我们的记忆深处，最终都化为了我们心灵一隅的诗意之地，成为我们情感乃至生命的依傍。正因为如此，那些由对故乡的深切眷恋和悠长思念化成的词章，也总是能够深深地触动我们心中那最柔软、最敏感的一角，唤起我们无尽的感怀。

相信读过台湾诗人余光中这首《乡愁》的读者，一定也都曾经被它深深打动过。不用说，诗中打动我们的正是那融会在感伤回忆中的浓浓的乡愁，是这浓浓乡愁中透出的回归祖国母亲怀抱的强烈憧憬。那方连着"我"和母亲的小小的邮票，凝聚着多少悬望、担忧和悠悠的思念；那张连着"我"和新娘的窄窄的船票，记录着多少怀想、欢愉和离别的忧伤；而那方将"我"和母亲永远阻隔的矮矮的坟墓，又多么残忍地断绝了游子投入母亲温暖怀抱的期盼和渴望——其实，我们对于故乡的不能割断的无尽的牵念，不就是因为这不能割断的人伦之常么？那么，被那湾浅浅的海水阻隔着孤悬一方的游子盼归，不也是一种人伦之常么？诗人浓浓的乡愁和回归的憧憬，诗人思乡盼归的惆怅和故园难归的感伤，被浓缩、寄寓在"邮票""船票""坟墓""海峡"这四个寻常物象之中，那样具体，那样实在，因而也那样真切。故园之思化为具体可感的人伦之常，又拓展为期盼华夏统一的深邃意境，唤起我们类似的温暖的记忆，也激起我们相同的体验和感念。

阅读这首《乡愁》，能体验诗中那一份难以化解的惆怅和感伤，理解了诗人那浓浓乡愁之中的深沉而强烈的憧憬，于是，我们被这首小诗打动。这就是文学欣赏。文学欣赏的过程，也就是一个文学文本的阅读、理解和诠释的过程。我们读一首诗，读一篇散文，或者读一部小说，其实是在体验一份情感，领略一片诗心，或者了解一段生活，阅历一段人生。因此，阅读过程中，我们要去体悟文本意蕴，要尽力弄清文本究竟要说什么，实际说了什么，怎么说和为什么这样说而不那样说。总之，我们要对正在阅读的文本作出我们的理解和诠释。

当然，大多数文学读者的阅读过程不见得有这么复杂。对于大多数读者来说，文学阅读最直接、最显在的目的，在很多情况下，就是借助这一阅读的过程来获取一种文学审美的愉悦，同时也借此打发一段闲暇的时光。文学阅读能够帮助我们获得对历史、现实的另一重体认，获得某种人生的启迪，获得情感、情操的陶冶，但是，对于大多数读者来说，这些似乎都是在获得文学阅读的愉悦、享受之外的"副"产品，是一种自然而然的获得。而在实际的阅读过程中，我们有时甚至并不需要弄清作品传达了什么主题意蕴，当然也很少会向自己提出类似"文本究竟要说什么，实际说了什么……"这样表面简单而深究起来其实很复杂的问题。

尽管如此，我们仍得承认，文学阅读的过程就是一个对文学文本的理解、诠释的过程，只是大多数情况下，由于文学阅读过程的特殊性，如情感的激动，联想与想象的发挥，总是让我们不由自主地进入文本描绘的艺术世界，"入乎其内"的感同身受往往也遮蔽了自觉的理解和诠释，我们通常也很少能够自觉地意识到我们正在进行着文学文本的理解和诠释。事实上，从文学阅读中获得美的享受和精神的愉快，或者从文学阅读中获得对生活对人生的某种认识，获得情感的陶冶……所有这一切，都以我们对文本的理解为前提。

谈到对文学文本的理解，自然就有一个理解的角度问题。

对同一个对象，我们观察、理解的角度不同，对象呈现在我们意识中的状态就不同。现代物理学的大量的研究证明，我们所能理解并可以加以描述的物质世界，都只是以我们可理解的角度去认识、描述的世界。特定的角度，形成我们特定的理解世界的方法和描述模式。因此，无论我们采用什么样的方法和描述模式来寻求对物质世界的理解，都只是以一个特定的角度去接近物质世界的一个侧面，而不是真实的物质世界的全部；如果从另一个角度去观察和描述，这个世界一定会呈现为另一种形态。这个世界并不是平面地铺展在我们面前的。我们面对的是一个多侧面的、立体的多维世界，它存在着，就看我们从什么角度、采用何种描述方法去理解它、描述它。对自然界的观察描述是如此，对文学作品的欣赏和阅读也是如此。从什么角度阅读文学作品，关系到怎么读，进而也决定了能够读到什么，从而也形成了我们对文学的不同理解。

从实践上看，文学阅读可以而且本就应该有多重角度。比如读诗，既可以从一首诗的语言和意象的组合去细心体会蕴含其间的情思情韵，也可以借助一些可以考定的证据对隐藏在一首诗文字背后的意义加以发掘，当然，还可以仅仅从诗句语音的组合来玩味一首诗节奏韵律的和谐和以声传情的妙处。我们可以读读李商隐的这首《登乐游原》：

> 向晚意不适，驱车登古原。
> 夕阳无限好，只是近黄昏。

按诗题的指向，这首诗似乎应该着重写古原上的景色——诗人"向晚"时的"不适"促使诗人驱车古原，自然是要借古原美景来冲淡自己的不适。不过，这首诗首先让我们注意的却是"向晚""夕阳"和"黄昏"三个时间意象，让我们看到的是诗人此时对迫近黄昏、迟暮难挽的时间的知觉和体验。诗人驱车古原本是为调适自己"不适"的心绪，然而夕阳的绝美与因迫近黄昏的难留，唤起的却是迟暮难挽、好景不长的巨大的无奈和悲哀，一声"只是近黄昏"的叹惋，让我们真切地体验到诗人心中那一层"遣愁更愁"的沉痛和苍凉。这样的解读自然是从诗本身的时空意象的分析中获得的。前人评这首诗，称这首诗中蕴含的既有"迟暮之感"，也有"沉沦之痛"，"谓之怨身世，可；谓之忧时事，亦可"。而要获得这里指示的这两层意义的解读，就需要变换角度，从诗内而到诗外。比如要确定这里"近黄昏"的感叹是不是诗人自伤迟暮的感叹，就需要考察这首诗是诗人哪个时期的诗作。乐游原就在长安附近，李商隐不止一次登过乐游原。在他的诗集中收有咏乐游原的诗作三首，可以通过比较确定这首《登乐游原》应该是他最后一次游乐游原时的作品。同时通过查阅诗人的身世资料，知道诗人去世时47岁，他最后一次到长安是在唐大中十年45岁的时候，唐人年过四十九往往自比"衰翁"，因此，说这首《登乐游原》有"迟暮之感"也是有道理的，因为诗人心态如此。最后，我们知道李商隐是晚唐诗人，诗人所处的时代正是唐代覆亡之前苟延残喘的时期，唐室之亡已现兆象。由此可以确定这首诗中也可能包含"沉沦之痛"。

从《登乐游原》解读的示例可以看到，同一个作品确实可以有不同角度的理解。概括起来说，由于理解的角度不同，对文学作品可以有实用的理解、科学的理解和审美的理解三种。

所谓实用的理解，是指那种以满足某种实用需要为目的的阅读，比如，我们希望借助文学阅读解决我们遇到的某个实际的人生问题，希望通过文学阅读去了解历史的真相，提倡通过文学阅读来达成自我教育的目标，等等。这一类文学阅读的极端化表现，是把文学文本建构的艺术世界和现实生活世界等同起来，试图通过文学阅读去获得自己某种功利心理的满足。这是一种求"有用"的阅读。当然，在大多数情况下，我们并不会带着明确的实用的目的去阅读文学作品，但在实际的阅读过程中，又往往会不自觉地对文学作一种实用的理解，如从《红楼梦》关于大观园的描写中了解中国古代园林艺术，从《红楼梦》写到的那些贵族之家的美食佳肴中学习厨艺。类似的阅读经验，大约许多文学阅读者都曾经有过。更有甚者，还会像鲁迅曾经描述过的那样："看小说，不能用鉴赏的态度去欣赏它，却自己钻入书中，硬去充一个其中的角色。所以青年看《红楼梦》，便以宝玉黛玉自居；而老年人看去，又多占据了贾政管束宝玉的身份，满心利害的打算，别的什么也看不见了。"①

所谓科学的理解，是指那种以追求对文学文本作出可靠确凿的、唯一的诠释为目的的阅读。这是一种求"真"的阅读，而且，似乎也是一种很传统的、被很多学者和诗论家认可并经常采用的一种文学阅读方式。比如在中国古代诗话、词话中，可以见到大量以诠注字义、考据故实为解诗之法的文字。这种阅读方式相信诗中所涉一定是无一字无来历，于是将阅读的工夫放在了诠注诗句的出处、考察典故的由来上。与此类似的，是要求阅读不限于作品本身，而是

---

① 鲁迅：《中国小说的历史的变迁》，见《鲁迅全集》第9卷，人民文学出版社1981年版，第338页。

将解诗的重点放在考察诗人的生平经历，如仕宦出处、师友渊源、交游婚恋等方面，或者将重点放在考察诗人所处时代的社会风习、文化状况等方面，力求通过对与作品有关联的作品以外的方方面面因素的研究，来确定作品的意义和价值。如读唐代诗人元稹的《梦游春七十韵》，一方面通过考据确定元稹年轻时与寒门女子崔莺莺的恋情经历，确定诗中"觉来八九年，不向花回顾"是写诗人虽然抛弃了寒门女子，但心中还是有一种负罪感，因此孤单生活了八九年；另一方面，通过考察当时的社会风尚，确定诗中"一梦何足云，良时事婚娶""韦门正全盛，出入多欢裕"是写将往日欢会看作一场春梦，转而追求富家小姐，认为诗人如此直率地自供自己始乱终弃竟毫无惭愧之意，是因为这是为当时社会风尚所容忍接纳的行为。

事实上，这种求"真"的阅读方式，在一般读者的文学阅读中也会发生。朱自清的《荷塘月色》是今天只要接受过中等文化教育的读者都耳熟能详的名篇。文中写道："荷塘的四面，远远近近都是树，而杨柳最多……树缝里也露着一两点路灯光，没精打采的，是瞌睡人的眼。这时候最热闹的，要数树上的蝉声与水里的蛙声；但热闹是它们的，我什么也没有。"20世纪30年代就有读者对这里写到的夜晚树上的蝉声提出疑问，写信给朱自清，认为"蝉子夜晚是不叫的"，以至于朱自清自己都疑惑起来，特为此致函昆虫学家刘崇乐，请教蝉在夜里是否真的不叫。

不能说上面谈到的实用的理解和科学的理解都是完全不能成立的，甚至不能否认这两种文学阅读方式也有可能给读者带来某种阅读的愉悦。优秀的文学作品对生活的真切、生动的反映，构成了一个多层次、多侧面的立体的艺术世界，文学作品通过艺术形象的刻画传达丰富复杂的，同时往往又带有某种程度的模糊性、不确定性的意蕴和内涵。这既要求读者能够调动自己的生活经验和情感经验，以期与作品发生多层次的交流，同时，客观上也为读者的理解留下了广阔的空间，使读者从不同角度去理解和诠释作品成为可能。这其间自然不排除读者可能甚至可以对文学文本作出实用的或者科学的理解。我们确实有可能从文学作品中获取某些"有用"的知识，而更应该承认的是，在很多时候确实还必须要超出作品本身，借助一个更大的意义系统，如将作品与其产生的社会背景、文化背景、文学背景以及作家的生平经历联系起来进行考察，以求对作品的社会价值、艺术价值作出相对客观的认定。了解一些能够确定作品艺术描写是否真确的知识，在欣赏中有时也是必要的，正如朱光潜曾经谈到的，在文学欣赏中，了解一些历史知识"非常重要"，"例如要了解曹子建的《洛神赋》，就不能不知道他和甄后的关系；要欣赏陶渊明的《饮酒》诗，就不能不先考定原本中到底是'悠然望南山'还是'悠然见南山'"①。不过，应该指出，对文学的理解虽然可以有不同的角度，但这并不意味着可以对它作出任意的理解和诠释。而且，应该知道，无论是实用的理解还是科学的理解，也都不是完整意义上的文学欣赏。即使了解了文史知识、诠注字义、考据故实等，虽然确实能够帮助理解作品，有时对理解作品来说还是非常必要的，但这种阅读方式最终只是文学欣赏的起点。从根本上看，真正意义上的文学欣赏来自对文学的审美的理解。

所谓审美的理解，是指以感知文学形象、体验作品情感、玩味作品佳妙之处，从而获得特殊的精神愉悦为目标的文学阅读方式。

文学阅读过程中，我们面对的是语言艺术大师们运用语言构建的一个情感的世界，一个体验的世界，一个充满诗情、诗意、诗味和情趣的世界。无论是诗，还是散文，或者小说，文学作品借助语言抒发的是诗人、作家真挚浓烈的情感，传达的是诗人和作家对自然、人生的深切体验和对人生真谛、美的真谛的诗意发现。这个世界提供给我们的是一个人类需要的精神家园，是一个充满奇思妙想、与我们面对的现实不同的美的世界。它以其难以抵挡的魅力引导我们沉浸于其中，忘却尘世的一切，而进入一种自由和谐的心灵之境。它能够培养我们对生活的敏锐感觉，启发我们关于合理的美好的世界图景的想象，给我们的生活增加情趣和诗意，给我们提供充分的精神的愉悦和满足。它能够让我们感动，能够让我们获得丰富而深刻的情感体验。它只要求我们能够敞开心灵，用我们的情感去回应它；它只要求我们能够在语言符号的提示之下，调动语言感受能力和情感体验能力，调动我们相应的人生经验和情感经验，在对作品传达的情味韵致的细致品味中得到人生的感悟和启迪，由此也让我们的身心得到休憩和滋养。

唯其如此，这是一个仅仅用实用的或科学的方法无法完全理解的世界。尽管我们有可能从文学作品的阅读中获取某些有用的知识，尽管我们也可以运用科学求证的方式去确定作品反映的生活内容的真确性，但这些知识的获取或者科学的证明都不能替代审美。尽管我们采用一种实用的或者科学的方式阅读文学作品，也有可能获得一些阅读的愉快，但那只是一种功利心或求知需求的满足换来的快感，这种愉快也不能替代审美的愉快，审美的快感往往不随时间的推移而减退，而是历久弥新。更重要的是，实用的或科学的理解文学作品的方式，在某些时候还有可能阻碍我们进入文学的世界。鲁迅就曾把那种科学的理解文学的方式称为"诗歌之敌"。他说：

---

① 朱光潜：《谈美》，见《朱光潜全集》第 2 卷，安徽教育出版社 1987 年版，第 38 页。

> 诗歌不能凭仗了哲学和智力来认识，所以感情已经结冰的思想家，即对于诗人往往有谬误的判断和隔膜的揶揄。……凡是科学底的人们，这样的很少，因为他们精细地研钻着一点有限的视野，便绝不能和博大的诗人的感得全人间世，而同时又领会天国之极乐和地狱之大苦恼的精神相通。①

冻结自己的感情，只求一种所谓科学的精确，当然也不可能与诗人的情怀相沟通。我们可以尝试着再读一读那首《乡愁》。这首诗不太可能对它去作一种实用的理解，却有可能让我们对它的理解去做一点"科学"的工作——尽管实际上也不会这样去做——比如可以确定一下这首诗写成的确切时间，可以考证一下诗人是哪一年离开家乡、离开母亲以确定诗中所说的"小时候"是诗人生活中的哪一个阶段；还可以探究一下诗人的婚姻生活并弄清楚诗人婚后与妻子是否真的聚少离多，以确定那张"窄窄的船票"的意象是写实的还是虚构的；当然，还可以从诗人的经历或者谈话中搜集与这首诗的写作有关的许许多多资料，并从这些资料中寻找能够说明诗人写这首诗的动机的线索……这些所谓"科学"的工作当然都可以去做，但可以肯定的是，当我们这样去做的时候，会发现所有这些工作对真正理解和欣赏这首诗不一定有多少补益，相反，有些工作做得越多，离对这首诗的欣赏可能反而越远。

要对文学作品作出审美的理解，关键在于读者在文学阅读过程中能够保持一种文学欣赏的态度。这里所说的文学欣赏的态度，用理论家们的话说，就是一种与欣赏对象保持适度距离的审美观照的态度。通俗地说，也就是欣赏的过程中要提醒自己是在欣赏文学作品，提醒自己要把戏当戏看，而不要把戏与现实相混淆；要把小说作为小说来读，而不把小说中的故事与现实生活等同起来。换句话说，也就是要以一种"寻"美的、欣赏美的态度而绝不是一种应对实际人生的态度去对待文学。也只有这样，我们才能够真正看到文学的美。朱光潜曾以海上航行遭遇大雾和海岸上观雾时不同的心理感受为例，来说明艺术欣赏时保持有距离的欣赏态度的重要。海上航行遭遇大雾，大雾之中听着若远若近邻舟的警钟，看到水手们手忙脚乱地走动，似乎一切都只能听任命运的摆布，仿佛大难临头，让人心焦气闷，那情景即使后来"回想起来，还有些戒惧"。而站在海岸上观雾就不一样了："那清烟似的薄纱笼罩着那平谧如镜的海水，许多远山和飞鸟都被它轻抹慢掩，现出梦境的依稀隐约。它把天和海接成一气，你仿佛伸一只手就可以抓住天上浮游的仙子。你的周围全是广阔，沉寂，秘奥和雄伟，见不到人世的鸡犬和烟火，你究竟在人间还是在天上，也有

---

① 鲁迅：《诗歌之敌》，见《鲁迅全集》第 7 卷，人民文学出版社 1981 年版，第 236 页。

些不易决定。"同样的海雾给人的心理感受却完全不同,原因就在于两种情境之中我们面对海雾所取的态度不同:"你坐在船上时,海雾是你的实用世界中一片段,它和你的知觉、情感、希望以及一切实际生活的需要都连瓜带葛地固结在一块,把你围在里面,使你只看到它的危险性。换句话说,你和海雾的关系太密切了,距离太近了,所以不能用处之泰然的态度去欣赏它。你站在岸上时,海雾是你实际世界以外的东西,它和你中间有一种距离,所以变成你的欣赏的对象。"①文学欣赏中要取一种审美的态度,要与欣赏对象保持适度的距离,这很关键,同时也是一件相当不容易的事情。作家用语言建构的文学世界,其实也就是我们置身于其中的生活世界、现实世界的艺术化反映,是现实人生的艺术"返照"。这使得我们在面对这个世界的时候,一方面很难保持一种超然的、纯审美的态度,而另一方面,要真正理解这个世界,本身还要求我们能够调动生活经验、情感经验、人生经验去"印证"它。因此,文学欣赏中欣赏者与欣赏对象之间如何保持一种适度的距离,就成为一个需要斟酌的问题了。我们不能靠它太近,靠它太近,容易取一种看待现实人生的眼光看待艺术,也就无法欣赏艺术;同时,也不能离它太远。离得太远,又会与作家建构的艺术世界隔膜,我们也不可能对这个世界有深刻的理解。这就要求欣赏者有比较好的自我心理调节能力,既不冻结自己的情感,在我们已有的生活经验、情感经验、人生经验的帮助下顺利地"入乎其内",进入艺术的世界之中;又不为现实功利、实际人生所搅扰,能够"出乎其外",在一种有距离的欣赏中获得充分的审美愉悦。要真正做到这一点,我们还要有意识地培养良好纯正的艺术趣味,不断提高文学欣赏能力,如要有良好的对文学语言的感受力和理解力,要有通过语言的"桥梁"感知文学形象的能力,要有对文学作品的特殊意蕴、意味、情趣的领悟能力,等等。这也正是我们期望同学们尽力去做的事情。

讨论题

1. 结合自己的阅读感受,谈谈文学阅读中实用的理解、科学的理解和审美的理解在阅读心理上有哪些不同。
2. 文学欣赏中,欣赏者完全沉浸在作品的情境之中而不能"出乎其外"会是一种怎样的结果?

---

① 朱光潜:《从"距离说"辩护中国艺术》,见《朱光潜全集》第 3 卷,安徽教育出版社 1987 年版,第 379 页。

1.2. 释义与"辨味" *

> 绿蚁新醅酒，红泥小火炉。
> 晚来天欲雪，能饮一杯无？

——唐·白居易《问刘十九》

> 扬子江头杨柳春，杨花愁杀渡江人。
> 数声风笛离亭晚，君向潇湘我向秦。

——唐·郑谷《淮上与友人别》

本节标题所说的释义，是指对文学文本的语词、文句的意思的理解和确认，也就是通常所说的通晓文字，并在通晓文字的基础上领会语词、文句的特殊意蕴，包括它们的暗示义、引申义、隐喻义等。这里所说的"辨味"，则是指对文本借助语言传达出来的特殊意味、韵致、情趣、情味的感知与体认。

如前所述，文学欣赏过程中我们直接面对的是一个语言文本。无论是对文学形象的感知，还是对作品情感的体验，或者对文本意蕴的解析，对文本传达的某种人生哲理的领悟，都要借助语言这个"桥梁"，通过语言的阅读来完成。因而，文学欣赏从一开始就有一个语言的理解也即释义的问题。不用说，这是文学欣赏的起点。比如读上面这两首小诗，起码要知道白居易《问刘十九》开首的"绿蚁"是新酒酒面浮沫的代称，在这里是代指新酿的酒，而不是"绿色的蚂蚁"。郑谷《淮上与友人别》末句"君向潇湘我向秦"中的"潇湘"和"秦"这两个地域代称，前者是指现在的湖南一带，后者是指现在的陕西一带，而实际上这里是指与朋友一别之后的各奔东西，也并不一定就是朋友将前往湖南而自己要去陕西。假如在文学作品的阅读中不能很迅速地理解语词、文句的意思，甚至还有语言的障碍，欣赏也就无从谈起了。通过对两首诗所有语词、文句的释义，我们知道了白居易的《问刘十九》写了一个诗人在一个欲雪未雪的黄昏与朋友拥炉而坐的小景，也知道了郑谷的《淮上与友人别》"记录"了诗人在暮春时节的扬子江头与朋友的一次愁绪满怀的别离。

古人谈到文学阅读，特别讲究要"字字落实"。所谓"字字落实"，是指在文学作品的欣赏中一定要细致地阅读理解文本语言（词句），而且，一定不能

* 请访问爱课程网→资源共享课→文艺学系列课程/孙文宪→1. 总论→第四讲概说下1(00：11：41—00：26：04)/魏天无。

放过在字义、词义的理解上可能存在的疑惑，有时甚至需要去翻查一下有关的工具书，以求获得对那些让人疑惑的字义、词义的清晰理解。对这一点，古人有很多值得注意的说法，比如明末清初的大批评家金圣叹就说："吾最恨人家子弟，凡遇读书，都不理会文字，只记得若干事迹，便算读过一部书了。"①比金圣叹早的金人元好问说得更具体，他说："工文与工诗，大似国手棋。国手虽漫应，一著存一机；不从著著看，何异管中窥？文须字字作，亦要字字读。咀嚼有余味，百过良未足。"他还对那些读书不理会文字的人提出批评："今人诵文字，十行夸一目。阅颤失香臭，瞀视纷红绿。毫厘不相照，觌面楚与蜀。"②一目十行以至于香臭不分，红绿不辨，无论如何不是一种真正的文学阅读。

文学阅读过程中的释义，首先当然是要尽可能地消除语言的障碍。不过，应该特别强调的是，文学欣赏过程中的释义，往往并不是仅仅借助辞典弄清语词和文句的表面意义就算完成了。这是因为，文学语言的运用和我们熟悉的科学语言及日常语言的运用是不同的。科学文本要实现语言的认知功能，必须具有透明性，必须尽可能消除出现的多义或歧解。日常语言必须完成实用性交流的任务，语言的运用可能引发的多重理解或者误解会成为日常语言交流的障碍，因此也必须具有相当程度的透明性。在科学文本以及日常语言运用过程中，语言的使用者总是尽可能地遵守约定俗成的语言规则，强化语言运用过程所必需的有序性、规范性，以求得尽可能准确的表达，尽可能避免理解中歧义的发生。

但是，当语言被以文学的方式加以运用的时候，情况会有极大的不同。文学并不是依赖语言的"透明性"也即语言表面意义的确定性来完成意义传达的。文学是以具象性、情感性构成其审美性的。而语言符号自身的抽象性，语言运用过程中的有序性、规范性，与文学所需要的具象性、情感性恰恰构成一对矛盾。作家要借助语言塑造艺术形象、传达情感体验，必须尽可能使语言具象化，尽可能突出语言的体验性和情感性，这当然是常规地、有序地使用语言所无法办到的。这就迫使作家必须打破语言运用的常规，借助各种可能的技巧如隐喻、反讽、象征等，并借助语境的作用，赋予语词或文句以新的、与其表面意义不尽吻合的暗示义、引申义、比喻义等，通过充分发掘语词的潜在意义或言外之意来完成自己的传达。这就在许多情况下使文学语言成为一种最不具透明性的语言，成为具有特殊模糊性、多义性的语言。在文学文本中，任何一

① 金圣叹：《读第五才子书法》，见《水浒传会评本》，北京大学出版社1981年版，第21页。
② 元好问：《与张中杰郎中论文》，见刘泽《元好问论诗三十首集说》，山西人民出版社1992年版，第264～265页。

个语词或陈述，都有可能由于语境的作用，使语词或文句的表面意思发生扭曲和变形，发生转义，或者赋予语词、文句多重内涵，使它们成为多重意义的"复合体"。文学语言运用的特殊性，决定了文学阅读过程中的释义既是一个通晓文字、消除语言障碍的过程，更是一个充分调用我们已有的欣赏经验和知识储备，在词、句的关系，也即由"上下文"构成的具体"语境"中，通过细致研究词的搭配，特殊句式、语气，以及特殊的修辞手段的运用等，来重新确定词句意义的过程。

首先，文学阅读过程中的释义，是一个细心揣摩、领会特殊语境下语词特殊含义的过程。我们可以读一读南宋词人吴文英这首著名的《浣溪沙》：

> 门隔花深旧梦游，夕阳无语燕归愁。玉纤香动小帘钩。　　落絮无声春堕泪，行云有影月含羞。东风临夜冷于秋。

前人评吴文英，谓"词中之有吴文英，犹如诗中之有李商隐"。若就诗风而言，吴文英的词语工意深，读来的确如晚唐诗人李商隐的诗，给人一种游思缥缈、缠绵往复的感觉。这首《浣溪沙》就有这样的特点。本词上片起句"门隔花深旧梦游"点出"梦感旧游"的情境，二、三两句则运用意象并置，写出梦中所见。沉默的夕阳，带愁的归燕，这两个意象给人一种忧郁的感觉，渲染了一种别离的气氛。纤纤玉手正掀动精巧的帘钩，是迎接，还是送别？或者只是无意中的举动？它在诗人心中留下了一个深深的不可忘怀的印象，使读者能够想象出一个温柔多情的女子，一场伤心而甜蜜的约会。纤手褰帘合以夕阳归燕，似真似幻，亦真亦幻，朦胧缥缈而耐人品味。这里要特别注意的是词的下片"落絮无声春堕泪，行云有影月含羞"的所指。从表层语义看，这两句自然是写诗人一梦醒来时的眼前之景：柳絮无声落地，就像春天的哭泣；云遮住了月亮，好像月亮害羞不肯露面。而结合这首词的整体语境细细品味，可以发现这两句并不是单纯的写景，甚至还不能被单纯地理解为借景抒情，而是隐喻那一次离别时女子以帕遮面无声饮泣的形象。这是一首梦感旧游之作，由首句的"旧梦游"可以确定上片描绘的夕阳归燕和纤手褰帘正是梦中所见之旧游情景。夕阳西下、雨燕归巢时的那一次伤心而又甜蜜的约会，约会时节的相见和相别，凝结为"玉纤香动小帘钩"这一意象，烙印在诗人心底，且不时浮现于诗人的眼前、梦中。正是这一情境设定，让我们看到诗人一梦醒来之后，由梦中之象、眼前之景引发的对于那次不能忘怀的约会的反复回味，在反复回味之中，离别时女子遮面坠泪的形象与眼前之景幻化为一，并将前者通过对眼前之景的描画提示出来。而且，还应该注意，这两句诗写到的如春雨纷扬飘落的柳絮（杨花）和在云中欲露还遮的明月，本身就会使人很容易想到中国古代文学作品中花月人面的传统比喻。这也是赋予这两句诗特殊意义的语境的一个组成部分，引导我们去寻索这两句诗的隐喻性意义。而也只有理解到这一层，结句"东风临夜冷于秋"才有了依托。陈洵《海绡说词》评点吴文英的这句诗，指出"'秋'字不是虚拟，有事实在，即起句之旧游也。秋去春来，又换一番世界，一'冷'字可思"。这里解"秋"字不是虚拟，而是实指旧游的时令是在秋季，如今的"梦感"则在春日。这种解说虽有过实之嫌，却也不无道理。在这东风临夜的春日梦感旧游，当日情境在梦的幻觉中历历在目。一梦醒来，那离别的伤感和怀人而不得见的愁思，自然更甚于当初。在诗人的感觉中，这和煦温暖的春风比当初那凋伤万物的秋风还要冷透肺腑。这一"冷"字情溢言外，的确令人"可思"且品咂不尽。"落絮无声"两句作为隐喻，本体虽然没有明确点出，但是，由于词的整体语境的作用，我们又确实可以想象到本体的存在。这也就是古人所说的"注彼写此"——比喻中的最高境界，也是诗的最高境界。

其次，文学阅读过程的释义，也是一个需要综合运用已有的包括语言、文学、文史等在内的各种知识，调用已有的生活经验、情感经验去加以参证的过程。如对郑谷《淮上与友人别》的释义，就不那么简单。读这首小诗，从诗题以及诗的末句"君向潇湘我向秦"，当然知道这首诗是在写别离。而且，即便是一个只接受过初等教育的读者，读这首诗，大约也不需要借助任何工具书就能够顺畅地读下来，并且知道这首诗写了朋友之间的离别。但仅此而已是否就算是真正完成了对于这首诗的释义呢？暮春时节，可写之景其实很多，如残花落红，如孤帆芳草，而且这些景致大约也都能映照伤别之情，何以诗人单单突出江风中依依袅袅的杨柳和随风飞舞的杨花？那飘荡空中的"数声风笛"与这江上揖别又有什么关系？真要回答这些问题，以求细致地解读这些诗句，仅知道它们的字面意思其实是无法完成的。要想获得对这首诗的相对准确的释义，还应该知道古代有笛曲《折杨柳曲》，北朝乐府民歌有《折杨柳歌辞》："上马不捉鞭，反折杨柳枝。蹀坐吹长笛，愁杀行客儿。"以折柳相赠来寄托惜别之情，以柳枝杨花伴和悠长哀怨的笛声来抒写离别之情或故园之思，实际上成为一种传统；由柳枝、杨花、笛声等物象融会而成的意象，实际上成为中国古典诗词抒写离情别绪、故园情怀的典型意象，如《诗经·采薇》："昔我往矣，杨柳依依。今我来思，雨雪霏霏。"如隋末无名氏《送别》："杨柳青青着地垂，杨花漫漫搅天飞。柳条折尽花飞尽，借问行人归不归。"如王维《渭城曲》："渭城朝雨浥轻尘，客舍青青柳色新。劝君更尽一杯酒，西出阳关无故人。"如李白《春夜洛城闻笛》："谁家玉笛暗飞声，散入春风满洛城。此夜曲中闻折柳，何人不起故园情。"有了这些知识的运用，我们对郑谷诗中"杨花愁杀渡江人""数声风笛离亭晚"的释义才能够落到实处。

至于文学释义需要适当调用我们的生活经验、情感经验加以参证，相信许多读者都会有这样的体会。《红楼梦》第四十八回"滥情人情误思游艺，慕雅女雅集苦吟诗"里写香菱谈诗一节，就很有道理也很能给人以启发：

> 香菱笑道："……还有'渡头余落日，墟里上孤烟'。这'余'字合'上'字，难为他怎么想来！我们那年上京来，那日下晚便挽住船，岸上又没有人，只有几棵树，远远的几家人家作晚饭，那个烟竟是青碧连云。谁知我昨儿晚上看了这两句，倒像我又到了那个地方去了。"

我们说香菱谈诗的这段话很有道理也很能给人启发，是因为这里的谈话确实触及了文学阅读的一个规律。香菱上京时节晚宿渡头见到的景自然不会是王维诗中所写之景，但王维诗中所写之景，又确实与香菱记忆中夜宿渡头所见之景有相似之处。由于香菱有自己所见之景的记忆，又能够适时调用自己曾经有过的记忆中的表象，她也才能真正领会诗句中"余"字和"上"字的妙处。

文学欣赏首先必须经历一个细致阅读、"字字落实"的释义过程，但单纯的释义并不是文学欣赏的终点。文学欣赏的高级阶段，是在释义的基础上去"会意""辨味"，即细致品味蕴含在特殊语言运用中的情味韵致，或调动自己的艺术感受力和艺术理解力去领会作者"心意"。也只有达到这个阶段，我们才能从文学欣赏中获得真正的审美的愉悦。如文前引录的白居易《与刘十九》，假如仅仅从释义的层面看，除了首句的"绿蚁""新醅"可能需要查查相应的工具书外，理解上似乎再没有什么需要费心思的地方了。从字面上看，这首小诗不过是写诗人在这样一个欲雪未雪的傍晚邀朋友围炉小酌而已。然而，这首小诗又的确令人回味：那新醅佳酿的芳香合以红泥小火炉的温暖，营造出一派令人神往的闲适温馨；这一派闲适温馨之中，那轻轻一声"能饮一杯无"的邀约，也着实让我们心动。

文学欣赏中释义基础上的"辨味"，关键在于要不离文字又不拘泥于文字。换句话说，文学阅读不能仅仅停留在理解文本语言的层面，更不能在词句的理解上钻牛角尖，而是能够暂时忽略（准确地说是超越）文字指示出来的那一层表面的意思，让自己在文本语言的引领下，进入由文本语言呈现的那一个广阔的艺术世界之中去"会心""会意"。古人谈文学阅读，在强调要"字字落实"的同时，还强调要能"不求甚解"，就是这个道理。陶渊明《五柳先生传》中就说他自己"好读书，不求甚解。每有会意，便欣然忘食"。捷克现代诗人霍卢勃在《诗人》中写道：

　　有人用大头针扎在诗句上

> 如同把风干的蝴蝶钉在标本匣中。
>
> ……
>
> 有人把诗句捧在手上，
>
> 放出它们像放飞一群飞鸟，
>
> 播种它们像播种花种，
>
> 从山坡上把它们撒向四方……

上述两位诗人所说的是一种很高的文学阅读境界。这里所说的"不求甚解"当然不是"不解"，而是超越文字的表面意义，于"无字"处求得更深的理解。也只有这样，才能在文字之外读出更多的意味，才能真正领会文学的妙味。这里说的"放飞"，就是不拘泥于一字一句，体悟字外、句外的意味。

中国古代小说往往通过人物行为、语言的描写来暗示人物心理，所谓"注彼写此"，欣赏中自然也就需要读者能够"由彼及此"去领会这种暗示。《水浒传》第三十七回"没遮拦追赶及时雨，船火儿大闹浔阳江"写宋江被张横打劫，本以为性命不保，忽听到李俊的声音，知道有救了，"钻出船上来看时，星光明亮"。这里写到的宋江眼中明亮的星光，其实是在写宋江此时知道有救之后顿时轻松的心理。金圣叹在此处的批语就很有启发性："此十一字妙不可说。非云星光明亮照见来船那汉，乃是极写宋江半日心惊胆碎，不复知天地何色，直至此，忽然得救，夫而后又见星光也。"这一处批语很准确地指出了作者"注彼写此"的用心。不用说，假如我们不能将语言符号转化为艺术符号，一定无法体会它的妙处。

文学欣赏需要在释义的基础上去"会意""辨味"，从根本上看，仍然是由文学表达的内在目的决定的。我们知道，文学的重要目的在于完成某种情致、意味的传达，使读者在语词符号的提示下细心体味一种情味韵致。在文学中，作家、诗人所关心的主要是借助语言所能唤起的情感或态度的性质，或者语言运用所能产生的情感效果。从这一角度看，假如拘泥于文字，而不能去"会意""辨味"，我们甚至无法理解文学。正如英国文论家瑞恰兹在他的《文学批评原理》一书中指出的："诗歌中出现的指称极少带有科学的真理或虚假的道理。"对于诗歌文本来说，"经过推究，即使发现指称明摆着是虚假的，这也绝非缺点"。同样，"当指称是真实的时候，它们的真实性也绝非优点"。诗歌的表述不同于那种可以证实的事物，"只有非常愚蠢的人才会想去尝试证实"。①比如下面这首敦煌词《菩萨蛮》：

---

① ［英］瑞恰兹：《文学批评原理》，杨自伍译，百花洲出版社1992年版，第248页。

枕前发尽千般愿，要休且待青山烂。水面上秤锤浮，直待黄河彻底枯。　白日参辰现，北斗回南面。休即未能休，且待三更见日头。

这首词就全用佯谬之语——以岩石为骨架的青山如何会烂？铁铸的实心秤锤又如何能浮？黄河到何时才会彻底干涸？参、商两个星宿一在东方、一在西方，此出彼没，又如何会同时在夜空出现？更不用说"三更见日头"了。本是不可能的事情，词中却用"直待""且待"导出，使这些诗句都成为从"事实"着眼的直接陈述，由此，这些本不可能的事也变成了似乎可以等待成真的事，使诗语更显"荒唐"。钱锺书曾经谈道："明知事之不然，而反词质诘，以证其然，此正诗人妙用。夸饰以不能为能，譬喻以不同类为类，理无二致。"而且，"诗之情味每与敷藻立喻之合乎事理成反比例"。①也就是说，在某些情况下诗歌语言的乖谬悖理不仅不是一个缺点，相反，恰恰还是它的更见风神之处。诗语表面上越是显得不合常情，诗的情味往往越显得深长丰沛，更耐人品味，更能给人以深刻的印象。上面这首《菩萨蛮》，显然是一对处于热恋时期的男女唱出的爱的誓言。诗人以一组不可能出现的自然现象为喻，诗语的乖谬悖理，却更见出情的深切与热烈，表面的"荒唐"而不合情理，反倒更真实地写出了真心相爱的人的大胆与真率，反倒更显得合情合理，也更显得情味悠长，感人至深。类似的情况在文学作品中几乎俯拾皆是，如"白发三千丈，缘愁似个长"（李白《秋浦歌》之二），如"眼穿当落日，心死着寒灰"（杜甫《喜答行在所三首》之一），如"莫道不消魂，帘卷西风，人比黄花瘦"（李清照《醉花阴·薄雾浓云愁永昼》），如"人是无港的船，时光是无岸的河，人漂泊着从上面走过"（拉马丁《湖》）等，如果有哪位读者在读这首敦煌词《菩萨蛮》以及这里摘引的这些诗句的时候，拘泥于文字的表面意义，一定要用今天黄河一再断流的事实，来证明诗中的"直待黄河彻底枯"的真实性，或者，一定要去指出上引这些诗句的不合情理因而不能成立，这种阅读行为本身就是可笑和荒唐的了。

上面讨论了文学欣赏中由"释义"而辨味的两个相互联系的阶段。应该提醒读者注意的是，文学欣赏中，这两个阶段并不是截然分开的，正如我们已经看到的，文学阅读中的"会意""辨味"一定是在释义的基础上的"会意""辨味"，而释义的过程往往也包含着"会意"和"辨味"。这里还应该说明的是，本节讨论的释义与"辨味"，所关涉的都是文学阅读中文本语言的理解。之所以要特别讨论一下这个问题，一方面自然是希望通过这里的讨论，让同学们对文学欣赏中如何从语言的理解进入文学审美意蕴的体味有一个初步的认

---

① 钱锺书：《管锥编》第 1 册，中华书局 1979 年版，第 74 页。

识，同时，也是希望提醒同学们注意，文学欣赏的一个基本层面其实就是对于语言的理解和品鉴。一般的欣赏者在阅读文学作品时，往往更注意作品塑造的形象或者意义，而对语言的细致解读则往往有所忽略。事实上，文学文本阅读与其他的语言文本如历史、哲学等文本的阅读的不同，就在于在对哲学的、宗教的语言文本阅读中或者可以"得意忘言"，而文学文本的阅读却不能。相反，文学欣赏中要由言而得意，得意之后还要进一步赏言。语言符号是文学形象、文学审美意蕴得以呈现的媒介和载体，因此，文学欣赏中，理会文字与"会心""会意"总是相互激发的。文学阅读的经验告诉我们，理会文字总是帮助我们把握作品艺术形象、领会作品审美意蕴的必经之途。而一旦随着阅读的展开，文本创造的艺术形象在我们心中渐次清晰起来，我们对文本语言符号的感受和体味也会更加深切。这是我们在文学阅读中应该去细心体会的。

讨论题

1. 具体梳理一下文学欣赏中的释义与一般科学文本阅读过程中的释义有哪些不同。
2. 何以释义基础上的"辨味"既要不拘泥于文字又要不离文字？

1.3.　　"我情注物"与"物移我情"

　　花谢花飞飞满天，红消香断有谁怜？游丝软系飘春榭，落絮轻沾扑绣帘。闺中女儿惜春暮，愁绪满怀无释处。手把花锄出绣帘，忍踏落花来复去？柳丝榆荚自芳菲，不管桃飘与李飞；桃李明年能再发，明年闺中知有谁？……一年三百六十日，风刀霜剑严相逼；明媚鲜妍能几时，一朝漂泊难寻觅。花开易见落难寻，阶前愁杀葬花人；独把花锄偷洒泪，洒上空枝见血痕。……天尽头！何处有芳丘？未若锦囊收艳骨，一抔净土掩风流；质本洁来还洁去，不教污淖陷渠沟。尔今死去侬收葬，未卜侬身何日丧？侬今葬花人笑痴，他年葬侬知是谁？试看春残花渐落，便是红颜老死时。一朝春尽红颜老，花落人亡两不知。

——节选自《红楼梦》第二十七回

　　话说林黛玉只因昨夜晴雯不开门一事，错疑在宝玉身上，次日又可巧遇见饯花之期，正在一腔无明，未曾发泄，又勾起伤春愁思，因把些残花落瓣去掩埋，由不得感花伤己，哭了几声，便随口念了几句。不想宝玉在山坡上听见，先不过点头感叹；次又听到"侬今葬花人笑痴，他年葬侬知是谁？……一朝春尽红颜老，花落人亡两不知"等句，不觉恸倒山坡上，怀里兜的落花撒了一地。试想林黛玉的花颜月貌，将来亦到无可寻觅之时，推之于他人，如宝钗、香菱、袭人等，亦可以到无可寻觅之时矣。宝钗等终归无可寻觅之时，自己又安在呢？且自身尚不知何在何往，将来斯处、斯园、斯花、斯柳，又不知当属谁姓？——因此一而二，二而三，反复推求了去，真不知此时此际，如何解释这段悲伤！正是：花影不离身左右，鸟声只在耳东西。

——节选自《红楼梦》第二十八回

喜欢《红楼梦》的读者一定很熟悉上面这两段文字，黛玉这首著名的《葬花词》有些读者甚至可以背诵出来。将这两段文字摘抄到这里，是与本节要讨论的问题有关。

本节所要讨论的"我情注物"与"物移我情"，首先是对文学创作中"物"（即感发作者并被作者加以叙写借以传达情感的外物）、"我"（即创作者）之间关系的一种概括。文学创作无疑是一个"情动于中而形于言"的过程。这一过程中，物、我之间的交流是在感情的世界里发生的。创作者感知外物，将自己的情感投注到外物之上，"以我观物，故物皆著我之色彩"①，这也就是"我情注物"。同时，创作者的情感也会因外物的刺激而生发、移易，特定的景、物、人、事与创作者的情感相应合，会将创作者引入更强烈、更深刻的情感体验过程当中，所谓"春秋代序，阴阳惨舒，物色之动，心亦摇焉"（刘勰《文心雕龙·物色》）。这也就是"物移我情"。物、我交流以至物、我交融，发而为辞章，则"写气图貌，既随物以宛转，属采附声，亦与心而徘徊"（刘勰《文心雕龙·物色》）。

"感时花溅泪，恨别鸟惊心"（杜甫《春望》），花鸟本是娱人之物，如今的"溅泪""惊心"自然是国破家亡时节诗人眼中的"溅泪""惊心"。"蜡炬有心还惜别，替人垂泪到天明"（杜牧《赠别》），蜡烛本为无心无觉之物，如今居然能替人惜别垂泪，自然也是诗人的情感注入让它有了生命。著名小说《德伯家的苔丝》的作者哈代有一首短诗《伤痕》，第一节是：

　　我爬上了山顶，
　　　　回望西天的光景，
　　太阳在云彩里，
　　　　宛似一个血殷的伤痕。

---

① 王国维：《人间词话》，见《蕙风词话　人间词话》，人民文学出版社 1982 年版，第 191 页。

灿烂的太阳怎么会像伤痕？原来因为作者自己心上的伤痕①。这也正是为什么在文学作品中会是"一切景语皆情语"的根本原因。

上面读到的黛玉的《葬花词》，就是这一过程的一个很好的注解。黛玉前一天晚上去访宝玉，被晴雯拦在了门外而"错疑在了宝玉身上"，心中已是郁郁不乐。像黛玉这样敏感多情的女子，见到春去花落、满地残红的景致，本就会起无尽的感伤，何况还有昨晚留在心中无法排解的误会。此时此刻的黛玉，面对这花谢花飞、红消香断的凄惨景象，自然将自己与落花联系在一起。想到自己寄人篱下漂泊无定，正如这"花开易见落难寻"的落花，甚至比这落花还要悲惨——"侬今葬花人笑痴，他年葬侬知是谁？"对未来"一朝春尽红颜老，花落人亡两不知"的想象，被这由己及花、由花及己的两相观照所推动，自然更让黛玉一腔哀怨无处说，以至惜春、伤春终而自伤，惜花、怜花终至自怜，吟唱出了这样一首凄美动人的诗篇。

从本质上看，文学欣赏的心理活动规律与文学创作的心理活动规律是一致的。从理论上说，文学欣赏是读者为获得审美享受而进行的一种精神活动，是读者为了满足自己的审美需要，对文学作品所进行的带有创造性的感知、想象、体验、理解和评价的活动。这一活动由欣赏对象（文学作品）和欣赏主体（阅读者）之间的阅读关系构成。文学欣赏对象是由作家创作完成的文本形态，它最终会被如何认知，取决于读者的以情感应。文学欣赏的过程既是一个语言的阅读过程，更是一个情感移入、情感体验的过程。文学欣赏首先要求读者能够在文本语言符号的提示之下，借助自己的阅读经验、生活经验，发挥自己的联想和想象，将语言符号转化为艺术形象，并且要能够调动自己的情感经验，发挥自己的情感体验能力，顺利地进入文本构建的情感世界。这里的关键也在于要能"动情"，一方面要能被"打动"，即欣赏者要能够通过调谐自己的情感状态，让自己的情感被作品中有关人、事、景、物的描绘所传达的情感调动起来。与此同时，更要能够"自动"，即要能主动地将自己的情感投注到自己面对的艺术世界之中，设身处地，推己及人，移情于物，感同身受地细致体味作品情感。朱自清甚至将文学欣赏称为"情感的操练"。他说："欣赏是情感的操练，可以增加情感的广度、深度，也可以增加高度。欣赏的对象或古或今，或中或外，影响行动或深或浅，但是那影响总是间接的；直接的影响是在情感上。"②从这一角度看，文学欣赏同样也是一个类似文学创作的"我情

---

① 这首诗后面一节是："宛似我自身的伤痕，/知道的没有一个人，/因为我不曾袒露隐秘，/谁知道这伤痕透过我的心。"

② 朱自清：《古文学的欣赏》，见《朱自清古典文学论文集》（上），上海古籍出版社1981年版，第28页。

注物"和"物移我情"的情感活动过程。

上面摘引的宝玉听《葬花词》一节，也可以被看成这一过程的一个很好的注脚。宝玉来到山坡上偶然听到了黛玉的吟叹，这位多情公子起先只是从诗句的理解来感知诗中描绘的落花的命运，"花谢花飞飞满天，红消香断有谁怜"，甚至"未若锦囊收艳骨，一抔净土掩风流；质本洁来还洁去，不教污淖陷渠沟"，这些诗句在黛玉是吟花自况，而在此时的宝玉看来则不过是落花命运的形象写照。至于"闺中女儿惜春暮，愁绪满怀无释处"表达的惜春之意，在宝玉看来自然也只是一个多情女子可以理解的心情。这时的宝玉还没有充分调动起自己的情感体验，还只是停留在对诗中所描绘的落花的意象和传达的心情的一种认同和理解，因此也就只不过"点头感叹"而已。接下来的情况就不同了，"侬今葬花人笑痴，他年葬侬知是谁？试看春残花渐落，便是红颜老死时。一朝春尽红颜老，花落人亡两不知"，这些诗句让宝玉将落花与诗人、与自我连通，也激发起他强烈的情感体验，由花及人、由人及己，终于在对自己、对自己所喜爱的人乃至对自己身处其中的"斯处、斯园、斯花、斯柳"的最终命运的想象中，"不觉恸倒山坡上"。

《红楼梦》第二十三回"西厢记妙词通戏语，牡丹亭艳曲警芳心"中黛玉听曲一节，也很形象地印证了文学欣赏的情感活动过程：

（黛玉）正欲回房，刚走到梨香院墙角处，只听见墙内笛韵悠扬，歌声婉转，黛玉便知是那十二个女孩子演习戏文。虽未留心去听，偶然两句吹到耳内，明明白白，一字不落道："原来是姹紫嫣红开遍，似这般，都付与断井颓垣……"黛玉听了，倒也十分感慨缠绵，便止住步侧耳细听，又唱道是："良辰美景奈何天，赏心乐事谁家院……"听了这两句，不觉点头自叹，心下自思："原来戏文上也有好文章，可惜世人只知看戏，未必能领略其中趣味。"想毕，又后悔不该胡想，耽误了听曲子。再听时，恰唱到："只为你如花美眷，似水流年……"黛玉听了这两句，不觉心动神摇。又听到："你在幽闺自怜……"等句，越发如痴如醉，站立不住，便蹲身坐在一块山子石上，细嚼"如花美眷，似水流年"八字的滋味。忽又想起前日古人诗中，有"水流花谢两无情"之句；再词中有"流水落花春去也，天上人间"之句；又兼方才所见《西厢记》中"花落水流红，闲愁万种"之句，都一时想起来，凑聚在一处。仔细忖度，不觉心痛神驰，眼中落泪。

敏感的读者会发现这里的黛玉听曲与前面的宝玉"听"诗有些不同：宝玉"听"诗时情感体验的激发更多地来自由诗句引发的对于"现实"中的人、事命运的想象，而黛玉听曲时的情感激动则更多地来自于她对曲词的细致品味——先是被偶然听到的曲词吸引，继而在如痴如醉中细嚼曲词的滋味，最后终于在情味相同的诗句的联系中"不觉心痛神驰，眼中落泪"。相比之下，黛玉听曲实际上是一种更加纯粹的文学欣赏。应该注意的是，表面看来，黛玉听曲时的情感激动主要是由她对曲词本身的品味引发的，而深层次看，《牡丹亭》曲词之所以能够吸引她，能够让她去细致品味，说到底，还是因为这曲词中蕴含的情感与她的内心情感发生了共鸣。黛玉敏感多思，情感丰富，加之自幼寄人篱下，抑郁寡欢，情感与精神受到很大的压抑，这使她比一般女性感受到更多的不幸和哀怨。黛玉此时听到的曲词"原来是姹紫嫣红开遍，似这般，都付与断井颓垣"，她由"如花美眷，似水流年"联想起的唐人崔涂《春夕》中的"水流花谢两无情"，和南唐李煜《浪淘沙》中的"流水落花春去也，天上人间"，其实都正好道出了她对自己生活境遇乃至生命存在的深刻体验。正因为如此，她也才能真正理解这些诗句的妙处，也才会被这些诗句感动。

　　讨论到这里，我们应该可以对文学欣赏的性质有一个大体的认识了。从心理层面看，文学欣赏的过程其实就是欣赏者的情感体验过程。文学欣赏中必须有欣赏者自我情感的投入，也必须是一个"我情注物"或"物移我情"的过程，而且，文学欣赏中欣赏者能否用情感去观照欣赏对象，能否获得一种"以身体之，以心验之"的亲历性感受，关系到文学欣赏的质量和能否从文学欣赏中获得充分的审美愉快。之所以如此，根本原因就在于，和作家创作在一定程度上其实是表现自我一样，我们欣赏文学作品（包括其他的艺术作品），获得的其实是对自身情感乃至自我生命存在的体认。德国心理学家、美学家里普斯甚至将审美欣赏看成是对于自我的欣赏，他这样说道："审美的欣赏并非对于一个对象的欣赏，而是对于一个自我的欣赏。它是一种位于人自己身上的直接的价值感觉，而不是涉及对象的一种感觉。毋宁说，审美欣赏的特征在于在它里面我的感到愉快的自我和使我感到愉快的对象并不是分割开来成为两回事，这两方面都是同一个自我，即直接经验到的自我。"①欣赏过程中"感到愉快的自我"和"使我感到愉快的对象"的交融，在欣赏这方面来说，也就是通过情感体验得以实现的。

　　需要进一步指出的是，文学欣赏对于欣赏者情感体验的依赖，更要求欣赏者在欣赏过程中能够充分调动自己的联想和想象能力。从心理学上说，联想是指从一事物想到另一相关事物的心理能力，想象则是一种对记忆表象加工改造，构成新的表象的心理能力。文学创作需要联想和想象能力的发挥，文学欣

---

① ［德］里普斯：《移情作用、内摹仿和器官感觉》，见伍蠡甫编《现代西方文论选》，上海译文出版社1984年版，第4页。

赏也是如此。文学欣赏过程中，欣赏者要通过联想和想象将语言符号转化为艺术符号。

文学是语言的艺术，文学欣赏当然是以对文本语言的阅读和感受为起点的。不过，语言符号的阅读、理解的过程，同时也是艺术形象的重建过程。作家创作是把那些蕴含着自己生活体验、人生感悟的人、事、景、物——用规范的文学理论术语说也即文学形象——借助语言符号加以物化，生产出文学作品。欣赏者则是通过对语言的阅读，最终在自己的头脑中把语言符号"还原"为艺术形象。而艺术形象的"重建""还原"，是依靠联想和想象完成的。现代学者、作家夏丏尊、叶圣陶在他们合作的一篇专门探讨文学欣赏的文章中就这样谈道："文章是无形的东西，只是白纸上的黑字，所以会感到悲欢，觉得人物如画者，全是想象的结果。"[①]从阅读文学作品的经验得知，事实确实如此。"昔我往矣，杨柳依依。今我来思，雨雪霏霏"（《诗经·采薇》），从纸面上读到的只是十六个文字符号，但这十六个文字符号却能在我们的头脑里转换成与这首诗的歌吟者吟唱的情景大体一致的形象画面：记忆中离家时节的杨柳依依和归来时面对的雪花纷扬，从这对比中读者也能体味到歌吟者心中的凄凉和哀伤。这当然是读者的想象在起作用。《红楼梦》第四十八回写香菱谈学诗的体会，就很能给人启发。她说："诗的好处，有口里说不出来的意思，想去却是逼真的。有似乎无理的，想去竟是有理有情的。"她举了王维的《塞上》为例：""大漠孤烟直，长河落日圆。'想来烟如何直？日自然是圆的：这'直'字似无理，'圆'字似太俗。合上书一想，倒像见了这景的。要说再找两个字换这两个，竟再找不出两个字来。"香菱的这一段话里用了四个"想"字，这四个"想"字的意思却不尽相同。"想来烟如何直"的"想"只是依据常理推理的"想"，是一种很理性的判断。"想去却是逼真的""想去竟是有理有情的"以及"合上书一想"这三句中的"想"则是想象或以想象为核心的艺术推想。依常理而言，烟即使在无风的时候也总是雾状弥散的，自然不好用"直"来形容；而日头本来就是圆的，说"长河落日圆"等于是用圆来形容圆，当然很没有意思了。而当香菱发挥自己的艺术想象力来体味王维这两句诗时，她"看"到的是一幅壮阔苍凉的"逼真"的画面，至此也真正品出了这"直"字和"圆"字的妙味，以至于觉得找不出另外两个能替换的字来。从这里可以看到联想和想象力的发挥对文学欣赏的重要，的确如夏丏尊、叶圣陶说的："想象是鉴赏的重要条件，想象力不发达，鉴赏力也无法使之发达的。"[②]

文学欣赏中联想和想象能力的发挥，还是激发和推动欣赏者展开深入的情

---

① 夏丏尊、叶圣陶：《鉴赏座谈会》，龙协涛编《鉴赏文存》，人民文学出版社1984年版，第24页。

② 夏丏尊、叶圣陶：《鉴赏座谈会》，龙协涛编《鉴赏文存》，人民文学出版社1984年版，第24页。

感体验的重要因素。从一般心理活动规律来看，想象的展开往往依靠情感的推动。文学欣赏当然也不例外。不过，文学欣赏中，想象的展开和情感体验的逐步深入，更多地呈现为一种相互的激发。一方面，欣赏者在文本阅读过程中要在语词符号的提示下展开联想和想象，渐次完成从局部到整体的作品形象的重建，由形象的重建引发情感的活动。另一方面，欣赏者调动起来的情感体验，也激发联想和想象的充分展开，将欣赏者带入作品规定的情境之中，实现与艺术形象的情感交流。没有在联想和想象作用下的形象重建，情感体验无由发生；而没有情感体验的逐步深入，联想和想象也难以充分展开。这一点，从上面摘引的《红楼梦》中宝玉"听"诗和黛玉听曲两节中宝玉和黛玉的情感活动过程，都可以观察到。宝玉"听"诗正是因为宝玉由对黛玉吟唱的诗句的体味，进入对自己身边这些女儿们以及对自我命运的想象，才最终让他恸倒在山坡之上。而黛玉听曲则是随着对曲词的逐步理解进入曲词创设的情境之中，随着联想和想象的逐步展开，情感体验也逐步深入。这两节写的虽然都是虚构的小说人物，但与我们的欣赏感受相互印证，可以知道这里对于欣赏活动中欣赏者的心理活动的描写，是相当准确的。由此可见，文学欣赏中联想和想象的发挥，不仅关系到是否能够顺利地将语言符号转化为艺术符号，完成形象的"还原"和"重建"，而且也关系到欣赏者情感被激活的程度，进而决定着文学欣赏的质量。

本节重点讨论了文学欣赏过程中欣赏者的情感体验以及联想、想象能力的发挥的问题。这里要特别说明的是，文学欣赏并不止于通过文学阅读经历一个情感体验的过程，也不仅仅只需要联想和想象能力的发挥。近代学人王国维在他的《人间词话》中说："诗人对宇宙人生，须入乎其内，又须出乎其外。入乎其内，故能写之。出乎其外，故能观之。入乎其内，故有生气。出乎其外，故有高致。"①这里所说的"入乎其内"和"出乎其外"指的虽是诗人创作，其实也适于文学欣赏。文学欣赏中的情感体验只是文学欣赏过程中必需的一个"入乎其内"的阶段。事实上，文学欣赏还需要欣赏者能够"出乎其外"，即在感受、体验、领悟的基础上，跳出作品，在一种有距离的观照中对作品的意义、价值乃至成功和失败作出审美的判断。这时，欣赏者会进入一个理性思考的过程。正如前面已经谈到的，文学欣赏实际上是一个"入乎其内"与"出乎其外"交替运动的过程。"入乎其内"让我们深刻领悟作品传达的情感、意味，而"出乎其外"，使我们"入乎其内"的所得获得提升。这是我们在文学欣赏过程中不能忽视的。

---

① 王国维:《人间词话》,见《蕙风词话　人间词话》,人民文学出版社1982年版,第220页。

1. 文学欣赏中的情感体验与日常生活中的情感活动有什么性质的区别？

2. 文学欣赏将语言符号转化为艺术符号的过程中，欣赏者的再创造体现在哪些方面？

1.4. 修辞中的通感与接受中的联觉

促织声尖尖似针，更深刺着旅人心。

独言独语明月里，惊觉眠童与宿禽。

——贾岛《客思》

剪剪轻风未是轻，犹吹花片作红声。

一生情重嫌春浅，老去与春无点情。

——杨万里《又和〈萧伯和〉二绝句》

贾岛（779—843），字阆仙，范阳（治今河北涿州）人，是中唐时期的著名诗人，以苦吟著称。贾岛年轻时曾出家为僧，在诗坛声名鹊起后还俗。他参加过进士考试，因出身卑微未被录取，一生只作过长江主簿、司仓参军之类小官，去世时65岁，有《长江集》传世。贾岛善于运用朴素的日常语言描摹自然风物，抒写实际生活情景，形成一种平朴清淡的诗歌风格。上面介绍的这首《客思》，就有这样的特点。这首七言绝句"记录"了一个客居他乡、漂泊在外的游子，在一个明月朗照的夜晚，耳听蟋蟀如针般尖锐的吟唱，愁思无眠、孤坐独语的情景。这首诗描摹真切，用语平淡浅显，很符合韩愈对他的"往往造平淡"（《送无本师归范阳》）的评语。从艺术审美的角度看，绚烂容易平淡难。平淡其实是一种很高的艺术境界。正如宋代诗人梅尧臣所说的："作诗无古今，欲造平淡难。"（《和晏相诗》）只是贾岛的诗作涉及的生活面相对比较狭窄，加之刻意追求炼字炼句而缺少更见深度的激情抒发，因此，他的诗作也往往给人一种枯寂之感。

杨万里（1127—1206），字廷秀，自号"诚斋野客"，吉州吉水（今江西吉水）人，是南宋时期与陆游、辛弃疾同时代的诗人，曾在朝廷和地方担任官职，晚年因触忤宰相愤而辞官归田，家居十五年不出，终怀忧愤而辞世，有《诚斋集》传世。史载他少习理学，讲究品节，为人刚毅狷介，不苟合取容，时人称其有"折角之刚"。杨万里学诗初从江西诗派入手，晚年师法唐人绝句，而逐渐摆脱既定范式的拘囿，熔铸成独具风格的"诚斋体"，诚如他后期自况："浏浏焉无复前日轧轧矣。"（《荆溪集序》）他的诗多为因物兴感，信手发挥，特别善于从平常的事物中捕捉富有情趣的瞬间，并用浅近的语言将所见、所闻、所感表现出来，语言新鲜活泼、平易清朗。从他的"平田涨绿村村麦，嫩水浮红岸岸花"（《三月三日雨作遣闷十绝句》），"戏掬清泉洒蕉叶，儿童误认雨声来"（《闲居初夏午睡起二绝句》）等诗句，都能很真切地感受到他的诗风。

我们将两首不同时代、不同内容的诗放在一起，提供两个关于通感的典型范例。贾岛的"促织声尖尖似针"——听觉感知到的声音有了针似的视觉形象，并且也有了可见可触的尖利的质感。而杨万里的"犹吹花片作红声"，则是将本来应该由视觉去感知的颜色转换为听觉的声音，以至于需要由听觉去体会。这两句诗，一个是由听觉向视觉和触觉转移，一个是由视觉向听觉转移，使听觉与视觉两种本来应该各司其职的感觉获得了沟通——这也就是通常所说的通感。

通感在心理学上称为"联觉（synesthesia）"，或"通觉""移觉"，指人的各种感觉之间发生相互作用，不同感官的感觉沟通起来，感觉发生转移的心理现象，例如由颜色刺激引起听觉反应的"色—听"联觉，由视觉刺激引起听觉反应的"视—听"联觉，就是常见的联觉。人的感觉系统包括了视觉、听觉、嗅觉、味觉、触觉，这些不同感觉之间应该是各司其职的，《荀子·君道篇》中就谈道："人之百事如耳、目、鼻、口之不可以相借官也。"所以说："目无尝音之察，耳无照景之神。"（陆机《演连珠》）但实际情况是，我们在感知外部事物时，确实常常出现不同感觉之间的相互连通，如将红、橙、黄等色彩称为"暖色"，将蓝、紫、绿等色彩称为"冷色"，是因为这些色彩唤起的心理感觉，似乎能同时在触觉上感觉到"暖"或"冷"；将声音区分为"圆润"与"尖利"，是因为不同的声音能唤起我们或"尖"或"圆"的心理感受，是一种听觉到触觉的转移。钱锺书在《通感》一文中对此有简明而通俗的解释，他说："在日常经验里，视觉、听觉、触觉、嗅觉、味觉往往可以彼此打通或交通，眼、耳、鼻、舌、身各个官能的领域不分界限。颜色似乎会有温度，声音似乎会有形象，冷暖似乎会有重量，气味似乎会有体质。诸如此类，在普通语言里经常出现。譬如，我们说'光亮'，也说'响亮'，把形容光辉的'亮'字转移到声响上去，正像拉丁语以及近代西语常说'黑暗的嗓音'、'皎白的嗓音'，就仿佛视觉和听觉在这一点上有'通财之谊'。"[1]中国古代文艺理论家早已注意到了这种心理现象，《礼记·乐记》中有"故歌者，上如抗，下如队，曲如折，止如槁木，倨中矩，句中钩，累累乎端如贯珠"的描述，孔颖达在《礼记正义》中就这段描写音乐给人的感受的文字谈道："声音感动于人，令人心想其形状如此。"《列子·汤问》赞赏美妙的乐音，有"余音绕梁，三日

---

① 钱锺书：《通感》，见《七缀集》（修订本），上海古籍出版社 1994 年版，第 64 页。

不绝"之说，用视觉感受描摹听觉感受——优美的音乐犹如可以看得见的"绕梁"丝带。这种"听声类形"显示的就是一种通感现象。

　　艺术通感作为一种重要的文学修辞手段，被诗人、作家经常使用。法国诗人波德莱尔有一首著名的诗 *Correspondances*，朱光潜译为《感通》，其中说"香气、颜色、声音，都遥相呼应"。钱锺书在《通感》一文中指出，《礼记·乐记》中那段"声音感动于人，令人心想其形状如此"的文字"体贴入微，为后世诗文开辟了道路"。[①]细究起来，诗歌中的艺术通感，既是一种常见的修辞技巧，也是诗人创作过程中艺术思维高度发达的结果。一方面，诗人感物，必然要突破单一的感觉经验，而表现为各种感觉相互联系并达到沟通，形成一种对于外物的全身心的体察；另一方面，在艺术思维过程中，由于联想和想象的作用，各种符号迁延流动，各种感觉的界限被打破，感知、表象等交叠、转化、渗透、互通，会很容易地形成一种"感觉挪移"，以至于"鼻有尝音之察，耳有嗅息之神"。因此，在诗的国度，扩大一些说，在文学的世界里，声音能够产生气味，以至"非鼻闻香"，如"佳人抚琴瑟，纤手清且闲；芳声随风结，哀响馥若兰"（陆机《拟西北有高楼》）；"耳中见色"、见"形"、见"味"也颇为常见，如"风随柳转声皆绿，麦受尘欺色易黄"（严遂成《满城道中》），如"折翼犹能薄，酸吟尚极清"（贾岛《病蝉》）。与此相应，本来没有声音的对象，在诗人的眼里心中，也会发出声音而使"眼里闻声"，如"三月萤火闹，万里天河横"（陈与义《舟抵华容县夜赋》），如"天河夜转漂回星，银浦流云学水声"（李贺《天上谣》），如"隔竹卷珠帘，几个明星，切切如私语"（黄景仁《醉花荫·下夜》）。又如法国诗人兰波在《元音》中，描述五大元音给人不同的色彩、音响、气味、情态和形象的感受，是五种感觉交错："Ａ．苍蝇身上的黑背心／围着恶臭嗡嗡旋转，阴暗的海湾；……／Ｅ．雾气和帐幕的纯真，冰川的傲峰／白的帝王，繁星似的小白花在微颤……"[②]正是由于诗人在创作中，将感觉相互沟通、交融，或借助嗅觉强化听觉，或借助听觉强化视觉，或借助视觉强化触觉……所以才熔铸了古今中外诗歌中那些生动新奇的诗句，使读者体会到诗歌语言"无理而妙"的悠长韵味。

　　需要说明的是，运用艺术通感来描摹艺术形象的方法，并不是只有在诗歌文本中才可以见到，其他类型的文学文本如小说、散文中，也有不少成功的例子。小说中的例子如《老残游记》第二回描写小玉说书：

　　　　渐渐地声音越唱越高，忽然拔了一个尖儿，像一根钢丝似的，抛入天

---

① 钱锺书：《通感》，见《七缀集》（修订本），上海古籍出版社 1994 年版，第 67 页。
② 这里的 Ａ 和 Ｅ 指音乐中的 Ａ 调和 Ｅ 调。

际。……哪知她于极高的地方，尚能回环曲折。……恍如由傲来峰西面，及至翻上扇子崖，又见南天门又在扇子崖上，愈翻愈险。……唱到极高的三四叠后，陡然一落……有如一条飞蛇在黄山三十六峰半中腰里盘旋穿插。……愈唱愈低，愈低愈细。……忽又扬起，像放那东洋焰火，一个弹子上天，随化作千百道五色火光，纵横散飞……

再如屠格涅夫的《歌手》：

> ……他唱道，"田野里的道路不止一条"，于是我们大家觉得甘美而恐怖。我实在难得听到这样的声音：它稍稍有些破碎，仿佛零珠碎玉般地碰响；开头甚至还带有一丝病态的感觉；但是其中有真挚而深切的热情，有青春，有力量，有甘美的情味，有一种销魂而广漠的哀愁。……他的声音不再战栗，——他颤抖着，但这是一种不很显著的、内在的、像箭一般刺入听者心中的热情的颤抖，这声音不断地剧烈起来，坚强起来，扩大起来。记得有一天傍晚，退潮的时候，海水的波涛在远处威严而沉重地汹涌着，我在海岸的平沙上看见一只很大的白鸥：它那丝绸一般的胸脯映着晚霞的红光，一动不动地坐在那里，只是偶尔对着熟悉的海，对着深红色的落日，慢慢地展开它那长长的翅膀，——我听见了雅可夫的歌声，就想起了这只白鸥。……他唱着，他的歌声的每一个音都给人一种亲切和无限广大的感觉，仿佛熟悉的草原一望无际地展开在你面前一样。

散文中的例子如老愚的《距离的权威》，作品写一个被父亲抛弃的孩子，在七岁时随母亲改嫁来到继父家。这个七岁孩子对继父家院子里的那棵樱桃树、对继父有这样的感觉："七岁那年，继父家院子里一株樱桃叮叮当当地红起来，你这只小鸟随意落到枝头……天黑了，父亲的手和眼会放出光来，照亮你的睡床。"张执浩《雪里红》写曾强病逝前盘珊的感觉："盘珊觉得曾强的声音是黑色的，像墨汁，平静，却几乎干涸。"这些描写，有的是"着色的听觉（colour-hearing）"（朱光潜语），有的是"如音乐般的气味"，无疑都是"听声类形"，以"形""色""味"写声。这说明，利用"感觉的挪移"也即通感来描画形象，实际上是文学常用的表现手法。

艺术创作中的通感现象也为艺术的欣赏提供了启发。从理论上说，任何一种艺术的欣赏都需要有相应的艺术感受能力，相对不同的艺术作品而言，欣赏者需要的感受能力也有相应的不同。如对于绘画的欣赏，由于造型艺术本身以其空间造型形象直接作用于欣赏者的视觉，因此要求欣赏者具备相应的对于色彩、线条、不同材质的质感有敏锐的感觉。不用说，一个目不辨五色的人要很好地欣赏绘画几乎是不可能的。音乐直接作用于欣赏者的听觉（我们不能把记录乐音的乐谱看成音乐，这是一个常识），因此也要求欣赏者具备对于音响、旋律、节奏等的敏感。不要说失聪者无法欣赏音乐，即使对于一个听觉能力没有损伤的人来说，假如他没有对于音响、旋律、节奏的敏感，即使最美的音乐对他来说也可能只是噪音。从常理上看，我们似乎是不能用视觉来"看"音乐或用听觉来"听"绘画的，但是，欣赏实践又确实告诉我们，即使在绘画、音乐的欣赏中，许多时候，也需要、事实上也常常会调动我们的各种感觉，形成各种感觉的相互沟通，从而更好地欣赏不同的艺术作品。而真正优秀的艺术作品，似乎也具备这样一种激发和调动欣赏者沟通各种感觉去全身心地感受它的"魔力"。《论语·述而》说："子在齐闻韶乐，三月不知肉味。"说的是《韶》乐之美使人感到唇齿留香，回味悠长。这是孔子听音乐时的感觉。唐人李颀《听董大弹胡笳弄兼寄语房给事》："空山百鸟散还合，万里浮云阴且晴。"胡笳弹奏出的乐曲让人似乎看到百鸟在空山之中的翔集聚散，让人感到万里晴空浮云的来去。这是诗人听音乐时的感觉。无论哲人孔子还是诗人李颀，在听音乐时都不仅仅用耳朵在听，而是同时调动了自己的视觉甚至味觉。音乐的欣赏如此，绘画的欣赏也是如此。宋代画家李公麟所绘《阳关图》，刻画"惜别悲歌情状，惟妙惟肖"，因此题诗者众。黄庭坚《题阳关图》说："断肠声里无形影，画出无声亦断肠。"古人送别时往往咏唱《阳关三叠》之类的送别曲，这《阳关三叠》自然是有声无形的，李公麟《阳关图》当然也不可能画出咏唱送别曲的音响和旋律，但诗人赏画，却从画上听出了"断肠声"，送别时深情吟唱出的断肠声虽"无形"却有"影"，因而"无声亦断肠"。诗人这里"记录"的赏画的感受也让我们看到诗人赏画时视觉与听觉的沟通。

文学是语言艺术。语言艺术形象的间接性与意象性（或"心象性"），既需要欣赏者有效地沟通各种感觉去感知文学形象，一定意义上也为欣赏者顺利沟通各种感觉形成欣赏过程中的联觉铺平了道路。文学形象的接受和欣赏需要通过语言的中介，要求欣赏者在语言符号的提示下，充分调动自己的艺术感受和艺术联想、想象能力，将语言符号还原为艺术符号。由于文学形象不直接作用于欣赏者的感官，不对欣赏者的感觉造成直接刺激，虽然一定程度上造成了形象本身的模糊性和不确定性，但也正因为这种模糊性和不确定性，为欣赏者留下了更大的联想和想象的空间。它可以更加有效地激发和调动欣赏者各种感觉能力，为欣赏者沟通各种感觉提供了条件。而欣赏者也只有最大限度地发挥想象和联想的作用，使自己的各种感觉相互沟通、相互作用，才能真正感受到文学作品描声绘形的妙处。对于那些借助艺术通感所作的形象描绘的欣赏，尤其如此。如我们读唐李贺《天上谣》的"天河夜转漂回星，银浦流云学水声"，只有真正能够感受到天河流转，星云似水，举首仰望凝神谛听中，仿佛耳畔有流水潺潺，也才会真正体味出这诗句的妙处。当我们读到古希腊荷马史诗《伊利亚特》中的"像知了坐在森林中一棵树上，倾泻下百合花也似的声音"，能够将本为听觉信息的知了鸣叫转化为洁白幽雅、香馨馥郁的百合花的视觉信息，那淡雅的气息会伴随声音而来，令人神往。我们读《水浒传》中的"鲁提辖拳打郑关西"一节，郑屠受到重击后"鼻子歪在一边，却便似开了个酱油铺子：咸的、酸的、辣的，一发都滚了出来"，也要求我们将视觉的信息转化成味觉信息。《红楼梦》第四十八回中"香菱品诗"，在谈到王维的"日落江湖白，潮来天地青"中的"白"与"青"二字时，竟然说"含在嘴里，倒像有几千斤重的一个橄榄似的"。这"几千斤"的重量，对于人来说其实是一种"重压感觉"（肌肤触觉的一种），而"橄榄似的"味道，则是把自然风景的色彩，幻化为感觉、滋味。这种阅读感觉无疑是欣赏中的联觉造成的，也是符合文学欣赏的规律的。可见，通感与联觉对于文学创作与鉴赏的能力都是很大的丰富。苏东坡评论王维的诗、画，说"味摩诘之诗，诗中有画；观摩诘之画，画中有诗"（《书摩诘蓝田烟雨图》），这样的鉴赏虽不是仅靠通感可以完成的，但通感在其中所起的重要作用是显而易见的。

需要特别指出的是，在理解作为文学修辞的通感时，要注意将通感与比喻区别开来。如前所述，通感是两种或多种不同感觉经验的相互挪移、沟通，而不是一种单纯的比喻，虽然它有时也可能与比喻类似。如"促织声尖尖似针"，诗句中甚至用了"似"这样的喻词，但因"尖似针"是紧承前面的"听声类形"的"声尖"而来的，所以这是通感而不能仅仅看作是比喻。相反，白居易在《琵琶行》中摹写琵琶"大弦嘈嘈如急雨，小弦切切如私语。嘈嘈切切错杂弹，大珠小珠落玉盘。间关莺语花底滑，幽咽泉流冰下难"，用雨声、私语声、珠玉落盘声、鸟声等状琵琶声，"只是把听觉联系听觉，并未把听觉沟通视觉"[1]。另如现代诗人郑敏的《舞》："舞、舞、舞、舞舞舞／红色的黑色的疯狂／邀来无尽的／痛苦的欢乐。"则是以色彩与情感的变化形容舞蹈的迷狂，也不属于通感的描写。我们在欣赏文学作品时，要注意仔细辨析。

讨论题

1. 你能够在自己阅读过的文学作品中找到一些通感的例子吗？

2. 文学欣赏中，对那些不属于通感的文学描写的欣赏，是否有时也需要我们将各种感觉相互沟通而形成联觉？

---

[1] 钱锺书：《通感》，见《七缀集》（修订本），上海古籍出版社 1994 年版，第 67 页。

1.5. 艺术的高下与趣味的雅俗

　　对妆台，忽然间打个喷嚏，想是有情哥思量我，寄个信儿。难道他思量我刚刚一次？自从别了你，日日泪珠垂。似我这等把你思量也，想你的喷嚏儿常似雨。

　　　　　　——［明］冯梦龙编《挂枝儿（卷三）·想部·喷嚏》

　　意昏昏，懒待要拈针刺绣。恨不得将快剪子剪断了丝头，又亏了他消磨了些黄昏白昼。欲要丢开心上事，强将针指度更筹。绣到交颈的鸳鸯也，我伤心又住了手。

　　　　　　——［明］冯梦龙编《挂枝儿（卷三）·想部·倦绣》

　　前日瘦，今日瘦，看看越瘦。朝也睡，暮也睡，懒去梳头。说黄昏，怕黄昏，又是黄昏时候。待想又不该想，待丢时又怎好丢！把口问问心来也，又把心儿问问口。

　　　　　　——［明］冯梦龙编《挂枝儿（卷三）·想部·心口相问》

　　上面这三首小曲曲词，选自明代冯梦龙编撰辑录并评点的小曲集《童痴一弄·挂枝儿》。"挂枝儿"是明代兴起于万历年间的一种很流行的小曲的名称。明人沈德符《顾曲杂言》中谈道："比年以来，又有《打枣竿》《挂枝儿》二曲，其腔调约略相似，则不问南、北，不问男、女，不问老、幼、良、贱，人人习之，亦人人喜听之，以至刊布成帙，举世传诵，沁人心腑。其谱不知从何而来，真可骇叹。"[1]"打枣竿"和"挂枝儿"这样的在正统文人雅士看来绝对不登大雅之堂的坊间俚曲，其实也就是一种民间歌谣。这样的俚曲歌谣如此流行，居然还"逗引"得文人参与其间，加以辑录整理，"以至刊布成帙，举世传诵"，根本的原因应该是这些小曲感情真挚，无遮无拦，真率火热，全无雕饰地表达了人的喜怒哀乐及嗜好、情性，且充溢着浓郁的世俗生活的气息，因而具有极强的感染力。冯梦龙就认为，类似"挂枝儿"这样的俚曲歌谣，与《诗经》中的民歌在本质上是一致的，"桑间、濮上，国风刺之，尼父录焉，以是为情真而不可废也。……若夫借男女之真情，发名教之伪药，其功于《挂枝儿》等"（《序山歌》）。上面这三首曲词就具有"情真"的特点，具有对抗礼教禁锢的作用。将这三首曲词放在一起读，似乎能看到一个处于相思之中的女子，自早而晚对于自己相思之苦的不停吟唱：晨起梳妆，一个喷嚏让她很自

---

　　① 沈德符：《顾曲杂言》，见郭绍虞主编《中国历代文论选》第 3 册，上海古籍出版社 1980 年版，第 234 页。

然地想到心上人在思念自己（民间有打喷嚏是因为有人在想自己的说法），她甚至因为只打了一个喷嚏而怀疑心上人只是偶尔想自己一次，还想象自己的心上人可能由于自己这样的无时无刻的思念而喷嚏如雨。拈针刺绣，本要以此打发这漫长难捱的思念的白昼，却在没情没绪中"恨不得将快剪子剪断了丝头"，剪自然是真想剪，可真剪断了又该用什么办法"度更筹"？因相思而苦，因相思而瘦，明知"待想又不该想"——这"想"实在太折磨人了。可"待丢时又怎好丢！"又哪里能丢得开？把口问心，心自难言；把心问口，口又何说！如此的心理矛盾真切地描述出了一个陷于思念之中的女子微妙复杂的心情，实在能让我们体会出一些"剪不断，理还乱"的心态。

实际上，如此情畅意浓、真朴自然、诚挚感人的作品，在出自村夫农妇之口的民歌中几乎俯拾皆是。下面这首民歌也许很多读者都熟悉：

> 傻酸角，我的哥，和块黄泥儿捏咱两个。捏一个儿你，捏一个儿我。
> 捏的来一似活托（脱），捏的来同床上歇卧。将泥人儿摔碎，着水儿重和过，
> 再捏一个你，再捏一个我——哥哥身上也有妹妹，妹妹身上也有哥哥。

这无疑是热恋中的人唱出的歌。如此奇妙大胆的想象，如此直率热烈的表白，真正让我们体会到什么叫"情到极处必用语惊人"。而且，细细品味，可以发现，这首似乎很直白地唱出的歌，艺术上也有它耐人品味的高妙之处。在歌者的心中，相爱的人本就是两个生命的完全融合，他们因同心而相吸，就如一块黄泥捏成的两个个体，"活托"相似而能走到一起。而一旦由相吸到相爱，两个生命就不再单纯是两个相互独立的个体——至少在歌者的心中不愿意仅仅只是两个相互独立的个体。相爱其实就是将两个人揉碎、融合再加以重塑的过程。这是一种对于爱的很深刻的体验。歌者将这爱的体验借助想象中的泥人重塑的过程生动地吟唱出来，获得一种情辞婉曲又可感可触的艺术效果。

在本节开始的时候之所以要和读者一起读上面这些俚曲歌谣，就是希望以此为引子和示例，讨论一下文学欣赏中可能遇到的两个问题：一个是文学作品本身的艺术高下及趣味雅俗的问题，一个是与此相联系的、我们需要什么样的艺术趣味的问题。前者关系到如何认识文学，而后者则关系到我们能否真正进入文学的欣赏。*

---

* 请访问爱课程网→资源共享课→文艺学系列课程/孙文宪→1.总论→第五讲
  概说下2（00∶33∶38—00∶40∶10）/魏天无。

　　可以对文学作雅、俗的区分，似乎是许多人的共识，而且很早就有，直到今天也还有很多人坚持。中国传统文学观念很长时间内都是将诗、文视为文学大雅之堂的正宗，而将小说、戏曲视为"丛残小语""小道末技"，将其排除在文学大雅之堂之外。魏晋时期被曹丕称作"经国之大业，不朽之盛事"（《典论·论文》）的"文章"，主要是指文人雅士的散文、诗赋。曹丕所处的魏晋时代已经有了很丰富的民间创作，如民歌以及作为小说雏形的志怪、志人小说，但它们都不在"文章"之列。这种情况一直延续到宋明以后。其间，比如唐代，虽然也有文人尝试自觉的小说创作，但那些大多也是"唐朝士子在投考进士以前用来送给一些大人先生看，介绍自己，求他们给自己宣传的"①。其中虽也能见出作者的"史才、诗笔、议论"，但从写作的目的来看，主要还是用来显示才华，提供"谈助"，并不是当作"经国之大业，不朽之盛事"来做的，不被大多数文人重视。宋明以后，随着小说、戏曲的成熟、兴盛，特别是社会的变迁带来人们的思想观念、文学观念的变化，一些具有很强的反传统意识的思想家、文论家开始为小说、戏曲争取地位，小说、戏曲才在文学园地里有了一席之地。不过，尽管如此，它们也仍被视为"俗"文学，以与诗、文这样的"雅"文学相区别。现在自然已经不再把小说、戏曲（戏剧文学）看成是"俗"文学，更不会将它们排斥在文学殿堂之外了。但是，在人们的观念中，似乎仍然会自觉不自觉地将文学作雅、俗的区分，比如将言情、武侠小说称为通俗文学，比如在前面已经读到的那些俚曲歌谣在一些读者的心里也一定会归于"俗"的一类。而且，一般来说，在选择欣赏对象时，我们往往还会自觉不自觉地对"俗"的那一类作品表现出某种程度的不屑。

　　细究起来，我们常常并不是至少不完全是从具体作品传达的审美情趣出发来对它们作雅、俗的区分的。所谓俗文学的"俗"，一方面是指这类文学作品能被大众读者广泛接受，易于流行。这类作品内容上往往贴近民间世俗生活，艺术上更接近大众欣赏口味，自然为一般读者所喜爱。另一方面，从文学史上看，也是因为这类文学作品最早主要是出自于坊间里巷的民间创作。来自民间，反映世俗生活，表现世俗情感，自然也可称之为"俗"了。虽然在对文学作雅、俗区分时，也可能有审美情趣的高雅或低俗的辨析，但总体看来，这种辨析并不是一个主要标准。

　　其实，文学作品传达的审美情趣的高雅或者低俗，与作品本身是否通俗的、流行的，是出自文人之手还是来自坊间里巷，并没有太大的关系，至少没有直接的关系。艺术当然有高下之分，但并不是只要属于这里所说的雅文学范围的作品，其艺术质量就一定高，而只要是属于俗文学范围的作品，其艺术质

---

① 朱自清:《论雅俗共赏》,生活·读书·新知三联书店 1998 年版,第 3 页。

量就一定不高。同样的道理，通常被看作雅文学的诗或散文，有可能被用来表现某种粗俗低下的审美趣味，而出自坊间里巷的戏文、歌谣，正如前面已经看到的那样，倒能让我们读出醇厚感人的文学雅趣，这就是人们说到的大俗成就大雅。事实上，如果把眼界放开一些，就会发现，即使在今天那些曾经为许多人所不屑的流行艺术如通俗歌曲中，也有若干传达出很高的也很深刻的审美趣味的作品。比如那首大家都"耳熟能唱"的《弯弯的月亮》：

> 遥远的夜空，有一个弯弯的月亮；弯弯的月亮下面，是那弯弯的小桥；小桥的旁边，有一条弯弯的小船。弯弯的小船悠悠，是那童年的阿娇。……哦，我的心充满惆怅，不为那弯弯的月亮，只为那今天的村庄，还唱着过去的歌谣。哦，故乡的月亮，你那弯弯的忧伤，穿透了我的胸膛。

这是一首通俗歌曲的歌词，也是一首很优美的诗。作者用一种感伤的笔调，吟咏自己童年、故乡的记忆，抒发着自己因今天的故乡还在"唱着过去的歌谣"的忧伤。童年记忆中的夜空、弯月，弯月下的小桥、桥下弯弯的小船以及船上的童年伙伴，借助"顶针格"的连接渐次展开，将我们带入一个诗意的境界，让我们清晰地感受到歌者对故乡刻骨铭心的眷恋。正是这种眷恋——当然也是对故乡的不能割舍的爱——让歌者在充满诗意的童年记忆与他身处其间的现代文明的比照中，为故乡似乎还留在现代文明之外而忧伤。歌词平易朴实，一如口语，却传达出一种深挚感人的故土情怀。这里有眷恋、有爱、有悲悯，也有渴望，让我们深深感动。

　　明代戏剧家李开先在他的《市井艳词序》中，称赞出自市井、在当时被看作"淫艳亵狎"的民间歌谣"语意则直出肺肝，不加雕刻，俱男女相与之情，虽君臣友朋，亦多有托此者，以其情尤足感人也。故风出谣口，真诗只在民间"[①]。朱自清也有类似的见解，他说："有的雅人说《西厢记》诲淫，《水浒传》诲盗，这是'高论'。实际上这一部戏剧和这一部小说都是'雅俗共赏'的作品。《西厢记》无视了传统礼教，《水浒传》无视了传统的忠德，然而'男女'是'人之大欲'之一，'官逼民反'，也是人之常情，梁山泊的英雄正是被压迫的人民所想望的。俗人固然同情这些，一部分的雅人，跟俗人相距不太远的，也未尝不高兴这两部书说出了他们想说而不敢说的。这可以说是一种快

---

① 李开先：《市井艳词序》，见郭绍虞主编《中国历代文论选》第 3 册，上海古籍出版社 1980 年版，第 85 页。

感，一种趣味，可并不是低级趣味；这是有关系的，也未尝不是有节制的。'诲淫'、'诲盗'只是代表统治者的利益的说话。"①这些都是很深刻也极具启发性的见解。

　　换个角度看，能否从文学作品中读出高雅之趣，实际上与我们自身的趣味有着深刻的联系。文学欣赏的目标是要从文学阅读中获得充分的审美享受，具体说来，也就是欣赏者在阅读过程中要能够充分调动自己的知觉、联想、想象以及情感、理解力等积极心理活动，进入一个不受现实功利羁绊的精神自由的境界，从而在对艺术美的领悟中获得精神愉悦。这是一个欣赏者与欣赏对象之间相互作用，欣赏者主动邂会艺术美的过程。如果以此作为判断标准，可以肯定地说，并不是任何文学阅读都称得上是文学欣赏。同一部作品，在不同的读者读来，常常会有不同的结果。这不同不仅表现在理解的深浅度上，更会表现在阅读方式，以及不同的阅读方式导致的对作品情致韵味所作的不同的鉴识和品味上。不用说，对于上面引录的那些曲词，就可以有不同的读法，比如在阅读过程中一直处于一种不动情的状态，不能或者不会调动自己的情感体验去邂会曲词中抒发的情感，不能或者不让自己产生联想和想象，读过之后他当然也能知道文前选录的那三首《挂枝儿》是写女子相思之苦，也知道那首"傻酸角，我的哥……"是一个处在热恋之中的女子的爱的表白。他也可能从自己的阅读中获得一些知识，比如由这些曲词知道了《挂枝儿》或明代曲词、市井歌谣的大略面貌，由《喷嚏》知道民间有由打喷嚏而想象有人在想念或谈及自己的说法，知道"强将针指度更筹"中的"针指"就是妇女缝纫时常用的顶针，"更筹"即时光，等等。这里还不排除可能还有趣味低俗的读者真的从这些曲词如那首"傻酸角，我的哥……"中，读出一种"淫艳亵狎"的趣味。这样的阅读显然都不是正当的文学阅读，更不是文学欣赏。

　　这种情况说明，文学欣赏对欣赏者的艺术趣味也有相应的要求。所谓艺术趣味，是指主体审美选择的趋向性，以及与此相适应的从艺术鉴赏中获得艺术享受的能力。不同的欣赏者一定都有自己特别喜欢阅读的某一类文学作品，这就是欣赏趣味在起作用。在长期的欣赏实践中，我们总会逐步形成自己艺术感受的侧重点，形成自己对某种艺术风格、某种艺术美的敏感和偏好。艺术感受的侧重点和对艺术美的偏好，常常能让我们更加直接、准确地发现对象的独特性和它在艺术上的美质或疵点。比如一个对于诗歌的音韵特别敏感的人，必然会对文本语言的音韵美有比其他人更深刻的领悟。但这种艺术感受的侧重点甚至偏好绝不是褊狭。在文学欣赏中，欣赏者高雅纯正的艺术趣味，一方面体现为欣赏者对文本特殊韵味、独特风格的精细的辨识力和判断力，另一方面，也

---

① 朱自清:《论雅俗共赏》,生活·读书·新知三联书店 1998 年版,第 8 页。

体现为一种对不同艺术风格的广泛的艺术容受力。一个具有良好的艺术趣味的读者，也必然能够广泛容纳各种艺术风格，对不同特点不同韵味的艺术作品都能兼采博收，并从中获得审美的享受。相反，一个不具备健康的艺术趣味的人，他的艺术趣味一定也是褊狭的，这样的人也往往缺少对艺术美的敏感，是很难去发现并接受艺术美的。刘勰《文心雕龙·知音》说："夫篇章杂沓，质文交加，知多偏好，人莫圆该。慷慨者逆声而击节，蕴藉者见密而高蹈；浮慧者观绮而跃心，爱奇者闻诡而惊听。会己则嗟讽，异我则沮弃，各执一隅之解，欲拟万端之变。所谓东向而望，不见西墙也。"①偏执于自己的趣味偏好以致"执一隅之解"，"东向而望，不见西墙"，自然很难准确分辨作品的美质、疵点，因而也很难真正欣赏到美了。因此，在保持自己的艺术爱好，发展自己艺术感受的侧重点的同时，有意识地培养自己对于不同类别、不同风格的艺术作品的鉴赏能力，是十分重要的。

更重要的是，一定要防止欣赏的恶趣。所谓欣赏的恶趣，是指不从艺术美的欣赏出发去阅读文学作品，而是从某种功利的心理需要出发去阅读文学作品，甚至到文学作品中去寻求某种心理刺激的粗俗低下的趣味。不用说，一个趣味低俗的人，是绝无可能从文学阅读中去发现美从而欣赏美的。当然，这并不是说一个有着健康、纯正的艺术趣味的人，无论什么样的作品都能读出一种高雅之趣。艺术本就有高下之分，那些本就低俗拙劣的作品，无论读者的趣味多么高雅纯正，也是不可能从中读出高雅之趣的。但是，一个文学趣味不健康的人，即使再好的文学作品，大约也很难让他见出涵蓄其中的高雅之趣，这一点倒是可以肯定的。鲁迅说，一部《红楼梦》，道学家从中看到的是淫，革命家从中可以看见排满，才子从中体会到缠绵，流言家看到的却是宫闱秘事。一部《西厢记》从问世起就被有些人看作淫书。出现这种情况不能怪罪作品，而只能从阅读者自身的趣味上去找原因。如金圣叹所说，"《西厢记》断断不是淫书，断断是妙文"，只是"文者见之谓之文，淫者见之谓之淫"而已。②

欣赏者高雅纯正的艺术趣味是在长期的、大量的艺术欣赏实践中培养起来的。从理论上说，欣赏者会养成怎样的艺术趣味，其艺术趣味的雅俗，与社会提供给欣赏者的欣赏对象，以及欣赏者接受什么样的欣赏对象密切相关。这有点像我们饮食口味的养成。四川人喜麻辣，山西人爱吃酸，北方人口味偏咸，上海、江浙一带的人口味偏于清淡，都与这些地域的人们的饮食习惯有关。一个人欣赏趣味的养成当然比口味的养成要复杂一些，但道理是相通的。正如马

---

① 刘勰：《文心雕龙·知音》，见范文澜《文心雕龙注》（下），人民文学出版社1958年版，第714页。

② 金圣叹：《读第六才子书西厢记法》，见《贯华堂第六才子书西厢记》，甘肃人民出版社1985年版，第10页。

克思指出的:"只有音乐才能激起人的音乐感","艺术对象创造出懂得艺术和能够欣赏美的大众。"①优秀的文学艺术作品在提供艺术美的享受的同时,也在对我们的鉴赏力进行训练和提升,这本身就是培养我们的艺术趣味的过程。因此,大量优秀的文学艺术作品的欣赏,是培养我们健康、纯正的艺术趣味,并使我们的艺术趣味不断得到提升的必经的途径。《文心雕龙·知音》中说:"凡操千曲而后晓声,观千剑而后识器;故圆照之象,务先博观。阅乔岳以形培塿,酌沧波以喻畎浍。无私于轻重,不偏于憎爱,然后能平理若衡,照辞如镜矣。"②"平理若衡,照辞如镜",这是艺术鉴赏、艺术批评的一种很高的境界,这一境界是可以通过"操千曲""观千剑"的"博观"的磨练达到的。

讨论题

1. 民歌与文人诗作在感情表达方式上有什么不同?能否从感情表达方式上区分出其审美趣味的雅俗?

2. 结合自己的艺术趣味,内省一下艺术趣味对自身艺术欣赏活动有哪些影响。

---

① 马克思:《政治经济学批判导言》,见《马克思恩格斯全集》第 30 卷,人民出版社 2009 年版,第 33 页。

② 刘勰:《文心雕龙·知音》,见范文澜《文心雕龙注》(下),人民文学出版社 1958 年版,第 714~715 页。

2. 诗、文欣赏

概说：诗、文的分野及其文体特征

这里所说的诗，指通常所说的诗歌；而这里所说的文，也仅指作为一种文学样式与诗、小说、戏剧文学剧本相并列的文艺性散文。

中国是一个诗、文大国。作这样一个判断，不仅仅是因为中国文学史上优秀的诗人、散文家多，积累的诗歌、散文数量多，还因为诗歌和散文是中国文学史上最早成熟的两种基本的文学样式。这与西方的情况稍稍有些不同。在西方，诗歌当然也是最早成熟的文学样式之一，但除诗歌之外，戏剧在古希腊时期也已经相当成熟了。而在中国，《诗经》是现在知道的历史上最早的一部诗歌总集，先秦时期留存下来的历史散文、诸子散文也蔚为大观。相反，小说、戏曲的成熟则比较晚，以至于在中国古代，诗、文被很多人视为文学的正宗，而小说、戏曲则被看作是"稗官野史""小道末技"，被排斥在文学"大雅之堂"之外。

诗和散文的区别当然是显在的，不过，从文学史的实际情况看，最早人们对不同文学作品的样式并没有现在这样明确的区分。先秦时期，人们对文学的认识并不十分明确。直到汉代，虽然具体到不同的文体也有具体的称谓，如

"书""传""诗""赋"等，但仍然没有文学体裁类别上的严格区分，无论诗、文，只要是讲究辞采情思也即具有一定文学性的文本，都统称为"文"或"文章"。到魏晋南北朝时期，随着文学创作的日益繁荣，人们对文学的性质和形式特征的认识也不断加深，这表现在文学的独立地位渐渐地被确立起来。与此同时，诗和文作为两种不同的文学样式也被明确区别开来。我们可以看下面两则材料。一则出自刘勰《文心雕龙·总术》：

> 今之常言，有文有笔；以为无韵者笔也，有韵者文也。夫文以足言，理兼《诗》《书》，别目两名，自近代耳。①

另一则出自梁元帝萧绎的《金楼子·立言》：

> 古人之学者有二，今人之学者有四。夫子门徒，转相师受，通圣人之经者，谓之儒。屈原、宋玉、枚乘、长卿之途，止于辞赋，则谓之文。今之儒，博穷子史，但能识其事，不能通其理者，谓之学。至如不便为诗如阎纂，善为章奏如伯松，若此之流，泛谓之笔。吟咏风谣，流连哀思者，谓之文。②

这两则材料中所说的"文""笔"应该都是指文学作品。从刘勰所说的"别目两名，自近代耳"看，将文学作品区分为有韵之文和无韵之笔，应该是汉以后出现的。萧绎论"文"强调"吟咏风谣，流连哀思"，而且要"绮縠纷披，宫徵靡曼，唇吻道会，情灵摇荡"，这无疑说的是诗赋一类。而他认为"笔"虽然"退则非谓成篇，进则不云取义"，但"神其巧惠，笔端而已"，即这样的文章能够显示作者的智慧，而且注重语言技巧。这样的"笔"显然与现在所说的散文很相近了。

当然，魏晋南北朝时期对诗、文所作的区分，只是表明那时的人对文学的认识上的深化，从诗、文的创作来看，有没有这样的区分其实影响都不是太大。从先秦到两汉到魏晋南北朝，以至后来的各个历史时期，诗、文的创作都遵循着自己的内在规律不断地向前发展，各个历史时期都有自己标志性的文体样式。诗歌创作从先秦的《诗经》、楚辞到汉乐府，到魏晋时期的文人诗作，再到后来的唐宋诗、宋词的空前繁荣，构筑起一座座诗的高峰。而散文创作则

---

① 刘勰：《文心雕龙·总术》，见范文澜《文心雕龙注》(下)，人民文学出版社1958年版，第655页。
② 萧绎：《金楼子·立言》，见郭绍虞主编《中国历代文论选》第1册，上海古籍出版社1979年版，第340页。

以先秦时期的历史散文和诸子散文为源头，到后来的赋体散文、笔记丛谈、志林杂感，也汇聚成一条源远流长的散文的长河。

将诗和散文区分开来其实是一件很容易的事情，而要给诗和散文下一个明确的定义就很难了。如果留意一下，会发现一个很有趣的现象，那就是，大多数关于文学理论、文学鉴赏的学术著作或教科书，都会将诗作为一种重要的文本类型，对其美学特征给予尽可能详尽的描述和论析，但它们似乎都小心翼翼地避开了关于诗的定义的问题。和诗的情况差不多，要说清什么是散文似乎也是一件很不容易完成的事情。朱自清在《什么是散文》中就曾说过，什么是"散文"，"很难说得恰到好处，因为实在太复杂，凭你怎么说，总难免顾此失彼，不尽不实"①。当代作家王安忆也曾就这个问题发表过类似的意见，她说："它好像没有什么特征，我们往往只能用'不是什么'来说明它是什么。"②诗难以定义，是因为在不同民族中，诗总是被看成是可以涵盖一切文艺样式的审美本质的最高的艺术形式，就连文学理论也通常被人们称为"诗学"。从这个意义上看，可以说要想获得一个简明的、而且能够准确概括诗的全部本质并符合其所有形式的定义，几乎是不可能的，也一定是一件吃力不讨好的事情。黑格尔就谈到过，"诗的本质在大体上是和一般艺术美和艺术作品的概念一致的"，因此，"如果一个人事先没有研究过什么才是一般艺术的内容和表象方式，一开始就谈诗之所以为诗，就想确定诗的真正本质，那确是很困难的"③。而散文的难以定义，则主要是因为它的确太复杂了。在所有的文学样式中，散文天然本色，不拘形制，既可以因景生情，随事兴感，也可以即事说理，谈古论今。因此，几乎大多数源于体验、出自性灵的文字，无论山水小品，还是史论传叙、笔记杂感甚至碑铭书札，都可以作为散文来阅读赏鉴。而且，散文写景抒情要出色，散文家实在得有点诗人的本领；散文叙事写人要生动出神，又要求散文家还要有点小说家的才能。如此看来，要想为散文下一个全面而准确的定义，"总难免顾此失彼，不尽不实"。

不过，就文学欣赏而言，有没有一个关于诗或散文的定义，并不是一个多么严重的问题。实际上，即使没有这样的定义，也并不妨碍我们去阅读、欣赏诗和散文，并不妨碍我们根据各自的理解，对诗或散文文本作出各种各样的解读。有哪一个欣赏者是在明确地知道了什么是诗、什么是散文、什么是小说之后，才去欣赏诗、散文或者小说的呢？当然，对于文学专业的学生，或者扩大一点，对于希望能够形成比较专业的文学阅读眼光，从而使自己的文学鉴赏能

---

① 朱自清：《什么是散文》，见《朱自清全集》第 4 卷，江苏教育出版社 1996 年版，第 364 页。
② 王安忆：《感情的生命——我看散文》，见《漂泊的语言》，作家出版社 1996 年版，第 451 页。
③ ［德］黑格尔：《美学》第 3 卷（下），朱光潜译，商务印书馆 1981 年版，第 18 页。

力获得较大程度提高的读者来说，对于不同文学样式的文体特征有一些基本的了解总是必要的。正如俗语所说："外行看热闹，内行看门道。"尽管都是在"看"，但"内行"和"外行"各自怎么看和能够看到什么，必然会存在很大的差别。文学欣赏也是如此。虽然不一定要知道关于诗的或散文的明确的定义，但比较而言，一个对于各种文学样式的文体特征有比较细致了解的读者，与一个对此一无所知或知之甚少的读者，他们对于文学作品理解的准确程度、深刻程度终归不会是完全一样的，他们能够从文本阅读中获得的审美享受也不会完全一样。

下面就分别谈谈诗和散文的美学特征。

对于诗的文体特征，可以从它的外形式和内形式两个层面上来加以观察。

诗的外形式，是指它呈现于我们面前的可直接感知的语言组合形式。在所有文学样式中，诗首先是以其独特的外形式将自己与其他的文体类型区别开来的。如果从这一个层面对诗的文体特征作一个最简单的概括，可以说，诗其实就是一种能够给读者某种特殊的视觉感受和听觉感受的文本样式。从视觉上看，诗在句式上或格式上严谨，整齐划一，比如中国的律诗；或长短变化，错落有致，如绝大多数的词和自由体诗。听觉上则要求合辙押韵，节奏分明，抑扬顿挫，合于音律。这些都是仅凭我们的感觉就可以直接把握的特点。现代自由体诗虽然音韵上的要求已经不那么严格了，有些诗人甚至主张诗可以不要押韵，但整体上看，诗在语言组合上讲究音律节奏、抑扬顿挫，仍然是需要的。

诗歌外形式上所具有的形态，与诗歌起源于原始人类集体劳动中出于协调动作、交流感情的劳动呼声有关。闻一多在《诗与歌》中就谈道："想象原始人最初因感情的激荡而发出有如'啊''哦''唉'或'呜呼''噫''嘻'一类的声音，那便是音乐的萌芽，也是孕而未化的语言 …… 这样介乎音乐与语言之间的一声'啊……'便是歌的起源。"[1]这种歌当然还不是诗，但它是诗的萌芽。随着人类的进化，随着人类语言的产生，这些劳动的呼声也逐渐与含义明确的语言相结合，劳动号子也就演化为原初状态的诗歌。闻一多的这一推测应该是有道理的，这一点，从人类现存的早期诗歌多为对劳动过程的描述和歌唱，都可以用于歌唱因此总是"诗""歌"并提，与音乐、舞蹈三位一体等方面，可以作出合乎逻辑的推断。

诗从它产生的那一天起，似乎就在起源上规定了它的特殊的文本形式，并最大限度地造就了诗歌语言的突出的形式美。从某种意义上说，诗通过各种语言修辞手段的运用，使语言在句式上的整齐的美、在声调上的抑扬的美、在韵律上的回环的美等，都发挥到了极致。这使诗不仅能够以其丰富的情味感染

---

① 闻一多：《神话与诗》，古籍出版社 1957 年版，第 181 页。

人，也能以它的独特的外形式唤起我们的美感。有时我们读诗，对于诗的外形式的兴趣甚至会超过对于诗的语义传达的兴趣，我们会为诗人高超的驾驭语言的能力而惊叹，也能从诗的语言形式的品鉴中获得审美享受。比如清代词人纳兰性德的《菩萨蛮》：

> 雾窗寒对遥天暮，暮天遥对寒窗雾。花落正啼鸦，鸦啼正落花。袖罗垂影瘦，瘦影垂罗袖。风剪一丝红，红丝一剪风。

这是一首"倒句诗（词）"。正像我们读到的，它有点类似于回文诗，只是回文诗是整篇倒读成另一首诗，而"倒句诗（词）"则是将上句颠倒过来成为下句，如此两两相对组成一首诗（词）。这首《菩萨蛮》上句颠倒而成的下句，虽用字完全一样，语义却并不重复，且音韵和谐，格律严整。上片写景，下片写人，景中有人，人景相对，组合成一幅动静相宜、清新淡雅的水墨画，其语言组合的奇巧精妙，实在令人叹为观止。这种"倒句诗（词）"其实也就是一种文字游戏，但这样的文字游戏既让我们看到诗人高超的语言能力，也可领略到汉语诗（词）充分利用汉语本身的语言特点（如单词单义、句法灵活等）所能获得的奇妙效果。这个例子告诉我们，诗歌阅读中对于诗歌外形式的认知，也是我们获得阅读愉悦的重要来源之一。

更重要的是，诗借助自己的外形式造就的突出的形式感，对调谐我们的欣赏心理起到很好的作用。分行排列的句式，和谐抑扬的音韵，往往能够有效地将我们从日常实用性思维带入诗的审美思维过程。这一点，从中国古代诗歌起兴手法的运用中可以很清晰地感受到。比如下面这首诗：

> 维鹊有巢，维鸠居之。之子于归，百两御之。
> 维鹊有巢，维鸠方之。之子于归，百两将之。
> 维鹊有巢，维鸠盈之。之子于归，百两成之。

《诗经》中的这首《鹊巢》运用的就是起兴手法。从字面上看，这首诗歌咏的应该是一个盛大的婚礼场面。这里特别引起我们注意的，是诗的每章开头的两句与后面两句的关系。如果做一个实验，将每章开头的两句去掉，我们会发现，这首诗所传达的内容（叙写女子出嫁场面）并不会受到太大的影响。这说明每章开头的两句与接下来的两句并没有紧密的意义上的联系；也就是说，在运用起兴手法的诗中，起兴句不过只是一个如钱锺书在《管锥编》中所说的，"信手拈起，复随手放下"的"引子"，大体总是"与后文附丽而不衔接"，与"正义"无关。这种情况，民歌中如"大红公鸡抖翅膀叫，合作化以后咱上民

49

校"，"大红公鸡尾巴长，娶了媳妇忘了娘"之类，更是比比皆是。不过在这一类诗中，即便起兴句与"正义"没有关联，也并不能将它们去掉；假如去掉了，至少就阅读感受而言，诗就不像是诗了。之所以如此，也正如钱锺书所说，这些起兴句子"功同跳板"。从创作上看，诗人触物起情，将眼前所见"信手拈来"而成起兴，虽与诗中欲写之情关系并不密切，却为诗的思维铺平了道路，从而使创作者顺利完成由日常实用性思维到艺术审美思维的过渡。而对于鉴赏者来说，起兴又能够即时导出全诗的基调，引发读者的审美情绪，甚或唤起某种审美联想，从而将读者带入诗的情境氛围，使读者顺利进入审美接受的过程。明人徐渭论及起兴，称其"真天机自动，触物发声，以启其下段欲写之情，默会亦自有妙处，决不可以意义说者"[1]。

诗的内形式，则是指与诗的外形式相融合的，使诗情、诗意、诗味得以感性显现的表情形态，具体说来，即诗的意象、意境、象征、隐喻等。我们知道，仅仅具有诗的外形其实还不能被看成是诗，决定诗之所以为诗的内在特质，是诗情、诗意、诗味。换句话说，诗之所以为诗，是因为诗歌借助语言抒发的是诗人真挚浓烈的情感，传达的是诗人对于自然、人生的深切体验。正是这些内在特质，决定了诗的内形式的特有形态。诗要传达的诗情、诗意、诗味，来自于诗人对生活、人生的独特体验，是诗人对于人生真谛的发现。而这些内容也往往是独特的、微妙的，可意会而不可言传或言不可尽的。但是，诗人仍要传达，而且，从我们的阅读感受来看，诗人越是完成了一种对"不可表达"的表达，越是能够使他的诗作具有一种深邃悠长的情味和韵致，越能给人以丰沛的诗情、诗意。正如清代诗论家叶燮所说："可言之理，人人能言，又安在诗人言之？可征之事，人人能述，又安在诗人述之？"[2]为了完成这种"不可传达"的传达，诗选择了自己独特的表情形态，这也就形成了诗由意象、意境、象征、隐喻等构成的内形式。诗人当然可以直抒胸臆，直接表达自己的情感或心志，但一般来说，诗要唤起读者相应的情感体验，更需要将抽象的情感具象化。正如别林斯基指出的："诗歌通过外部事物来表现概念的意义，把内心世界组织在完全明确的、柔韧优美的形象中。"[3]诗人或托物言志，或借景抒情，使内心情感与足以唤起诗人这份情感的外物交互融会，最终将幽玄缥缈的诗情化为心物交融、情景相生的意象、意境，或者熔铸为具有强烈暗示性的象征性、隐喻性形象，使诗情得以感性显现。

从上面对于诗的外形式和内形式的观察，大体可以了解欣赏诗的一个基本

---

① 参见钱锺书《毛诗正义·关雎》,《管锥编》第 1 册,中华书局 1979 年版,第 62 页。
② 叶燮:《原诗·内篇下》,见《原诗 一瓢诗话 说诗晬语》,人民文学出版社 1979 年版,第 30 页。
③ [俄]别林斯基:《诗歌的分类与分科》,见《别林斯基选集》第 3 卷,满涛译,上海译文出版社 1980 年版,第 92 页。

路径。诗歌欣赏，自然应该是从它的外形式入手，进入对其内形式的把握，即从诗歌语言的领会、体味，去完成对诗歌意象的把握、意境的再建和隐喻、象征等的解读，最终达至对其所传达的诗情、诗意的领悟和玩味。在本书关于诗的欣赏的各节中，就是按照这样的思路和大家讨论如何欣赏诗歌。这里要特别提醒大家注意的是，"读"也即吟诵(或称诵读)，是诗歌欣赏必不可少的重要环节。诗须吟诵，这是诗歌欣赏与其他文本样式的欣赏在方式上很不相同的地方。其他类型文学作品的欣赏当然也应该有诵读，但比较而言，诗歌语言的音韵组合对于完成诗情的传达和诗美的形成，更具有特殊的作用。正如黑格尔指出的："诗的音律也是一种音乐，它用一种比较不太显著的方式去使思想的时而朦胧时而明确的发展方向和性质在声音中获得反映。从这一点看，诗的音节须表现出全诗的一般调质和精神性的芬芳气息，例如用的是抑扬格还是扬抑格，诗八行一节还是用其他划分章节的方式，并非无关宏旨的。"①诗的这一特点，决定了它比其他文本样式更需要通过诵读来体味其妙处。

说到散文，首先应该知道，这是一个在不同时期有不同含义和所指的概念。在西方，早期的散文即"prose"也是一个与韵文相对的概念，但它的所指范围包括了小说、话剧、论文等在内的所有用散体文写成的语言文本。其中相当于现代文艺散文的是"essay"，五四时期此概念传入本土，被译作"小品文"或"随笔"。而在中国，古代散文也是一个与韵文(诗、骈文)相对的概念，但不同于西方的是，中国古代散文主要是指用散体文写成的文章，文、笔相对时称为"笔"，诗、文相对时则称为"文"，且不包括后起的小说、戏剧文学文本。散文从一般的"散体文章"中独立出来，成为与诗歌、小说、戏剧文学等相并列的文本样式，则是五四以后的事情。

关于散文的文体特征，从不同的角度可以有不同的概括。从取材来看，散文几乎没有题材的限制，取材范围广阔是其他任何文学作品类型都比不上的；从内容上看，散文写作家自己的事，说作家想说的话，或即景抒情，或即事说理，具有突出的感发性；从表现手法上看，散文结构灵活，完全没有如诗歌、戏剧文学那样的格式上、结构上的限制；从文本样式上看，散文的体裁样式不拘一格，极其多样，小品、随笔、速写、特写、笔记、杂感、游记、访谈等，林林总总，举不胜举；从语言传达上看，散文语言自然，不受拘约，或亦庄亦谐，妙趣横生，或情思悠长，含蓄隽永，或放言论道，无所顾忌。散文的这些特点，一般的文学理论教科书里都有描述。这里特别要讨论的是散文的两个很突出的特征，一个是它的"散"，一个是它的"本色"。

散文的"散"，主要体现为选材的无所拘限和表现形式上的没有定规。从

① [德]黑格尔:《美学》第3卷(下)，朱光潜译，商务印书馆1981年版，第71页。

选材上看，大到社会宇宙、日月星辰，小到沙石草木、花鸟虫鱼，山川地理、历史人文，凡是人类目力所及，乃至想象力可以到达的范围之内的一切，都可以进入散文之中。吃穿坐卧，大事小情，凡是人类生活涉及的或可能涉及的物、事，都可以成为散文家叙写的对象。大到天道人事的深切感悟，小到一时一瞬的微妙体验，无论宏观微观，都可以在散文艺苑中占有自己的一席之地。散文真正可以做到如陆机《文赋》所说"观古今于须臾，抚四海于一瞬"之后的"笼天地于形内，挫万物于笔端"。从形式上看，散文则是一种最不拘一格而"以意役法"、顺势而行的文体。散文完全没有如诗歌格律、节奏、韵脚等的限制，也没有如小说、戏剧文学在结构上的限制，叙事说理、写景抒情可以随意穿插，纵横捭阖而收放自如，有如天马行空，亦如随意"散步"，显出一种无"法"无"规"如行云流水般的自由与洒脱，以至于有人干脆就将这种文体称为"自由的艺术"。

不过，这里想强调的是，说散文是"自由的艺术"，应该不仅仅是指散文在选材上的没有拘限和表现形式上的灵活自由，从深层看，这里的自由更是散文作家心灵自由的一种外化。钱谷融就主张应该首先将散文的"散"定义为"散淡"的"散"，也就是作家能够在一种无所羁绊、自由自在的心灵状态之中，"保持自己的本真；任何时候都能不丧失理智的清明，做官不忘百姓，写文章能够直抒胸臆，绝无矫揉造作，装腔作势之态"①。这的确是很有启发性的观点。散文体现在形式上的自由灵活的"散"，实际上正是来自于作家特立独行、任情适性的放言无羁。假若作家没有一颗自由的心灵，说起话来左顾右盼，多有顾忌，也就一定不会有所谓选材的不受拘约和行文的自由洒脱。从这一角度看，散文形式上的自由灵活，其实正是作家心灵自由的一个绝妙"注脚"。

与散文的放言无羁相联系的，是散文的"本色"。散文是一种最见性情也最自然的文体。说散文最见性情，是因为散文特别强调作家心灵的真实袒露。散文贵在有"我"。我们的阅读感受告诉我们，好的散文，总是那种能以其坦诚而平易自然的交谈将我们带入到作者内心去。作者展开心灵的门户让读者走入，去听取他发抒对社会、人生、自然等的见解，去分享他的欢乐，去感受他的苦闷，去和他一道思索。从这里看去，散文最要紧的也是一个"真"。发而为文的是真感情、真性情，才会有读者的真会心。这使得散文成为一种最见性情的文本样式。在借散文与读者坦诚交谈的过程中，作者实际上也把他的性情展露给了读者，读者可以从中见出作者的个性、趣味、爱好，看到他的谈吐、

---

① 钱谷融：《〈中国现代散文精品文库〉序》，见《中国现代散文精品文库》，中国社会科学出版社 1995 年版，第 1 页。

风度乃至学识、修养。吕叔湘论苏轼随笔小品，称其"不刻意为文，遇有可记，随笔写去"，"或直抒所怀，或因事见理，处处有一东坡，其为人，其哲学，皆豁然呈现"。①从某种意义上说，这里的概括，其实适用于所有的优秀散文家的创作。

说散文最自然，是指散文表达上的朴实、本色。散文要与读者坦诚交心，表达上也就不假雕饰、无所依凭，全凭本色了。为文要有真感情、真体悟，有对世事人生的真理性发现，其实是所有艺术作品的共有特性，只是在散文中表现得更加直接。与其他文本类型比较，散文一个更加显著的不同，就是它在表达上全凭作者"实力的本色"。既是诗人也是散文家的余光中就散文的这一特点说过这样一段话：

> 在一切文学的类别之中，最难作假，最瞒不过读者明眼的，该是散文。我不是说诗人和小说家就不凭实力，而是诗人和小说家用力的方式比较间接，所以实力几何，不易一目了然。诗要讲节奏、意象、分行等等技巧，小说要讲观点、象征、意识流等等手法，高明的作家固然可以运用这些来发挥所长，但是不高明的作家往往也可以假借这些来掩饰所短。散文是一切文学类别里对于技巧和形式要求最少的一类。……散文家无所依凭，只有凭自己的本色。②

这里所谈是作家自己真实的写作感受。散文的确是一种最无法作伪的文体。将我们的阅读感受比较一下，可以发现，诗人可以任由情感的牵引在想象的世界遨游，小说家需要借助想象的虚构来完成故事的讲述，散文家则不能这样。散文家一方面必须坦然地面对读者，与读者保持对话的关系；另一方面，他也没有虚构的自由，只能在常识的世界里按一般语言规则去说话。也正因为如此，散文才真正成为一种最见性情的文学样式。

上面从散文的"散(自由)"和"本色"两个方面概述了散文的文体特征。在我们看来，这是散文最突出的两个特征。从文学欣赏的角度看，应该说，正是因为散文的"散(自由)"和"本色"，也使散文的欣赏成为读者和作者进行"随意"而真诚的一种交流方式。散文家李广田在他的《谈散文》一文中，把散文的写作比喻为一个人随意散步，"散步完了，于是回到家里去"③。散文的欣赏其实也可以像散步一样，没有什么限制，能够读出一份坦诚的情怀，感

---

① 吕叔湘：《笔记文选读·序》，见吕叔湘选注《笔记文选读》，上海古籍出版社1979年版，第42页。

② 余光中：《余光中散文·自序》，浙江文艺出版社1997年版，第1页。

③ 李广田：《谈散文》，见佘树森编《现代作家谈散文》，百花文艺出版社1986年版，第329页。

悟一段真的人生，领略到一片美的风景，从中得到一种性情的陶冶和趣味的提升，也就足够了。

2.1　诗语与诗味

十六柄桂桨敲碎青琉璃
几则罗曼史躲在阳伞下
我的，没带来的，我的罗曼史
在河的下游

如果碧潭再玻璃些
就可以照我忧伤的侧影
如果舴艋舟再舴艋些
我的忧伤就灭顶

——余光中《碧潭》

诗是人类历史上最早出现的文学样式。正如前面已经谈到的，的确很难从理论上给诗下一个确切的定义。不过，与这种定义的困难恰相对照的是，在面对一个具体的语言文本时，读者大都能不假思索地判断出哪些是诗，哪些不是诗，包括那些即使是分行排列着的，也仅仅只是分行的散文的文本。

是什么帮助我们作出这种判断的呢？又是什么锻造了我们这种辨识的慧眼呢？

与其他文学样式如小说、散文相比，诗具有最为独特而鲜明的形式特征，这恐怕是我们能从众多的文学样式中把它一眼识别出来的主要原因。说到诗的独特而鲜明的外部特征，最明显的莫过于它的分行、押韵。诗在句式上和音韵上都突破了日常语言形式，以一种最"人工化"的方式建构起一种能够给读者带来特殊的视觉感受和听觉感受的文本样式。

那么，诗为什么会具有如此鲜明而独特的形式特征？这些形式特征又给我们的鉴赏带来了什么样的要求呢？

朱光潜在讨论诗的起源时曾指出："诗必有所本，本于自然；又必有所创，创为艺术。"①这种"创"，首先就体现为诗在语言运用上对日常语言的"人工化"的扭曲和违背。朱光潜说诗"本于自然"，这个自然也就是表达情感的需要。相对于叙事说理而言，事、理是直截了当且有着自身逻辑的，叙事

---

① 　朱光潜：《诗论》，见《朱光潜全集》第3卷，安徽教育出版社1987年版，第49页。

说理当然是越清楚明白越好，因此多力求使事尽于词，理尽于意；而对抒情来说，感情往往是低回往复、缠绵不尽的，因此更适于把语言当作情感的缩写和指示，力求使听者因声音而体会到弦外之音。诗低回往复、缠绵不尽的情感表现，造成了它对音律等语言形式之美的格外追求。也就是说，诗独特的外形式，和它内在的表达感情的需要，实际是一而二、二而一，不可分离的。"昔我往矣，杨柳依依。今我来思，雨雪霏霏"，如果将这几句诗译为散体文的形式，"以前我走的时候，杨柳正在春风中摇摆；现在我回来，天已经在下大雪了"，从传达意义来看与原诗显然并没有太大的差别，但是由于没有了原诗的节奏和音韵的组合，原诗表现的情思和韵味也几乎荡然无存了。从深层看，诗歌语言的"人工化"特征，更体现为它对于语言常规的偏离。阅读诗歌，我们会有一种很明显的感觉，似乎诗歌语言总是有意识地要通过对一般语言规则的有系统的"偏离"，形成对日常语言习惯的有组织的"破坏"，从而造就出一种高度陌生化的语言——语义的乖谬悖理、语序的颠倒、语词的错位，以及跳跃和省略等，成为诗歌语言的显著特征。而且，应该说，正是这种"人工化"的对日常语言的"扭曲"，同时也造就了诗的独特的韵味和美感。

我们来读读余光中的《碧潭》。细致揣摩一下可以发现，这首小诗中"十六柄桂桨敲碎青琉璃""几则罗曼史躲在阳伞下""如果碧潭再玻璃些""如果舴艋舟再舴艋些"，都有对日常语言习惯的背离，而恰恰是这种背离造就了这些诗句悠长的情味。桂桨敲碎的自然不是青琉璃，而是那一汪碧潭；把"碧潭"用"青琉璃"来替代，让我们不仅看见了它的青，更感到它的沉。这种替代虽然似乎不太合理，却让我们仿佛可以触摸出那一汪潭水沉碧的质地。"罗曼史"是一段逸事，是几许回忆，它不具形、质，又怎么能"躲"在阳伞下？躲在阳伞下的显然只能是碧潭上划桨荡舟正处在热恋中的人儿。这极具想象力的一个词，点画出阳光下碧潭上的荡漾轻舟和舟中恋人们的轻依呢哝，实在传神而别致。"我的，没带来的，我的罗曼史（其实是说我的爱人，我的甜蜜和思念）/在（远离碧潭的）河的下游"，句式的回旋往复，仿佛诗人蕴蓄着缠绵与忧伤的一声轻叹，从胸中轻轻逸出，却低回在碧潭上挥之不去，也很自然地引出了下段"如果碧潭再玻璃些""如果舴艋舟再舴艋些"两个假设。"玻璃"是名词，这里活用作形容词，既透亮又清脆，凸显下句"就可以照我忧伤的侧影"，将诗人由眼前碧潭上的美丽风景唤起的往昔不再的惆怅含蓄地传达出来。"如果舴艋舟再舴艋些"一句，前一个舴艋是名词，后一个是名词活用为形容词，极言小舟之"小"，与惯常的表达相比，不仅更给人一种新奇之感，而且意义也获得了丰富和扩展。这里的"舴艋舟"还会让熟悉李清照词的读者，很自然地想起那句著名的"只恐双溪舴艋舟，载不动许多愁"。这联想会使我们感到，眼前这小小舴艋舟更平添了几多愁绪，变得沉甸甸的。舴艋舟上的愁绪本就已是如此的沉重，如果"再舴艋些"（再纤小些），岂不真是要坠入潭中了？下一句"我的忧伤就灭顶"，重复吟咏，一唱三叹，诗人的惆怅与感伤，沉重如在眼前。其实，我们也可以做一个实验，将这首小诗中那些不太符合日常语言习惯的词句，按照日常语言习惯作一番调整，比如将"青琉璃"换成"水面"，把"罗曼史"换成"爱人"或"恋人"诸如此类，看看会给我们带来什么样的阅读感受。可以肯定的是，这样调整之后，原诗耐人寻味的韵致一定流失许多。

对日常语言的有意违背和偏离，是为了增强诗歌语言的表现功能，使词语不仅能够"达意"，更能"传情"。20世纪俄国形式主义用"奇异化"（也译作"陌生化"或"反常化"）来概括诗歌语言的这一特点。什克洛夫斯基说："艺术的手法是将事物'奇异化'的手法，是把形式艰深化，从而增加感受的难度和时间的手法，因为在艺术中感受过程本身就是目的，应该使之延长。""因此，诗的语言应该是一种困难的、艰深化的、障碍重重的语言。"①这样做使那些在生活中已司空见惯的事物被人们重新感知、体验并获得新的感悟。从我们的阅读感受看，这种认识的确是有道理的。事实上，诗歌语言对日常语言习惯的背离和"破坏"，借助语言的"人工化"运用，的确为我们构筑了一个奇幻的、同时又是韵味无穷的艺术世界。不用说，要进入这个世界，完成畅游其间的审美活动，也必须从对诗歌语言的玩味开始。由对诗歌语言的解析进入对诗歌意象和意境的捕捉和重建，最终达到对诗情和诗意的领悟，是我们欣赏诗的必由之路。

具体说来，诗歌语言对日常语言的背离，可以从下面几个方面观察到。

首先是语序的颠倒，即对常规句法规则的违背。这与一般修辞学的"倒装"相类似，但是，倒装必须遵循一定的规则，而在诗中，对正常语序的颠倒，可以说几乎没有任何规则可循。像杜甫的"青惜峰峦过，黄知橘柚来"，是将形容词置于句首，同时赋予其拟人的功能，以突出画面的色彩感。元稹"寥落古行宫，宫花寂寞红"，则是将形容词挪至句尾充当补语，以进一步突出"红"与"寂寞"的矛盾，使诗情更显婉转。白居易的"无人不怪长安住，何独朝朝暮暮闲"，既倒装又省略，作为主体的"我"只能隐隐然从字里行间漏出点影子。黄庭坚的"不知临水语，能得几回来"不止本句倒装，而竟跨句倒装……这纷乱的、看似没有任何规则可循的句式的颠倒和扭曲，一方面是因为诗语必须凝练所致，另一方面更鲜明地说明，诗语非景语而是情语，它不遵循事物的外在逻辑，而仅仅依据情感的逻辑。南宋诗史上曾有这样的一件趣事，一个叫王仲至的青年将自己的一篇诗作拿给王安石点评，诗中写道："古

---

① ［俄］什克洛夫斯基：《散文理论》，刘宗次译，百花洲文艺出版社1994年版，第10、21页。

木森森白玉堂，长年来此试文章。日斜奏罢长杨赋，闲拂尘埃看画墙。"王安石沉吟少许，觉得这首诗意境还不错，但气势略差一些，于是提笔在诗稿上稍加圈点，把第三句的"罢"和"赋"调换了一下位置，变成"日斜奏赋长杨罢"，这才觉得满意。其实"长杨赋"和"长杨罢"在语意上并没有太大区别，"长杨赋"是西汉扬雄的名作，简称为"长杨"当然也无不可。但是经过这样一颠倒，把状语变成了补语，诗句就由对奏长杨赋的直陈其事转为对"奏赋"这一动作的突出强调，语气由原来的平铺直叙缺乏升降一变为顿挫拗硬，更富韵致，诗的格调也显得更为刚健昂扬。

这方面更为著名的例子是杜甫的"香稻啄余鹦鹉粒，碧梧栖老凤凰枝"。当代学者叶嘉莹对这两句大大违背一般语序的诗曾有非常精到的点评。叶嘉莹认为，因为诗的主旨并不在于写鹦鹉啄稻与凤凰栖梧这两件事，而是为了突出风物——香稻、碧梧——之美，所以倒装并用"啄余鹦鹉粒""栖老凤凰枝"来做形容短语，以状香稻之丰，碧梧之美，可说是杜甫通过对语序的颠倒重新创造的句式，渲染出一片丰美安适的意象。有一位诗人说过，一位平庸诗人与一位伟大诗人的不同是，前者只能唤起人们对许多事物既有的感觉，后者能使人们如梦初醒地发现从未体验过的感觉。诗歌语言的一个重要特色就是把常见的事物变得新鲜。

第二，语词的错位。语词的错位既包括语词位置的颠倒，也包括相对于一般语法规则要求而言的对词性及其用法的违背，如形容词用作名词、动词，名词用作形容词和名词用作动词等。由于违背了一般约定俗成的语言规则，这种错位显得新颖，更可能让读者的目光不知不觉停顿下来，反复品味，从而进入诗所创造的意境之中。对词性和词序超出常规的运用，在中国古典诗词中更为多见，这与古汉语中的一词多性、一词多用的现象较为普遍有关，也由于古典诗词在句式方面讲求整齐一致，比自由诗所受的限制更大，因而不得不在词的运用上多动些脑筋。如著名的"春风又绿江南岸"，整句诗所选择的意象并不十分特别，"春风""江南""岸"显然是表达春意的非常平凡的意象，然而，通过一个"绿"字的活用，这些平常意象的组合一下子焕发出前所未有的生机。"绿"本来是形容词，比如"春风吹绿江南岸"，但是，一旦被活用成动词，原来作为一种色彩的绿色就变为涂抹、泼洒绿色的动作；春风也从无言的存在变得有情有觉，如和风般拂过江岸，轻轻为它刷上鲜活灵动的绿意。一个词的活用，带来的是整个画面由静止而灵动，乃至栩栩如生的变化，实在妙味无穷。

词性的变化和活用，在现代诗里，同样有助于更生动地传情达意，激发读者的阅读兴趣，使诗语更多一份张力和弹性。台湾诗人洛夫在他的诗中就屡屡用到这一技法。比如在他的《李白传奇》中写道"满坛的酒在流／满室的花在香／一支破空而来的剑在呼啸"。"香"是形容词用作动词，在诗中本来是较为常见的，而这里它与上句相同位置的"流"和下句相同位置的"呼啸"并置在一起，动词的意味更加明显，使人仿佛闻到那幽幽散出的馥郁花香正缓缓流过室内的每一处空间。另一首《今日小雪》中有"夏也荷过了／秋也蝉过了／今日适逢小雪"的诗句，这里"荷"和"蝉"的活用则显得更独特一些。短短十个字的前两句诗，简练地交代了夏、秋的流逝，为诗的入题作了准备。而这两个名词的活用，则使夏、秋的流逝以鲜明的意象映刻在读者的脑海中，与下文中冬的景象形成了鲜明对比。荷和蝉各是这两个季节最有代表性的景物，同时也是最富有表现力的意象，"夏也荷过了"让人仿佛看到荷叶上滚滚的玉露，"秋也蝉过了"让人仿佛听到了秋蝉的萧瑟叫声，夏的圆润丰美、秋的秋意盎然在这活用的词性下呼之欲出，扑面而来。还有《烟之外》中有"潮来潮去／左边的鞋印才下午／右边的鞋印已黄昏了"的诗句，"下午"和"黄昏"两个时间名词活用为动词可说是最特别的。它们与"左脚""右脚"组合在一起，组成了奇崛而又富有意味的一幅图景。而在这富于动感的时间中，那看来稳定的存在原来从来不曾静止过，在人们不知不觉中它的脚步悄悄丈量着每一个下午、每一个晚上的流逝，对这一点的悚然醒悟使时间蓦然有了质感，有了色彩，几乎让人伸手可触。

如果说画家是通过色彩，而诗人是通过语词来描画世界的话，那么，诗人对于语词性质的有意违背，则如画家通过对色彩的加深敷淡、随意调配而得出千变万化的效果一样，也大大地突破了材料本身的限制，使其表现力得到了空前的解放和发挥。

第三，不合常规的语义组合。"月光光，月是冰过的砒霜／月如砒，月如霜／落在谁的伤口上？"对于熟悉李白《静夜思》的读者而言，余光中的这首《月光光》虽然用的也是故乡月的意象，但其韵味、效果却有很大不同。"月光光"，这朗朗上口的三个字和平缓的音节，从一开始就提醒着人们它与《静夜思》之"床前明月光"的某种联系。然而，"月是冰过的砒霜"这一紧承于后的比喻，以意象的奇特打破了读者既有的期待。如水银泻地清辉朗照的美丽的月光怎么和砒霜联系到一块儿呢？诗人显然不管读者的疑问，而依然沉浸在自己勾画的奇特意象中。"月如砒，月如霜"，平稳的音调，令人惊异的意象奇特地组合在一起，进一步激发起读者的好奇心。"落在谁的伤口上"，随着吟叹一般的音调最终落在这个贯穿始终的韵上，谜底才得以解开，我们也仿佛感觉自己的皮肤上，不，是心上，正经受着那细细的然而越来越分明的痛楚。不合常规的语义组合造成的意象的奇崛打破了人们的常规期待，使感觉的流程仿佛第一次发生那样，读者也由此获得新的体验。这也许就是为什么古今中外的诗人都以"语不惊人死不休"作为自己写作的奋斗目标的原因吧。

　　不过，意象的奇警并非只凭雕琢就可达到，而是来自于诗人对于生活独特的观察和体悟，可谓"有奇心然后有奇语"。钱锺书曾高度称赞过龚自珍的两句诗："叱起海红帘底月，四厢花影怒于潮。"他指出，以"潮"喻"花影"，前人诗作中多有此例；以"怒"来形容"潮"，也并非定庵所创，而属"陈言"，但这里用"怒"连接"花影"与"潮"遂精彩百倍。说花影能"怒"，颇令人费解；而"怒于潮"使"潮"周旋于"怒"与"影"之间，则可以解通，但比直接说明潮之怒当然新颖得多。而更为奇特的是，通过这一"怒"，"影""潮"两者可以说相得益彰、互相衬托并且贯穿为一体。①这样化陈言为新语，而愈增其表现力，靠的不是对前人诗句的琢磨翻新，而是从生活中提炼出真正属于自己的新的感受，方能成就"奇语"之"奇"。

　　第四，语言的佯谬，即诗的陈述乖谬悖理、不合常情。法国美学家让·科恩在他的《诗歌语言的结构》中曾做过统计，发现乖谬悖理、不合常情的表述在诗歌中所占的比例高达 23.6%，远比小说、散文和一般的陈述性文章高得多。而且，如果以 20 世纪初兰波、马拉美等象征主义诗人的诗作为统计对象，这一统计值更可高达 46.3%。诗歌语言的乖谬悖理、不合常情，可以说已是诗歌语言区别其他文学文本语言的重要标志。

　　诗语的佯谬可以表现在语义的组合或意象的组合上，也可以贯穿始终，成为诗的整个基调。比如"月满中秋，菊满重阳"，月亮有满有缺，菊花又有什么"满""缺"可言？但正是这一不尽符合情理的"满"，将菊花的气息、氛围铺满了整句诗，让人充分地体验和领悟到这深沉的秋之意境。

　　语义的佯谬在具有浪漫主义风格的诗中更是登峰造极。试看余光中的这首《戏李白》：

> 你曾是黄河之水天上来
> 阴山动
> 龙门开
> 而今黄河反从你的句中来
> 惊涛与豪笑
> 万里滔滔入海
> 那轰动匡庐的大瀑布
> 无中生有
> 不止不休
> 可是你倾侧的小酒壶

---

① 钱锺书：《谈艺录》，中华书局 1984 年版，第 462～463 页。

黄河西来，大江东去

此外五千年都已沉寂

有一条黄河，你已够热闹的了

大江，就让给苏家那乡弟吧

天下二分

都归了蜀人

你踞龙门

他领赤壁

全诗由三个主要意象构成：黄河之水、庐山瀑布、黄河与长江之比。每组意象中都充满了佯谬。"黄河之水天上来"，这本是李白诗中的名句，虽悖理却可通，但经诗人一转换，"黄河反从你的句中来"，就完全不近情理了。不过我们也得承认，这完全不合情理的意象，却相当形象地指示出李白之于黄河的巨大意义——是他书写了黄河雄浑的美，使黄河不仅仅作为一条河，更成为我们民族文化中的重要意象。"那轰动匡庐的大瀑布"在作者的想象中，竟只是李白"倾侧的小酒壶"，在大与小奇特的扭转和连接中，澎湃与豪放得到了奇异的凸显，正是诗情的豪迈、人格的豪迈造就了李白笔下气势如虹、千载而下犹令人叹为观止的庐山瀑布。最后，黄河与长江的对比，不只在意象中展开，而且把不同的时间扭合在一起，恰似相声中所说的"关公战秦琼"，让驰骋于盛唐的李白与悠游在北宋的苏轼在诗的王国里一展高下。正是通过这在现实中根本不可能出现的场景，黄河归了李白，长江归了苏轼，中国两大文明的源头各自找到了自己的代表。但这"二分天下"的结局，显然不是历史的而是诗中的"事实"，是诗人头脑中的度量。这一度量，和前面所有违背常情的吟咏和想象，一起用简短而凝练的意象勾勒出李白的卓卓风采，凸显出这位千古诗人在诗创作上的特色，以及他那不可替代的"诗仙"地位。语虽佯谬，貌似荒诞，但却何其真实，何其动人。

"诗语本非寻常语，安能揆之以常理。"诗语对日常语言的有意违背，使它在平凡琐碎的经验世界之外洞开了一扇艺术的门扉。在这片天地里，我们也可以大胆抛弃那些陈规，展开自己丰富的想象，尽情领悟这由诗人"化"出的特别味道。

讨论题

1. 你读过很口语化的诗歌作品吗？诗歌语言是否一定要打破日常语言常规？
2. 假如将余光中《戏李白》中传达的感情用散文的形式表达，会有怎样的效果？

2.2　声音与意味

> 昵昵儿女语，恩怨相尔汝。划然变轩昂，勇士赴敌场。浮云柳絮无根蒂，天地阔远随飞扬。喧啾百鸟群，忽见孤凤凰。跻攀分寸不可上，失势一落千丈强。嗟余有两耳，未省听丝篁。自闻颖师弹，起坐在一旁。推手遽止之，湿衣泪滂滂。颖乎尔诚能，无以冰炭置我肠。
>
> ——韩愈《听颖师弹琴》

在不同的文学文本类型中，诗无疑是最讲究语音组合的。对于以四声为调质、以平仄为主要特征的中国诗歌来说，尤其如此。运用丰富多变、和谐凑泊的声音形式来表达形象和意味，是古典诗特有的长处。韩愈的《听颖师弹琴》和白居易的《琵琶行》、李贺的《李凭箜篌引》一样，是这方面最为人所称道的佳作。它们巧妙地运用汉语语音的双声、叠韵等手法，栩栩如生地描摹出动人的音乐形象，将读者带入跌宕起伏、感人至深的意境中去，典型地展现了汉语诗歌在利用语音刻画形象、展现意境方面独特的魅力。

《听颖师弹琴》开首就直接从声音入手，紧扣"听琴"来展现音乐境界。前两句"昵昵儿女语，恩怨相尔汝"中的"昵昵""儿""尔"以及"女""语""汝""怨"等字，或双声，或叠韵，或重叠（"昵昵"），读来和谐上口；尤其是各字的字音都圆润轻柔，子音中没有夹杂一个磨擦音、爆发音或硬音，除"汝"字外没有一个开口呼，语音轻柔而且细碎，恰似小儿女间谈情说怨的窃窃私语。三句在这样和谐轻婉的语音之外，忽然以开口呼"划"字领起，韵脚转到阳平，声调也随之一变为昂扬。"昂""扬"两字以洪声韵为韵脚，与"变""赴""勇士"等高昂的语音相配合，恰切地传达出犹如勇士冲锋杀敌、声震寰宇般昂扬奋进的情境。这四句通过调动不同的语音要素，摹声传情，两相对照，恰成对比地展现出颖师弦下琴声的复杂多变，以鲜明具体的音乐形象为下面即将进入的音乐境界的描画作了铺垫。

从"浮云柳絮无根蒂，天地阔远随飞扬"两句开始，诗人在描绘音乐的同时，开始兼顾对音乐意境的展现。这两句在韵脚上续洪声韵"扬"，而音调转入平和高远，恰如由柳絮飞扬这一具体的物色描写，进而注意到天地阔远一样，境界为之一开。如果说前几句的私语儿女、慷慨勇士，以其直接的呈现和鲜明的形象攫取了我们的注意力，使我们不得不全神贯注于音乐所表现的形象本身的话，那么，这两句音调的逐渐平和婉转，则让我们得以稍稍抽身，反观自己的心情，在屏声静仁中将自己的丝丝情愫融注于音乐中去。在一片回旋变幻的音乐声中，耳畔忽然传来了喧啾不绝的百鸟鸣唱，传神的声音模拟宛如一片和声，让我们既见到小鸟群集的盛况，更从它们婉转而又嘈杂的喧啾声中感觉到了和美与欣悦。此情此景，哪个听众能不深深沉浸于这美妙的意境呢！然而，"忽"字一出，如平和中的顿挫，让人怡荡的心胸不由一紧。"孤""凤""凰"三字语音上的变化造成了意境的急转直下，宛如一片和谐中突然出现了一声凄厉的鸣叫，是那样动人心魄。"跻攀分寸不可上，失势一落千丈强"，承此一势，摹写音调迅速由高滑低，戛然而止，就像攀登险峰时，在再也无法升高分寸的时候突然从万丈高空直落谷底。"跻攀"一闭口一开口，从语音上首先传达出艰险；"上""强"以入声收尾，一落之势势不可挡。这两句已不仅描摹外在的音乐形象，而且同时写出了音乐给人带来的震动。入声字的频繁使用更使得音乐宛如击在人心上的重锤，所起的震荡沉痛而深沉。

正是有了如许出神的拟声描摹，音乐才由外在的旋律音调演化为内在的心声涟漪，因而也才有了"嗟余有两耳"以下八句对听琴感受的直抒胸臆。此八句均押"江阳韵"，声调平和，娓娓道来，又稍带几分沉痛地抒写了诗人在复杂多变的琴声面前，次第经历的情感变化。从在一旁的忽起忽坐，到推手遽止的不辞唐突，诗人在感受音乐时心潮的跌宕起伏跃然纸上。而"湿衣泪滂滂"中的"滂滂"这一双声而兼叠韵的运用，更以阳平的绵延哀婉，传达出诗人低调失落的情绪。至此，诗人已深深沉浸在自伤身世所带来的无尽心酸与落寞中，而一句"颖乎尔诚能，无以冰炭置我肠"的感慨和诘问，更以哀恳的语调，让人不能不想起韩愈屡经奋斗而始终坎坷的一生，想起他慨然而起反对佛老的孤独、勇敢而决绝的身影，想起他不止一次地经历过的"失势一落千丈强"的窘境与惨痛……无尽的哀伤和幽思在诗人的心头回荡，也借助语言的传神描摹使千年后的我们同样深切地被激荡着。通过对语音传情达意功能的恰到好处的发挥，这首被苏东坡赞为"千古琴诗第一品"的绝唱，如一曲婉妙的哀歌，让我们在琴声的抑扬与人生坎坷的贯通之处体验了无尽的微妙感喟。

这里似乎应该特别注意谐声字具有的摹声传神功能。谐声字能从语音本身见出意义，常因其形象性而为诗人所乐意采用，为自己的诗作添声加色。而在汉语中，谐声字更为常见，因此意义协调起来也就更为容易。汉语中不仅有许多直接拟声状物的象声词，如嘈嘈、切切、唧唧、萧萧、呜咽等，还有像啸、爆、拍、破、裂、炸等极富形象感的谐声字，可以说以其极为丰富的容量，为诗人们的想象提供了充分的原料。

从深层次看，诗歌文本中，语音组合除直接拟声状物、摹声传神之外，更是文本意味的一个重要的创生面。*

＊ 请访问爱课程网→资源共享课→文艺学系列课程/孙文宪→2．诗、文欣赏→第六讲《诗经》（00：18：08—00：27：58）/魏天无

美国学者赫斯曾对文学文本的意义作过"意思"与"意味"的区分。"意思"即作者写进文本并要借助文本加以传达的原意，而"意味"则是读者在文本阅读过程所"认定"的文本意义。赫斯所作的区分启发我们，与非文学文本的阅读不同，文学文本的阅读和鉴赏，绝不仅仅是从语义的理解到文本"意思"的把握这么简单。文学语言并不只是要完成一种单纯的语义传达，更重要的是要通过语言的特殊运用，营造一种审美的情调和韵味，以引导读者在对语言的感受中体悟到某种特殊的意味。对诗这样一种以抒情为主的文体而言，尤其如此。文学文本特别是诗歌文本的欣赏不能纯粹依靠语言的逻辑分析来完成，也不能单纯通过语义的准确理解来实现，原因也正在这里，所以古人才有"辨于味，然后可以言诗"的说法。

在语言中，除一些谐声字可以由声见义之外，绝大多数语词的语音与词义之间并没有直接的联系，即它们的读音与意义无关。这是一个常识。但是，必须注意的是，在其他文本如科学文本中无关紧要的语音的组合，在文学文本中却是十分重要的，语音的精心组织仍然是文学文本特别是诗歌文本独特审美效果的重要构成层面。正如美国文学理论家韦勒克和沃伦指出的："每一件文学作品首先是一个声音系列，从这个声音的系列再生出意义。"①我们可以补充说，从这个"声音的系列"中再生出来的"意义"，正是需要读者去细心体味的情调韵致或者说意味。

那么，语音的巧妙组合何以能够"再生"出丰富隽永的意味呢？这和语音具有的"调质"有关。比如，"委婉"与"直率"，"清越"与"铿锵"，"柔弱"与"刚强"，"局促"与"豪放"，"沉落"与"飞扬"，"和蔼"与"暴躁"，"徐缓"与"迅疾"，等等，不只在意义上对立相反，而且从调质上来说，也有明显的反差。由于语音的长短、疾徐、高低、轻重，与人的情感、情绪的运动节奏和强度有着密切的关系，物理层面的声音、节奏的选择、组合等音律技巧的运用，也就能够通过调质形成一种特殊意味的"暗示"，并唤起某种相应的情绪体验。通过选择富于暗示性或象征性的调质，往往能营造出独特的情绪氛围，引导读者去体味文本特殊的情调韵致。中国古代诗论十分重视诗歌音韵的研究，针对汉语发音四声抑扬的特点，总结出许多关于声情相谐、由声传情的经验。如《元和韵谱》谈道："平声者哀而安，上声者厉而举，去声者清而远，入声者直而促。"流行的"四声歌诀"有"平声平道莫低昂，上声高呼猛烈强，去声分明哀远道，入声短促急收藏"之说。这些说法都不是单纯强调汉语语音的四声特点，而是着眼于汉语四声可能"暗示"或唤起的某种情

---

① ［美］勒内·韦勒克、奥斯汀·沃伦：《文学理论》（修订版），刘象愚等译，江苏教育出版社2005年版，第175页。

感、情绪。朱光潜在其《诗论》中对韩愈《听颖师弹琴》开首四句由声传情的特点也作过精当的分析，并指出："音律的技巧就在选择富于暗示性或象征性的调质。比如形容马跑时宜多用铿锵急促的字音，形容水流，宜多用圆滑轻快的字音。表示哀感时宜多用阴暗低沉的字音，表示乐感时宜用响亮清脆的字音。"①

我们可以读读李贺的《李凭箜篌引》：

> 吴丝蜀桐张高秋，空山凝云颓不流。
> 江娥啼竹素女愁，李凭中国弹箜篌。
> 昆山玉碎凤凰叫，芙蓉泣露香兰笑。
> 十二门前融冷光，二十三丝动紫皇。
> 女娲炼石补天处，石破天惊逗秋雨。
> 梦入神山教神妪，老鱼跳波瘦蛟舞。
> 吴质不眠倚桂树，露脚斜飞湿寒兔。

和韩愈的《听颖师弹琴》一样，《李凭箜篌引》也是描述琴声的诗作，其中"吴丝蜀桐张高秋，空山凝云颓不流"，"女娲炼石补天处，石破天惊逗秋雨"是历来为人所称道的名句。这里特别引起注意的，是"昆山玉碎凤凰叫，芙蓉泣露香兰笑"中诗人使用的那个几乎丝毫没有诗意的"叫"字。古典诗词中诗人通常用透着一种典雅的"鸣"来指称凤凰的叫声，以与凤凰的高贵雍容相配，而这里诗人却选用了这样一个口语化的斩截而短促的入声字。不过，吟诵之下可以发现，与韩愈诗"喧啾百鸟群，忽见孤凤凰"中的那个低沉悲舒的"孤"字让我们体会到的哀婉自伤的琴韵不同，正是这样一个去声字，让我们似乎可以听到箜篌在高亢凄厉处的响遏行云。这一独特字音的选择，甚至使得下句中香兰的"笑"也变得多了几分诡谲！

另一个语音巧妙组合的典范的例子，是英国诗人勃朗宁《哈姆林中的吹笛人》。这首诗的第二节，以"Rats"（老鼠）这一个独词句开始，其后的十行里有六行均是以［aes］收尾。这个字音的反复出现就好像段首"rats"这个词的回声一样，似乎在反复提醒读者，诗行中所列举的种种坏事都是老鼠们干的。倒数第二行出现的"shrieking"（尖叫）和"squeaking"（吱吱叫）两个词又都有拟声的意味，使人仿佛听见干尽坏事的老鼠躲在一边吱吱尖叫不停。这一节对老鼠肆虐的描写，由于语音的巧妙选择而显得格外传神，活灵活现。正如梁宗岱曾指出的那样，在某种程度上，"诗人的妙技，便在于运用几个音义本不相

---

① 朱光潜：《诗论》，见《朱光潜全集》第3卷，安徽教育出版社1987年版，第169页。

属的字，造成一句富于暗示的意义淡泊的诗"①。

在诗歌文本中，通过语音的巧妙组合形成某种特殊意味的暗示，有两种很常见的方式。

一是通过语音与语义的配合，营构能够引发丰富联想、想象的意象，将读者引导到特定意境之中。文学阅读中细心的读者会发现，由于语言中存在大量的同义词、近义词，一句诗或一个句段中换掉一个或几个词，一般不会改变诗句或句段语义层面的意思的传达；但意思不变，意味却有可能发生很大的改变。这种意味的改变，往往与语音的选择有着很大的关系。特别是在诗歌文本中，语音与语义的配合，甚至会对读者的感受趋向发生具有决定意义的影响。读者都熟悉李清照那首著名的《声声慢》开首七组叠字的运用："寻寻觅觅，冷冷清清，凄凄惨惨戚戚……"从语义表达上看，这七组叠字，很清晰地描画出处于凄苦无告境遇中的抒情主人公六神无主、清冷落寞、愁肠百结的情状。而这里的语音的组合，无疑恰到好处地加强了这种孤苦悲凉的情味。七组叠音词由七个均等的音步造成一种缓慢的节奏，用可以延长发音的平声字"寻寻"起音，并和声调略高但发音短促的"觅觅"构成一个音群，通过"觅觅"的发音在声调略高处形成一种自然的停顿，然后用"冷冷清清"在略高的音调上经过一个过渡，接着便连用三组发音绵长但音调渐次降低，且不能响亮发出的叠音词。这样的语音组合，实在有如压抑不住的哽咽抽泣，又如茫然无依的低回叹息，吟诵之下，不知不觉间便被带入那种"怎一个愁字了得"的凄苦、落寞的情境氛围之中。韩愈的《听颖师弹琴》和李贺的《李凭箜篌引》，都属于这样一种方式。

二是通过语音的重复回环造就循环往复、缠绵不尽、一唱三叹的韵味。当代诗人黄永玉那首悼念周恩来总理的诗《说是从丰台来的》，在语音的组合上就体现了这种循环往复、一唱三叹的特色："一群褴褛的人，抬着一个破烂的花圈，说是，从丰台来的，／说是，从丰台一路走来的，／说是，从丰台一路号哭着走来的。""是"这一音节的沉郁斩截使句子到此不得不稍稍一顿，"从""台""来"三个平缓低沉的开口呼拉长了语气，奠定了整句诗的哀伤情调，而后两句中出现的"一路""号哭着"更加强了这种沉痛之感，在反复的吟咏中形成了一唱三叹且哀婉低回的音调，传达出一种无尽哀思和忧伤。

应该提醒读者的是，这里关于文学文本语音组合与意味传达关系的讨论，主要集中在诗歌的欣赏方面，但这并不意味着在其他文学文本样式中就不存在声音与意味的问题，只是这一点在诗中更加突出而已。事实上，在散文乃至小说的欣赏中，也会有需要从语音组合去体会文本意味的时候。比如欧阳修的

---

① 梁宗岱:《诗与真·诗与真二集》,外国文学出版社 1984 年版,第 41 页。

《秋声赋》，这篇赋体散文通过对秋声秋雨的描摹，展现出暮秋山川寂寥、草木零落的一派萧条，成为脍炙人口的千载名篇。散文开篇写道："初淅沥以萧飒，忽奔腾而砰湃，如波涛夜惊，风雨骤至。其触于物也，铮铮铮铮，金铁皆鸣；又如赴敌之兵，衔枚疾走，不闻号令，但闻人马之行声。"既以拟声字"淅沥""砰湃""铮铮铮铮"直接摹写"秋声"，同时也通过"萧飒""奔腾""夜惊""骤至"这样大开大合的音节，写出"秋声"给人的肃杀之感。清代桐城派散文家强调散文写作也要讲究"声文之美"，要通过语音组合营造文章的气势，即所谓"因声求气"，这样的主张无疑来自对于文学传达中语音组合独具的审美特性的认识。这也是我们在文学欣赏中应该注意去细心体会的。

讨论题

1. 尝试用不同的声音处理方法朗诵韩愈的《听颖师弹琴》，比较不同的朗诵产生的效果。

2. 能否举出几首你读过的声音与意味结合紧密的诗歌？

2.3　悖论与反讽

> 我不属于你，我没有融入你的身心
> 没有融为一体，虽然我渴望
> 融合，犹如一片雪花融入海洋
> 犹如烛光融入正午的阳光。
>
> 你爱我而我也仍然觉得
> 你既聪明机灵又文雅漂亮
> 但是我还是我，我渴望
> 消失，像灯光消失在光天化日中一样。
>
> 啊，把我投入爱情的深渊——使我
> 失去知觉，让我变瞎变聋
> 任凭你爱情风暴的摆布
> 犹如烛光飘摇在狂风中。
>
> ——［美］萨拉·蒂斯代尔《我不属于你》

作为爱情诗，萨拉·蒂斯代尔这首《我不属于你》的魅力不在于它描写了爱的甜蜜或坚贞，也不在于它表现了爱之可望而不可得的那种迷恋和惆怅，而在于诗从一开始就在向我们低沉地诉说着一种不可排遣的矛盾和两难。这种矛盾和两难，通过时时冲突又不断融合在一起的意象，恰到好处地勾勒出两颗彼此爱慕的心灵之间不由自主的相互排斥又相互吸引，传递出一位娇羞的姑娘在初遇爱神时的真切体验。

　　"我不属于你，我没有融入你的身心"，这听起来似乎非常清醒的决断，看似清晰地向我们诉说着女主人公的自主和独立，却在紧接下来的第二句中马上受到了质疑："没有融入一体，虽然——我渴望。"理智的清醒判断在强烈而澎湃的情感面前似乎开始迷乱。如果说前一句宛如处在热恋中的少女面对爱人时的矜持而坚定的宣言，那么"虽然"之后，我们耳边响起的则好像是她来自内心深处的隐秘的喃喃自语："……虽然我渴望/融合，犹如一片雪花融入海洋，/犹如烛光融入正午的阳光。"这里的"虽然"恰如一道分水岭，隔开了上游清醒的理智和下游澎湃的情感，让它们各据其地，却又矛盾地呈现在同一个时空里，使抒情主人公"我"心中的所思所感散发出由矛盾而构成的炫目的、让人迷惑的光辉。接下来的两个"犹如"，愈来愈深地诉说着这种情感、渴望的浓烈，而且以"雪花之于海洋""烛光之于阳光"两个意象，揭示了"我"和"你"——一对爱慕和被爱慕的心灵间——那种深刻的一致和相似。雪花和海洋一样，都是由水构成，因此雪之融于海洋不仅是可能的，更是它必然的归宿；"烛光"和"阳光"同质，当阳光最终出现时，雪花消融也是再自然不过的事情。这两组同质相融的意象让我们越发不能不注意到它与诗行首句所构成的矛盾情境——既然你我的心灵是如此相似甚至本就同一，那为什么还要如此响亮地坚持"我不属于你，我没有融入你的身心"这样理智然而空洞的宣称呢？

　　奇怪的是，这种明显的矛盾并不让我们感到荒谬。正如我们在诗的下一节中还将遭遇到的那样，"你爱我"，"我"也仍然觉得"你""既聪明机灵又文雅漂亮"，但是，"我还是我"。"我"虽为汹涌不能自已的情感所打动，但仍坚持不与这爱慕自己的灵魂合为一体。这种矛盾的情绪使接下来这个比喻"我渴望消失，像灯光消失在光天化日中一样"，变得扑朔迷离、含义模糊。这里表达的究竟是什么意思：是渴望自己的消失使两个灵魂的融合成为不可能，从而最终坚持住自己的独立，还是渴望像灯光消失在光天化日中一样让自己的灵魂消失在爱人的博大宽广中呢？这种模糊由于一个与上节极为类似的比喻而变得更令人捉摸不清：灯光消失在光天化日，恰如烛光消失于正午的阳光，然而和后者不太一样的是，"灯光"和"光天化日"这一对意象的选择由于和"日""夜"的紧密联系而更多地显示为一种对立；而"烛光"之于"阳光"，突出的是两者同为"光"的相似。些微的差别使正在阅读的读者更深地陷于摇摆和不确定之中。这个比喻到底是正用了上节末句的比喻因而与"但是我还是我"构成与上节相似的冲突和对立呢，还是反用了上一比喻因而与上节呈现出相反的趋势，或许预示着女主人公心意的峰回路转？

带着这一疑问进入第三段的读者将不但发现他根本无法寻找到一个确切的答案，相反又被投入一个更大的矛盾对立的漩涡之中——由第三段和前两段所构成的诗的整体的矛盾中去。与前两段不同，第三段起首似乎就以直接的感叹摆明了自己的心迹："啊，把我投入爱情的深渊。"不仅如此，还要"使我失去知觉，让我变瞎变聋"，好像要完全抛弃上两节中那一直与感情相对立、让她深感矛盾的理智。然而，同样是紧接下来的一个比喻，再次把我们抛入了莫衷一是的深渊："任凭你爱情风暴的摆布/犹如烛光飘摇在狂风中。""烛光"再次出现，而与之相对的意象却换成了"狂风"，风中烛光显然是一个给人带来不安、不稳定感的意象。不仅如此，第三节的陈述重点落在"把我投入爱情的深渊"上——这是这一节中唯一可以确切传达信息的一句，与前两节作为表述重点的"我不属于你""但是我还是我"恰恰再次构成了矛盾和对立……读到此，我们方才明白，此诗根本无意于解决这种从一开始就构筑起的矛盾和对立，恰恰相反，它所要传达的就是这样一种矛盾：在为爱情心醉神迷的同时，又同样强烈地感觉到自我的不可丧失，由是也让自己深陷于一种两难的心境中。

可以肯定的是，这种矛盾、对立最终却成就了这首诗的特殊美感。当我们沉浸在这种矛盾构成的情感的浪尖或低谷时，是不是比从单纯的对爱情的歌颂、赞美中更多地体验到了灵魂深处的激荡？是不是能够体味到比一味关于爱情的无常或不能实现的叹惋更加动人的爱之深切？这样一种欲迎还避、欲放不能的微妙情愫，恰恰是我们面对爱情时最常遭遇的心情。于是，种种矛盾最后反成了可以理解且能引起共鸣的真实。情感，尤其是面对爱情时的情感，本就是一种充满矛盾的体验，把这种体验恰如其分地展现出来，也就成为最贴近爱的本质的宣告。也许这正是这首含义模糊、处处充满矛盾的诗作的魅力所在。

这就是人们通常所说的悖论。所谓悖论，是指一种表面上自相矛盾的或荒谬的，但结果证明是有意义的陈述。它首先是一种诗的或文学的表现方法。但对现代诗歌理论而言，悖论已经不仅仅被看作是一种诗法或文学方法，而是被看成诗的语言的本质属性。归根到底，诗歌起于表达情感的需要。情感往往并不是静止的、确定的，而是呈现为一种摇摆的、充满矛盾且不断变化的状态，是一个由各种各样矛盾因素构成的复合体。如果说科学的目的是试图把事物定义在一个稳定的界限清晰的状态中，那么，这样一种稳定和清晰并不总是我们生活中绝大部分事物的原貌，尤其不是人类感情和精神生活通常的存在状态。于是，为了情感传达的需要，诗歌语言和科学语言背道而驰，通过肯定、承认矛盾的、彼此对立之物的共在，而向真实的存在敞开了大门。从哲学的层面看，世界本就是矛盾的，从"有"于"无"的虚空中脱颖而出的那一刻起，它就以与"无"的对立确立着自身的真实，并在和"无"的不断对抗中促进宇宙和世界不断否定自我，推陈出新，从而不断发展演进。可以说，矛盾既是宇宙存在的本源，也是它不断发展的根本动因。对这一命题的思考为将悖论看作诗歌语言的本质属性，提供了哲学依据。

与悖论具有同工之妙的反讽，也是西方古典修辞学中最古老的概念之一。经过19世纪上半叶德国浪漫派文学理论的改造，反讽从修辞学概念扩展为一种文学创作原则。进入20世纪之后，在英美新批评的诗歌语言研究中，反讽则被看作是诗歌语言的最基本的特征之一。英美新批评认为，必须承认诗是一种难以确定为如科学文本那样的唯一正解的文本类型。在诗中，诗人不仅要考虑经验的复杂性，而且还要考虑语言不完全受言语主体控制的自主性。当诗人要赋予某个语词以某种含义时，他总是不得不借助语境的作用对它进行持续的修正。因此，在诗歌文本中，任何一个语词或陈述，都会由于语境的压力而发生扭曲和变形，发生转义，产生与其表面意义不完全吻合的新义。从这一角度看，反讽的确是诗歌语言的一个很突出的特征，至少是诗歌语言中一种普遍存在的现象。

与悖论不同的是，反讽主要体现为表层语义与深层语义之间的矛盾。我们可以读读英国诗人马伏尔《哀悼》中的这两句诗："自然，每当女人哭泣，／总得认为她们伤心欲绝。"读者在阅读这两句诗时，一定会产生一丝迷惑，因为对这两句诗究竟表达什么意思没有把握。虽然会有例外，但一般来说，女人的哭泣通常情况下确实是她们伤心的表露。但我们无法确定这两句诗是否说的就是这种通常的情况。首先，"总得"一词标志出的让步意味让人起疑，似乎此时对于女人伤心欲绝的认定，是在除了她们的哭泣之外再无别的根据的情况下，权且作出的判断。其次，更让人起疑的，是"认为（suppose）"一词的用法。在英语中，这个词有"认为""认定"的意思，也有"推测""假定"的意思。而由于有"总得"一词的作用，"suppose"一词的这两种意思在诗句中都可以成立。也就是说，女人哭泣这一事件，既可以被确信为她们真诚伤心的流露，也可以被认为是一种显得伤心的假象。可以说，这两层意思合在一起形成一个更深层的意思。造成这种阅读感觉的，正是这两句诗具有的反讽意味。

反讽最显著也是最重要的修辞特征，即"所言非所指"。而从诗学角度看，则正如瑞恰兹所说，反讽来自于"对立物的均衡"，即通常互相冲突、互相排斥、互相抵消的方面，在诗中结合为一种平衡状态。而相互冲突的对立物在诗中之所以能够获得均衡，则是因为语境的作用。所以，布鲁克斯指出，反讽应该被称为"语境对于一个陈述语的歪曲"。

　　反讽的这种诗学特征，在下面这首《女性小聪明》的诗中可以清楚地看到：

　　　　　亲爱的朋友，我无法得到满足，
　　　　　尽管我的婚姻如此幸运，如此富足，
　　　　　除非我向你友善的胸怀——
　　　　　那可是一直与我的想法不谋而合的心胸——
　　　　　倾诉我纷乱但又真切的情感，它
　　　　　带着无尽的欢乐和幸福情感，
　　　　　每天积盈快撑破我的心房。亲爱的，
　　　　　我的丈夫温良宽厚，世上无双，
　　　　　我已经结婚七个礼拜，但是我
　　　　　丝毫不觉得任何的理由去
　　　　　追悔我和他结合的那一天。我的丈夫，
　　　　　性格和人品都很好，根本不像
　　　　　丑陋鲁莽、老不中用、固执己见而且还爱吃醋
　　　　　的怪物。怪物才想百般限制，稳住老婆；
　　　　　他的信条是，应该把妻子当成
　　　　　知心朋友和贴心人，而不应视之为
　　　　　玩偶或下贱的仆人，他选作妻子的女人
　　　　　也不完全是生活的伴侣。双方都不该
　　　　　只能一门心思想着服从；
　　　　　而只能分分场合，互敬互谅。①

　　这是一封用诗体写的信，是一个结婚七个星期的新娘写给闺中密友的信。虽是节选，也大体能看到这首诗的风貌。读上面的诗句，读者一定会纳闷，为什么这首诗每一句的分行都没有断在应该断的地方，尽管诗中的每一个词句都意义明确，但阅读的整体感觉却让人捉摸不定。是什么让每一个含义确定的词最终却连缀成意义含混的一个整体？细读之下，我们发现是诗行中不时出现的具有某种不确定意味的或表示断然否定的词"尽管""除非""丝毫不""根本不像""不应""不完全"等造成了这样的阅读感受。正是这些词的不断出现，使诗中那些明确的正面含义的表达变得让人捉摸不定，以至于由这些词引导的句子虽然只是以反面重复了上句正面的表达，却非但没能增强这种表达的力度，

---

　　① 转引自苏珊·S. 兰瑟:《虚构的权威——女性作家与叙述声音》,黄必康译,北京大学出版社2002年版,第9～10页。

反而动摇了这种表达的可信性。正像布鲁克斯指出的那样，诗并不是一组意象杂乱的组合，在诗中，这些意象相互观照，从而构成某一"情境"，每个单一意象都处于这样的"情境"中，其含义将会受到上下文的牵制和影响，从而可能发生明显的扭曲和变形。事实性的陈述不断地被嵌入由否定词所组成的上下文中，其根基之摇摇欲坠，让人不能不怀疑其陈述还有着更为隐蔽的目的。如果再注意到诗借助诗题及题下的附识设置的语境，这种怀疑将进一步得到证实。诗的标题为"女性小聪明"，它提示着这首诗一定另有乾坤。而其下的附识则告诉我们，这是一位新婚女子给她从前的闺中密友写的一封秘密书信，由于必须先向丈夫展示而不能不有所隐讳。在这样的语境下，怀疑和小心揣度都将把我们导向这样一个事实：如果抽掉诗中的偶数行，我们将得到一个含义迥然相反的诗："我追悔；我的丈夫丑陋鲁莽，老不中用……他的信条是，应该把妻子当成……只能一门心思想着服从；我……不幸福。"由此，我们也看到，诗中所有热切的语言之所以显得如此含含糊糊，只是为了指向（同时也隐约暗示出）隐藏其下的截然相反的词句。全诗由于这一特殊语境的存在，最终显示为一个双重声音的文体，所有的表述都成了自己的反对者，诗作者的讽刺——不仅针对其丈夫，而且针对她在诗中所着力勾勒的当时婚姻生活的主要图景——也显得更加豁朗而辛辣。

　　当然，这并不是说，反讽只在讽刺诗或游戏文字中存在，它的作用，关涉到诗歌更为严肃而重要的方面。陶潜在《责子》中说："白发被两鬓，肌肤不复实。虽有五男儿，总不好纸笔。……天命苟如此，且进杯中物！"显然并不是在拿自己的命运开玩笑。他的《挽歌辞》中更明确地说："千秋万岁后，谁知荣与辱？但恨在世时，饮酒不得足。"上句还在感叹百年之后人生的功业皆归于土，下句却转而畅想，真到百岁之后，唯一怅惘的恐怕早不是什么功业，而是未尝畅饮豪醉。朱光潜说这些诗兼有悲痛的和滑稽的两个方面，滑稽当然是明显的，在反思性遣怀这样严肃的主题下，得出"但恨在世时，饮酒不得足"的结论自然滑稽，然而这滑稽却不比刘伶的放纵，而是为上一句所构筑的语境所制约着，让人不能不更深地品味到其深潜于背后的沉痛。那是对身处乱世不能以的深深抱憾，那是对自己不得不逃避而苟且于乱世的沉痛自责。这些深切的忧怀冲淡了表面语义游戏调侃的味道，或者也可以说，表层语义的游戏调侃，更让我们看到隐藏在这游戏调侃背后深层的沉重和沉痛。这种表层语义与深层真实所指之间的矛盾，因其集中了人生的百般况味而更深刻地触动了读者的心灵。正如鲁迅指出的那样，伟大的诗人无一不像陶渊明一样，既有"采菊东篱下，悠然见南山"的一面，也有"猛志固常在"的一面；既经深切的同情而入世，更以超然的洞察而出世。这种矛盾的情境表现于诗中，往往构成了引人入胜的反讽。

　　反讽可以分为语义反讽、结构性（或主题性）反讽两种基本类型。

　　语义反讽的戏剧性效果总是非常明显的。比如奥斯汀《傲慢与偏见》著名的开头："凡是有钱的单身汉总想娶位太太，这已是举世闻名的真理。"这一仿照格言句法的句子，由于形式上太过规范和正经，而内容又与人们熟悉的常识相去甚远而使人无需寻找下句的暗示，就能隐隐觉出反讽的意味。而一旦在阅读中确认了它其实是下文班纳特太太的内心独白，我们就会发现，它的隐含意义与字面意义恰恰相反：在当今社会中，任何一个单身的女子都需要找个有钱的丈夫，这尤其成为母亲们在缔结女儿婚姻时的共识。显然，一旦读者从规范的句式与别扭的语义的荒谬的搭配中读懂这层意思，他所体验到的快感就几乎完全是戏剧性的了。他好像亲眼目睹了班纳特太太如何得意洋洋地聒噪，会不由自主地浮起揶揄而会心的微笑。

　　结构性或主题性反讽，是指文本在整体结构或意象上形成一种相互否定的矛盾的构合。这一类反讽，在便利地传达出诗人极其复杂、矛盾的人生体验的同时，会使文本更具有一种令人着迷的深度。比如当代诗人石天河的这首《希望》：

> 希望，她是个薄情的女郎
> 她有时冷漠，有时失信，有时轻狂
> 我等了她许多年，许多年呀
> 她依然是罩着面纱，站在彼岸
> 每当我刚刚看到她的一丝微笑
> 转瞬间，一阵风又把她吹向远方。
>
> 只有当她的姊妹——绝望
> 披头散发地向我猛扑过来的时候
> 她才会突然把我拥抱在怀里
> 紧紧地偎着我，吻着我，
> 直到重新温暖了我冷却的心房。

从结构上看，这首诗的两节之间是一种明显的正反组合。诗的前一段是一个关于希望不可靠的陈述：希望只是一个薄情无信、冷漠轻狂的女郎，她"站在彼岸"诱惑着我们，却总不让我们靠近，只要一阵风就能"把她吹向远方"。不过，这样一个关于希望不可靠的陈述在诗的下一节得到了修正。第二节"只有……她才会……"这一个条件句式无疑是对第一节所作陈述的否定。不仅如此，由于作为全诗归结的最后一句"直到重新……"中"重新"一词的使用，更使第一节的陈述具有了新的含义——其实希望本来就曾经温暖过我们的心房，而且，"她"并不"薄情"，而是一直就在彼岸，给我们生活的信心。希望在我们的眼中好像是一个罩着面纱的、冷漠、失信而轻狂的轻薄女郎，只是因为那个最能显示"她"对于我们的生活所具有的意义的时刻还没有到来。希望只有在人们处于绝望之中时才最需要，也只有在人最需要的时候，希望才真正能显出对于人生的意义。这样一种深刻的哲理感悟，在一个反讽结构中得到相当完满的传达。

应该指出的是，虽然正如前面介绍的，在现代文学理论、诗歌理论中，反讽主要被看成是诗的语言特征，但事实上，在小说和戏剧（特别是现代主义戏剧）中，反讽也经常被运用，甚至是一种基本的结构方式和意蕴传达方式。在小说和戏剧中，结构性或主题性反讽由于其对象已由一个特定情节段落或一个人物扩展到整个作品本身，由于我们作为读者或观众会不由自主地和作品中的人物同喜同乐，我们往往更难超然事外，因而也更会感同身受地从反讽中品味到人生的复杂况味。如塞万提斯的《堂吉诃德》在讲述堂吉诃德的历险时构置的那个故事框架：堂吉诃德作为一个没落的贵族后裔，深陷于当时流行的种种骑士小说之中，以至于疯疯癫癫置其他人生要务于不顾。于是他的亲朋好友只得一边容忍他的痴癫，一边想尽办法去除他的痴癫。在这样的一个故事框架中，忧愁骑士悲歌般的行吟畅游显得慷慨、曲折且让人感动，而与此同时，那些所谓的见义勇为、热心柔肠也具有了一种荒谬不经让人哭笑不得的意味。整部小说就在这两种情调中反复回环，时而让人叹息于堂吉诃德之执迷不悟，时而又不由自主地被他的热血豪情深深打动。我们就是这样满含着同情、充满着感佩伴随骑士游完所有的历程，仿佛感到自己也和他同样处在一个不完美但依然可以有所作为的世间，以至于会为他的终于清醒既感到高兴更感到无比惋惜。古希腊悲剧《俄狄浦斯王》也能给我们类似的感受。剧中俄狄浦斯决心找出瘟疫袭来的原因，他一定要搜寻出那个给底比斯带来瘟疫的人。然而，这个勤勉的、一心想着解除国家危害而夙兴夜寐的国王对他的悲剧、他的身世，对即将搜寻到的人就是他自己却毫不知情。这一具有反讽意味的戏剧情境的设置，既引发我们对世事无常、命运不公的感叹，让我们在俄狄浦斯刺瞎双眼自我流放的选择面前深深震撼，同时也会让我们深深陷入对人生命运的思考。

柏拉图在一千多年前就曾感叹：美是难的。人生的况味从来不是单纯明朗的，我们会面对许多的矛盾和纷杂，我们的内心其实也充满矛盾和纷杂，但在种种矛盾和纷杂中，多数时候，我们似乎总能见出光明和晴朗。之所以如此，奥秘也就在于我们敢于直面和体味这种矛盾的永在。而这，也许正是诗中的悖论和反讽独具魅力的更深刻的原因所在。

讨论题

1. 能否把萨拉·蒂斯代尔的《我不属于你》理解为一种非悖论形式的表达？为什么？

2. "葡萄美酒夜光杯，欲饮琵琶马上催。醉卧沙场君莫笑，古来征战几人回。"这首诗是否包含反讽意味？将它理解为一种反讽和理解为一种非反讽，在阅读感受上有什么不同？

2.4 隐喻与象征

我是天空里的一片云

偶尔投影在你的波心

你不必讶异

更无须欢喜

在转瞬间消灭了踪影。

你我相逢在黑夜的海上

你有你的

我有我的方向

你记得也好

最好你忘掉

在这交会时互放的光亮。

——徐志摩《偶然》

隐喻，又称暗喻，从修辞特征上看，是隐去喻词(用系词代替或者干脆连系词也不要)，由本体和喻体直接连接组成的比喻。从诗学角度看，比喻——无论是隐喻还是明喻——都是诗的也是文学的基本技法。两千多年前古希腊哲学家亚里士多德(又译亚里斯多德)在他的《修辞学》中就谈道："隐喻字在诗里和散文里都占有非常重要的地位。"①中国先秦时期就已经提出的风、赋、比、兴、雅、颂的"诗六义"，其中的"比"也即"以彼物比此物"的比喻。不过，20世纪以来，作为修辞学中的比喻之一种的隐喻，更受到诗人和评论家们的广泛重视。美国批评家布鲁克斯就曾指出："我们可以用这样一句话来总结现代诗歌的技巧：重新发现隐喻并且充分运用隐喻。"②应该说，布鲁克斯

---

① [古希腊]亚里斯多德：《修辞学》，罗念生译，生活·读书·新知三联书店1991年版，第152页。

② [美]布鲁克斯：《反讽——一种结构原则》，袁可嘉译，见赵毅衡编选《"新批评"文集》，中国社会科学出版社1988年版，第334页。

的这一判断是有根据的。现代诗人的确更注重隐喻在诗歌传达中的功能的发挥，而且，现代诗人们也的确以他们的实践，将传统上主要作为一种修辞方法的隐喻向前大大推进了一步，使隐喻超越修辞学意义上的比喻而更具魅力。

诗中隐喻具有的魅力，在阅读这首脍炙人口的名作《偶然》的过程中可以直接感受到。"我是天空里的一片云"，诗起首便以一个标准的隐喻迅速抓住了读者的注意力。这里的"是"当然也可以改作"像""好像""仿佛"，隐喻变成明喻，诗句的字面意思不会有什么变化。不过，仔细体会一下，如果换作后者，我们发现诗句的感染力会减弱很多。接下来的"偶尔投影在你的波心"，看起来没有那么明显，但同样是一个变了形的隐喻。与上一句诗中把自己比作天空里的一片云相对，诗人的倾诉对象，那更为飘忽的"你"，被诗人比作了波心荡漾的大海。此后的诗句几乎全部笼摄在这一对看似平凡的隐喻中，在喻体不断交织冲突的过程中，诗的喻旨——那最初吸引读者的"你"与"我"的纠葛和故事，也如薄雾般逐渐从诗的隐喻性意象背后浮现出来。我们看到，这飘忽在天空中的一片云，和那沉静莫测的大海，原来只是瞬间相逢在黑夜，便"在转瞬间消灭了踪影"，各归各途。这份短暂的相遇，又恰如沉沉黑夜里在彼此心头闪过的一道灵光，即便曾给"你"带来讶异，曾令"我"真心欢喜，也终归只能在遗憾与惋惜中一闪而过。吟咏至此，这一对空灵而透露出些许凄清的喻体暗示出的喻旨已隐隐若揭。喻体中意象的飘忽和意象背后透露出的意旨的若隐若现，相互辉映，彼此推波助澜，使读者在迷蒙怅惘的意境里愈陷愈深。回过头去再看看起首两句，也更能体味出在这里运用隐喻而非明喻的妙处。

作为比喻的一种，从形式上来说，隐喻虽只是隐去了喻词，单由本体和喻体直接结合构成比喻，但喻词的隐去，却使隐喻的重心由一般比喻强调本体、喻体之间的"比"，转向了突出两者之间的"同"，由此也使这样一种结合所能蕴含的意味更加丰富。比如，当我们说"我像天空里的一片云"时，强调的是"我"和云的类似因而可以比拟，"我"和"云"的关系被"像"这个明确的喻词界定在有限的范围内，诗人自己不会把两者完全等同起来，读者更不会。但当把喻词改为系词"是"时，明喻变为隐喻，被极大限度地突出出来的则是"我"和"云"之间在想象世界和情感世界中的内在关联，比喻中那"以彼物比此物"的明朗单纯也就此消解，本体和喻体间的关系也变得模糊起来。对隐喻的这一特点，钱锺书曾有过精彩的论述："所比的事物有相同之处，否则彼此无法合拢；它们又有不同之处，否则彼此无法分辨。"[1]"显拟二物，曰'如'曰'似'，则尚非等，有不'尽取'者在；苟无'如''似'等字，则

---

[1]　钱锺书:《钱锺书集·七缀集》,生活·读书·新知三联书店 2001 年版,第 50 页。

若浑论以二物隐同，一边而可申至于他边矣。"①在一般比喻里被小心翼翼地保持在一定范围内的异中见同的比，被隐喻由局部扩展到整体，喻体和喻旨之间于是浑然一体，相互生发，使比喻本就可能具有的表现力获得了极大的拓展和丰富。

从上面的认识出发再来读这首《偶然》，也许可以获得更加深切的感受。《偶然》中的隐喻的喻旨，无疑是一段美丽伤惋又朦胧飘忽的感情。喻旨的这一性质，与作为喻体的云和海——飘在空中的一片云和在黑夜里荡漾着波心的那片海——透露的空灵、忧伤和无着之间本就存在天然的亲和性，一经隐喻连接，两者更如电光火石般碰撞在一起，变得浑然一体并相互生发。感情的迷蒙由云海这对意象而有了具象，云、海作为意象所具有的飘忽苍茫反过来又加深了情感的迷蒙无着。隐喻在喻体和喻旨间所造成的这种浑然一体又若即若离的关系，赋予诗歌以朦胧的美感和含蓄节制的品格。

如果说诗的上节中的隐喻，其作用主要在于由喻体透露喻旨，并使喻体和喻旨浑然一体相互生发，从而赋予诗所歌咏的感情及诗的整体以朦胧的美感，那么，诗的下段喻旨从喻体中的逐渐脱离，则更为吊诡地展现了隐喻中喻体和喻旨关系的另一种可能。"你我相逢在黑夜的海上"一句，既标志着前半部整个隐喻的完结，同时更开启了整个隐喻由喻体与喻旨合一向彼此分离方向的发展。"你有你的，我有我的方向"，在这里，作为喻旨的感情开始脱离喻体而直接现身，诗的语气也由伤惋转为肯定。喻旨从整个隐喻中的逐渐凸显，恰似那一度为忧伤感情所笼罩的理智渐渐苏醒，"你记得也好，最好你忘掉，在这交会时互放的光亮"，这好似喃喃自语般的低诉，让我们看到，诗人终于由那飘忽的白云重归本体，成为清晰的、受诗人自己主宰的意志。诗的意境由迷蒙逐渐转向清晰，由叹惋一变而为昂扬。既可相互融合而至仿佛一体，又可相互分离彼此映衬，隐喻在喻体和喻旨间造成的这种可分可合若即若离的张力，使诗更具有了深长的意味。

可以说，隐喻的确是一种更具表现力的诗法。隐喻中喻体和喻旨之间的关系超出简单的类比或替代，形成相互融合，因而也使诗歌语言及意象组合更充满张力，隐喻性意象成为负载多重意义的复合体，大大扩展了诗的表意、表情空间，也使它成为现代诗人更乐于使用的一种诗法。我们也可以读读北岛的《回答》中的这几句诗：

> 新的转机和闪闪星斗，
> 正在缀满没有遮拦的天空。

① 钱锺书：《管锥编》第 5 册，中华书局 1979 年版，第 133 页。

> 那是五千年的象形文字，
>
> 那是未来人们凝视的眼睛。

这里的"新的转机""闪闪星斗"与"五千年的象形文字""未来人们凝视的眼睛"交融结合为一个整体的隐喻意象，既富于形象感，又富于思辨性，作为放在诗尾收束全诗的意象，圆满地传达出诗人在经历多年黑暗后重拾信心的不易与由重拾起信心带来的生机。我们还可以读读余光中的《双人床》：

> 当一切都不再可靠
>
> 靠在你弹性的斜坡上
>
> 今夜，即使会山崩或地震
>
> 最多跃进你低低的盆地，
>
> ……仍滑腻，仍柔软，仍可以烫熟
>
> 一种纯粹而精细的疯狂
>
> 让夜和死亡在黑的边境
>
> 发动永恒第一千次围城
>
> 惟我们循螺纹急降，天国在下
>
> 卷入你四肢美丽的漩涡

全诗建立在"双人床—性爱"这一隐喻上，诗的每一句都透过这对隐喻而既在写实，又有弦外之音，处处与夜所象征的黑暗、死亡相对，烘托出一派永恒的安慰与温暖。诗也由这对隐喻的存在，超越那些单纯以性、以个人反对战争、反对政治的诗歌，在传达丰富细腻的质感的同时更多了一层富于玄思的哲学意味。

　　诗中隐喻（也包括通常的比喻）构成的突出的修辞特征，在于喻体和喻旨间的不确定性。诗中的比喻本体和喻体间"远距""异质"形成"暴力连接"，即将完全不在同一个经验领域中的对象强行组合在一起的特点，更能充分地调动读者的联想和想象，从而形成独特而清新的意象。钱锺书就曾举例说，"雪山比象，不妨生长尾牙；满月同面，尽可妆成眉目"，因为"面貌端正，如月盛满；白象鲜洁，犹如雪山"[①]。雪山和白象在颜色的鲜洁方面有相似之处；面貌的端正和满月正可有一比，这一相似性在两者间建立起的关系尽可以延伸到本体、喻体的其他方面。所以用雪山比象时，雪山也可以像白象一样长牙生尾；用团团如满月来比喻面貌的姣好时，不妨让月亮也像人一样有

———————————

① 钱锺书:《谈艺录》,中华书局 1984 年版,第 22 页。

眉有目，足以传情。这种比喻的构造，所以能尽收出人意表之效，正在于这两者之间远距异质的连接，是由诗人运用语言的"暴力"强行扭结而成的。惟其远距、异质，惟其"暴力连接"，这种构造才格外引人注目，给人带来丰富的回味与联想。比如被称为现代意象派诗歌鼻祖的埃兹拉·庞德的《在地铁车站》：

> 这几张脸在人群中幻景般闪现；
> 湿漉漉的黑树枝上花瓣数点。
> (The apparition of these faces in the crowd；
> Petals on a wet，black bough.)

在拥挤潮湿、充满暗影的地铁车站骤然闪现的几张面孔，昏暗间竟会幻化为黑黝黝树枝上的点点花瓣，不同经验领域中性质完全不同的两种事物，经诗人之手被强行并置、叠加在一起，其新颖独特性使其能迅速抓住读者的注意力，促使读者细细品味和玩赏。在这一过程中，地铁车站的昏黑潮湿由于本体意象和隐喻意象之间的相互生发而极为鲜明地烙印在读者的脑海中。

诗中的隐喻与作为一般修辞手段运用的隐喻有着明显的区别。作为一般修辞手段运用的隐喻，喻体往往是为了说明本体的某种性质而存在的，因而当我们获得对本体性质的把握后，对喻体亦可以不再关注。但在诗中，构成隐喻的本体、喻体同时成为诗歌意象的组成部分，在两者的交叉、分离和叠印中共同完成诗意的传达。因此，正如美国文学理论家维姆萨特指出的："在理解想象的隐喻时，常要求我们考虑的不是喻体如何说明喻旨，而是当两者被放在一起并相互对照相互说明时能产生什么意义。"①英国诗人艾略特《阿尔弗瑞德·普鲁弗洛克的情歌》中那个著名的"黄昏"的隐喻意象，就典型地说明了这一点：

> 黄色的雾在窗玻璃上擦着它的背，
> 黄色的烟在窗玻璃上擦着它的嘴，
> 把它的舌头舐进黄昏的角落，
> 徘徊在快要干涸的水坑上；
> 让跌下烟囱的烟灰落上它的背，
> 它溜下台阶，忽地纵身跳跃，

---

① ［美］维姆萨特：《象征与隐喻》，杨德友译，见赵毅衡编选《"新批评"文集》，中国社会科学出版社1988年版，第254页。

> 看到这是一个温柔的十月的夜，
> 于是便在房子附近蜷伏起来安睡。

诗一开始就出现的黄昏的意象（"正当天空慢慢铺展着的黄昏，好似病人麻醉在手术桌上"），在这一小节中被隐喻为一只在窗玻璃上擦着背和嘴、把舌头舐进角落的黄色的猫，诗的意味也由这一对本体和喻体合而造就：当猫的诡异、慵懒，黄色的暧昧被叠加在黄昏这个既非黑夜又非白昼的临界时刻上时，那一刻漫步在街头的普鲁弗洛克的眼中世界也就得到了最好的表达：病态、模糊，恰似黄猫的慵懒，无所事事，漫无目的，又仿佛黄昏般暧昧，似是而非，处于生死两界的临界点上却莫知何去何从。这是一个病态的、失去任何创造活力的世界，至少是一个需要加以检视的世界。而这也正是普鲁弗洛克自己的世界。

　　本体、喻体同时成为诗歌意象的组成部分，这一特点非常显明地标示出隐喻与象征的区别。和隐喻一样，进入 20 世纪，特别是象征主义诗歌流派兴起之后，象征作为一种诗歌表情形态也受到现代诗人的极大重视。[*] 在波德莱尔、马拉美、魏尔伦、艾略特等象征派大师们那里，象征成为以一种用有声有色的鲜明物象，来暗示微妙的心灵世界的诗学原则。从形态上看，象征很有些类似中国古代诗论中所说的"托物寄兴"，也就是不直接摹写诗人心中体验到的某种情绪、情感，而是通过对那些与诗人自我内心体验相应合的外物（或景物）的描摹，使客观物象成为一个传达内心情感体验的符号。在诗歌文本中，由于象征本身即"托物寄兴"，而且在表现形态上也常常与隐喻彼此渗透，因此，在很多情况下这两者其实是很难区分的。不过，仔细辨析，仍然能够看到它们之间的明显区别。从表达上看，正如我们已经看到的，隐喻的本体、喻体都是具体的，它们结合在一起构成隐喻性意象的组成部分。而象征意象则是通过象征物的直接描摹，由象征物的描摹构成一个独立自主的形象或形象体系，借助这一独立自足的形象或形象体系，来意指被象征的对象（某种思想感情或抽象意义）。因此，象征意象与被象征的对象之间是一种暗示性的而非比喻性的关系。正如韦勒克和沃伦在论及象征时谈到的，象征"这一术语较为确当的含义应该是：甲事物暗示了乙事物，但甲事物本身作为一种表现手段，也要求

＊　请访问爱课程网→资源共享课→文艺学系列课程/孙文宪→2. 诗、文欣赏→
　　第二十二讲《顾城》2（00：24：28—00：42：45）/魏天无。

79

给以充分的注意"①。

我们可以比较一下下面这两首诗：

> 新裂齐纨素，皎洁如霜雪。
> 裁成合欢扇，团团如明月。
> 出入君怀袖，动摇微风发。
> 常恐秋节至，凉飚夺炎热。
> 弃捐箧笥中，恩情中道绝。

这是汉代女诗人班婕妤的《怨歌行》。全诗以对团扇的描摹构成一个完整的意象：团扇的团团如月、皎洁如雪，团扇在夏日炎炎之中出入君袖的得宠，团扇对秋凉到来之后被捐弃箧笥的恐惧，拟人化地写出了团扇的形象和命运。我们自然知道诗人这里实际上是托物寄兴，借助团扇秋凉一至便遭捐弃的命运，暗示出封建时代那些宫廷女子的悲哀凄凉的命运。而从现代诗学角度看，这实际上就是典型的象征。

再来看看埃兹拉·庞德的《题扇诗：给她的帝王》：

> 噢，洁白的绸扇
> 　　像草叶上的霜一样清湛。
> 你也被弃置一旁。

埃兹拉·庞德的这首《题扇诗》实际上就是对班婕妤《怨歌行》的翻译。让我们特别注意的，除了这种翻译将原诗十句浓缩为三句，因此乍读之下很让人不得要领之外，还有这首诗与原诗完全不同的诗法。这首诗完全没有了原诗"秋扇见捐"这一意象在中国文化中具有的象征意味，而是借助隐喻写成的一首新诗。诗的主体意象是如草叶上的清霜般的"绸扇"，而洁白的绸扇和草叶上晶莹清湛的霜花两个意象的拼合组接，自然让我们看到一种纯洁剔透的美，但晶莹霜花在阳光照耀下转瞬即逝的联想，也一定让我们真切感受到这种美的脆弱。这一比喻意象合以"你也被弃置一旁"这一声透着某种无奈的叹惋，似乎隐喻性地传达出诗人对于美的易逝性的感叹。至少，假如我们不知道这首诗是那首《怨歌行》的"翻译"，从这首"译作"中，是无论如何不太容易看出原诗的象征意味的。

---

① ［美］勒内·韦勒克、奥斯汀·沃伦：《文学理论》（修订版），刘象愚等译，江苏教育出版社 2005年版，第 214 页。

　　象征一般分为两种形式，即普遍的象征和特定的象征。所谓普遍的象征，是指那些象征意义在一个文化背景中已经确定，象征物与它的象征对象之间已经形成一种比较固定的关系的象征，比如绿色象征生命和生机，黑夜象征恐怖和死亡，鸿雁象征家书，等等。由于这些象征已经在一个文化史中被固定下来，因而在进入文学文本之后一般也不受上下文控制，即不会因为语境的作用而发生象征意义的改变，如英诗中的玫瑰象征爱情，鸽子和橄榄枝象征和平，中国古典诗词中以香草美人指代君子，以怨妇形象象征文人、士大夫失意等。所谓特定的象征，又称个人象征，指诗人为表达自己特定思想情感而创造的独特的象征意象，是诗人独特的审美联想的产物。这一类象征意象的象征意蕴往往具有一种不确定性，因此，需要借助诗人的经历、思想乃至时代背景等更大的意义系统来加以解读。在诗歌文本中，个人象征当然是大量存在的，但值得注意的是，特定的象征也有可能在一个文化史中被固定下来而成为普遍的象征。比如《怨歌行》中"秋扇见捐"的意象，它最初出现时无疑是诗人的一种独特的创造，是一种特定的象征，然而，这一意象在其后的诗词作品中被反复使用，以至于它从作为封建时代宫廷女子悲惨命运的象征，扩展为文人士大夫被君主冷落抛弃的象征，实际上成为了一个普遍的象征。

　　正像韦勒克、沃伦在区别象征和隐喻时所说的："一个'意象'可以被一次转换成一个隐喻，但如果它作为呈现与再现不断重复，那就变成了一个象征，甚至是一个象征（或者神话）系统的一部分。"①总的看来，隐喻是独特的、唯一的，而象征是固定的、程式化的；隐喻充满个人的智慧与机巧，而象征则可能会成为集体语言的共识。因此，比较而言，隐喻可以说最大限度地满足了诗歌个性化的要求，为诗人以己之笔、以己之神思构造出自己独特而丰富的意象世界提供了可能。诗歌的敷藻设喻讲究"无理而妙"，也就是说，诗歌的比喻越是出人意表，越是乍看起来与常情常理相悖，就越能给人留下深刻印象。比如余光中说中秋的月光是"冰过的砒霜"，就远比一般比喻所说的"月光如水"要动人心魄得多。"无理"而居然能"妙"，就是因为个性化的表达使语言得以脱离日常语言的惯性轨道，得以超越常规话语的重重樊篱，获得自由的、鲜活的生命力，成为诗人个性化体验的完美表达。

---

　　①　［美］勒内·韦勒克、奥斯汀·沃伦：《文学理论》（修订版），刘象愚等译，江苏教育出版社2005年版，第214~215页。

1. 从班婕妤的《怨歌行》和埃兹拉·庞德的《题扇诗：给她的帝王》的比较中，具体归纳隐喻与象征的差异。

2. 类似"秋扇见捐"之类的典型的象征性意象能够转化为隐喻性意象吗？

2.5 对称与对比

你站在桥上看风景
看风景的人在楼上看你

明月装饰你的窗子
你装饰了别人的梦

——卞之琳《断章》

《断章》是卞之琳脍炙人口的一首小诗。诗极凝练，仅仅四句便为我们勾画了一幅别具妙思的图景，传达出清新而隽永的人生哲理。

这首短小凝练的小诗特别引起我们注意的，是它句式上的对称和语义传达上的对比。

诗分上下两节。上节两句勾画了诗人一瞥之下所见的实景。"你"漫步桥上，被桥下不期而遇的风景吸引，于是忍不住驻足停留——"你站在桥上看风景"。"你"想不到在离"你"不远的地方还有一双眼睛——"看风景的人在楼上看你"——其实，看风景的"你"在他人的眼里就是一道被观赏着的"风景"。如果说前一句所勾画的这一个瞬间，只是生活中常见的并没有什么特别之处的小景的话，那么与下句勾勒出的图景拼接并置、两相对照形成的关联，则无疑让我们幡然憬悟：想想看，这一幅构图含蓄了多么丰富的哲理意味！"你"和他者之间位置和角度的转换，并不仅仅是构成风景的内容的转换，更是"你"和他者之间相互关系的转换：当"你"驻足桥上看风景的时候，那风景中的一切自然是被看的客体；然而，就在这样一个时刻，在"你"不经意间，"你"和"你"所在的桥其实就是一道被人观赏的风景。生活就是如此让人不可思议，很多时候，不管是有意还是无意，不管你是否清晰地意识到，一切事物之间其实都存在着关联，哪怕是看起来处在对比两端相距甚远的人和物。两句诗以极为对称的句式将人物位置、关系的对比纠合在一起。

这种意味，在诗的下段对月夜的描绘和对梦境的想象中进一步得到加强。

"明月装饰你的窗子"，作为主体的明月高高悬挂在画面的正中，在窗内人透过窗棂的欣赏的目光里，一定是可以寄予悠远情思或美丽梦想的。不过，"你"不知道其实"你"也"装饰了别人的梦"——此时站在窗前欣赏月光的"你"，不知不觉中也在别人的梦境中充当了主角。对这后一句的揣想，显然从上段看风景的两个人无意形成的既关联又对立的关系中敷演而来，但比上段创构的意境更为虚幻。下段与上段首先表现出的是"相像"，同样是主、客体间的位置在无意中交换，同样是构图匀称而又蕴藉深致的图景。"相像"的感觉显然由语句和画面的对称而来。但"相像"中有明显的"差异"，这差异则源自构成两幅画面的事物的比较。我们注意到，上段所写的景是实景，"小桥""看风景"的人突出在构图的中心形成很强的画面感。而下段中的"明月"和"梦"则虚实相应，由对实景的抒写驰骋进了想象的世界，由眼前所见转入心中所思。上段所描画的图景无疑是现实生活中的一个片断，而下段所拟想的断片则是诗人的想象之景——意象的选择、画面的情境、时空的营造，无不显示出由"实"入"虚"的努力，从而使上、下段之间于匀称的对称中又显示出几分对比的意味。正是这种对比，使上下段中原本就存在的画面进一步向哲思提升，从而使诗的哲理意味获得了圆满的实现，也使诗歌意象的、图画的层面和哲理的、意味的层面得到了天衣无缝、水乳交融的结合。诗仅四句，两两相对的诗句结构、句法基本相似，字数基本相当，形成明显的对称；对称的结构显现着内容上的对比——首先是上段中的对比，其次是下段中的对比，最后是上下段之间的对比。对称与对比的交错和交融，是这首诗最具有特色的地方，可以说，这首小诗相当完美地实现了对称和对比在诗歌融情入景、意蕴深远方面的功能，让我们看到对称与对比作为一种结构性法则对诗歌具有的意义。

对称可以表现在诗歌的声调、句式和词性诸方面，它对于诗歌的主要意义是见出诗歌语言的整齐之美，使诗歌和谐而规整，形成优美的节奏的律动。这是诗的很重要的一个特性。朱光潜曾说他每拿到一首外国诗，常先不管其意义如何，上来就把它朗读一遍，如果觉得音调铿锵声调和谐，再来细品其意义，否则，多半非诗或非好诗，说的就是这个道理。当然，这是从语音的对称方面来讲。对称还有一个很重要的方面——可能是更重要的方面——就是格式和句法的对称。语音的对称更多是为了满足人对和谐韵律节奏的需要，而格式和句法的对称则源于诗歌的内在要求，即诗需凝练。诗的语言和散文语言不同，更多的不只是为了"达意"，而是为了"传情"，它必须对散体文的散漫不拘加以限定以凝粹其情思。这种内在的要求决定了对称必然成为诗歌语言组合的重要技法。诗人常常感慨"诗是带着镣铐跳舞"，这对称，也正是构成这"镣铐"的重要一环。

　　大体说来，诗的对称更多地表现在意义的排偶和声音的对仗上。由于汉语大体具有单词单字单音的特点，更便于对称的展开，因此通过对偶和对仗形成对称成为汉语诗歌的重要特色。如《九歌·湘君》："采薜荔兮水中，搴芙蓉兮木末。心不同兮媒劳，恩不甚兮轻绝。石濑兮浅浅，飞龙兮翩翩。交不忠兮怨长，期不信兮告予以不闲。"如《古诗十九首·青青河畔草》："青青河畔草，郁郁园中柳。盈盈楼上女，皎皎当窗牖。"句式整齐，意思上两两相对，读来颇为动人。声音的对仗如"四海习凿齿，弥天释道安"，"日下荀云鹤，云间陆士龙"，虽在意义上无甚佳处，但音调铿锵，平仄相对，读来朗朗上口。

　　在诗歌中既讲究"意义的对偶"，又要求全篇在音调、平仄上两两相对，最大限度地发挥对称之美的则是律诗。借助于严格的对偶、对仗的要求，律诗诗句的对称美可谓是登峰造极，这一点在律诗的阅读中可以直接感受到。这里更应该强调的是，律诗借助对偶、对仗形成的工整的对称，在赋予诗一个整齐规矩的框架的同时，也给诗在大跨度时空中完成意象的并置、拼接和组合提供了可能，使诗的表现空间获得极大的拓展。如"南菊再逢人卧病，北书不至雁无情"，把"北雁"和"南菊"这个间隔着广阔空间的意象放在一处，极言诗人境遇之惨；"早行石上水，暮宿天边烟"，一早一晚的时空里，意象的组合凸显出诗人风餐露宿浪迹天涯的足迹。如"但觉高歌有鬼神，焉知饿死填沟壑？"上句的昂扬豪迈与下句的悲凉之间没有任何过渡，两种差异如此之大的情感被并置在一起，使读者感受到巨大人生落差的同时，还能获得一种难得的"顿挫"意味。

　　我们可以读读盛唐诗人王湾这首《次北固山下》：

> 客路青山外，行舟绿水前。
> 潮平两岸阔，风正一帆悬。
> 海日生残夜，江春入旧年。
> 乡书何处达，归雁洛阳边。

这是一首传诵当时的名作，明代学者胡应麟在其《诗薮》中将它与李白《塞下曲》、孟浩然《岳阳楼》、王维《观猎》等并称为"盛唐绝作"。诗的首、颔、颈三联全用对偶句，其工丽跳脱、匀称稳妥自不待言，更令人称道的是诗句在对偶中所建构起来的超迈闳逸的意境。诗人在这样一个岁暮腊残的时日，日夜行舟奔向故乡，其心情的急切自然可以想见。起句诗人以"客路青山外"点出归路的遥远，与眼前舟行绿水相连接，开首这一虚一实的两个意象，与尾联的"乡书""归雁"相呼应，让我们很真切地体味到诗人行于旅途而神驰故里的心情。不过，诗人的心情却也并不因为这路途迢遥而黯然，相反，水阔风顺之中诗人感到的倒是"潮平两岸阔，风正一帆悬"的盎然诗意。这一联当然是诗人眼见的实景，空阔的江岸和江上一帆这一面一点两个意象的连接，让我们想见大江的波平浪静。而接下来一联"海日生残夜，江春入旧年"则更见雄阔豪迈：残夜未尽，天水相接处却已见红日；旧年未逝，春意却已闯入残冬。"日""夜"本不能并存，"江春"与"旧年"亦只能相接而不能相容，而这旧年冬日的朝阳与新年将至的春光更有着时间和季节的阻隔，然而，它们却在同一个瞬间映入诗人的眼中——这只有在诗的无限广阔的艺术空间才能实现，而诗句造就的意境的超玄闲逸也的确堪称妙绝。无怪晚唐诗人郑谷读过之后会发出如此感叹："一卷疏芜一百篇，成名未敢暂忘筌。何如'海日生残夜'，一句能令万古传。"

从上面的讨论中应该可以感觉到，其实对称手法对诗歌表现力的拓展往往也离不开对比的参与。如果说对称是力求通过句式的"同"以见出语言整齐之美，赋予诗歌以句式的整齐与和谐的话，那么对比则重在凸显反差，从而也使诗在规整中构建某种程度的不平衡。

与对称不同，对比体现在意义方面。在规整和谐的韵律之中，意义的对比往往使诗歌增加跌宕起伏、牵动人心的张力。比如李白这首著名的《长干行》：

> 妾发初覆额，折花门前剧。郎骑竹马来，绕床弄青梅。
> 同居长干里，两小无嫌猜。十四为君妇，羞颜未尝开。
> 低头向暗壁，千唤不一回。十五始展眉，愿同尘与灰。
> 常存抱柱信，岂上望夫台？十六君远行，瞿塘滟滪堆。
> 五月不可触，猿声天上哀。门前迟行迹，一一生绿苔。
> 苔深不能扫，落叶秋风早。八月蝴蝶来，双飞西园草。
> 感此伤妾心，坐愁红颜老。早晚下三巴，预将书报家。
> 相迎不道远，直至长风沙。

此诗无论在章节还是句式上都以对称为主要特点，而在对称整齐的外在形式下，也有着内容上的强烈对比。诗的前十四句写从两小无猜到缔结连理的清美，从十五句起转而描述女主人公与丈夫的离别及此后刻骨铭心的相思。前后两个部分的不同生活，形成鲜明的对照，也构成强烈的对比，少年时竹马青梅的欢悦和两小无猜的清纯，与如今远别相思的凄苦和盼夫归来的深切，相互映衬，使诗在和谐的形式之中包含了充沛的张力。

一般来说，诗中的对比更多地体现在时空关系的处理上。在中国古典诗词中，通过时间意象或空间意象的对比造成强烈的艺术效果的诗句，可以说俯拾皆是。比如李白的《苏台览古》："旧苑荒台杨柳新，菱歌清唱不胜春。只今唯有西江月，曾照吴王宫里人。"李煜的《虞美人》："小楼昨夜又东风，故国不堪回首月明中。雕栏玉砌应犹在，只是朱颜改。"同一空间由于今昔的变化而构成的对比让我们能真切感受到诗人的无限感慨。刘禹锡的"旧时王谢堂前燕，飞入寻常百姓家"，陈陶的"可怜无定河边骨，犹是深闺梦里人"，同一对象在不同空间出现所形成的对比给我们带来强烈的阅读感觉上的冲击力。我们的阅读感受告诉我们，在和谐规整的形式中，时间意象或空间意象的对比越鲜明，形成的反差就越大，由此而造成的艺术感染力往往也越强。比如唐代诗人柳宗元的这首《寒江独钓》："千山鸟飞绝，万径人踪灭。孤舟蓑笠翁，独钓寒江雪。"冰雪中无鸟影人迹的千山万径的"极大"，与置于这"极大"之中寒江之上的孤舟独钓的"极小"，两个空间意象构成了极其强烈鲜明的对比。也正是在这种对比中，我们看到了诗人不与世俗合流的高洁。

　　除了时空关系上形成的对比外，还有利用不同事物的不同性质进行的对比。如屠岸的《物理学》：

> 你是水银
> 搁在方匣里
> 就是方形
> 装进圆瓶里
> 就是圆形
> 温度低了
> 就下降
> 温度高了
> 就上升……
>
> 我是金刚石
> 透明得
> 好像不存在
> 但我有角有棱
> 永远肩负
> 最锋利的刃
> 石头碰到我
> 也要卷刃！

全诗通过对水银和金刚石不同性质的比较而展开，将水银的貌似凝重却随物赋形的性质，与金刚石的晶莹透明而至刚至坚的性质进行对比，由"物理"而及于"人情"，上升到人生哲理的表达，完成由物及人的升华。

也有围绕同一事物在不同情况下显现出的不同性质展开的对比。如梁小斌的那首《雪白的墙》，开篇即以惊叹的语气呼出："妈妈，我看见了雪白的墙！"由对这一平凡图景的惊叹为下面墙的变化的对比作了铺垫，然后以一个孩子天真纯洁的眼，来描述一面墙先后显现出的不同状态："曾经那么肮脏，写有许多粗暴的字"（指大字报）的墙，给妈妈带来过无尽的泪水，是全家不幸的根源。然而，"今天早晨"，在这个显然预示着一个新的时代、新的开端的时间，这堵墙一下子变得"雪白"，比"喝的牛奶还要洁白"，并且粉刷墙壁的工人还郑重地嘱咐孩子："告诉所有人，不要在这雪白的墙上乱画。"今日的雪白和昨日的肮脏形成的强烈对比，给我们带来深刻的触动，引发我们去思索。从诗的上下文，从这堵墙"一直闪现在我的梦中"，从它的变化给人们带来的巨大的欣喜，我们当然不难领悟，这不是普通的墙，它承担了历史的污垢，它曾经的肮脏记录着的是那梦魇般的昨天；而它今天的洁白，见证的是历史在拨乱反正之后的回归，预言的是充满欣悦和希望的明天。我们不能不惊叹，作者通过一堵墙的变化，敏锐地抓住了历史巨变的时代特征，借助一堵墙的今昔对比，给人以强烈的视觉上的冲击和情感上的激荡。

诗是通过景、事、物来写情，所以对于景、事、物的比较最终也总要落到情上，或者说在对事物的比较中自然见出情感的不同，这是诗歌运用对比所要达到的根本目的。比如洛夫的《剔牙》，就通过对两个"剔牙"场景的展现，不动声色地展开了对比：

中午
全世界的人都在剔牙
以洁白的牙签
安详地在
剔他们
洁白的牙齿

依索匹亚的一群兀鹰
从一堆尸体中
飞起
排排蹲在
疏朗的枯树上
也在剔牙

以一根根瘦小的

肋骨

"剔牙"只是一个简单的、日常到人们谁也不会留意的动作，诗人却通过对比勾画出如此触目惊心的景象！处于和平背景中的普通人饭后闲适地剔牙，居然可以和埃塞俄比亚兀鹰们饱餐人肉后的动作放在一起，不能不让人感叹诗人想象之奇诡。然而这一奇诡落实到诗中，却是时时处处细致入微的对比："全世界的人"和"依索匹亚的一群兀鹰"，首先是量的、同时也是质的对比，大胆地把人和动物放在一起进行对照，为的是揭示出两者在自然中的平等，都无非是食物链上的一个环节。其次是神态和姿势的对比，全世界人们的剔牙是"安详地"、闲适地，带着酒足饭饱后的心满意足；而兀鹰呢，通过描画它们和它们食物之间的关系，"从一堆尸体中/飞起，排排蹲在/疏朗的枯树上"，可以想象出它们虽然生活在一个并不富足的环境中——从"疏朗的枯树"可以看出——但起码在这一刻，也是悠闲从容和心满意足的。诗歌最后落到"牙签"的对比上，以最触目惊心的对比结束了对两幅情景的不同描画：人们用的是"洁白的牙签"，"剔他们/洁白的牙齿"，表明人类在文明的秩序里活得是多么体面；而兀鹰的牙签呢——"一根根瘦小的/肋骨"！这个意象本就够触目惊心的了，如果再往深处想一下，牙签之小可与肋骨相比，对这肋骨"瘦""小"想必就有了切肤的体验，那一个个曾经鲜活的生命在此之前所曾遭受的饥馑、羸弱和饿殍遍野的悲惨景象，也就在这一根根瘦小的牙签的对比下几乎呼之欲出了。通过对比手法的充分运用，作者可以说几乎未着一字，就写出了自己对于文明的反思，对遍布全球的饥荒与灾难深切的同情。

需要指出的是，作为表现技法，对称和对比在诗中常常是同时存在、相辅相成的，就像在对卞之琳《断章》的分析中所看到的那样，对称为诗提供了诗意传达的框架，而对比则使诗在这一框架中实现了诗意传达的自由；对称使诗歌整齐和谐，对比则使诗歌在整齐和谐中又见出灵动飘逸之美。因此，两者的交互作用，共同造就诗美的灵魂，使诗完成它在镣铐之下的美丽舞蹈。

讨论题

1. 中国古代格律诗讲究对仗、对偶，不仅将诗的对称美彰显到极致，也通过内容上的对比极大地拓展了诗的表现空间。结合王湾的《次北固山下》思考一下为什么会有这样的表现效果。

2. 除对诗意传达所起的作用外，诗的对称与对比对造就诗的结构美起到什么作用？

2.6　跳跃与省略

花朵突然收复了春天
一个男人和一个女人
眼光，飘到一起
过路人没去注意
他俩已木然开放
和平也来得如此刺激、慌乱

脸边没有蜜蜂
风尘仆仆的装束
粗笨地戳在草地
两只晒裂的蜂箱
好像有细微孵化声
滚落到嘴上

春天轰鸣人变得脆弱
什么能比家令人心碎
酒盅、盆和碟子
墙角新买来金黄的扫帚
儿子弄脏玻璃，又擦

四月难于开口
四月，别作声
四月花开得那样静穆
那似乎是以后的事儿
等风吹过去
树枝把春天稳住

——江河《四月》

　　这首题为《四月》的诗抒写的与其说是季候，不如说是一种心绪。被"花朵突然收复"的春天，有"细微孵化声"的蜂箱，"脆弱"的轰鸣，"难于开口"的"静穆"的四月，都向我们透露出这一点。然而，诗中抒写的究竟是一种什么样的心绪？我们却无法将诗中出现的意象清晰地拼合到一起——"一个男人和一个女人"何以"眼光"会"飘到一起"？他俩的"木然开放"说的究竟是什么？而且与"和平也来得如此刺激、慌乱"有什么关系？"和平"指的是什么？这种"和平"对谁造成刺激？让谁慌乱？不用说，往下读的时候，这种陈述与陈述之间的断裂，意象与意象之间连接的突兀，还会一次次地"袭击"我们，让我们多少会有些摸不着头脑："脸边没有蜜蜂"放在上下文中究竟是什么意思？蜂箱上"细微的孵化声"为什么好像"滚落到嘴上"？春天为什么会"轰鸣"？家何以成了"令人心碎"的地方？眼前"静穆"开放的四月花，怎么就"似乎是以后的事儿"？

这种阅读的感觉多半是因为诗中的跳跃和省略。读诗的过程当然不是破解谜语，但诗中的跳跃和省略，许多时候也确实需要在阅读过程中像破解谜语那样，通过联想和想象，在诗句的连接中寻找"蛛丝马迹"，去补充那些被跳过的和被省略的内容，去对它进行必要的"修复"还原。我们首先注意到的是诗中一再出现的"春天"的意象："花朵突然收复了春天""春天轰鸣人变得脆弱""树枝把春天稳住"。显然，这些有关春天的意象让我们知道，这"春天"其实不是（至少不仅仅是）作为自然季节的春天，而应该是"他俩"在这样一个特殊的四月对春天的最直接的感觉，是"他俩"的目光"飘"在一起的这一时刻春天在他们心中呈现的样子。由此，一个男人和一个女人眼光"飘"在一起，在人群中"木然开放"也有了清晰的所指，可以推测这春天可能与一段已经消逝的感情有关。这是一次"他俩"都不曾料到的"偶遇"，"和平也来得如此刺激、慌乱"，似乎正是对这多年后始料未及的偶遇的反应，"风尘仆仆的装束／粗笨地戳在草地"似乎正是"他俩"不期而遇那一刹那间的尴尬与窘迫。由此我们也能朦胧地感觉到，在诗句的背后可能隐藏着一个"故事"——也许这是一对曾经相爱的男女多年后的偶然相遇？至此，我们能越过诗歌的跳跃的诗行，去领略四月这一个瞬间对"他俩"包含的诗意。我们发现，其实可以将诗节重新排序，如果将诗的第一节和第二节调换一下位置，按照从第二节到第一节再到第三、四节的顺序读下去，会感到顺畅许多：风尘仆仆中的意外相遇让"他俩""粗笨地戳在草地"，那一瞬间似乎世界停止了运动归于沉寂，于是似乎都可以听到"晒裂的蜂箱"里"细微孵化声"；然后是很自然地出现的慌乱，是感觉到的"花朵突然收复了春天"，继而"春天轰鸣人变得脆弱"，最后是"四月，别作声"的内心呼告和"树枝把春天稳住"的祈愿……到此也似乎能拼接出一幅完整的别后重逢的画面。

跳跃与省略是诗歌结构和语言组合上的突出特征。所谓跳跃和省略，是指诗在诗句的组合中省略一些起交代作用的过渡性、转折性的陈述（这些陈述在其他类型的文本中常常是必不可少的），省略掉一些关联词、转折语（在其他类型的文本以及日常语言交流中也是必不可少的），而在结构和语言组合中留下大量"空缺"，形成一种"突兀"的语言组合。

诗歌的省略与跳跃造成的文本"空缺"，一方面似乎使诗的陈述显得有些"支离破碎"，以至于会让人感到某种程度的不知所云，但另一方面，它又确实给读者提供了一个更加广阔的想象的天地。读者用自己的想象去补充、"修复"文本缺省之处的过程，既是确定文本意义的过程，同时也成为一个获得更加充分欣赏的愉快的过程。这正是在欣赏上面这首《四月》时可以体会到的。这首诗一开始似乎就作了一次跳跃，没有任何必要的交代直接以"花朵突然收复了春天"开头，给人一种突兀之感。然而，这个没有任何铺垫劈头就凸显出来的意象，却一下子就唤起了我们的阅读注意。我们也许会提出类似花朵何以"收复"春天这样的问题。但也正如我们已经知道的，随着阅读过程的展开，随着在接下来的阅读中对文本因跳跃和省略留下的文本空缺的补充与修复，我们也会发现，这花朵"收复"春天的感觉，正是两个曾经的恋人在不期而遇时的那一刹那最真切的感受。于是，诗以它特有的方式陈述事件所具有的最动人的效果，也开始呈现在我们眼前：在那一瞬间，他们的感受是犹如天崩地裂，感想是如此复杂，以至于几乎所有的意象，周围的所有事物都在他们身边旋转起来，分不清时间的先后，分不清重要或是轻微……由此，初次阅读时让我们觉得有些莫名其妙的意象也呈现出它们的意义——"脸边没有蜜蜂"？或许蜜蜂曾经是"他俩"充满甜蜜与馨香的爱情的见证？"四月，别作声"，这显得突兀的呼告传达出了我们的祈愿：别作声，别打破了这一瞬间的静穆，别让来自生活的琐屑尘埃，搅乱了眼前这梦一般的迷境！尽管我们可能永远也无法弄清那"滚落到嘴上"的细微孵化声究竟是什么，家又为什么会是最"令人心碎"的地方，那"等风吹过去／树枝把春天稳住"的祈盼里究竟蕴含着什么……我们还是深深地感受到，这相聚所具有的令人心动的感伤、怅惘和美。应该说，正是诗中尚未完全明言的那一部分，正是那些需要在阅读过程中拼接出的板块，为这首诗平添了一层让人回味的东西而使它更耐人寻味。

一般认为，诗歌必须以其丰富大胆的想象和高度凝练的形式传达出跌宕起伏的情感，这是造成诗歌省略与跳跃的重要原因。正如黑格尔指出的，"最完美的抒情诗所表现的就是凝聚（集中）于一个具体情境的心情"，因此，抒情诗的展现方式应该是"收敛或浓缩"。①必须"收敛或浓缩"的要求必然使诗的传达无法遵循日常经验的逻辑，也无法接受通常语言运用规范的约束。诗必须依据情感逻辑和想象的运动来组织语言。说到底，诗歌的省略与跳跃，仍然与诗歌本身的情感传达方式有关。与其他类型文学文本不同，诗重在意绪或情感的呈现，而不是一个情感过程的铺陈；诗所关注的是如何通过一个个情感聚

---

① ［德］黑格尔：《美学》第 3 卷（下册），朱光潜译，商务印书馆 1981 年版，第 212 页。

焦点的呈示，有效地唤起读者相应的情感反应，而不是如何生动具体地告诉读者一个情感事件。从这一角度看，省略与跳跃出现在诗歌结构的安排和诗句的组合上，也成了一种必然。

诗的省略和跳跃表面看是打破了语言表达必须讲求逻辑有序的要求，但这种省略和跳跃并不是一种全然无序的胡乱拼接，正像对《四月》的阅读一样，诗歌语言组合对情感的逻辑的遵循，也让我们能够对诗作一种相对"有序"的阅读。我们还可以试着阅读下面这首诗：

> 一幅色彩缤纷但缺乏线条的挂图，
> 一题清纯然而无解的代数，
> 一具独弦琴，拨动檐雨的念珠，
> 一双达不到彼岸的桨橹。
>
> 蓓蕾一般默默地等待，
> 夕阳一般遥遥地注目，
> 也许藏有一个重洋，
> 但流出来，只是两颗泪珠。

当代诗人舒婷的这首《思念》，乍看起来，诗中罗列的八个意象之间，似乎没有任何联系，好似诗人只是随意采撷了这些意象，又把它们杂乱地堆放在一起。但仔细品味，我们会发现，这些看似零散地摆放在一起的意象，更像是一串由思念的线穿在一起的珍珠："色彩缤纷但缺乏线条的挂图"，仿佛正是那充盈于心胸却又理不出头绪的情愫的写照；"一题清纯然而无解的代数"，"清纯"似乎在暗示着思念的清晰，然而依然"无解"，却是因为思念与现实间有着一段距离；接下来"一具独弦琴"的意象证实了这一点，尽管思念是美好的，但它只具有单向的性质，不知道对方是否也和自己一样，在"拨动檐雨的念珠"；于是，在不断出现的意象中，我们看到具象为"一双达不到彼岸的桨橹"的"思念"中那份无从排遣的孤寂。接下来下段起首两句中的"蓓蕾""夕阳"两个意象，在承中有转，是说即使只是假想，这思念仍像蓓蕾等待开放一样等待着会晤；这等待固然只像夕阳一样遥不可及，但依然是真实的，甚至是深邃的，有"一个重洋"那样的分量；而"一个重洋"的分量最终凝结为两颗小小的泪珠，这泪珠该有多么沉重。从结构上看，如果将末两句置于诗首，可能脉络会显得明朗显豁一些，但可以肯定的是，诗的传达效果也一定会大打折扣。

跳跃和省略在使诗更为凝练的同时，也大大拓展了诗的表现空间。卞之琳曾有一首只有两行的诗："想独上高楼读一遍《罗马衰亡史》,/忽有罗马灭亡星出现在报上。"两句之间的省略形成的大跨度的跳跃,使诗句关涉的内容从发生于几千年前的罗马灭亡,瞬间便转至眼前的报纸。大跨度的跳跃使这短短两句诗包含了古今中外上下几千年的光阴,充满了诗人对时空流转的独特感悟。省略和跳跃能赋予诗的巨大表现容量由此可见一斑。这也许只是一个较为极端的例子,但是,作为一种诗歌语言组合方式,省略和跳跃能让诗轻松地越过时空的障碍,使语词在轻灵的"飞翔"中实现出人意表的精彩组合,应该说这首只有两句的小诗是一个很好的证据。

诗在结构和语言组合上的跳跃和省略,也使诗的表达更显含蓄隽永。跳跃和省略在通过语言的突兀组合致人惊奇的同时,也由于其造成的对部分事实、关联的含而不露,引而不发,让读者既以自己的联想、想象去加以补充,又把读者的注意力更有效地集中于诗已经作出的表述,使诗的阅读在朦胧与明朗之间形成一种特殊的美感。例如,舒婷的这首《雨别》:

> 我真想摔开车门,向你奔去,
> 在你的宽肩上失声痛哭;
> 我忍不住,我真忍不住!
>
> 我真想拉起你的手,
> 逃向初晴的天空和田野
> 不畏缩也不回顾。
>
> 我真想聚集全部柔情,
> 以一个无法申诉的眼神,
> 使你终于醒悟。
>
> 我真想,真想……
> 我的痛苦变为忧伤,
> 想也想不够,说也说不出。

全诗描绘了"雨中离别"这样一个充满伤感气息的场景。然而,在雨中和谁相别,这相别是短暂还是永久,这些疑问在诗中并没有答案。相反,诗以其省略的存在激起了更多疑问:"我"为什么要失声痛哭?又究竟有什么事必须"申诉"?力图使对方醒悟的是什么?还有,那些"想不够"的痛苦和"说不出"的忧伤究竟是什么?诗的阅读过程中必然出现的这些疑问,其实也在告诉读者，这一切并非诗所关心的内容，自然也不应成为读者关注的对象。诗以对这些明确的事实性内容的省略，强迫读者把注意力由这些引起感情的事件，转向诗所表达的感情本身，通过对这些情绪的逼真体验，重新在自己心中勾勒出"伤离别"的丝丝情愫。也许你没有过雨中离"他（她）"而去之后又深深懊悔要冲出车门重新走向"他（她）"的体验，也许你也不曾试图"聚集全部柔情，／以一个无法申诉的眼神"，使离别的人终于醒悟，也许你根本不曾有过这样一个"他（她）"，但是，这份雨别的痛苦和忧伤，一定也曾在某一时刻，萦绕于你的胸怀，让你"想也想不够，说也说不出"；这份忧伤哀婉、愁绪绕肠的情绪，一定也曾在某个雨夜将你深深击中，令你情不能自已……从这一角度看，我们不能不说，正是诗中所有的跳跃和省略使诗超越了对某个具体情境的书写，一跃而上升为对人的共有的情感的表达，使这种"雨别"的情绪超越它具体的情境，获得更具普泛性也更加动人的力量。

同样的道理，诗中的跳跃和省略，也能使诗获得鲜明的、非同一般的如画效果，从而将读者的注意力集中于诗的意象本身。如顾城的《弧线》：

　　　鸟儿在疾风中
　　　迅速转向

　　　少年去捡拾
　　　一枚分币

　　　葡萄藤因幻想
　　　而延伸的触丝

　　　海浪因退缩
　　　而耸起的脊背

全诗的意象组合没有任何过渡或关联，却具有极强的画面感。这种极强的画面感也自然地将我们的视线引向鸟在疾风中转向划出的弧线，少年弯腰捡拾一枚分币时的身形，葡萄藤盘旋延伸的触须和海浪划出的水线。不用说，由这些意象共同显现出的弧线也显得格外明晰。

从深层次看，诗中的跳跃和省略造成的传达效果的实现，最终依赖于读者调动自己的联想和想象的参与。不过，跳跃和省略留下的"空白"，也确实能够最大限度地调动起读者联想和想象来。德国文学理论家伊瑟尔有一个很形象的比喻。他说天空中北斗七星的排列对所有观察它的人都是一样的，但不同的人却能从中想象出不同的东西来，有的人见出勺形，有的人却见出犁形。这种情况不是那几颗清晰呈现在我们眼中的星星本身造成的，而是因为一颗颗星星之间存在的空白造成的，是这些空白给人们提供了在星星间进行联结的无限可能性。同样的道理，诗中的跳跃和省略造成意象之间关系的不确定性，使它们之间的组合关系不再是明朗的、确定的和唯一的，因而也为读者留下了充分发挥自己的联想和想象的空间，从而将读者带入对诗歌意象的创造性解读过程。从这一角度看，诗歌欣赏中要求我们关注的其实不仅仅是已经言说的部分，更重要的是不曾说出的部分。已经言说的部分一定程度上只是将我们带向不曾言说的部分，去深入体味诗的意象背后的深刻意味的路标。而实际上当我们通过调动自己的联想和想象进入其间，对它们加以补充和"修复"的时候，诗已经言说的部分也会同时呈现出新的意味。这一点，我们在《四月》的阅读中，在《思念》的阅读中，在《雨别》的阅读中，应该都可以感受到。

跳跃与省略是诗歌结构及语言组合的突出特征，这并不是说在其他文本类型中完全不存在类似的情况。实际情况是，由于文学作为语言艺术的特殊性，文学在运用语言讲述故事、刻画人物时都不可能面面俱到地将与对象有关的一切原原本本地加以陈述，因此，小说、戏剧中也有结构上的跳跃和省略。例如海明威的《杀人者》，从标题看这应该是一篇有关凶杀的犯罪小说，但读过之后会发现，许多在传统同类小说中必不可少的基本叙事因素，在这篇小说中都被作家隐在故事背后了。小说只展示了三个类似戏剧演出的场景，我们只能通过这三个场景看到故事中几个人物可以直接观察的行动。我们知道杀手确实来到了乔治和尼克所在的这一个小饭馆，我们也知道杀手的杀人计划和他们要杀的是那个叫做奥尔的人，但杀人者从哪里来？奥尔和杀人者之间是什么关系？杀人者为什么要杀他？这些我们始终不得而知，甚至当尼克向奥尔报告有人要杀他时奥尔何以无动于衷，作者也没有作任何交待。不过，敏感的读者可能会意识到，恰恰是这些故事展示过程中应该有所交待的信息的有意省略，将我们的阅读注意引向故事场景中的不同人物的不同表现，由此也会发现，这篇小说的故事焦点其实并不是杀人的过程，不是杀人者，也不是要杀的人，而是故事中乔治和尼克这两个小伙子。这两个小伙子对同一事件的不同反应才是作家要求读者给予关注的焦点。读者会与故事中的尼克一样发现邪恶，并发现这一事件——有人要杀人，而将要被杀的人却在那里束手等待——的可怕。通过省略造成的阅读效果，这篇小说脱离了传统凶杀犯罪小说的轨道，而进入表现人性的宽广世界。而且，从这里可以看到，与诗的省略和跳跃主要表现在语言组合上不同，虽然小说中省略的是关于事件的信息，但在小说文本中（扩大看，在戏剧中也一样），由跳跃和省略造成的文本空白对欣赏的作用，与诗中的省略和跳跃对欣赏的作用，是一致的。

1. 尝试着将舒婷《雨别》中被省略掉的内容补充出来，比较一下与阅读原诗的感受有什么不同。

2. 《四月》中表现的情景是否还可以有别的解读？

2.7. 可听的曲与可读的词

我吩咐把我的马儿从马棚里牵出来。／仆人没有听懂我的话，我便自己走到马棚，／给马备好鞍，骑了上去。／远处传来了号角声，／我问他，这是什么意思。他说不知道，／他什么也没听到，什么也没听到。／在大门口，他叫住我，／问："您骑马上哪儿去呢，我的主人？"／"我不知道，"我说，／"只是离开这儿，离开这儿。／离开这儿向前走，向前走，／这就是我达到目标的唯一办法。"／"那么您知道您的目标了？"他问。／"是的，"我回答，／"我刚刚告诉你了，离开这儿，／离开这儿，这就是我的目标。"／"您还没有带上口粮呢。"他说。／"什么口粮我也不要。"我说，／"旅途是那么的漫长啊，／如果一路上我得不到东西，／那我一定会，死的。／什么口粮也不能搭救我，／幸运的是，这可是一次，／真正没有尽头的旅程啊！"

——《红色尹吾·出门》（歌词节选自卡夫卡作品，尹吾演唱）

世纪之交，麦田唱片公司推出了"红白蓝系列"的三位歌手，在尹吾的这张红色专辑内页中，赫然印有北岛、舒婷等诗人的名字。借用经典的诗文曲赋，用现代的编曲和人声发挥声音的直接感染力，"新瓶装旧酒"，这在流行音乐创作中并不是新鲜事。王菲唱过苏轼的《水调歌头》，李玟、王祖贤分别演绎过李清照的《月满西楼》和《声声慢》，更早些的齐豫不仅诠释了大量三毛的作品，还唱过刘半农的《雨丝》这类现代文学的经典之作。此类例子不胜枚举。然而最让人意外的，莫过于这首《出门》，直接搬用卡夫卡作品中的段落，没有韵且不协律，应该是无法拿来演唱。然而歌手却用歌的形式成功地呈现了真正没有尽头但又必须上路的旅程，给了晦涩的卡夫卡一张感性却不失内在精髓的面孔。

"真正没有尽头的旅程"始于一个冰凉的夜里——卡夫卡没有说，但幽咽的口琴、叮咚的吉他、配着合成器营造出的笼罩天际的嗡嗡声，却分明将星夜的阴冷和幽凉的夜露洒在了马棚和出门人的身上。尹吾以念诵开场，音调平静得让人感到一丝不祥。歌者没有刻意雕琢，而是恰到好处地将每句末的"牵出来""备好鞍""号角声""我问他""大门口""我的主人"这一系列汉语发音中位于平声与上声的字句，处理成微微上扬的声调，使念白也有了些许轻吟低唱的意味，听者仿佛看到孤独的行吟诗人披星戴月地上路了。

听到仆人的问话，主人好像有一些激动："我不知道"，"只是离开这儿"，"离开这儿向前走。"这脱口而出的回答分明提高了声调，挣脱了平静的念唱，带有明显的曲调，听者便感到了出门人情绪的波动。"这就是我达到目标的唯一办法"，几乎是咬着牙一个字一个字吐出来的，主人喊出了他的心理变化。自此，低暗内向得有些压抑的念诵结束，激动亢奋的副歌部分呈现波涛澎湃的呐喊，从休眠似的陈述骤升至激情决堤般的感慨。直至关于口粮的对话，歌唱又一次失去了曲调，变成因维持在极高的调门而尽显急迫与紧张的失声高歌："什么口粮也不能搭救我。"末了，当尹吾再次回到述说的调子，说"幸运的是，这可是一次，/真正没有尽头的旅程"时，听者真切地感觉到一种欲歌无声的暗哑：马已疲，人已倦。面对没有尽头的旅程，探讨幸或不幸都是多余，曲中人只是继续，继续……

念和唱在这首歌里形成了两种不同的语气，结合马与主人两种立场，在短短的几分钟里几起几浮，贴切地将出门人的内在情绪外化出来：经过一番腾挪跌宕，主人从克制压抑的冷静开始，经过面对对象的感慨（与马的对话），又愤怒绝望地回到自言自语的自在状态，从紧张的高歌中滑落到真正平静的念白，起初星光夜露的幽暗便真切地渗入主人的骨子里了，正是那层惨淡的寒光触动了听者的神经。

《出门》典型地显示出了通俗歌曲中可听的曲和可读的词是如何奇妙地结合在一起的，由此也给我们指示出在通俗歌曲的欣赏中，如何去听它"可听的"曲，以及可以从它的"可读的"词中读到什么。

从"听"的层面看，通俗歌曲的"言（歌词）""声（歌唱）""律（音乐）"似乎总是三位一体地交融在一起。流行歌曲的歌词更接近于口语，演唱也具有极强的吟咏特征，歌者似乎是随着音乐的律动，一字一音地将歌词"说"出来。正如有的评论者指出的，通俗歌曲针对歌词进行作曲，似乎首先来源于阅读的经历，是源于阅读者在阅读这段文字时发生在心里的自自然然的波动：动荡时阅读被提升，产生曲；渐入平静后，恢复阅读，又成为诵。这与古人所谓"诗言志，歌永（咏）言，声依永（咏），律和声"正好相符。因此，在通俗歌曲中，"语言和音乐有一部分是重合的，这一部分就成了天然的歌。尹吾正是发掘了语言中的歌唱因素，这歌唱是平实的、纯粹的、不矫饰的。《出门》有文字本身的魅力，而歌唱让我们更深地看到了语言的魅力。由此，歌唱中最朴素的那一部分被发现了：它就在语言本身的发音之中，声调的突出产生了唱，速度的把握产生了唱，语言的反复产生了唱。这语言本身的品质，显露着歌唱中最朴素的本色，它让这交流紧贴听者而非高高在上。而通过这且语且歌的奇特的诵读，歌中始终笼罩着疏离和哑默的气氛，使歌者半置事外，半置事中"①。这段对《出门》的解析道出了此类流行音乐如斯动人的内在根源：正是语言与音乐的水乳交融，日常经验与文学经典的相互渗透，交织成这样一张奇幻的"情网"，俘获听众脆弱敏感的心，"轻易就放在网中摇"。

从"读"的层面看，通俗歌词大体上可以区分为借用经典文本完成现代表达和植根民间及日常经验的个人表达两个大的类别。前者具有一种突出的、与我们熟悉的经典文学文本或集体文化记忆的互文性，后者则凸显一种与日常经验相接续的植根民间的个人性。

巧妙借用广为人知的经典文学文本进行创作的通俗歌曲不在少数。《涛声依旧》让我们温习过唐人张继《枫桥夜泊》的情致，《遥寄林觉民》让我们穿越时空体会到烈士妻子的爱怨情伤。在新世纪初始，一张标题为"文学音乐大碟"的光盘，以歌曲的方式阐释了一批现代文学作品，包括朱自清的《背影》、沈从文的《边城》、白先勇的《玉卿嫂》等。内容上的似曾相识，使这些歌曲很容易就达到了让流行成为经典、让经典再度流行的效果，同样获得了广泛的关注。当然，这些先于歌曲存在的文学作品，与通俗歌曲都有着截然不同的表现方式和生成背景，但其间又不可否认地存在着可以超越时空的共通主题：深陷囹圄、在生命最后时刻提笔作《与妻书》的林觉民，和当下推己及人、代陈意映低诉幽思吟唱《遥寄林觉民》的齐豫，都在表达那种生死之间、个人情爱与家国责任间欲罢不能的纠葛和欲说还休的矛盾；张继的诗和毛宁的歌，虽时隔悠悠千载，然姑苏城外寒山寺的钟声却始终萦绕在听者心头，寂寥孤独时对过往情思追忆而不可及的无助，也如江南的雾霭始终氤氲不散。这种若隐若现的内质正是所有艺术作品的魅力的来源。

文学经典的互文性，很容易将通俗歌词的阅读感受与经典文学文本的阅读经验相连通。广为人知的文学文本因素的融入，使诉诸听觉感官的音符获得了深厚的、源自文字的理性色彩。由曲调、节奏和音色带来的听觉之美是不可重复的线性艺术，而文学经典所包蕴的意象与情思却能经得起反复咀嚼与回味，从而在想象的空间里构建立体的审美之维。通俗歌曲通过积极实现文学文本的抽象之思与音乐文本的感性之声的互涉，在主观上增延了审美心理的持续时间，充分发挥出感性音符在转瞬间抓住人感官注意力的优势，同时通过巧妙地借用经典的文学题材，也调动听者自觉唤起内在的对文学意象的旧有体验及思考积淀。如此"里应外合"，于是"一石激起千层浪"，让听者遭遇激情，胸臆难平。增加文字与音乐的互涉，这绝非歌者投机取巧的小把戏；充分调动听

---

① 李皖：《卡夫卡、尹吾和〈出门〉》，《读书》2003 年第 1 期。

者的前结构，在快节奏的现代社会通过各种不期而遇的契合，完成情感的传达和体验，瞬间击中听者的心灵"软肋"，是"短平快"的流行音乐在短期内达到最大限度传播的重要途径。

与借用文学经典类似的，是在通俗歌曲中自觉加入传统戏曲元素，形成与传统艺术的互文，与集体文化记忆的连通。这类作品如大陆歌手刁寒的《花好月圆》、屠洪刚的《霸王别姬》，台湾歌手张雨生的《后窗》、陈升的 *One Night in Beijing* 等，都具有这样的特点。我们可以重温一下 *One Night in Beijing* 的欣赏体验。这首歌的演唱，女声是地道的老生与花旦的京剧唱腔，男声是朴素平凡得甚至粗糙的台湾普通话，让人仿佛来到屹立于寒风中的老城门下，化身"北方的狼族"，身着"腐锈的铁衣"唤开城门，在模糊灰蒙的胡同中摸索，在地安门问寻，踏着"历史的尘埃"，跌入"百花深处"，在心灵中与那缝着绣花鞋的"老情人"神遇；而具有强烈切分效果的电子鼓和串于词中的英文"one night in Beijing"，由现代的电子乐营造出来的桑田沧海般飞速变幻的电声效果则不断地提醒我们，纵然听者泪湿双颊，现实却早已时过境迁：老北京的良人、城门均已不可寻，新生的北京正在成为年轻动感的世界都市。在六分多钟的时间里，寻古与抚今的感触就这样密集地交错，形成奇幻的张力，将听者卷入一种入化的境界中。

应该注意的是，无论是对于经典文学文本的借用，还是与集体文化记忆的连通，完成的其实都是现代人的现代表达。这些歌曲大多融进某种程度的怀旧情绪，似乎有一种对于往昔的美好记忆的略带感伤的拒绝和回味。然而，正如在《出门》甚至 *One Night in Beijing* 的欣赏中可以清晰感受到的，在表面的怀旧之下，其实是现代人对自我生存的一种现代体验。从这个角度看，现代通俗歌曲好似时代变迁和社会文化心理变迁的晴雨表，通俗歌词也能让我们触摸到社会发展和文化心理变迁的律动。这一点，从那些植根于民间，更注重日常经验的个人表达的通俗歌曲中，可以更加清晰地看到。

中国的通俗歌曲从诞生的那一刻就带有突出的民间色彩，植根民间也更关注个体表达，具体表现为口语化、个人化。这使通俗歌曲既不以实现音乐的"乐教"功能为己任，也不具有古典音乐发烧友捍卫古典大师神圣权威的宗教情怀，同时也不可能如爵士蓝调那样成为悠闲生活的标签，而是作为音乐与语言自然结合的产物，以其灵活多样成为一种大众文化。

通俗歌曲的歌词不同于经典文学文本的书面语，它更多地来自民间口语，具有民间口语的随意性和原生自然态。它的新鲜源自对生活本身的好奇，而不是如文学语言那样为了避免"自动化"而刻意追求"陌生化"；它的深刻不是来自形而上的思辨推理，而是来自生活本身的灵光一闪的小结。我们可以读读这首通俗歌曲的歌词：

　　　天上的星星／为何／像人群一般的拥挤呢／地上的人们／为何／又像
　　星星一样的疏远／嘿……

　　这首由罗青作词、李泰祥作曲、齐豫原唱的《答案》，就是用简单得不能再简单的口语反复吟唱出了生活的原生态，并蕴含了朴素却不浅薄的哲理。虽然题作《答案》，但悠长而舒缓的曲调却让听者感到歌者并不刻意追求一个答案。透过齐豫清空而剔透的唱游般反复回环的处理，以及末了充满轻松和惬意的"嘿"这个感叹词，虽一直在问，但似乎歌（问）者并不需要一个答案。细细品味，这吟唱似乎是一个还保留对生活的好奇或已经归返童朴的人，在咀嚼生活中这样一种悖论的存在。这种悖论已经不再"折磨"他了，虽然他仍会发问，但这发问只不过是证明自己存在的一种方式。这里没有对窗外现实的畏惧，也已经消弭了青春的不安与狂躁，平静的发问合以舒缓的旋律，传达出一种生活在此处且已然能以一种泰然的入世情怀接纳现实的朴素哲思。

　　在《飞鸟和鱼》中也能获得同样的感受。《飞鸟和鱼》唱的是"一尾早已没了体温的鱼"，因"一次张望关注"与一只本可"四处栖息"却又"一次失速流离"的鸟，在"海天一色"的地方发生了"一场不被看好的眷与恋"，事实上是"always together, forever apart"（总在一起，又永远分离）。这似乎是造物主玩弄凡人的一条隐秘的游戏规则。好似道路两侧生长多年的梧桐与白杨在路中央连成了一体，然而到了秋天，白杨却只能如陌生人一般看着梧桐叶先它而回归大地。这种难于言明的遗憾与不舍，尽在这句"蓝的天／蓝的海／难为了、难为了我和你"之中。《忙与盲》则通过俏皮的反讽，发表了普通个体对现代社会异化最直接的充满牢骚的抵触。歌曲惟妙惟肖地完成了对口头说话的模仿，诙谐幽默而又精准地勾勒出一个鲜活的现代小人物形象：他本已形成习惯性"遗忘"，麻木到对紧张机械的生活没有丝毫反抗的欲念了，然而现实的重压却丝毫没有因为他的这种"归顺"而改变，相反，杂乱的"肥皂香水眼影唇膏"充斥了他幻想的私人空间；"电话""备忘"和不断开关的"门和抽屉"规范着他"慌张"的"来来往往"，不知是什么成为了压倒骆驼的最后一根稻草，在"从一个方向到另一个方向"的匆忙的途中，他忽然错愕地意识到自己不认识当下忙碌的那个"自己"，不禁反问到"忙"是"为了自己的理想"，还是"为了不让别人失望"。经过这一问，他跳出了既定的程序，短暂地回归到了自我，恍然大悟自己"失去方向"，"分不清欢喜和忧伤"。不过，他也不得不重新回到现实中，因为他发现自己正置身于车辆如梭的十字街心，因红灯而暂时停顿的车流又将如漩涡般旋转起来，尴尬且渺小的他甚至已经被剥夺了"痛哭一场"的资格。从自我麻醉到面无表情，从手忙脚乱到谨小慎微，从发

100

呆出神到无计可施，直到最后将瘪下去的嘴角努力向耳朵提升，睁大眼把眼泪定格在眼眶，瞪起眼撑起皱住了的眉头，歌曲将这一连串漫画般的图像呈现在听者心中。这里传达的其实正是一个都市现代人对都市生存的日常体验，表达是个人化的，而体验则具有共通性。这也许正是这一类歌曲能够拨动无数人心弦的奥秘所在。

说到通俗歌曲表达的突出的个人性，其极端表现，也许当属通俗演唱中的RAP一类。RAP原意为轻敲、急拍，也有谈论的意思，最早兴起于20世纪70年代末纽约黑人居住区，是一种有节奏的讲故事的形式，通过将词句进行挤压、切割、粘连、轻吐或重压，创造出一种单凭乐器或歌唱无法形成的新型节奏音乐。一定程度上可以说他们是利用语言取代旋律进行音乐的新探索。取消了旋律的快速"念叨"可以在较短的篇幅内承载更多的文字内容，于是，从20世纪90年代初开始在中国流行的RAP成为了音乐行当中观念表达的最大容器。我们可以看看当时产生过极大影响的那首《恋爱症候群》。这首RAP歌词尚未脱离旋律，但其长达九百字的字数却毋庸置疑地体现了观念大容器的特征。先节选其开场白来看看：

> 关于恋爱症候群的发生原因／至今仍然是最大一个谜／不管性别年龄职业体重学历长相和血型／没有一个人可以免疫／有些专家学者研究后相信／恋爱是内分泌失调所引起／却有别人认为恋爱属于滤过性病毒／像感冒无药可救但会自动痊愈／不管你同不同意／自古到今许多例子证明／恋爱不但是一种病态／它还可能是一种变态……

接下来歌者详尽描述了恋爱中人的数十种可笑的"病态变态"行为，随后经过轰轰烈烈的热恋期，恋人间开始互相厌倦、互相攻击直至终于受不了对方而走向分离。通篇用一把吉他以不插电的方式演唱，唱到逗人处还配上听众会意嬉笑的音效。

这一过程好似痴人说梦，疯疯癫癫地道人所未道、言人所未言，"絮叨"却犀利的口语相当俏皮，同时一针见血得近于尖刻。然而这些并不是这首歌最让人激动的。真正使之确立经典地位的，是放浪形骸的调侃讥讽过后才姗姗来迟的让人意外的煞尾。或许是为卒章见志，歌者忽然收拢了调侃的口气，节奏放慢并改用一往情深的口吻道："我想要告诉你……"为情感的转折打上一个破折号：请听者从闹剧中退场，同时递上另一张票。莫名其妙却更好奇的听者被引入另一幕中：

> 哦……在我落寞的岁月里／你的温柔解脱我的孤寂／带给我深深

的狂喜 / 如此颤动着我的心灵 / 轻轻诉说爱你爱你爱你爱你 / 不管是黑夜或是黎明 / 不管是梦中或是清醒 / 深深爱你 / 我要对你说爱你爱你爱你爱你 / 不管是黑夜或是黎明 / 不管是梦中或是清醒 / 深深爱你 / 多么幸福让我遇见你 / 呜……

歌者重新咏唱前面揶揄过的那句"轻轻诉说爱你爱你爱你爱你",在高反差下开始了一段真诚温柔的表白。随着"多么幸福让我遇见你",一声深情的叹息渐弱至无,又激起经久不息的掌声——编曲者认为此刻的听者应该被感动了,事实也正如此:本以为是参与一次毫无掩饰的集体自嘲,却在终点看到了专注的赤诚之心。经过这场预想之外的情感升华,听者体验到一种对人性深沉的理解和肯定,叫"我"如何不感动呢?歌者费尽心思地讥讽恋爱的可笑,实则是一种铺垫:最终雄辩地肯定了爱情的美好。而这种爱情赞歌则远比那些伪饰浮夸、无病呻吟或是死去活来的爱情表白来得更深厚、更健康。

说到通俗歌曲的民间性和个人性,也不能绕开摇滚这类集中宣泄愤懑和怀疑的作品。开篇提到的麦田的"三色系列",无疑是中国原创音乐的经典,其中的白色指代朴树的《我去2000年》,在当年引起不小的轰动。朴树甚至以年度新人的身份登上了当年的央视春节联欢晚会,在那个喜庆的夜晚,一个人在偌大的舞台上前后摇晃地唱起忧伤的《白桦林》。而此后四年的沉寂,以及第二张专辑《生如夏花》的商业路线,都使得这张《我去2000年》成为了无数青年无法释怀的成长圣经。下面就来看看其中的这首《别,千万别》:

别做梦你已二十四岁了 / 生活已经严厉得像传达室李老伯 / 快别迷恋远方 / 看看你家的米缸 / 生活不在风花月 / 而是碗里酱醋盐 / 去面对那些生存的硝烟 / 你可知人情冷暖 / 你可知世事艰险 / 天真是一种罪 / 在你成人的世界 / 生活不在风花月 / 而是你辛辛苦苦从别人手里赚来的钱 / 让不成熟的都快成长吧 / 让不成熟的都快快地成长 / 让成熟了的都快开放吧 / 让成熟了的都通通的开放 / 这世界太快了 / 从不等待让我们很尴尬 / 它从不等待让我们很尴尬 / 它从不宽容让我们很尴尬 / 你去手忙脚步乱吧 / 快去手忙脚步乱吧 / 你去勾心斗角吧 / 快去勾心斗角吧 / 那面无表情的人就是你的未来 / 可别像隔壁老张整日哀叹青春已荒 / 可又让我怎么能 / 不做那些梦 / 那些梦……

"你"显然是一个敏感早熟却不愿意成长的少年。然而成长的岁月已然迫近,无法延迟了。处在告别青春的关口,他很清楚"天真是一种罪",24岁的年纪无法再以"我还小"为挡箭牌去执拗地拒绝承担责任,无论是否心甘情愿,事实无法选择更不能改变：毕竟已经置身"成人的世界"，必须"去面对那些生存的硝烟"，不能再手捧着"风花月"把玩品味，而必须为了"米缸"去直奔主题地赚钱。现实就是如此残酷，容不得你讨价还价，更不允许谁擅自调整步伐另寻他法而脱离裹挟着各色人等滚滚向前的大队伍，个体只能这么干着乱着麻木着。但偶然抬头，看见前方一座木头雕像，猛然听到傍晚时分小屋中传来的一声叹息，不由得全身一颤，真的不甘心就这么快地丧失了青春，丧失了梦想。歌者感到痛苦，因为他站在矛盾的关口，他把一切都看得很清楚，不需要听任何说教和大道理，那些他都懂，他只是觉得迈出这一步是那么的艰难。现实责任带给他焦虑，内在血脉贲张的热情使他走向偏激，于是情感喷薄而出。歌者不断地转换着表达立场：有父母长辈语重心长的劝告，有浪荡子幡然省悟的"迷途知返"，也有归顺后猛然警醒的痛苦踟蹰。这种种立场一刻不停地在青年的心中激烈地斗争着，他痛苦的心灵容不下娓娓道来，更受不了长篇大论，要宣泄只能打破常规逻辑，使痛苦和愤懑的灵魂暂时"冲出窗口"，"在雪地里撒个野"，得到片刻的安宁。是啊，"生活已经严厉"，但如何严厉？对曰："像传达室李老伯！"这种逻辑上的错位本身也是一种借代：用特指的对象来涵盖种种具体繁琐的残酷现实。歌曲中后段明显带有跳跃省略的奔跑倾向，然而急速的奔跑依然无法回避坚硬的现实，即使不再蜗居于单纯的年少，但一味固执地拒斥现实，却也不是能让内心获得宁静的途径，对昨日那些梦的怀想实际上也无法改写当下。充耳不闻地向前跑不行，擅自向后撤也不行，直接面对残酷现实也做不到，只能不断地反问"我怎么能"，"别，千万别"，究竟是别丢掉呢，还是别上路呢？这是彻头彻尾的一团矛盾体，然而又是每个清醒的人都必须经过的一个脱胎换骨的过程。

无论是《恋爱症候群》还是《我去2000年》，从精神意蕴上来看，它们其实都并不一定与社会道德价值观念相背离，歌词传达的内在欲求甚至可以说是相当积极的，区别在于它们的价值鉴定方式已经发生变化。传统的价值标准是从社会要求抽象出来的客观标准，具有突出的共享性。而这些通俗歌曲则是通过与这种共享的价值标准的疏离而形成一种个人化的价值诉求。从这种个人化的价值诉求中，可以"读"出一代人的精神面貌。

上面我们很粗略地讨论了通俗歌曲的一些特点。需要说明的是，要在一个小节中将通俗歌曲的特点，以及与通俗歌曲、歌词的欣赏有关的问题讨论清楚，事实上是不可能的。其实，通俗歌曲或者通俗歌词的欣赏也是个人性的。通俗歌曲虽然流行于大众，但大众对通俗歌曲的欣赏却不具有统一性，同一首歌曲，有人极为欣赏而有人不欣赏甚至厌恶，就很能说明问题。因此，通俗歌词的欣赏也许是最能体现各取所好的一种欣赏活动。同时，通俗歌词虽然大多具有诗的形式，但内在特质上与诗仍然是有区别的。正如前面讨论过的，由于是用于演唱，歌词本来必须通俗，而通俗歌曲的歌词更是接近口语了。因此，多数情况下也用不着像"读"诗那样去"读"通俗歌词。"读"通俗歌词更需要透过歌者的吟咏去发现特定文化境遇中的某种诉求、某种情绪和特殊体验。

讨论题

1. 听听《出门》的原唱，体会一下这首歌在哪些地方能够触动你。
2. 现代通俗歌词和诗之间还是有区别的，比较一下两者的差异性。

2.8. 散文的真与美

馋，在英文里找不到一个十分适当的字。罗马暴君尼禄，以至于英国的亨利八世，在大宴群臣的时候，常见其撕下一根根又粗又壮的鸡腿，举起来大嚼，旁若无人，好一副饕餮相！但那不是馋。埃及废王法鲁克，据说每天早餐一口气吃二十个荷包蛋，也不是馋，只是放肆，只是没有吃相。对某一种食物有所偏好，于是大量的吃，这是贪得无厌。馋，则着重在食物的质，最需要满足的是品味。上天生人，在他嘴里安放一条舌，舌上还有无数的味蕾，教人焉得不馋？馋，基于生理的要求，也可以发展成为近于艺术的趣味。

也许我们中国人特别馋一些。馋字从食，毚声。馋音毚，本义是狡兔，善于奔走，人为了口腹之欲，不惜多方奔走以膏馋吻，所谓"为了一张嘴，跑断两条腿"。真正的馋人，为了吃，决不懒。我有一位亲戚，属汉军旗，又穷又馋。一日傍晚，大风雪，老头子缩头缩脑偎着小煤炉子取暖。他的儿子下班回家，顺路市得四只鸭梨，以一只奉其父。父得梨，大喜，当即啃了半只，随后就披衣戴帽，拿着一只小碗，冲出门外，在风雪交加中不见了人影。他的儿子只听得大门咣啷一声响，追已无及。越一小时，老头子托着小碗回来了，原来他是要吃榅桲拌梨丝！从前酒席，一上来就是四干、四鲜、四蜜饯，**榅桲**、鸭梨是现成的，饭后一盘榅桲拌梨丝别有风味（没有鸭梨的时候白菜心也能代替）。这老头子吃剩半个梨，突然想起此味，乃不惜于风雪之中奔走一小时。这就是馋。

人之最馋的时候是在想吃一样东西而又不可得的那一段期间。希腊神话中之谭塔勒斯，水深及颈而不得饮，果实当前而不得食，饿火中烧，痛苦万状，他的感觉不是馋，是求生不成求死不得。馋没有这样的严重。人之犯馋，是在饱暖之余，眼看着、回想起或是谈论到某一美味，喉头像是有馋虫搔抓作痒，只好干咽唾沫。一旦得遂所愿，恣情享受，浑身通泰。对于家乡风味总是念念不忘，其实"千里莼羹，未下盐豉"也不见得像传说的那样迷人。我曾痴想北平羊头肉的风味，想了七八年；胜利还乡之后，一个冬夜，听得深巷卖羊头肉小贩的吆喝声，立即从被窝里爬出来，把小贩唤进门洞。我坐在懒椅上看着他于暗淡的油灯照明之下，抽出一把雪亮的薄刀，横着刀刃片羊脸子，片得飞薄，然后取出一只蒙着纱布的羊角，洒上一些焦盐。我托着一盘羊头肉，重新钻进被窝，在枕上将一片一片的羊头肉放进嘴里，不知不觉地进入了睡乡，十分满足地解了馋瘾。但是，老实讲，滋味虽好，总不及在痴想时所想象的香。我小时候，早晨跟我哥哥步行到大鹁鸪市陶氏学堂上学，校门口有个小吃摊贩，切下一片片的东西放在碟子上，洒上红糖汁、玫瑰木樨，淡紫色，样子实在令人馋涎欲滴。走近看，知道是糯米藕。一问价钱，要四个铜板，而我们早点费每天只有两个铜板。我们当下决定，饿一天，明天就可以一尝异味。所付代价太大，所以也不能常吃。糯米藕一直在我心中留下了不可磨灭的印象。后来成家立业，想吃糯米藕不费吹灰之力，餐馆里有时也有供应，不过浅尝辄止，不复有当年之馋。

馋与阶级无关。豪富人家，日食万钱，犹云无下箸处，是因为他这种所谓饮食之人放纵过度，连馋的本能和机会都被剥夺了。他不是馋，也不是太馋，他麻木了，所以他就要千方百计地在食物方面寻求新的材料、新的刺激。我有一位朋友，湖南桂东县人，他那偏僻小县却因乳猪而著名，他告我说每年某巨公派人前去采购乳猪，搭飞机运走，充实他的郇厨。烤乳猪，何地无之？何必远求？我还记得有人治寿筵，客有专诚献"烤方"者，选尺余见方的细皮嫩肉的猪臂一整块，用铁钩挂在架上，以炭火燔炙，时而武火，时而文火，烤数小时而皮焦肉熟。上桌时，先是一盘脆皮，随后是大薄片的白肉，其味绝美，与广东的烤猪或北平的驴肉风味不同，使得一桌的珍馐相形见绌。可见天下之口有同嗜，普通的一块上好的猪肉，苟处理得法，即快朵颐。像世说所谓王武子家的蒸饨，乃是以人乳喂养的，实在觉得多此一举，怪不得魏武未终席而去。人是肉食动物，不必等到"七十者可以食肉矣"，平凡有一些肉类佐餐，也就可以满足了。

北平人馋，可是也没听说有谁真个馋死，或是为了馋而倾家荡产。大抵好吃的东西都有个季节，逢时按节地享受一番，会因自然调节而不逾矩。开春吃春饼，随后黄花鱼上市，紧接着大头鱼也来了。恰巧这时候后院花椒树发芽，正好掐下来烹鱼。鱼季过后，青蛤当令。紫藤花开，吃藤萝饼，玫瑰花开，吃玫瑰饼；还有枣泥大花糕。到了夏季，"老鸡头才上河哟"，紧接着是菱角、莲蓬、藕、豌豆糕、驴打滚、艾窝窝，一起出现。席上常见水晶肘，坊间唱卖烧羊肉，这时候嫩黄瓜、新蒜头应时而至。秋风一起，先闻到糖炒栗子的气味，然后就是炮烤涮羊肉，还有七尖八团的大螃蟹。"老婆老婆你别馋，过了腊八就是年。"过年前后，食物的丰盛就更不必细说了。一年四季的馋，周而复始的吃。馋非罪，反而是胃口好、健康的现象，比食而不知其味要好得多。

——梁实秋《馋》

虽然古人早就有“食色，性也”“饮食男女，人之大欲存焉”这样的说法，但在艺术世界中，“食”，似乎永远不是一个能登上大雅之堂的话题。即使在一些文学作品里读到这方面的描写，比如《红楼梦》里的饕餮盛宴，《水浒传》中的大快朵颐，富人的精馔、穷者的粗食……但毕竟，它们或者只是调节气氛的手段，或者只是表达主旨的情节，最多也不过是书中正题的插曲而已，不能算得上是文学的一个独立而完整的话题。

不过，读了梁实秋的散文《馋》，我们或许会觉得上面的看法其实只是一种偏见。这篇散文近两千字，但通篇谈的，就是一个和饮食有关的“馋”字：从罗马暴君尼禄“旁若无人”，大吃“又粗又壮的鸡腿”，到埃及废王法鲁克“每天早餐一口气吃二十个荷包蛋”；从“馋”这个字的来由，到一个为了吃上“榅桲拌梨丝”，“不惜于风雪之中奔走一小时”的“举世无双”的馋鬼；从痴痴“想了七八年”的北平城里的羊头肉，到童年时挨了一天饿才得以到嘴的“洒上红糖汁、玫瑰木樨，淡紫色，样子实在令人馋涎欲滴”的糯米藕；从豪奢之家动用飞机采购乳猪，到王武子家的蒸饨……作者一路写来，不但使我们口舌生津，而且还令我们不禁回想起许多美好的时光。可能是作者觉得意犹未尽，也可能是他想宽慰垂涎欲滴的读者，以致最后还开了一个“逢时按节”可以“享受一番”的“菜单”，好让我们也过一把“干瘾”。

吃之为乐，可谓大矣！读了这篇妙文，真可以说是大开眼界：原本只能是二三好友于自家小院方可爽爽快快议论一通的话题，却原来还可以作而为文，直登文学的大雅之堂！

这正是散文的魅力所在。散文，绝不会因为这样一个题目而“忸怩作态”，觉得掉了身价；也绝不会因为这样一个题目而“故弄玄虚”，硬要把它上升到吓人的高度。作者因生活的本相而有了感受，我们为作者的所感而有了会心。和他对话，我们无须正襟危坐，倒像遇见了老朋友，随便往哪里一站、一坐、一蹲、一躺，就可以聊上半个时辰——真，感情真、性情真、本色真，这就是散文。

感情之真，是散文最基本的特征。散文是一种感发性的文体，作者对于生活、对于人生、对于社会、对于自然，总是会有所思、有所悟的，这种感受从他内心流淌出来，就是一篇散文的雏形了。所以，写自己的事，写自己的心，写真实的事，写真实的情，应该是散文最突出的特点之一。这样一来，感情之真否就成了人们衡量一篇散文是否成功的重要标准了。在这个标准面前，矫揉造作、为文造情、无病呻吟的“伪散文”往往露出其空虚和苍白。像梁实秋的这篇谈"馋"的散文,尽管从古到今,从西洋到中国,说得十分热闹,但作者始终把握着这个标准与分寸,不故作奇语,不强言哲理。写自己的"馋",不因自己身为名人而隐讳;写他人的"馋",不因与己无涉而刻薄。说古论今,有据可依,写己写人,务求可信。真情真意,成为吸引读者、打动读者的根本原因。

散文无论是写景、叙事、记人,一般来说,目的总在于抒发作者自己对于生活的感受,表达作者内心由这景、事、人引发的那一缕情思、情韵。散文贵在向读者袒露真心境,展露真性情。巴金在《随想录》中曾把写作的秘诀概括为一句话:"把心交给读者。"这其实是一切优秀的文学艺术都具有的品质,而对散文来说则尤其如此。真诚是散文的生命和灵魂,假使无病呻吟,矫揉造作,装腔作势,故作高深,必定只会令人生厌。

与感情的真相应和的是散文的性情之真。散文是一种最见性情的文本样式。我们读散文,总是仿佛与作者对坐,真有如"开轩面场圃,把酒话桑麻",在与作者随意而倾心地交谈;而在借散文与读者坦诚交谈的过程中,作者实际上也把他的性情展露给了读者,读者可以从散文中见出作者的个性、趣味、爱好,看到他的谈吐、风度乃至他的学识、修养。读散文不像读小说,是在和虚构的人物打交道,作者的心思藏在文字中;也不像读诗歌,眼中只见精美的意象,诗人的感受和心情,需要细细地品味方能知道;更不像看戏剧,满眼是戏剧人物的表演,而剧作家则总是隐藏在幕后不肯和我们见面。特别是,散文除了情感的因素之外,更应该有作者对于世事人生的真切而深刻的体验和感悟,有由这体验和感悟而来的对于世事人生的真理性发现,使读者获得一种深深的哲理的启迪。这也使得散文不仅能从中见出作者的性情,还能见出他对于社会、人生的认识的深刻程度,看出他思想境界的高低。总之,作者的个性、人格、才情、趣味,都会在散文中呈现,读者可以从散文中真切洞见作者是一个什么样的人。这一点,也可以从我们的阅读感受中找到佐证。如从鲁迅的《野草》中,就可以感受到他那深广的忧愤和上下求索的坚忍的战斗精神;从冰心的《春水》《繁星》中,也可以读出她清丽隽秀,对人生充满纯朴挚爱的心灵。我们可以从散文的阅读中了解幽默风趣的林语堂,博学深思的钱锺书,还有一身傲气的李敖,满腹乡愁的余光中,心气难平的龙应台……

从前面引述的梁实秋《馋》中的文字,是不是也能想见作者的性情——比如他对故乡的眷恋,比如他的率性而为,甚至他的那点痴气?

散文情感的真、性情的真,显示在表达上便形成散文不假雕饰、无所依凭而全凭本色的"真"。和小说、诗歌等其他文体相比,散文可以称得上是一种"本色写作"。小说通过虚构的人物、情节来完成自己的表达,根据叙事的需要可以自由地运用多种叙事技巧,如视点的选择、意识流手法的运用等。而诗歌则是用一种人工化的语言来完成自己的传达，分行、格律、韵脚等虽然造成一种严格的限制，却也使诗歌有了一种天然的脱离日常语言规则的语境，使它完全不必以合乎语言逻辑的方式"说话"。散文全然没有小说和诗歌可以凭借的那些技巧，它必须"实话实说"。在这里，"情感的多寡，都瞒不过散文"。而且，作者"真实所感和真实所想的质量，便直接决定了散文本身的质量"①。这使得散文更成为一种最无法作伪的真的艺术。它的写景必须是实写，叙事总是真事，它没有虚构的自由。语言上它也没有类似诗歌语言的技巧可以凭借，只能遵循一般语言规则去表达真实的所感所思，该怎么说就怎么说。散文的作者似乎总是宁愿放弃他们可能得心应手的表达技巧和手法，努力去追求一种不事雕琢、随缘任运的写作状态。

散文表达上的本色自然，也为散文的阅读与欣赏提供了启示。散文的欣赏更要求充分地调动我们已有的阅读经验、情感经验和生活经验，要求我们充分调动起情感和理智，去感受、体会作者在不动声色、平淡无奇的字里行间蕴蓄着的真情真意。许多时候，如果阅读只是停留在表面的文字上，而不能用心去想象、去体会、去思考，就有可能失望于它的平淡与乏味。而事实上，往往正是这样的文字更有韵味也更能拨动我们的心弦。我们可以读读下面这段文字：

> 晚上十点钟，我在灯下看书，离家不远的军营里的喇叭吹起了熟悉的调子。几个简单的音阶，缓缓的上去又下来，在这鼎沸的大城市里难得有这样的简单的心。
>
> 我说："又吹喇叭了。姑姑可听见？"我姑姑说："没留心。"
>
> 我怕听每天晚上的喇叭，因为只有我一个人听见。
>
> 我说："啊，又吹起来了。"可是这一次不知为什么，声音极低，绝细的一丝，几次断了又连上。这一次我也不问我姑姑听得见听不见了。我疑心根本没有什么喇叭，只是我自己听觉上的回忆罢了。于凄凉之外还感到恐惧。
>
> 可是这时候，外面有人响亮地吹起口哨，信手拾起了喇叭的调子。我突然站起身，充满喜悦与同情，奔到窗口去，但也并不想知道那是谁，是公寓楼上或是楼下的住客，还是街上过路的。

这是张爱玲的一篇小散文，题为《夜营的喇叭》，也就刚好三百个字，读来却韵味深长。内心的思绪，莫名的惆怅，飘若游丝的调子，将信将疑的悲喜，真实的空虚，虚幻的感受，一切都隐含在这短短的、轻描淡写的几百字当中。这

---

① 王安忆：《感情的生命——我看散文》，见《漂泊的语言》，作家出版社1996年版，第453页。

样的文字是不是更让我们回味？即如我们这里选读的梁实秋的《馋》，表面看来似乎全无技巧，絮絮叨叨的只是数桩与口腹之欲有关的美味记忆，然而细品之下，会发现这中间其实蕴含着很深刻的人生体验，使这篇很"休闲"的文字具有了发人深思的意味。比如，何以远离家乡时天天想念着北平的羊头肉，等到终于有一天得偿所愿，又感觉不过尔尔？比如，何以小时候难得一吃，至今仍在心中留下不可磨灭印象的糯米藕，现在却不复想念了？联系到我们自己的感受，再扩大至更广的人生领域，作者似乎不经意中说到的美味真正吃到时"总不及在痴想时所想象的香"，是不是让我们推想到吃以外人生的许多方面呢？

与散文的真相对应的，则是散文的美。好的散文是美文，也是人们的共识。一篇好的散文，总能将我们带入一方或诗情浓郁、画意丰沛，或妙思联翩、奇趣盎然的天地，让我们在为作者的真知灼见所折服的同时，也如品味陈年佳酿一般获得一种韵味悠长的美的享受。当然，诗和小说同样是美的，但散文由于它的本色天然，的确更能给人一种如听天籁的美。

散文的美，首先是它的情味韵致的美，通俗一点说，就是散文的美雅之趣。古人论文，极重一个趣字。这一个趣字，说到底，也就是无论写景、叙事、咏物、论理，都要见出丰厚的情味韵致，要有由内情与万物相生、心声与天籁交融而成的耐人玩味的生气与灵机。散文写景叙事、论理状物，一定是"趣"贯其中的。具体说来，散文的写景见情趣，叙事有事趣，状物现物趣，即使于文中论理，也要充满理趣。我们可以读读钱锺书《窗》中的这段文字：

> 门许我们追求，表示欲望，窗子许我们占领，表示享受。这个分别，不但是住在屋里的人的看法，有时也适用于屋外的来人。一个外来者，打门请进，有所要求，有所询问，他至多是个客人，一切要等主人来决定。反过来说，一个钻窗子进来的人，不管是偷东西还是偷情，早已决心来替你做个暂时的主人，顾不到你的欢迎和拒绝了。[①]

这段文字自然是在说理。"理"之为理，本应着力于它的抽象与思辨，但作者信笔写来，却如话家常，谈的是我们司空见惯以致熟视无睹的东西，说出的又是我们未曾思考或者无暇思考的哲理，活泼灵动又妙趣横生，让人读来会之于心且兴味无穷。散文写景状物，写出来的绝不是景、物的"博物志"类的"标本"；它的议论说理，也绝不是高头讲章式的训诫。充溢的情味，鲜活的灵机，使它令人赏心悦目，并使人在美雅之趣的熏陶中获得趣味和性情的培养。

---

① 钱锺书：《写在人生边上》，生活·读书·新知三联书店2002年版，第16页。

有人说诗最能培养人的想象力和对生活的激情，小说最能培养人对生活的观察力和理解力，而散文则最适于性情趣味的培养。从不同文本类型的内在特质来看，这应该是有道理的。

散文的美，也指它的文辞的美。散文的语言是一种本色的语言，它的一个很重要的特征，就是朴素、自然、流畅、干净，无论绘景状物，叙事记人，信笔写来，几乎全用白描。但千万不可认为，这就是它的全部。散文的语言要经过情感的灌注，又要达到传神写意的效果，是极见功夫的文字。有着高超的驾驭语言的本领的作家，对语言一定具有十分自觉的意识，总能赋予平平常常的文字一种不平常的韵味和情调。闲散的话语常常来自于自觉的锤炼，质朴的语言往往包含着丰厚的内蕴。散文绘景而见情，状物而得意，叙事成趣，写人出神，全不见刻意斧凿的痕迹，却能朴而不拙，素而见美，灵动跳脱而芬芳馥郁，读来往往让人美不胜收。我们也不妨重读一下《馋》，细心的读者会发现，表面的流畅质朴，正显示着作者高超的驾驭语言文字的功力，语言的色彩、节奏，文言的简略、白话的顺畅，民间的土话、文人的雅语，等等，交织在一起，简直就是一幅制作精美的"四季菜单"。再比如下面这段文字：

> ……我未动身前，又何尝不自喜此去有机会饱餐西湖的风色，邓尉的梅香——单提一两件最合我脾胃的事。有好多朋友也会期望我在这闲暇的假期中采集一点江南风趣，归来时，至少也该带回一两篇爽口的诗文，给在北京泥土的空气中活命的朋友们一些清醒的消遣。

这是徐志摩散文《自剖》中的一段话。表面看来，这是一个很平常的叙述性段落，但细品之下，又可以发现作者在语词选用上的"讲究"。比如这里的"饱餐西湖的风色，邓尉的梅香""采集一点江南风趣"等动宾搭配，以及"爽口的诗文""清醒的消遣"等词和词组，就很突出地显出一种诗语的精致。作者将习见的语词巧妙地组合起来，词藻繁富而不显得夸饰，且获得一种类似诗歌语言"陌生化"的效果，具有了一种诗的韵味。好的散文语言，总是于貌似娓娓道来的平常中涵含着丰厚的底蕴和雅致的趣味，显出一种经过锤炼之后的精美，让人品味不尽。

上面用真和美概括了散文两个方面的突出特征。散文的特征当然不仅仅止于此，但显而易见的是，真与美，这是使散文的欣赏成为读者和作者进行"随意"而真诚交流的两个最重要的特征。

1. 本节着重谈了散文内容叙写上的真，散文是否也能凭借想象进行虚构呢？

2. 散文的美与散文的"本色"之间是一种什么关系？如何从散文"本色自然"的表达中见出美呢？

2.9. 散文的情与理

住在户部街。离新街口甚近，那一条街真可以代表南京市内陋巷的风格而无愧。路面的高低不平已经不算怎样奇怪的事，奇怪的是路边的菜圃会有一条沟渠延伸到街上来，而那污水面上又满覆了浮萍，在晚上月色之下是极不易分辨的，我有两次夜归就一脚踏在水潭中，灌了满鞋的水。下雨之后，街上满处都是各自为政的小潭，仿佛"八卦图"一般，走起路来要跳跳蹿蹿，颇有些走入八卦阵，步步都要踏罡步斗的神情。可是，在这样的地方却有着一个一千年前残存下来的南唐遗址，这是颇为难得的事。当避暑宫、升元阁都早已不存的时候，还有这样一个可以使人缅想南唐李氏宫闱的所在。这是从朱偰先生的书中看来的。

从住处出来西行，有一条横街，名洪武路，旧名卢妃巷。《上江两县志》称："金陵诗汇，明世宗妃卢氏所居，故名。一名美人巷，见应天府志。"再沿了这条卢妃巷南行，不一会，就有小河前横，河上是一座小石桥，桥上有树，河与桥都够可怜了，河是连秦淮那样的惨绿的水都没有，只剩下了一潭深黑色的淤泥；桥的下半已经埋在土里，桥背与街面几乎已经平行。

《白下琐言》称卢妃巷为南唐故宫，那条河就正是南唐的北护龙河。过了这条河南行就是南唐故宫遗址了。左百尺楼右澄心堂，还有那些只留下一个名字的地方，瑶光殿，红罗亭，那些李煜与大小周后曾经有过多少恋爱故事的地方。当后主为樊若水所卖之后，澄心堂付之一炬，南唐所藏的法书名画，一时都尽。后主的挥泪对宫娥，离国北去，应当也是经过此桥的。

每当华灯初上，小街上充满了熙攘的人声。南京还不曾禁绝黄包车，所以铃声也还时时可闻，小吃店的小笼包子正好开笼，盐板鸭的肥白躯体挂在案头，小街上充满了人情的温暖。有时夜工作到一点钟，放下电话，街头还有卖宵夜云吞和卤煮鸡蛋的小贩，从他们那儿换得一点温暖，又吸吸烟，往往一时还睡不成觉，推窗远望（只可以望远处的天空），这时就往往会想起南唐的故事来。好像从这故宫门的遗址，还可以看到李煜和大小周后的幽灵依旧留在那已经久已烬毁的遗迹上跳舞作乐。

　　我很喜欢居住在这么一个有着美丽地名的地方，虽然那地方委实没有什么美。

——黄裳《小虹桥》

（选自《黄裳说南京》，四川文艺出版社2001年版）

　　读过这篇《小虹桥》，我们不由自主地会想起唐代诗人刘禹锡的《乌衣巷》："朱雀桥边野草花，乌衣巷口夕阳斜。旧时王谢堂前燕，飞入寻常百姓家。"南京是六朝时的东晋都城，那时的乌衣巷在今天南京城东南，是当时王、谢两大望族豪宅所在地，当年的豪奢显赫应该是可以想见的。它附近的朱雀桥是当时南京城正南门外的一座桥，是当年人们出入南京城的要道之一，那时桥上的喧闹和繁忙应该也是可以想见的。不过，诗人刘禹锡访问乌衣巷的时候，繁华豪奢都已不再，朱雀桥边几蓬衰草，乌衣巷口两三归燕。当年敏感的诗人站在朱雀桥边，望着乌衣巷口夕阳中飞入寻常百姓家的那"两三"燕子，世事沧桑的感慨一定是溢满心怀的。燕子或许是快乐的，而人的心情，似乎有着挥之不去的怅惘。敏感的读者也许会对这里的"两三"提出抗议——由它吧，这是我们模糊记忆中的画面，一只有些孤零，太多又嫌聒噪。欧阳修说"双燕归来细雨中"，陆龟蒙说"双燕归来始下帘"，冯延巳也说"日暮疏钟，双燕归栖画阁中"，成双成对地飞来飞去的燕子是快乐的，所以不妨相信自己的印象罢！只是刘禹锡作于晚唐时节风雨飘摇之中的这首《乌衣巷》，今天读来仍然能让我们感到一丝沉重。

　　黄裳写于1947年的这篇《小虹桥》，我们读来，似乎也能感到一种沉重。作者开篇就告诉我们，这个地方在"户部街"。学过点中国历史的人都记得"礼、户、吏、兵、刑、工"，也就是六大行政职能部门的设置，台湾作家高阳还拿孟子"富贵不能淫，贫贱不能移，威武不能屈"的名言来戏说"六部"：户部富、吏部贵；礼部贫、工部贱；刑部威、兵部武。户部掌管天下财富，小虹桥就在户部街。但历史轮回的车轮滚滚，现在"那一条街真可以代表南京市内陋巷的风格而无愧"，小虹桥所在的地方，早已不复有往日的风光，菜园子的水沟居然也跑上路面，用污水和浮萍来表明自己的存在。作者甚至会不小心误陷水潭，灌上一鞋子臭水，狼狈而归。一到下雨，更是恐怖，需要走"八阵图"，练蜻蜓点水功夫方能穿街而过。在作者眼中，赫赫有名的户部街俨然已成声名狼藉的污水道。

　　和乌衣巷中曾经住过王谢这样的历史人物一样，小虹桥引起作者的兴趣也与此地曾经是南唐李氏的宫闱所在有关。黄裳告诉我们，由于明世宗一个姓卢的妃子曾住过这里，所以洪武路也叫"卢妃巷""美人巷"，沿着巷子南行不远，就是一条小河和河上的小虹桥了。但是，和户部街一样，这里的一切也都令人失望:"河与桥都够可怜了,河是连秦淮那样的惨绿的水都没有,只剩下了一潭深黑色的淤泥;桥的下半已经埋在土里,桥背与街面几乎已经平行。"面对如此颓败的一幅场景,遥想当年,多少柔情蜜意、粉红翠绿,都已不可找寻,只剩下这样一些憔悴的历史碎片,提醒人们这里曾经拥有过的繁华,不由得让人生出沧海桑田的感慨。作者最后感叹说:"后主的挥泪对宫娥,离国北去,应当也是经过此桥的。"

在阅读中,作者面对废墟产生的伤感之情,我们因为阅读产生的伤感之情,都会一直萦绕在心里。《牡丹亭》的作者汤显祖,面对令"生可以死,死可以生"的"情",曾追问道:"问世间情为何物,直教人生死相许?"对于热爱文学艺术的人来说,这同样是一个值得追问的问题,因为,情是艺术的生命。我们可以问自己:此刻,就在你不远处,窗外的雨在怎样地下着?"渭城朝雨浥轻尘"的忧伤,"巴山夜雨涨秋池"的惆怅,"帘外雨潺潺"的哀怨,还有"梧桐更兼细雨"的愁郁……在这些曾无数次感动过我们的诗句中,窗外的雨又是怎样嬗变为内心挥之不去的感受的呢?它那么真实,我们甚至还能听见它落在屋檐下青石板上时清脆的声响;但它又那么虚幻,让我们只能用心去捕捉精灵般在字里行间躲闪着的那一份情感。同样,当一个真正的艺术家面对着历史的遗迹时,他绝不可能只是一个为了留下"到此一游"的证明而按下快门,然后转身离去的步履匆匆的旅行者。在这里,他总是试图寻找到一种东西,来感动自己,也感动别人。当他沉浸于对废墟的观照中时,他的主体意识,会不自觉地参与并贯穿整个观照过程,从而为客观物象笼罩上一层厚重的主观色彩,使它具有了主体的生气和活力。我们读江淹的《别赋》,觉得"黯然伤神者,惟别而已"这样几近武断的明确,远不如"昔我往矣,杨柳依依;今我来思,雨雪霏霏"来得细腻。马克思曾说最优秀的工蜂也不能和拙劣的建筑师相比,对这句话我们应该报以会心的微笑,因为,情感的伟大和机械的可笑,是不言而喻的。缘情而发,感物而作,这是一个对所有艺术都适宜的原则,差别只在于程度的轻重而已。在黄裳的散文《小虹桥》和刘禹锡的诗《乌衣巷》中,如果没有了那一份萦绕心中的情绪,这样的文学拿什么来感动我们呢?

尽管如此,散文之情与诗歌之情却又是通而不同的。

说"通",有两层意思。一是散文和诗歌所表达的都是作者在面对自然世界、现实人生时所产生的感受和体悟,这一点在前面已说过,兹不赘述。二是与其他文体相比,散文和诗更强调这个"情"字。小说家的感情,隐藏在人物的塑造和情节的发展之中,作者往往不会跳出来作一番抒情;戏剧主张将感情寓于人物的语言和动作里面。它们都尽量在看似客观的描写或表演中,让读者或观众自己去体会作品包含的情感。而散文与诗却不是这样。在诗歌,强烈的感情是其最根本的特性,所以,"恐怖是诗,希望是诗,爱是诗,恨是诗;轻视，忌妒，懊悔，爱慕，奇迹，怜悯，绝望或疯狂全是诗"①；在散文，感发性是其最主要的特征，写自己的事，写心中的事，写自己心中的事，正是散文写作的出发点和目的地。

说"不同"，也有两重意思。一是情感表达的方式不同，一是读者感受的过程不同，在此总而论之。我们看《小虹桥》，作者的情绪首先在冷静的叙述与描写中就已见端倪。他描写了户部街的简陋卑俗，然后话锋一转，告诉读者这里却"有着一个一千年前残存下来的南唐遗址"，然后他领着我们穿街走巷，去寻找这个颇值得一访的地方。在接下来的叙述与描写中，我们领略了作者的失望，因为想象中的绮丽之地早已不在，我们也只好像作者一样，在紧接着的一番想象中完成了这次对于历史的寻访。在这一过程中，户部街的脏与乱，美人巷里曾经住过的美人，帝王的恋爱故事，轮廓依稀的小虹桥，南唐的故宫，伤心的后主……这一切，无不营造出了一种压抑、忧郁的氛围，传达出一种哀伤的难以释怀的感受。作者一路写来，我们一路读去，渐渐被这样的情绪笼罩，心中亦生起莫名的感伤。而在《乌衣巷》中，情绪是先以一些直接呈现在我们面前的具有典型性的片段营造出来的。朱雀桥边的野草，乌衣巷口的斜阳，恰如马致远《天净沙·秋思》中的"枯藤""老树""昏鸦"，或者如电影的蒙太奇镜头转换，很快就奠定了情感的基调，伤感的气氛扑面而来。

诗和散文这种情感表达方式的差别，既与诗和散文的文体特征的不同有关，更与它们所表现的情感形式的不同有关。从文体上看，人们常说的散文之"散"，即在于它的从容与闲适：不紧不慢，缓缓道来，如家人坐而闲谈，似朋友围炉夜话，东拉西扯，只听得声音忽高忽低，时断时续，如炉边火星，乍明乍暗。所以有些散文又被称为"娓语体""家常体"②，就是这个道理。诗歌则与之不同，它限于篇章和字数，必然要将丰厚的情感浓缩为极具内蕴的意象，以最简约的笔墨去传达最丰富的感受。魏巍的小说《地球的红飘带》与毛泽东的诗词《七律·长征》，同是写人类历史上的那次悲壮的远征，但前者洋洋几十万言，而后者却寥寥 56 字，诗词语言的高度凝练性可见一斑。英国的经验主义者休谟曾说，读诗就像步入森林，而读散文则如乘上一列目的地明确的火车。这在一定程度上很生动地说明了诗与文在鉴赏过程中的差别：诗歌就如同一个由各式各样的片段构筑成的意象"森林"，在这里，你能采撷到什么，全仗自己去发现。而散文却暗藏着一条上下贯穿的情感生发的线索，作者一路写去，读者一路读来，自然如乘火车。尽管路途曲折，远近不同，但总归有一个明确的方向，途中还会有一个一个的站点。沿着作者感情和理路的轨

---

① ［英］赫士列特：《泛论诗歌》，见《古典文艺理论译丛》第 1 册，人民文学出版社 1961 年版，第 59 页。

② 参见陈叔华：《娓语体小品文释例》，见《小品文艺术谈》，中国广播电视出版社 1990 年版，第 271 页。

迹，我们能够从一个站点到下一个站点，最终抵达目的地。从诗和散文传达的情感形式看，一般来说，诗更倾向于一种想象世界中的独白式的抒情，具有更强的主观色彩。而散文常常会以一个特定的具体时空为依托，将感情融入写景叙事之中抒发出来，而且总是与作者对自己独到而深刻的人生感悟的抒写相依傍。这使散文的抒情更显得情理相依，也更能见出其情感背后理性和思想的支撑。当然不能排除性质和"功用"与诗没有太大区别的纯粹抒情的散文，比如高尔基的《海燕》、瞿秋白的《一种云》等，但应该承认的是，如此"纯情"的散文毕竟不是散文园地的主流。

因此，在文学鉴赏中，千万不可将散文之情简而论之，更不能把散文的情与理生硬割裂。实际上，人的情感本就是复杂的，许多时候本就是情理相依且情理互渗，情理之间也必是相互生发。不用说，一个作家面对纷繁复杂的生活时，其内心体验也必然呈现出这样一种状态。在《小虹桥》中，作者黄裳并非只是一个历史的简单凭吊者，他更是以一个现实人生的关注者，以一个悲天悯人的知识分子的眼光来看待这些前朝遗迹的。面对身边真实的世界，他无法表现他的超然与洒脱，他是以一种现实的姿态进入历史之中的。我们看到，《小虹桥》在完成了前面所说的叙述与描写后，话锋一转，开始讲述看似与历史无关的故事。这个时候，一直沉默而压抑的氛围中，终于有了一些现实生活的生气："每当华灯初上，小街上充满了熙攘的人声"，黄包车的"铃声也还时时可闻"，"小吃店的小笼包子正好开笼，盐板鸭的肥白躯体挂在案头"，还有那深夜里仍在等待顾客惠顾的卖宵夜云吞和卤煮鸡蛋的小贩们……只有在这样的喧哗声中，我们的视线才会从遥远的历史中转回来，开始注意到，就在身边，还有那么多寻常的、普通的人在认真地、努力地、卑微地、热烈地活着。这个时候再去看诗，才觉得"旧时王谢堂前燕，飞入寻常百姓家"，却原来并非只是与沉默的历史有关。

黄裳写到，人声、铃声、小吃店的美食，让"小街上充满了人情的温暖"；而卖宵夜的小贩，可以让工作到深夜的他"从他们那儿换得一点温暖"——在一个冷漠的现实和冷漠的历史语境中，"温暖"二字弥足珍贵。只有在这个时候，在作者"推窗远望"，"想起南唐的故事来"的时候，他的感受才不至于简单到只是一种单纯的历史感怀。这是一位忧时伤生的作家对1947年南京城的观感。1947年，日本人已经投降，天下却没有太平。亡国之君李后主和他宠幸的那些人的幽灵，似乎仍在夜夜笙歌，醉生梦死。这是一个不祥的预兆，也是一个含义隐晦的宣判——朝代的更迭，历史的轮回，又要开始了。由此我们也可以清晰地感受到，作者面对这一处昔日繁华之地今昔巨变时的感伤和沉重，其实渗透着由历史沧桑和现实图景交互映照中见出的历史法则的理性认知。惟其如此，这篇散文也才能在唤起我们同样的对历史沧桑的感慨的同时，引发我们进入历史纵深处思考。而且，我们的阅读感受告诉我们，就散文而言，假如一味"纯情"而没有思想和理性的支撑，散文的抒情会显得没有依托而流于空泛。正如诗人、散文家余光中谈道的："许多拼命学诗的抒情散文，一往情深，通篇感性，背后缺乏思想的支持，乃沦为滥情滥感，只成了空洞的诗。"①

　　说到底，散文中的情与理往往是分而不隔的。《小虹桥》的作者在文章的结尾写道："我很喜欢居住在这么一个有着美丽地名的地方，虽然那地方委实没有什么美。"这句话充满了玄机。说到"玄机"，其实已经不是在谈情，而是在论思了，也即是说，涉及散文的"理"这个问题了。我们早就该注意到，当作者开始给情感下转语，开始避开最初的那种缅怀故迹的情绪，转而面向身边真实的人生时，他的理智活动就开始了。细细体会，不难发现，黄裳"很喜欢"的，是这个地方因寻常百姓的生活而带来的感受，真实、温暖，还有顽强的生命力。而"那地方委实没有什么美"，说的却是"一个有着美丽地名的地方"，隐藏着荒淫、无耻与末世的狂欢——亡国之日已近，靡靡之音犹唱。历史的进程似乎永远都是这样轮回着，在这样的轮回中向前演进。那么，还有什么必要去为这样一个时代的逝去付出伤感呢？或许，民间的热烈的生机，才是令人喜悦的。

　　所以，在散文中，抒情与说理常常是错综复杂地交织在一起的。传统的分类，将散文分为抒情性、记事性等几种，这在一般的意义上当然说得通，但我们也不应该忽略文学艺术的复杂性，以为这抒情性、记事性散文的界限是泾渭分明的。同时，另一个误解也应该引起注意，那就是认为在散文中，抒情与说理同样是截然分离的，因为逻辑似乎误导我们，使我们以为表达一种情感和讲述一个道理，完全是两回事。这种误解常常使我们在阅读散文时有一种机械的倾向，试图将一个本来是水乳交融的状态分裂为两个互相独立的部分。其实不然。我们看看张爱玲的一篇小小的散文《爱》：

　　　　这是真的。
　　　　有个村庄的小康之家的女孩子，生得美，有许多人来做媒，但都没有说成。那年她不过十五六岁吧，是春天的晚上，她立在后门口，手扶着桃树。她记得她穿的是一件月白的衫子。对门住的年轻人同她见过面，可是从来没有打过招呼的，他走了过来。离得不远，站定了，轻轻地说了一声："噢，你也在这里吗？"她没有说什么，他也没有再说什么，站了一会，各自走开了。

① 余光中：《缪斯的左右手》，见《余光中散文》，浙江文艺出版社1997年版，第404页。

就这样就完了。

后来这女子被亲眷拐子卖到他乡外县去作妾，又几次三番地被转卖，经过无数的惊险的风波，老了的时候她还记得从前那一回事，常常说起，在那春天的晚上，在后门口的桃树下，那年轻人。

于千万人之中遇见你所遇见的人，于千万年之中，时间的无涯的荒野里，没有早到一步，也没有晚一步，刚巧赶上了，那也没有别的话可说，唯有轻轻地问一声："噢，你也在这里吗？"

昭觉克勤禅师呈给南岳五祖的偈语说："少年一段风流事，只许佳人独自知。"①但张爱玲却用她女性细腻的笔触将沉睡着的那一份记忆唤醒了。在这篇小文至为精彩的最后一段，本身就无法分清哪是抒情，哪是说理。其实，情与理原本不是非此即彼的对立着的概念，如果说情感的转换常常意味着理智的介入，那么，说理明道亦无妨情辞相加。散文可以将作者对世界和人生的深刻感悟表达出来，但文之为文，乃在于它本诸性情而发，依诸万象而作，原不必变成经院的哲学。所谓"春在于花，全花是春"，抽象的理论常常不得不依靠感性的描述来予以表达，至少，在文学的世界里，常常是这样。在一个散文的文本中用放大镜去分别寻找言情说理的文字，就好比是拿现实中的人物去和文学中的形象对号入座，虽然也不失一种读法，但终究没有多少意义。

从这个意义上说，乌衣巷口双双飞入寻常百姓家的燕子是快乐的，小虹桥侧街边卖宵夜云吞和卤煮鸡蛋的小贩是快乐的，其实，晚唐诗人刘禹锡和现代作家黄裳也应该是快乐的——他们为各自在自己所见物事中获得的历史必然更替的感悟而快乐。

讨论题

1. 我们是否能用"抒情"来概括散文的情感传达？为什么？
2. 散文所言之理与一般议论文中所论之理是否有质的区别？为什么？

2.10.　散文的"小"与"大"

它被世人所期待、所仰慕、所赞誉，是由于它的美。

它美得秀韵多姿，美得雍容华贵，美得绚丽娇艳，美得惊世骇俗。它的美是早已被世人所确定、所公认了的。它的美不惧怕争议和挑战。

有多少人没有欣赏过牡丹呢？

① 普济：《五灯会元》，中华书局1984年版，第1254页。

却偏偏要坐上汽车火车飞机轮船，千里万里跋山涉水，天南海北不约而同，揣着焦渴与翘盼的心，滔滔黄河般地涌进洛阳城。

欧阳修曾有诗云：洛阳地脉花最重，牡丹尤为天下奇。

传说中的牡丹，是被武则天一怒之下逐出京城，贬去洛阳的。却不料洛阳的水土最适合牡丹的生长。于是洛阳人种牡丹蔚然成风，渐盛于唐，极盛于宋。每年阳历四月中旬春色融融的日子，街巷园林千株万株牡丹竞放，花团锦簇香云缭绕——好一座五彩缤纷的牡丹城。

所以看牡丹是一定要到洛阳去看的。没有看过洛阳的牡丹就不算看过牡丹。况且洛阳牡丹还有那么点来历，它因被贬而增值而名声大噪，是否因此勾起人的好奇也未可知。

这一年已是洛阳的第九届牡丹花会。这一年的春却来得迟迟。

连日浓云阴雨，四月的洛阳城冷风嗖嗖。

街上挤满了从很远很远的地方赶来的看花人。看花人踩着年年应准的花期。明明是梧桐发叶，柳枝滴翠，桃花梨花姹紫嫣红，海棠更已落英缤纷——可洛阳人说春尚不曾到来；看花人说，牡丹城好安静。

一个又冷又静的洛阳，让你觉得有什么地方不对劲。你悄悄闭上眼睛不忍寻觅。你深呼吸掩藏好了最后的侥幸，姗姗步入王城公园。你相信牡丹生性喜欢热闹，你知道牡丹不像幽兰习惯寂寞，你甚至怀着自私的企图，愿牡丹接受这提前的参拜和瞻仰。

然而，枝繁叶茂的满园绿色，却仅有零零落落的几处浅红、几点粉白。一丛丛半人高的牡丹植株之上，昂然挺起千头万头硕大饱满的牡丹花苞，个个形同仙桃，却是朱唇紧闭，洁齿轻咬，薄薄的花瓣层层相裹，透出一副傲慢的冷色，绝无开花的意思。偌大的一个牡丹王国，竟然是一片黯淡萧瑟的灰绿……

一丝苍白的阳光伸出手竭力抚弄着它，它却木然呆立，无动于衷。惊愕伴随着失望和疑虑——你不知道牡丹为什么要拒绝，拒绝本该属于它的荣誉和赞颂？

于是看花人说这个洛阳牡丹真是徒有虚名；于是洛阳人摇头说其实洛阳牡丹从未如今年这样失约，这个春实在太冷，寒流接着寒流怎么能怪牡丹？当年武则天皇帝令百花连夜速发以待她明朝游玩上苑，百花慑于皇威纷纷开放，惟独牡丹不从，宁可发配洛阳。如今怎么就能让牡丹轻易改了性子？

于是你面对绿色的牡丹园，只能竭尽你想象的空间。想象它在阳光与温暖中火热的激情；想象它在春晖里的辉煌与灿烂——牡丹开花时犹如解冻的大江，一夜间千朵万朵纵情怒放，排山倒海惊天动地。那般恣意那般宏伟，那般壮丽那般浩荡。它积蓄了整整一年的精气，都在这短短几天中轰轰烈烈地迸发出来。它不开则已，一开则倾其所有挥洒净尽，终要开得一个倾国倾城，国色天香。

你也许在梦中曾亲吻过那些赤橙黄绿青蓝紫的花瓣，而此刻你须在想象中创造姚黄魏紫豆绿墨撒金白雪塔铜雀春锦帐芙蓉烟绒紫首案红火炼金丹……想象花开时节洛阳城上空被牡丹映照的五彩祥云；想象微风夜露中颤动的牡丹花香；想象被花气濡染的树和房屋；想象洛阳城延续了一千多年的"花开花落二十日，满城人人皆若狂"之盛况。想象给予你失望的纪念，给予你来年的安慰与希望。牡丹为自己营造了神秘与完美——恰恰在没有牡丹的日子里，你探访了窥视了牡丹的个性。

其实你在很久以前并不喜欢牡丹。因为它总被人作为富贵膜拜。后来你目睹了一次牡丹的落花，你相信所有的人都会为之感动：一阵清风徐来，娇艳鲜嫩的盛期牡丹忽然整朵整朵地坠落，铺散一地绚丽的花瓣。那花瓣落地时依然鲜艳夺目，如同一只被奉上祭坛的大鸟脱落的羽毛，低吟着壮烈的悲歌离去。牡丹没有花谢花败之时，要么烁于枝头，要么归于泥土，它跨越萎顿和衰老，由青春而死亡，由美丽而消遁。它虽美却不吝惜生命，即使告别也要留给人最后一次惊心动魄的体味。

所以在这阴冷的四月里，奇迹不会发生。任凭游人扫兴和诅咒，牡丹依然安之若素。它不苟且不俯就不妥协不媚俗，它遵循自己的花期自己的规律，它有权利为自己选择每年一度的盛大节日。它为什么不拒绝寒冷？！

天南海北的看花人，依然络绎不绝地涌入洛阳城。人们不会因牡丹的拒绝而拒绝它的美。如果它再被贬谪十次，也许它就会繁衍出十个洛阳牡丹城。

于是你在无言的遗憾中感悟到，富贵与高贵只是一字之差。同人一样，花儿也是有灵性、有品位之高低的。品位这东西，为气为魂为筋骨为神韵，只可意会。你叹服牡丹卓尔不群之姿，方知"品位"是多么容易被世人忽略或漠视的美。

——张抗抗《牡丹的拒绝》

（选自散文集《牡丹的拒绝》，春风文艺出版社1995年版）

张抗抗这篇当年曾经引起过震动的《牡丹的拒绝》，其实也就是一篇以花草作题目，以花草为对象的小品文。在传统的中国文化中，这样的专以花鸟虫鱼、山石草木为描写对象的散文，实在是数不胜数。常识告诉我们，"小"是这一类散文突出的特征。这里的"小"，大致有两层意思：一是形制小。这类散文的篇幅一般都很短小，多则不过千余言，少则只有几十句，很是有些小模小样。二是题材小。善写花鸟虫鱼、山石草木的散文家们似乎大都不太喜欢那些堂而皇之的"大题目"，而更倾向于选取自己生活境遇中的一人一事、一景一物作为抒写的对象，即景见情，随事兴感。因此，在一般人眼中，这类散文似乎总把自己限制在一个狭小的天地里，没有金戈铁马的杀伐之气，无法展现恢弘的历史画卷，也再现不了广阔的社会生活，不过是一个人内心世界偶尔荡起的情感涟漪而已，确乎有些"小气"。通常说来，这类散文好到极处，也无非是描写得细致入微和生动有趣，至于说到视野的开阔、见识的远大、思想的深度和理性的光芒，好像还是应该从那些专门以说理明道为己任的议论性散文里去寻找。惟其如此，这类散文也常常被认为不过是文人雅士吟风弄月、追求闲适生活的一种东西，是有闲阶级餐桌上的"小点心"，或小资生活情调中的"小摆设"，甚至有人还会批评它无视社会苦难、漠视人生现实，只在一个"小我"的意识中去观看世间万物。虽然多数情况下我们倒也不一定就会如此极端，不过，在一般人的眼中，这些写花弄草、赏风吟月的东西，终究还是个"小"。

不过，情况并不都是如此。比如这篇《牡丹的拒绝》，乍看之下，似乎就是一篇记游赏花的"休闲"之作：一次慕名而去的赏花之旅，如织的游人、盛开的牡丹，魏紫姚黄、国色天香，如此等等。这类内容，无论作者写得如何花团锦簇，也不过是又一篇赏花弄月的美文，终归是一个"小家碧玉"。然而，细读之下，我们却会发现自己有了一次出乎意料的阅读经历。

作者说她很久以前"并不喜欢牡丹"。因为它的俗，因为"它总被人作为富贵膜拜"。牡丹是人们心中的花中之王，有"国色天香"之称，每年4到5月开花。它的花朵大，多有重瓣；颜色艳，有红、黄、白、粉紫、墨、绿、蓝等色；花味浓，花香扑面，花气袭人。所以，民间常把它作为大富大贵的象征，称之为"富贵花""百两金"。早在唐代，就有了栽植和观赏牡丹的习俗，白居易诗"花开花落二十日，一城之人皆若狂"，就描绘了牡丹开花时万人空巷的盛况。自唐以降，千余年间，众多的诗人骚客、专家学者，用诗、词、歌、赋、笔记、小说，图像、花谱，从多方面展现牡丹花的雍容华贵与国色天香，其中有些诗词已是家喻户晓，脍炙人口。但是，有趣的是，在中国传统文化中，牡丹却远不如松、竹、梅、菊这些或内敛、或疏淡、或雅致、或兀傲的植物更能吸引文人雅士的追求。这可能是因为大富大贵的牡丹，与他们"淡泊明志，宁静致远"的精神指向，实在是太不相协了吧。从这个意义上说，张抗抗不喜欢牡丹，也就不足为怪了。

但是，作者忽然话锋一转，谈到自己有一次曾目睹了牡丹花谢，而被深深地感动了的经历：

一阵清风徐来，娇艳鲜嫩的盛期牡丹忽然整朵整朵地坠落，铺散一地绚丽的花瓣。那花瓣落地时依然鲜艳夺目，如同一只被奉上祭坛的大鸟脱落的羽毛，低吟着壮烈的悲歌离去。牡丹没有花谢花败之时，要么烁于枝头，要么归于泥土，它跨越萎顿和衰老，由青春而死亡，由美丽而消遁。它虽美却不吝惜生命，即使告别也要留给人最后一次惊心动魄的体味。

这就是牡丹——它活着的时候轰轰烈烈，死去也决不无声无息。它绽放自己的生命，然后归于泥土，而决不苟延残喘。张抗抗说它"由青春而死亡，由美丽而消遁"，这是一种高傲的姿态，是一次生命的绝唱，不是任何生命都可以做到的。这个时候，我们会惊奇地发现，原来花鸟虫鱼的"小"，也是可以写出来自生命体验的"大"的。

这正是散文"小题大做"，以"小"见"大"的特点。散文的这一特点，从现代文艺性散文的概念传入我国之初人们直接将它称为"小品文"，就可以得到参证。"小品"本是佛教用语，指节略本的佛经，以区别于指称整部佛经的"大品"。佛经小品由于节选的多是整部佛经中的精华，所以，深受那些有心参佛又无暇通读佛教经典的文人们的喜爱。唐代孟郊在《读经》中就曾说："经黄名小品，一纸千明星。"足见小品虽"小"，却极具独特魅力。显然，人们把这种文字简约、蕴义深刻的作品称为"小品文"，本就有标明这种文体以"小"见"大"这一特点的用意。事实也确实如此。优秀的散文家似乎都有这样高超的能力："他从地上拾起一块石子，他珍藏这块石子，较之任何宝石，都更小心。就是村舍门上一只铁钉，他也会因之思潮怒放，而写出一篇锦绣文章。他从最破最旧最平凡的处所，走进极乐世界。"①优秀的散文家将自己经由全部的生活体验和长期细密的思考获得的感悟，融会于对一草一木、一沙一石的吟唱抒写之中，将有限与无限相沟通，将具体而微与抽象深刻相连接，从极小中见出极大。他掀起的也许只是生活的一角，他表达出来的也许只是一些思想的片段，但是，这一角、这些片段，映射的却可能是背景的全部，可能是思想的博大。这使得散文的"小"话题背后，往往关涉着社会、时代乃至宇宙人生的"大"题目，在一人一事、一景一物的感兴中，往往蕴含着对社会、人生的深刻见解。这就是人们常说的"一滴水能见太阳的光辉"，一方小小的天窗能透进无数星星的闪烁。其实，将个人对于人生、对于现实、对于世界的感悟，通过毫不起眼的一花一草、常人小事传达出来，也是中国散文写作的传

---

① ［英］斯密兹：《小品文做法》，转引自佘树森《散文创作艺术》，北京大学出版社1986年版，第34页。

统。王羲之《兰亭集序》以曲水流觞的文人雅事纵笔兴叹，能看到作者对于人生"修短随化，终期于尽"，"固知一死生为虚诞，齐彭殇为妄作"的深刻感悟；苏轼《前赤壁赋》写一次即兴的夜游，对于江上泛舟和舟中望月的信笔挥洒，让我们领略到万物盈虚消长的大哲理和江上清风山间明月皆备于我的大胸怀；归有光《项脊轩志》借一幢老屋，几株桂竹，二三琐事，让我们读出作者三世变迁的感慨和深挚感人的亲情。

"以小见大"，这样的一种写作思路，并不局限于小品文，许多散文，无论是言情、叙事还是说理，也常常采用这样的方式。即使是被一些学者、文人倡导的"大散文"，亦往往只是在所表达的意义上去突出一个"大"字，虽然是在大处生发，但过程仍于小处落笔。但"大散文"这个概念也有被误解的时候，即简单认为"大散文"之"大"，就是题材之"大"，也就是说，是散文内容在一个物质意义层面上，或者说，在一个时空层面上的"大"，而忽略了这个"大"与"小"的辩证关系："大"指的是一个艺术家思想世界的深度与广度，是一种在面对人生现实时，不甘于平庸与琐屑的精神追求，是一种即使被平淡的生活包裹，也总希冀能够挣脱精神枷锁的欲望。"小"指的是这种追求和欲望作为一次艺术创作的表征。离开了这些具体的、感性的、充满了生气和表现力的"小"，深刻的思想将会以怎样的状态呈现出来呢？我们曾经很自然地就厌弃了那些用灰色的概念、昂扬的口号或张狂的叫嚣构筑成的"文学"，觉得它的"大"，只不过如钱锺书在《围城》里所说的那样，"只像政治家讲的大话，大而无当"而已。"大"，在这里成了"空"的替代词。原因就在于这些看似"大"的文学，好像只是在为一个遥远的时空而写作，却不顾每天的日常生活与身边的每一个细节，它离宏大的叙事越近，距离我们的心灵就越远。其实，在文学的阅读中，常常不难发现，一种深刻的哲理，一次绝妙的体察，是完全可以在一个小小的题目下不动声色地完成的。

散文作家似乎就愿意在安静、淡然的叙述中，告诉我们他对生活的发现。同那些鸿篇巨制比较，散文或许只能算得上是文学大家族里的小字辈，但是，说到文学可能给我们带来的感动、启发、思考与震撼，它们是一样的。在这个意义上，鸿篇巨制和纤纤小文，只有篇幅的差别，而没有优劣的区分。正如沈从文在《烛虚》中说的那样："察明人类之狂妄和愚昧，与思索个人的老死病苦，一样是伟大的事业，积极的可以当成一种重大的工作，在消极的也不失为一种有趣的消遣。"[①]鲁迅也指出："太伟大的变动，我们会无力表现的，不过这也无须悲观，我们即使不能表现他的全盘，我们可以表现它的一角，巨大的

———————

① 沈从文：《烛虚》，《沈从文文集》第 11 卷，花城出版社、生活·读书·新知三联书店香港分店 1984 年版，第 258 页。

建筑，总是一木一石叠起来的，我们何妨做做这一木一石呢？"①在散文的写作中，许多作家常常是从自己身边事、眼前物出发，在一种安静得如小溪般的话语流动中，开始他的讲述的。但是，从另外一个意义上看，作家选择的这些看似平淡无奇的题材，要么是建立在他对现实人生和世界的深刻洞察之上，要么源自他对现实人生和世界的敏锐发现，都是他长期思索所获得的哲理感悟在日常生活中的一次水到渠成的触发，并不是随随便便地从身边事、眼前物中找到话题就动笔。总之，优秀的散文家善于从生活中撷取这类"小题材"，借一斑而窥全豹，以一目尽传精神，去表现他的"大题目"。以小见大，小中有大，正是散文选材构思的一个基本特色。

我们可以再读读张抗抗的这篇《牡丹的拒绝》。的确，从现实生活的角度看，一朵花或一种花的开放或者凋零，都只是与自然节律的应合。而且，以现实的眼光来看，一朵花，纵然是国色天香，艳压群芳，又能怎样呢？它也不过就是一朵花而已，人才是花的主宰。"驿外断桥边，寂寞开无主"，花其实是因为人的存在才有了自己特别的存在；"感时花溅泪，恨别鸟惊心"，花也其实是因为人的悲喜才有了自己特别的悲喜；"红杏枝头春意闹""流水落花春去也"，花生的热烈、死的沉寂，其实都只不过是人的赋予罢了！然而，我们也不能不承认，正是从这里，我们的生命意识与有生命的花获得连通，我们也能和作者一样，由牡丹悲壮的凋零而拥有了对于死亡意义的顿悟，也由这一次牡丹无言的拒绝，获得一种对生命存在的领悟：

> 任凭游人扫兴和诅咒，牡丹依然安之若素。它不苟且不俯就不妥协不媚俗，它遵循自己的花期自己的规律，它有权利为自己选择每年一度的盛大节日。

牡丹不苟且不俯就不妥协不媚俗的安之若素，能让我们很自然地想起杜甫"步屧随春风，村村自花柳""愁眼看霜露，寒城菊自花""故园花自发，春日鸟还飞"这样的诗句，能够体悟到这些似乎是不经意吟出的诗句中，原来含蓄着多么深刻、多么伟大的生命关怀。"花自飘零水自流"，人情对境，自有悲喜，原本就不该连累在自然世界中自生自灭的花草。它们"自"有自己的"灵性"与"品位"，不会因你的喜而开，也不会因你的悲而败。它其实并不需要人的赞美，它也藐视人们对它们的不屑。它不会因寂寞而提前开放，也不会因欢乐而推迟凋谢。作为一种生命的存在，花草自有花草的自我和本性，自有它们自己守望着的立场——和花草相比，我们还有什么值得骄傲的呢？这才是牡丹生命

---

① 鲁迅：《致赖少麒》，《鲁迅全集》第 13 卷，人民文学出版社 2005 年版，第 493 页。

存在的意义："富贵与高贵只是一字之差"，因为，"同人一样，花儿也是有灵性、有品位之高低的"，于是，"你叹服牡丹卓尔不群之姿，方知'品位'是多么容易被世人忽略或漠视的美！"

这就是散文的"大"，在一花一草、一枝一叶中，看到现实人生，看到人间万象，看到人类自己，看到整个世界。王任重曾把小说和散文比较，说二者的区别在于：那是人的一生和一天的不同。但他又说，看人是可以从他一天的行动、思想、脾气、习惯中，知道他一生的归趋的。尺素之牍也能烟波云海，气象万千，"小"之为"大"，不由人不信也！

关于散文的以小见大，在具体的阅读鉴赏中，读者还应注意区分两种不同的情形：一是将"大"不动声色地寓于"小"之中的散文；一是由"小"说起，渐渐及"大"的散文。

这第一种，多属闲适小品。作者找到一个话题，便娓娓道来，信手写去，全凭兴趣，不拘格套，真可以算得上是苏轼所说的"如行云流水""行于所当行""止于所不可不止"。在阅读中，我们常常被作者的洒脱和风度吸引，也常常为作品的机智与幽默所折服。但阅读如果到此为止，恐怕有些浮泛。这类散文，多是学者所为，故它们虽然并不结尾点题，文末升华，但通观整篇，看似随意，实则往往有良苦用心蕴藉其中。如钱锺书的《写在人生边上》、梁实秋的《雅舍小品》、林语堂的《人生的盛宴》、周作人的《看云集》、丰子恺的《缘缘堂随笔》等，大致都可归于此类。这些作品，大多能于寻常生活中发现人生的妙谛，并将这些对人生的体悟在漫不经心的讲述中透露出来，所以阅读时既不妨好好欣赏一下作者的从容不迫，同时更不要忘了体味其中蕴含着的生活智慧。这正是丰子恺所说的："泥龙竹马眼前情，琐屑平凡总不论。最喜小中能见大，还求弦外有余音。"①

第二种即如这里选录的《牡丹的拒绝》。作者因为对生活的细致观察，有了一种深刻的感悟，于是铺纸弄墨，细细写来，务求意境优美，寓意醒豁。这类散文大都从具体的、感性的事物起笔，从中引发出作者的见解与思考。它既迎合了读者渴望超越平庸的现实生活的梦想，又避免了板着脸孔的说教以及浮泛的写景抒怀，在许多读者心中有很高的地位。不过，需要注意的是，这类散文在结构的安排、手法的运用上，往往有着精心的"营构"。这提醒我们，阅读时一方面要细心揣摩作者匠心独运之处，另一方面，在文本的选择上，也要提防那些无病呻吟、故弄玄虚的浅薄之作。

张抗抗在《牡丹的拒绝》结尾处写道："'品位'是多么容易被世人忽略或漠视的美！"这句由对牡丹的品鉴感悟而得的警语，同样适合于散文以及我

---

① 丰子恺：《丰子恺画集·代自序》，《丰子恺画集》，上海人民美术出版社 1963 年版，第 1 页。

们对散文的阅读。

1. 在我们散文欣赏的经历中，是否遇到过写大题材、大主题却采用以小见大的手法的作品？

2. "大"和"小"总是相对而言的。从本质上看，散文的"小"与"大"究竟为何？

2.11. 散文的格调与气势

环滁皆山也。其西南诸峰，林壑尤美。望之蔚然而深秀者，琅琊也。山行六七里，渐闻水声潺潺，而泻出于两峰之间者，酿泉也。峰回路转，有亭翼然临于泉上者，醉翁亭也。作亭者谁？山之僧智仙也。名之者谁？太守自谓也。太守与客来饮于此，饮少辄醉，而年又最高，故自号曰"醉翁"也。醉翁之意不在酒，在乎山水之间也。山水之乐，得之心而寓之酒也。

若夫日出而林霏开，云归而岩穴暝，晦明变化者，山间之朝暮也。野芳发而幽香，佳木秀而繁阴，风霜高洁，水落而石出者，山间之四时也。朝而往，暮而归，四时之景不同，而乐亦无穷也。至于负者歌于途，行者休于树，前者呼，后者应，伛偻提携，往来而不绝者，滁人游也。临溪而渔，溪深而鱼肥；酿泉为酒，泉香而酒洌；山肴野蔌，杂然而前陈者，太守宴也。宴酣之乐，非丝非竹，射者中，弈者胜，觥筹交错，坐起而喧哗者，众宾欢也。苍颜白发，颓然乎其间者，太守醉也。

已而夕阳在山，人影散乱，太守归而宾客从也。树林阴翳，鸣声上下，游人去而禽鸟乐也。然而禽鸟知山林之乐，而不知人之乐；人知从太守游而乐，而不知太守之乐其乐也。醉能同其乐，醒能述以文者，太守也。太守谓谁？庐陵欧阳修也。

——欧阳修《醉翁亭记》

欧阳修这篇略微带点醉意的《醉翁亭记》，结构的精妙，修辞的讲究，文辞的优美，相信读者展读之下都能获得一种很直接的感受。全文五百余字，以一个"乐"字贯穿始终，把万象纷纭的山间景色、五色杂陈的宴游之乐攒合拢聚，结构紧凑，条贯畅达，不滞不碍，一气呵成。句式上骈散兼用，长短不拘。即如开篇"环滁皆山也。其西南诸峰，林壑尤美。望之蔚然而深秀者，琅琊也。山行六七里，渐闻水声潺潺，而泻出于两峰之间者，酿泉也。峰回路转，有亭翼然临于泉上者，醉翁亭也"，全用散句，所谓迤逦写来，正为渐入佳境。而接下来后文中的骈句又有三字、五字、六字、九字之变："朝而往，暮而归""前者呼，后者应"，为三字；"负者歌于途，行者休于树"，为五字；"日出而林霏开，云归而岩穴暝""野芳发而幽香，佳木秀而繁阴"，为六字；"临溪而渔，溪深而鱼肥；酿泉为酒，泉香而酒冽"，为九字。骈散结合，长短交织，错落有致，令人读来有"大珠小珠落玉盘"之感。更兼文中那21个历来为人激赏的"也"字的运用，细细涵泳，既可品一唱三叹之低回婉转之韵，又能得一泻千里之回环往复之妙。

我们的阅读所得当然不会仅仅停留于作者构思的精妙、修辞的讲究和文辞的优美。散文家的娓娓述说，很容易就能把我们带入魏晋时期那位纵酒放达的刘伶所谓的"无思无虑，其乐陶陶"的境界之中——这里有山、有水、有泉、有酒、有云、有林，有山间四时、朝暮晦明，有肥鱼香泉、山肴野蔌，有丝竹之乐撩耳、喧哗之声杂陈……作者说在这个快乐的世界里，禽鸟只知道山林之乐，而不懂众人之乐；众人只晓得跟从太守游山之乐，而不明白太守因何而乐。仕途失意，处穷通之境，临祸福之渊，此人生之悲也。而于穷厄失意之中能乐于山水，此亦大乐也！于这山水之乐中，我们无疑也能够感受到作者力求超越现实的拘囿，在与自然的融通中体验人生之乐的旷达。这是一份摆脱现实烦扰的雅趣，也是一种与自然相吐纳的胸怀。

的确，我们阅读散文，很多时候并不仅仅是要从中寻找一些优美的文辞和感人的片段，更重要的，是要去遇会一片诗心，去体验一段感悟，同时，去领略一种胸怀，去鉴识一种格调。散文尤重格调。所谓散文的格调，是指由作家的人格在散文中的真实袒露而形成的作品的风格和品质。简单地说，也就是作家的个性、人品、趣味、才情等在散文中的艺术体现。这是散文阅读中欣赏者应该给予充分注意的一个层面。我们能否真正在对文本独特的风格和韵致的体味中获得高层次的鉴赏的愉悦，能否获得更加深刻的人生启迪和深层次的人格熏陶，都与我们对散文格调美的把握和鉴识密切相关。

散文重视格调美，是因为在所有文本类型中，散文是最无法作"伪"作"假"，因而也最显作家功力的一种文体。散文本来就是一种"妙发性灵，独抒怀抱"的文体，优秀的散文总是作家的性格、修养、才情的自然流露。现代作家郁达夫就认为，散文具有强烈的自传色彩，"我们只消把现代作家的散文集翻一翻，则这个作家的世系、性格、嗜好、思想、信仰以及生活习惯等等，无不活泼泼地呈现在我们的眼前"①。因此，作家人格之高下、趣味之雅俗、才力之强弱等在散文中的充分表现，成为熔铸散文格调美的重要因素。

---

① 郁达夫：《中国新文学大系·散文二集·导言》，见《中国新文学大系·散文二集》，良友图书公司 1935 年版，第 5 页。

　　散文的本色，当然也使读者真正能够"读其文而想见其为人"，而对散文格调的把握，也就是要能够"读其文而想见其为人"。具体说来，我们要能够通过那些充分显示散文的"个人性"的因素——如文本独特的选材和叙写角度、作家独特的人生经验和深刻见解、作品的感情基调和思想基调等——的细致观察，去领略文本的艺术趣味和独特风韵，透视作家的人格和精神境界。我们可以按这样的思路来读一读苏轼这篇《游沙湖》：

　　　　黄州东南三十里为沙湖，一曰螺蛳店。余买田其间，因往相田得疾。闻麻桥人庞安常善医而聋，遂往求疗。安常虽聋，而颖悟绝人，以纸画字，书不数字，辄深了人意。余戏之曰："余以手为口，君以眼为耳，皆一时异人也。"疾愈，与之同游清泉寺。寺在蕲水郭门外二里许，有王逸少洗笔泉，水极甘。下临兰溪，溪水西流。余作歌云："山下兰芽短浸溪，松间沙路净无泥，潇潇暮雨子规啼。谁道人间无再少，君看流水尚能西，休将白发唱黄鸡。"是日剧饮而归。

　　这是苏轼因乌台诗案贬居黄州时留下的一篇写人记游的随笔小品。文章前一部分以文写人，后一部分以词记游，文、词融为一体，相互激发，自然流畅而情韵悠长。更值得注意的，是文章写人的角度和文中《浣溪沙》一词抒发的情感。作者是从庞安常与"我"同"异"的角度来写人的。因此，只选取安常"以眼为耳"，"虽聋，而颖悟绝人"的特异之处，仅用"以纸画字，书不数字，辄深了人意"一个细节，点化成文，写出人物之不同一般。这种写人的手段实在令人叹为观止。而细细品味，还可以发现，这种写法其实本身就蕴含深意。庞安常为湖北蕲水人，儿时读书过目不忘，博物通古今。及长耳聋，但自学研习中医，尤善针灸，为人治病，十愈八九，救人无数，为乡里口碑。这样一个"异人"，可记的事迹行状必然很多，而作者却只突出他"以眼为耳"的"异"。从文中"戏"言可以看到，作者这样写人，其实也是在写自己。庞安常"以眼为耳"成一巧手神医，而诗人"以手为口"，是一代诗文绝佳的士子。安常"颖悟绝人"却隐居乡间，权充一名村医；诗人自己也因诗文得祸，贬居僻远。两人连境遇都有同"异"。更"异"的是他们都不用"耳"。庞安常不用耳是因为耳聋，耳聋而不听，只凭自己的眼明心慧。作者不用耳，则是出于性情。他"不以一身祸福，易其忧国之心"（陆游《题东坡帖》），率性而为，不为世风流转，不为时论所惑，活出自己的独立不倚，一派天然，凭的也是眼明心慧。如此看来，作者那一句"皆一时异人也"，实在寄寓了很深的感叹。从这一句谐谑之中，自然也可以见出作者开朗诙谐、活泼风趣的性情。而作者贬居僻远却自居"异人"，这又是多么乐观、自信。这种乐观、自信，在后文记游的《浣溪沙》词中表现得更加充分。白居易有《醉歌示妓人商玲珑》诗："谁道使君不解歌，听唱黄鸡与白日。黄鸡催晓丑时鸣，白日催年酉前没。腰间红绶系未稳，镜里朱颜看已失。"该诗借"黄鸡催晓"叹时光易逝，人生易老。而苏轼却高歌："谁道人间无再少，君看流水尚能西，休将白发唱黄鸡！"这是一种多么从容自信、旷达乐观的人生情怀！这种人生情怀也使本文具有了一种超然洒脱的韵致。

散文欣赏中，与格调的鉴识相联系的，是气势的体会。散文的气势，从可直接感知的层面看，指的是散文行文中表现出来的一种文气与体势，而从内在成因看，则是作家的精神状态在文中的表现。早在魏晋时期，曹丕在《典论·论文》中就提出"文以气为主"，认为"气之清浊有体，不可力强而致"。这个看不见摸不着的"气"，虽然还不完全是指文章的"气势"，但毕竟已经表明，在文本具体而明确的话语之下，确实存在一个抽象意义上的"气"，它的内在成因，与作家的禀赋、才气、学识等密切相关，所以"不可力强而致"。清代学者姚鼐认为，构成一篇文章的，有神、理、气、味、格、律、声、色八种成分，其中，"神、理、气、味者，文之精也；格、律、声、色者，文之粗也"。前面的几种，是潜在的作家的某种精神状态，不易觉察，但必然会影响到行文的"格、律、声、色"，也即语言表现上的格律、声调、抑扬、节奏、语言特色等。神、理、气、味与格、律、声、色，共同构成了散文的气势。

姚鼐的理论提示我们在散文欣赏中从散文文辞来体会散文气势的路向。正如读诗不能"得意忘言"，其实读散文也不能"得意忘言"。一方面，散文的文辞其实是显示散文趣味的雅俗，显示作家独特文体风格的重要层面。余光中就谈到，构成一篇散文的字或词的品质，"几乎在先天上就决定了一篇散文的趣味甚至境界的高低。譬如岩石，有的是高贵的大理石，有的是普通的砂石，优劣立判。同样写一双眼睛，有的作家说'她的瞳中溢出一颗哀怨'，有的作家说'她的秋波暗弹一滴珠泪'。意思差不多，但是文字的触觉有细腻和粗俗之分。一件制成品，无论做工多细，如果质地低劣，总不值钱"。同时，"对于文字特别敏感的作家，必然有他自己专用的词汇，他的衣服是定做的，不是现成的"。①优秀的散文家在语言运用上能见真见性，而敏感的读者自然也能从作家的语言，看出作家的趣味和风格。而另一方面，散文的气势往往直接表现在散文由句法结构、词汇的选择和搭配、语句甚至语音的组合的层面。由此，古代散文家论文甚至强调所谓"因声求气"，要求散文要能以"自然铿锵发金石声"而达到神完气足的境界。这里的"声"，即文本语言在节奏旋律、抑扬顿挫等语音组合方面的特征。

---

① 余光中：《剪掉散文的辫子》，《余光中散文》，浙江文艺出版社1997年版，第387页。

我们可以从文辞的层面来体会一下欧阳修《醉翁亭记》的气势。首先诵读一下这篇不足五百字的"小文"，诵读之下，我们也一定会为它的气势所折服；折服之余，我们也可以知道，散文的气势其实与它的篇幅无关，小文章其实也可以有大气势。在这篇仅有四小节的美文中，首先应该注意到的就是它的节奏。第一段，作者先用"环滁皆山也"这样一句看似简单，实则大气的句式，为全文奠定了一个总体的基调。须知这是作者登临高处，环视四围之语，不是胸襟开阔、意气飞扬的人，不能作此语。钱锺书认为中国传统文学有一种"登高怀远"的情结，"每足使有愁者添愁而无愁者生愁"，如《登楼赋》"登兹楼以四望兮，聊假日以销忧"，《招魂》"目极千里兮伤春心"，《高唐赋》"登高望远，使人心瘁"，以及《说苑·指武》和《孔子家语·致思》所记孔子登泰山时"登高望下，使人心悲"的感喟。①但《醉翁亭记》则反其意用之，以"环滁皆山也"一句统领全文，摆脱传统由"登高"而"怀远"的习套，表现了一种豁达、开朗的人生态度。接下来，作者从"环滁皆山"，到"西南诸峰"，到"琅琊"，到"酿泉"，到"有亭翼然临于泉上"，终于，"醉翁亭"出现了；再接下来，由"作亭者"而到"名之者"，"太守"现形了；再接下来，由"饮于此"，到"饮少辄醉""年又最高"，"醉翁"之名出现了。这个时候，"醉翁之意不在酒，在乎山水之间也"，就成为一句水到渠成的话，最自然不过地出现在我们的阅读视野里。这起首一段写得舒放轻扬，九曲回转，曲径通幽，由远及近，由大及小，由宾及主，迤逦写来。形式上长短不一、语气上缓缓道来的叙述句式，让人能真切感受到一种吐纳自如的大气。接下来的第二段节奏却为之一变："若夫日出而林霏开，云归而岩穴暝，晦明变化者，山间之朝暮也。野芳发而幽香，佳木秀而繁阴，风霜高洁，水落而石出者，山间之四时也。朝而往，暮而归，四时之景不同，而乐亦无穷也。"如果我们大声朗诵几遍，循着声音一路找寻，一定会感到它的节奏忽然加快了：大对句中夹杂小对句，六、九骈文交错起伏，日出、云归，朝暮、晦明，水落、石出，晨往、暮归，以及四时之景的转换、快乐心情的递变……和前面缓缓而行的句式，形成鲜明对比，这样，不仅节奏旋律、抑扬顿挫在句与句之间出现，而且还在段与段之间产生了。在第三段，作者写道："至于负者歌于途，行者休于树，前者呼，后者应，伛偻提携，往来而不绝者，滁人游也。临溪而渔，溪深而鱼肥；酿泉为酒，泉香而酒洌；山肴野蔌，杂然而前陈者，太守宴也。宴酣之乐，非丝非竹，射者中，弈者胜，觥筹交错，坐起而喧哗者，众宾欢也。苍然白发，颓乎其中者，太守醉也。"方才还幽静的山中，开始有了人的生气，前呼后应，觥筹交错，丝竹之乐，喧哗之声……一方面由于增加了人的活动，

---

① 钱锺书：《管锥编》，中华书局 1986 年版，第 875～878 页及增补 72～73 页。

另一方面由于变六、九骈句为五、三骈句，而使得节奏旋律、抑扬顿挫之感更显加强，欢乐的气氛也在这样的气势中达到了顶峰：

> 已而夕阳在山，人影散乱，太守归而宾客从也。树林阴翳，鸣声上下，游人去而禽鸟乐也。然而禽鸟知山林之乐，而不知人之乐；人知从太守游而乐，而不知太守之乐其乐也。

这最后一段中，节奏从第一节的舒张，第二节、第三节的渐渐轻快并达到高峰，开始慢了下来。作者每每在短句后加上长句，目的就是为了要放缓节奏，所以"夕阳在山""人影散乱"后有"太守归而宾客从也"；"树林阴翳""鸣声上下"后有"游人去而禽鸟乐也"。这种在骈文后面加上延缓节奏的散句的手法，确实收到了很好的艺术效果：如只用短骈，将无法"收场"；如只用长散，又极显突兀。而长短结合，骈散并用，显示出欧阳修对语言文字的细腻感受和高超的驾驭文章体势的能力。只有在这样的时候，以总结性的言辞点出全篇的主旨——"人知从太守游而乐，而不知太守之乐其乐也"——才显得那么水到渠成且耐人寻味。由此，可以说，散文之"气"或气势，看似无形无象虚无缥缈，而其实就流转在字里行间。

对于散文格调和气势的把握，实际上涉及文品与人品的关系问题。这是一个中外文学理论都十分关注的很复杂的理论问题。一般而言，格调与作者的精神个性是相合的。中国古代有"文如其人"的说法，法国文学理论家布封也提出"风格即人"的著名论断。类似的说法，在东西方文学理论中都很常见。一般来说，文品也即作品的格调、境界，的确与作家人品有着密切的联系，而且，这两者之间的联系，在散文中会显得更加突出。正如在前文对欧阳修的《醉翁亭记》、苏轼的《游沙湖》的赏鉴中已经看到的，读其文，通过格调的鉴识可以想见其为人，而证之于现实，我们知道他们的文品与人品的确是相互吻合的。但是，人品并不能完全等同于文品，具体到一些作家作品，会发现这两者之间可能不完全吻合，甚至完全不能吻合的现象。钱锺书就曾指出，在一些文学作品中，"所言之物，可以饰伪：巨奸为忧国语，热中人作冰雪文"。尽管如钱锺书同时指出的那样，在文品并不一定如人品的文本中，由于散文的格调和气势依傍的是作者的精神个性，是作者精神个性的外化，因而也是无法彻底伪饰的，以至于"其言之格调，则往往流露本相；狷急人之作风，不能尽变为澄澹，豪迈人之笔性，不能尽变为谨严"①。但客观地看，"言为心声"并不是一个完全适合一切文学作品的命题。这并不奇怪，因为文学本身就是一种非

---

① 钱锺书：《谈艺录》，生活·读书·新知三联书店2001年版，第498～499页。

常复杂的精神现象，文学创作过程也是一个要受多种因素影响的复杂过程。只是我们在欣赏中，应该注意这种现象，不能简单地用作家的人格分析代替对于作品格调的准确把握，或者将作品的格调简单地不加分析地等同于作家的人品。由于散文欣赏中对格调和气势的分析与把握，本身就是一个由作品外在的语言文字而触及作者内在的精神个性的过程，因此，无论如何，具体欣赏过程中注意具体作家、具体文本本身的实际，总是必要的。

讨论题

1. 散文的格调是否同时也显示着趣味的雅俗？为什么？

2. 从诗的以声传情和散文的"因声求气"，比较一下诗和散文在语音组合上的异同。

3. 小说欣赏

概说：小说文体的形成及其演变

小说是现代最流行、最普及的文学样式。不过，比较而言，在中外文学史上，现代意义上的小说也是成熟最晚的一种文学样式。

我们当然很难确定小说成熟的具体时间，但检索一下中外文学史可以知道，在西方，"按照我们今天对小说一词含义的理解，直到公元 18 世纪以前，小说都未曾大量繁荣"①，而事实上，"它的最终形成，即作为一种具有独特个性的文学样式"，也"至少要到 18 世纪"。②在中国文学史上，大体符合现代观念的小说，比西方要早一些，但它的成熟形式的出现仍然迟至唐代。在此之前，六朝时期虽然已经出现以谈神说鬼或记录名人轶事为主要内容的"志怪志人"的作品，而且，这类作品在宋代就被归入"小说"一类，我们今天也将它们冠以"小说"之名。但正如鲁迅指出的，六朝人"看鬼事和人事，是一样的，统当作事实"，所以这些志怪志人的作品，"大抵一如今日之记新闻，在

---

① ［英］玛乔丽·博尔顿：《英美小说剖析》，林必果译，重庆出版社 1988 年版，第 12 页。

② ［美］乔安尼·科克里斯、多洛西·洛根：《文学欣赏入门》，王维昌译，安徽文艺出版社 1986 年版，第 76 页。

当时并非有意做小说"。①唐代出现了中国小说史上的第一次大变迁，这一变迁的标志就是唐传奇的出现。唐传奇"其间虽亦或托讽喻以纾牢愁，谈祸福以寓惩劝，而大归则究在文采与意想，与昔之传鬼神明因果而外无他意者，甚异其趣矣"②。这是一种文人的有意识的创作，虽为文言，但已经是短篇小说的成熟形式。中国小说史上第二次大的变迁则是宋元话本的出现。宋元话本为我国白话小说的发展开辟了道路，也为明清时期中国古典小说创作的繁荣奠定了基础。

一般认为，小说最早的形式有两种，一种是民众闲暇之余相互讲说的民间故事，一种是文人们有意创作的寓言。

讲故事也就是将故事转化为一种叙述。讲故事和听故事应该是远古时期人们闲暇之余消遣娱乐的主要形式。鲁迅在《中国小说的历史变迁》中就谈道："至于小说，我以为倒是起于休息的。人在劳动时，既用歌吟以自娱，借它忘却劳苦了，则到休息时，亦必要寻一种事情以消遣闲暇。这种事情，就是彼此谈论故事，而这谈论故事，正就是小说的起源。"③从现存的一些文献资料看，这种判断应该是一种很合理的推测。中国古代陪伴君王、贵族身边的"俳优"，就是专门在宫廷里讲唱故事的人，他们的职责就是要"令人主和悦"。这种情况在西方也大体一致。《奥德修纪》就写到这样一个细节：阿吉诺王让乐师谛摩多科给奥德修唱华冠女神阿芙洛蒂娜的恋爱故事，使奥德修以及在场的人都很高兴。这个细节告诉我们，在古希腊人的聚会、宴饮时讲唱故事，是一种很流行的娱乐形式。

讲故事和听故事之所以能够成为一种娱乐消遣的方式，从心理上看，还在于故事能够满足人的好奇心，从而给人带来精神的愉悦。人们对于自己不知道的新奇的事物总是怀有浓厚的兴趣，会讲故事的人将现实生活中的某些事件或者传说，通过想象的加工叙述出来，自然能够给听众带来快乐。现在能够看到的那些被文学史家看成是小说的萌芽和雏形的文本，如神话传说，以记录轶闻琐事为主的记事文本如六朝的志怪志人，等等，都具有这样的特点。这似乎内在地决定了故事的内容必须新奇有趣，而且具体讲述也必须讲究一点，能够吸引听者注意的技巧。故事只要新奇有趣，讲述能够吸引人也就可以了，甚至都不一定需要有什么特别的寓意。这一特点，其实也保留在了小说成熟的形式之中。英语里的小说"novel"一词源自拉丁文"novellus"，后者本身就包含"新奇"的意思。一般来说，小说故事的新奇有趣、情节的跌宕曲折，总是维持人

① 鲁迅：《中国小说的历史变迁》，《鲁迅全集》第 9 卷，人民文学出版社 2005 年版，第 321、318 页。
② 鲁迅：《中国小说史略》，《鲁迅全集》第 9 卷，人民文学出版社 2005 年版，第 73 ~ 74 页。
③ 鲁迅：《中国小说的历史变迁》，《鲁迅全集》第 9 卷，人民文学出版社 2005 年版，第 312 ~ 313 页。

们的阅读兴趣的很重要的因素。

寓言作为小说的另一个源头，情况与单纯作为娱乐消遣的讲故事有所不同。从表面看，寓言自然也是故事，也要讲述出来。不过，古代寓言的作者多半是哲学家、思想家，寓言其实是他们传达自己的人生体验、感悟，论证自己的思想、观念的手段。因此，寓言不像通常讲故事那样注重故事的新奇曲折、婉转有趣，而是更注重故事的寓意。我们可以读一读下面这段文字：

> 庄子送葬，过惠子之墓，顾谓从者曰："郢人垩漫其鼻端，若蝇翼，使匠石斫之。匠石运斤成风，听而斫之，尽垩而鼻不伤，郢人立不失容。宋元君闻之，召匠石曰：'尝试为寡人为之。'匠石曰：'臣则尝能斫之。虽然，臣之质死久矣。'自夫子之死也，吾无以为质矣，吾无与言之矣。"①

这是收录在《庄子》杂编《徐无鬼》中的一则寓言故事。这则故事是庄子讲出来的。故事自然也很新奇——"匠石斫垩"的过程让人感到新奇，匠石"运斤成风，听而斫之，尽垩而鼻不伤"的高超技艺让人感到新奇，郢人的镇定自若"立不失容"也让人感到新奇。不过，所有这些新奇在故事中都没有太多的渲染；从讲故事的角度看，这个故事其实讲述得相当平淡，既没有匠石斫垩过程的详尽叙述，也没有匠石高超技艺的细致描述——这些在以讲故事为主要目的的文本中一定是要尽力加以铺排的。总之，这个故事的重点不在于它的故事性，而在于故事承载的"吾无以为质矣，吾无与言之矣"的寓意；它所要表达的，其实是作为一个睿智的思想者在没有了能够交锋的对手之后的孤独，是对能够与自己进行思想交锋的对手的追悼。

作为娱乐消遣的故事和作为传达内心体验、表达思想观念的寓言，实际上为后来的小说开辟了两条重要的发展路向。沿着讲故事的传统发展，小说成为一种描摹和再现社会生活的文学样式；而沿着寓言的路向发展，小说又成为表达小说家对于生活的体验和认识的载体。前者更注重小说叙事的故事性，如宋元话本，包括历史演义、英雄传奇、公案武侠等；而后者则更注重生活体验的表现，如唐传奇等。不过，从小说的历史发展看，虽然不同的小说类型的确有自己突出的特点，但这两条路向体现出来的不同的美学追求，仍然是相互渗透相互影响的。这一点在古代文人们的自觉创作中体现得尤其明显。比如下面这则故事：

---

① 《庄子今注今译》，陈鼓应注译，中华书局 1983 年版，第 641 页。

刘伶病酒，渴甚，从妇求酒。妇捐酒毁器，涕泣谏曰："君饮太过，非摄生之道，必宜断之！"伶曰："甚善。我不能自禁，唯当祝鬼神自誓断之耳。便可具酒肉。"妇曰："敬闻命。"供酒肉于神前，请伶祝誓。伶跪而祝曰："天生刘伶，以酒为名，一饮一斛，五斗解酲。妇人之言，慎不可听。"便饮酒进肉，隗然已醉矣。

这是选自魏晋时期刘义庆《世说新语》中的一节。严格说来，《世说新语》中品评人物的故事还不是严格意义上的小说，但这则"刘伶病酒"的故事，即使用现在的观点看，也可以被看成一篇水准很高的小小说。短短的篇幅里叙事婉转，很有些一波三折的味道，而且通过叙事写出了一个不以生为乐，不以死为悲，陶醉壶天，很有几分酒仙风采的人物。而细细品味，虽然作者于此中所叙的事和所写的人无一字点评，但不露声色之中，仍然能够感受到作者对刘伶人生态度的欣赏。

在中国，小说的成熟形式出现在唐代。鲁迅在《中国小说史略》中谈道："小说亦如诗，至唐代而一变，虽尚不离于搜奇记逸，然叙述宛转，文辞华艳，与六朝之粗陈梗概者较，演进之迹甚明，而尤显者乃在是时则始有意为小说。"[1]唐代文人已经开始自觉地从文体特性上来重视和运用小说这种文学样式，形成了一种真正意义上的小说文体的自觉意识。这也就是鲁迅所说的"始有意为小说"。一方面，与前代相比，唐代文人更加清晰地意识到小说与诗文的不同，这表现在唐传奇更加强了叙事性，使小说作为虚构性叙事文体的特点凸显出来。正如我们在诗文欣赏部分曾经谈到的，中国本就是一个诗文大国，诗文历来被看成是文学的正宗，传奇文的叙事性自然给人耳目一新之感，因而也吸引众多文人加入到传奇文即小说的创作中来，从而带来了唐传奇的繁荣。鲁迅就认为："诗文既滥，人不欲观，有的就用传奇文，来希图一新耳目……"[2]是不是因为"诗文既滥"才导致唐代文人喜作传奇倒是可以讨论，但唐代传奇文的作者已经清楚地看到了传奇与诗文的区别，这一点则是无疑的。另一方面，与民间故事和说唱文学中出于娱乐消遣的目的讲述故事相比，唐传奇更具有一种寓意性、抒情性，因而也更具有一种诗的特质。唐传奇的作者都是有着较为深厚的文化素养的文人，也都受到过充分的诗文写作的训练，写作上既重视语言技巧，也重视文笔情趣，这也很自然地影响到他们的小说创作。宋人洪迈在他的《容斋随笔》中就谈道："大率唐人多工诗，虽小说戏

① 鲁迅：《中国小说史略》，《鲁迅全集》第9卷，人民文学出版社2005年版，第73页。
② 鲁迅：《六朝小说和唐代传奇文有怎样的区别》，《鲁迅全集》第6卷，人民文学出版社2005年版，第336页。

剧，鬼物假托，莫不婉转有思致，不必颛门名家而后可称也。"①我们今天读唐传奇，这种感受应该会是很强烈的。

唐以后的宋元话本，则主要继承了讲故事的传统。今天能够读到的话本小说，本来就是民间艺人在勾栏瓦舍、茶楼酒肆以说书的形式讲述的，虽然有文人的加工和改编，但它们的主要创作者仍然是民间艺人。这一类小说本就是为给民众提供休闲娱乐而创作的，而能否让听众满意从而将他们留在说书场，也关系到这些民间艺人们的衣食。因此，讲究故事性，讲究情节的紧张曲折、奇诡跌宕，也就成为这一类创作追求的目标。这一类小说当然也会有所寄寓，但从整体看，它们的重点不在寓意的传达而在故事的奇崛。我们在读这一类小说如"三言""二拍"时，通常看到的多是从一般善恶观念出发的强烈的劝世倾向，而极少能从中体会到创作者的个人情怀，原因就在这里。

上面主要以小说这种文体在中国的变化发展为观察对象，对小说观念演进的路向作了一个大体的描述。应该承认的是，要想对小说的发展演变作一个全面的透视，在这个简短的概说中显然是做不到的。不过，通过上面相当粗略的描述，应该能够获得对于小说的粗浅的认识。正如我们已经看到的，小说在形成之初就标志出了两条路向。在小说成熟之后相当长的发展过程中，也是沿着这两条路向相互渗透、相互影响地发展。这一点，东西方大体一致。不过，应该特别指出的是，进入20世纪以后，现代小说的确又发生了很大的变化，主要反映在如爱尔兰小说家乔伊斯、美国小说家福克纳、法国小说家普鲁斯特、英国小说家弗吉尼亚·伍尔夫等人的作品中。由于这些作家的小说文本显示出与传统"主流"小说极不相同的面貌，因此，在当时被称为"实验性"或"试验性"小说；从文学思潮、形态类型的角度划分，它们被归入现代主义小说，以与传统现实主义、浪漫主义小说相区别。与传统小说比较，这类小说文本的一个突出的变化在于从反映人物客观生活转入对于人物内心的深入揭示。用伍尔夫的话说，即现代小说的重点是由见物不见人的"物质主义"，转入表现人物"私有的幻想"的"精神主义"。因此，这类小说更注重人物内心隐秘和潜意识的发掘。表现在叙事方法上，则主要是通过人物的感觉印象、情绪变化以及意识的流动为线索来结构作品，形成大跨度的时空跳跃、颠倒和交错。它带来的一个直接的后果是小说人物形象模糊，情节淡化，以及背景描写的主观化和作品结构的复杂化。大量心理独白的展示，多角度的叙事，象征、讽喻性滑稽模仿等手法的运用，加之语言的艰涩，造成这类小说新奇怪诞的面貌。正是由于它们的怪诞和艰涩，特别是它们与人们通常读到的小说文本极不相同，不少读者也许会对它们采取一种排斥的态度。这里要说的是，任何一种艺术的发

---

① 洪迈:《容斋随笔》卷十五,上海古籍出版社1985年版,第75页。

展都是一个不断创新的历史;而任何一种新的文体实验,总会在某种程度上为文学的发展添加一些新的、许多时候也是我们无论如何都不应忽视的因素。从实践上看,现代主义小说的确为丰富小说艺术表现手法提供了不少可资借鉴的内容。

从上面的概述中也可以知道,无论小说是沿着单纯讲述故事的路向发展,还是沿着表达小说家内心体验,强调寓意性、抒情性的路向发展,也无论现代小说观念发生了多么大的变化,叙事性作为小说这种文学样式最基本的美学特征,并没有从根本上发生动摇。小说是一种虚构性的叙事文体,小说要讲故事,这是现代小说家和小说理论家的一个基本共识。一些词典的编撰者在试图为小说下定义的时候,也大体都从这一角度着眼。如《节本牛津英语词典》就将小说定义为"一种虚构的散文体记叙文,具有相当长度,通过多少带点复杂性的情节,描绘能代表现代生活的典型的人物与事件"。《钱伯斯二十世纪词典》称小说是"一种虚构的散文体记叙或故事,描述一幅现实生活的图画,尤其着重表现所写男女人物生活经历中的感情危机"。《柯林斯词典》则认为小说是"一种叙述虚构人物的冒险奇遇或喜怒哀乐的虚构故事,借描写行为与思想来表现多种人生经验和人物"①。这些定义自然并不能被我们一致接受,但它们所强调的小说的叙事性则符合小说的基本面貌。

小说的叙事性指示了小说欣赏的基本路径。小说欣赏总是从对小说故事的认知开始的,首先总要知道这是关于什么人的什么故事。从这里开始,我们通过阅读去了解一段生活,去体验一段情感,去认识一种人生。小说通过故事的讲述,给我们提供的是一幅关于社会、人生的形象画卷。同时,小说欣赏中,也必然要注意到故事的叙述技巧,即如何讲述故事的问题。小说的叙述技巧直接影响到读者对于故事本身的理解。正如许多现代小说理论家已经注意到的,小说的叙述技巧本身就是作者控制读者的手段,它关系到叙述的质量,涉及作者希望读者看到什么和怎么看的问题。大多数小说总能给读者一种"逼真"的感觉,小说似乎就是按照生活中发生过的事原本就有的样子来讲述的,小说家或者故事的讲述者只不过将这些发生过的事用我们都懂的话叙述了一遍而已,既没有漏掉什么东西,也没有添加什么东西。清醒的读者应该知道,事实完全不是这样的。正如美国当代著名小说理论家 W. C. 布斯在他的《小说修辞学》中指出的:"无论一部作品具有什么样的逼真,这个逼真总是在更大的人为性技巧中起作用的:每一部成功的作品都以自己的方式显出是自然的和人为的","每一部具有某种力量的文学作品——不管它的作者是否头脑里想着读

① 此处关于小说定义的引文均转引自玛乔丽·博尔顿《英美小说剖析》,林必果译,重庆出版社1988年版,第14页。

者来创作它——事实上，都是一种沿着各种趣味方向来控制读者的设计与超然的精心创作的体系。"①小说家选择一种讲述方式，总是以排除其他的讲述方式为前提的。当他用一种方式讲述的时候，实际上也是在暗示读者一种故事的理解方式，并相应地"剥夺"了读者可以作出另外的理解方式的权利。一个简单的事实便是，当一个小说家用一种讲述方式将读者的兴趣或同情集中到某个人物身上的时候，也必然排除了读者对其他人物的兴趣或同情。从这一个层面来看，毫无疑问，小说的叙述方式将直接影响到读者对故事的理解。同时，叙述方式也是显示作家意图的重要层面。读者可以通过对小说叙述方式及其产生的叙事效果的观察，把握作家对于人物、对于他所揭示的那一部分生活的审美态度。文学文本解读过程中，作家意图或者审美态度，自然是应该纳入解读者的视野之内的。对于作家意图或者审美态度的把握，必将有助于读者准确解读文本意义，也有助于读者对于文本的艺术质量作出客观的判断。

在进入具体的小说文本的解读之前，我们知道上面这些关于小说的一般知识，大体也就够了。这里涉及的一些未及深入讨论的问题，还有其他一些有关如何"读"小说的问题，我们会在下面的一些小节中作更具体、更深入的讨论。应该提醒读者注意的是，小说可能是我们最常阅读的一种文学文本，但一定不像我们想象的那样，是最少有阅读障碍因此也是最容易读的一种文学文本。有经验的读者都知道，有些小说，特别是那些实验性很强的、被称为现代主义的小说，阅读过程甚至有可能成为一种在文字中的艰难跋涉。玛乔丽·博尔顿有一段话倒是很具启发性。她说：

> 因为我们希望拿起一本小说，一看就懂，所以阅读《芬尼根们的苏醒》②时，会感到一种痛恨型的失望，而这种感觉我们在读不懂一页微积分论文或一页用泰米尔语写成的文章时，是不会有的。有时候，我们不得不承认，我们现阶段还不具备读懂一本试验性太强的小说的水平：我们还需要求助于教科书、教师，或者还需要积累大量的阅读经验，甚至人生经验才行。③

玛乔丽的话不错。不仅现代主义小说，所有文学文本的阅读障碍，都会随着我们阅读经验和人生经验的积累逐渐得到克服；而我们这部教材，本来也是希望对读者克服阅读障碍提供一些可能的帮助。

---

① ［美］W. C. 布斯：《小说修辞学》，华明等译，北京大学出版社 1987 年版，第 63、137 页。

② 《芬尼根们的苏醒》是爱尔兰现代小说家乔伊斯的最后一部小说。

③ ［英］玛乔丽·博尔顿：《英美小说剖析》，林必果译，重庆出版社 1988 年版，第 212～213 页。

3.1. 讲故事与读故事

我要写下来的这个故事野蛮之至，然又平常之至，因此，我既不希冀也不恳求读者相信。既然我打心眼里不相信这是自己的亲身经历，若是指望别人相信，那一定是疯了。但是，我现在并不疯，而且压根儿不是在做梦。可明日我就要死了，今天还是坦白地说了，便借此卸下心灵的重负吧。我急切地想要把这些纯粹的家务琐事暴露于世，做到真诚、简明，不加任何评价。这些事一直在恐吓我、折磨我，终于断送了我一生。然而我并不打算对它们详加解说。它们给我带来恐怖；而在大多数人看来，那不过是件稀奇古怪的事而已，谈不上什么可怕。将来，也许那些智者会将我的故事贬为老生常谈。某些智者比我更冷静，更有逻辑头脑，也远没有我这么易冲动，他们会看出：我不厌其详、惶恐不安地描述的这些事，不过是些自然而然、平平常常的因果相承的事罢了。

我自幼以性情温柔善良而闻名。我的心地特别温柔，竟至于小伙伴们都以此取笑我。我格外喜欢动物，父母也迁就我，送了我各种各样的小宠物。我的大部分时间都消磨在和动物嬉戏之中了，每当我喂养和爱抚它们时，就感到从未有过的快乐。我这个癖好随着年岁的增长不断发展，成年以后仍偏爱此道，乐在其中。对于那些珍爱忠实伶俐的狗的人来说，我无需煞费苦心来向他们说明其中那份自然强烈的喜悦。一个人若是经常尝到人类那种无情无义的滋味，畜生的那种无私的自我牺牲的爱，定会给他带来满心的温暖。

我早就结了婚，发现妻子竟也跟我脾气相投，自然好开心。她见我偏爱家禽，便不放过任何一个机会，替我弄到那些中意的小动物。我们养了些鸟、金鱼、良种狗、兔子，一只小猴，还有一只猫。这只猫块头特大，长得又很漂亮，全身乌黑乌黑的，而且伶俐得令人咋舌。我妻子骨子里笃好迷信，一说起这猫的伶俐，总要提及古老的传说，认为所有的黑猫都是巫婆伪装的。我提到这件事，并不是说她对这点一向很认真，只不过是此刻恰巧记起了它而已。

普路托①——这是那猫的名字——是我最宠爱的小东西和游戏的伙伴。我自个儿喂它，我在屋里无论走到哪儿，它总跟着。即使上街，它也尾随着我，怎么也赶不走。

我们之间的友谊就这样持续了好几年。这期间，由于灌多了黄汤，成

---

① 普路托即希腊神话中地狱和冥国统治者的名字。——原译注

了酒鬼，我的脾气和性格变得糟透了。我日甚一日地忧郁不堪，动辄发怒，无视他人的感情。我居然口出粗言詈骂妻子，后来竟对她抱以老拳。不用说，我的小宠物们也感到我的脾气变坏了。我不仅忽略它们，而且还虐待它们。那些兔子，那只小猴，甚至那只狗，当它们碰巧或出于依恋来到我跟前时，我便毫无顾忌地粗暴地对待它们。惟有普路托，我对它尚存满腔怜爱，不忍作践。不意我的病日趋恶化——想想有哪种病会比酗酒更邪乎的呢？普路托终于也老了，脾气也变得乖戾起来，于是它同样开始饱尝我那臭脾气的苦果了。

有一天晚上，我在城里一家经常光顾的酒店喝得烂醉，一回到家中，我就以为这猫是在躲避我，过去一把逮住它；它被我那恶狠狠的样子吓懵了，突然在我手上轻轻咬了一口。我一见那牙印，顿时火冒三丈，真像是恶魔附体一般，我不顾一切了，原来那颗温柔善良的心仿佛一下飞离了我的躯体。我顿时酒性大作，变得比恶魔还要凶残，根根神经都在愤怒地颤抖。我从背心口袋里掏出一把小刀，打开来，一把抓住那可怜畜生的喉咙，歹毒地挖出了它的眼球！当我写到这一可恶的暴行时，我真是面红耳赤，颤栗不安呢。

清晨，一觉醒来，神智恢复了，隔夜的酒疯无影无踪。想起自己所犯下的罪行，心中不由得悔恨交加；但这充其量只是一种微弱而朦胧的感觉而已，灵魂深处仍是无动于衷。我重又埋头痛饮，沉湎于醉乡，三杯酒一下肚，很快就将这事忘了个精光。

同时，那猫也在慢慢康复，挖掉眼珠子的那只眼窝，样子真是可怕，但看上去它不再感到疼痛了，它又像往日那样在屋里走来走去，而不出所料的是，我一走近它，它就惊恐万状地飞奔逃离。我毕竟还存有几许天良，因此一开始看见过去曾那么喜欢我的畜生，如今竟这么明显地厌恶我，不禁一阵悲伤。但这种伤感很快被恼怒取而代之了。接着，仿佛是要叫我万劫不复永世不得翻身似的，那个邪恶的精灵又来了。这种邪念，哲学上并没引起重视。我想，我们的灵魂就寓于其中，不过我更为确信的是，这种邪念是人心的一种原始冲动——是人的本能或情绪中极微小的分子，它决定了人的性格。谁未曾在无意中多次干下卑鄙勾当或愚蠢行径呢？而且是无缘无故，明知不可为而为之。我们不是明知那么做会犯法，却就是不顾自己作出的理智的判断，总是一心要以身试法吗？嗨！就是这个恶灵断了我的气数。它使我的灵魂渴望自寻烦恼，渴望扭曲自己的本性，渴望仅仅是为作恶而作恶。正是由于灵魂深处这种难以理解的渴望，驱使我对那个已饱受折磨的无辜的畜生，继续加以残害，终于结果了它的性命。一天早晨，我昧着良心将根绞索勒住了猫的脖子，然后将它吊在树枝上；——我吊死了它，一边还泪如泉涌，痛心地悔恨；我吊死它，就因为我知道它曾经爱过我，就因为我觉得它从未伤害过我；我吊死它，因为我明知这么做是在作孽犯罪——罪大恶极，会要危及我那永生的灵魂——倘若灵魂可能不灭——即使是慈恩浩荡、至亲至敬的上帝也无法救助我。

就在我干下这桩残忍勾当的是日夜晚，一阵大呼救火的叫声将我从梦里惊醒了。只见床上的帐子火苗直蹿，整栋房子烈火熊熊，我和妻子、仆人好生费力才从大火中逃了出来。这是一场彻底的毁灭，我的全部家财在大火中化为灰烬。自那以后，我也就听凭自己灰心绝望了。

我还不至于那么怯懦，要在这场火灾和我所犯的暴行之间建立一种因果关系。但事情的始末根由我还是要说个详尽——哪怕是一个可能不甚完整的环节，但愿都不要落下。火灾的次日，我来到那片废墟视察。墙壁都倒塌了，只有一堵还在。我认出那是道间壁，不太厚，位于房子的中间，我的床头就靠着这堵墙。多半是墙上的灰泥挡住了火势——因为这墙最近粉刷过。一大堆人层层叠叠地挤在墙跟前，好些人带着非常细心而又兴致勃勃的专注神情，似乎在查看墙上某个特别的地方。只听得声声"怪哉！""奇事！"诸如此类的感叹。我不禁感到好奇，走到墙跟前一看，只见白墙壁上有个巨大的猫的图案，仿佛是个浅浮雕。这只猫刻印得出奇的逼真，简直丝毫不爽。它的脖子上还套着根绞索。

我第一眼看到这个怪影，就惊恐得无以复加，因为我实在无法视若无睹。好在经过一番思考，我又镇定了。这只猫，我记得明明是吊在与房子毗邻的花园里。火警一起，花园里立刻挤满了人。——一定是哪个将猫从树上解了下来，然后从开着的窗户外扔进了我的卧室。他这么做可能是想将我从睡梦中唤醒。而另外几堵墙倒下来，又将这只被我残害致死的猫压在新粉刷过的灰泥壁上；墙上的石灰，加上烈火和猫尸的氨气，一齐产生了某种反应，于是墙上出现了这幅我所见到的浅浮雕。

刚才我详细描述了这一令人吃惊的事实，我对它所做的解释，即使良心上说不过去，从道理上说也顺理成章。虽然如此，这种解释还是没能说服我，总是挥之不去，好几个月，我摆脱不了那个猫的幻影；这期间，我的心里又涌起一阵仿佛是悔恨又不是悔恨的惆怅。我甚至后悔害死了那只猫，于是我在那些惯常出入的下等酒肆四处寻觅，想找到一只外貌有点相似的黑猫，来替代普路托。

……

——［美］爱伦·坡《黑猫》

（节选自《爱伦·坡短篇小说选 》，唐荫荪、邓英杰、丁放鸣译，湖南文艺出版社 1993 年版）

　　福斯特在他的《小说面面观》中谈道："小说就是说故事。故事是小说的基本面，没有故事就没有小说。这是所有小说都具有的最高要素。"①

　　小说就是讲故事，读小说自然就是读故事。那么，小说欣赏中，我们究竟要从故事中读什么和如何去读呢？

　　不用说，读小说总是从"读"故事开始的。小说阅读过程中，我们总是想尽快知道这是一个什么人（或哪些人）的关于什么的故事，我们会被小说家精心挑选，并按照一定的时空次序和因果关系精心组合起来的事件即情节所吸引，从小说对故事的讲述中获得阅读的快感。应该承认，小说（特别是在那些将情节置于突出地位以愉悦读者的消遣性小说）对于故事的讲述确实是我们获得某种阅读快感的来源之一：情节展开之初以及情节发展的各个阶段不断出现的悬念，紧张、曲折、惊险的情节发展过程以及这之后的结局，不仅有效地帮助我们保持住阅读的兴趣，它们提供的刺激也几乎总能让我们得到某种异样的快适。

　　这种感受，我们在读爱伦·坡的《黑猫》的过程中应该能体验到。《黑猫》讲述了一个神秘而恐怖的故事："我"本来是个温柔善良、喜爱小动物的人，然而，"我"成了酒鬼，脾气变得暴躁，日甚一日变得焦虑不堪。终于有一天，"我"在醉酒之后粗暴地将家中那只一直受到宠爱的黑猫的一只眼睛挖掉。这只猫开始怕"我"，嫌恶"我"。"我"很伤心，"我"的伤心转为恼怒，最后终于在一个早晨将它吊死。吊死黑猫的当晚家中便神秘失火。怀着忏悔的心情，"我"又收养了一只不知来路的独眼黑猫。可是，这只独眼黑猫也让"我"无法忍受，它老是"执拗地跟着我的脚步走"，"弄得我跌跌撞撞"，让"我"厌恶和恐惧。终于有一天，独眼黑猫在"我"下地窖时差点把"我"绊倒，让"我"动了杀机。当"我"抄起斧头去杀猫，妻子将"我"阻挡。盛怒之下"我"将妻子杀死，并将她的尸体封在地窖墙里，没想到黑猫也被封在墙里。当警察到地窖来检查时，黑猫在夹墙内"半似恐怖，半似得意"的惨叫，让警察找到了"我"杀妻的证据。作者并没有刻意去编织曲折跌宕的情节，"我"作为故事讲述者讲出的关于"我"和两只黑猫的故事也显得有些平铺直叙，但故事讲述中逐渐显露出的"我"和猫之间由爱而恨构成的紧张关系，两次杀猫以及杀猫与"我"的杀妻且最终被揭露之间的神秘联系，仍然让我们被故事吸引，欲罢不能。

　　不过，应该注意的是，小说的故事并不是小说家仅仅为维持读者的阅读兴趣而精心设置的。通过情节的编织加以讲述的小说故事，最终是要把读者的兴趣从关心故事的结果，转移到关心故事发生的过程，去探究故事发生的原因，

---

　　① ［英］福斯特：《小说面面观》，苏炳文译，花城出版社1981年版，第21页。

从而去发现故事的意义。正如我们已经读到的这个"我"与黑猫之间发生的血腥故事，小说家借助"我"与黑猫由"伙伴"发展成"敌人"的过程的讲述，让我们看到其实猫比人还"通情"，就连"我"也情不自禁地要赞美它："一个人若是经常尝到人类那种无情无义的滋味，畜生的那种无私的自我牺牲的爱，定会给他带来满心的温暖。"而且，黑猫还似人一样"通理"。"我"再一次收养的那只独眼黑猫，似乎就是那只被"我"吊死的黑猫的复仇者。而在"我"将保护它的女主人砍死之后，它甚至知道采用计谋复仇。这当然并不是读者自己将那只黑猫灵性化的结果——"我"吊死黑猫后不知其因的火灾，废墟白墙上的死猫浮雕，隐藏起来待机为恩人鸣冤的独眼黑猫，这些故事中出现的"蹊跷"，其实都向我们暗示了猫的令人匪夷所思的"智性"和"神秘性"。而且，作者在谈到自己的小说时也曾经说道："把动物之本能区别于人类自夸之理性的那条界线，毫无疑问是一条最模糊不清而且最不能令人满意的界线"，"狮蚁、海狸和多种蜘蛛的行为与人类通常的理性作用之间有一种惊人的类似。"他还谈到自己目睹黑猫能像人一样巧妙地打开一扇很难打开的门，"那只黑猫在开门的整个过程中运用了所有的知觉能力和反映能力，而这些能力我们习惯上认为是理性惯有并独有的特征"①。从这里，是不是可以读出一点作者借助黑猫的故事表达的对动物独特的关注与尊重？

事实上，我们对这个故事的解读还不能就此终止。细心而敏感的读者会发现，故事发展过程中还有一些向我们暗示的问题并没有完全解决。比如，"我"何以一定要杀死自己的宠物而后快？虽然"我"已经反复告诉我们，因为"我"变成了酒鬼，经常酗酒而狂躁不宁，但这并不能完全让我们信服，因为从"我"的讲述中能够看到"我"为自己"为作恶而作恶"的行径悔恨，这让我们知道"我"的善心未泯。而且，"我"对猫的残忍其实并不是因为一种先在的仇恨，而恰恰是因为"我"对猫的宠爱和猫对"我"的依恋，难道这样一种宠爱和依恋也能导致杀戮？

这也许还真是故事给我们暗示出的一种深层意味。可以肯定的是，这一定不是一个简单的人杀死猫和猫的复仇的故事，而是一个关于人的故事，一个关于人的爱与恨、善与恶相遇相撞的故事。从这一角度品味这个故事，"我"在故事的讲述中插入的那段有关"哲学"问题的议论，也就更让人深长思之：

> 这种邪念，哲学上并没引起重视。……嗨！就是这个恶灵断了我的气数。它使我的灵魂渴望自寻烦恼，渴望扭曲自己的本性，渴望仅仅是为作

---

① ［美］爱伦·坡:《本能与理性——一只黑猫》,见奎恩编《爱伦·坡集:诗歌与故事》,曹明伦译,生活·读书·新知三联书店 1995 年版,第 420~422 页。

恶而作恶。正是由于灵魂深处这种难以理解的渴望，驱使我对那个已饱受折磨的无辜的畜生，继续加以残害，终于结果了它的性命。……——我吊死它，就因为我知道它曾经爱过我……

这段话提示我们注意故事讲述中对黑猫于"我"的"依恋"的反复渲染：黑猫原是"我"最宠爱、也爱我的小东西和伙伴，"我自个儿喂它，我在屋里无论走到哪儿，它总跟着。即使上街，它也尾随着我，怎么也赶不走"。而且，"尽管我对这只猫百般嫌厌，但它对我的依恋似乎有增无减。它老是执拗地跟着我的脚步走，这股执拗劲儿，恐怕读者都难以理解。任什么时候我只要一坐下，它就会在我椅子下面蜷缩起来，或是一跃就到了我膝上，在我身上到处舔舐磨蹭，恶心死了。我一起身走路，它就梗在我两腿中间，弄得我跌跌撞撞；再不就用又长又尖的爪子扯住我衣服，顺势爬到我的胸脯上"。在这里，黑猫不仅是作为一种动物而存在，经过作家的反复叙写和强调，使人渐悟到那是一种让人失去自由空间的所谓"爱"的象征。这种爱在一定的条件下，有可能孕育出恶。小说中写到，"我"从小性情温柔善良，特别喜欢动物，父母也"迁就""我"，送给"我"各种各样的小宠物。"我"结婚后，妻子也"不放过任何一个机会"，替"我"弄来小动物，与"我"一起喂养心爱的黑猫普路托。后来"我"之所以心狠手辣地把猫吊死了，"就因为我知道它曾经爱过我"。在这里，小动物、特别是黑猫已经逐渐幻化，具有了某种引申意义，它是某种束缚他人、依附他人的所谓"爱"的象征——这是一种能使被爱的人失去自由的爱，是一种在一定条件下有可能孕育出与其目的相反的"恨"的爱。

讨论到这里，我们可以回到这一节开始的时候便提出，也是这一节希望尽力做出回答的问题，即小说欣赏中我们究竟要从文本讲述的故事中读什么和如何读。正如我们已经看到的，"读"故事确实是从对故事本身作出解读开始的。从最一般的层面看，首先总要知道这是发生在什么时间、什么地方、关于什么人和什么的故事。不过，这还远远不够。小说欣赏中，还要尽力去理清不同人物的关系状态，要了解这种关系状态对于他们各自的行动产生了什么影响，人物各自的行动最终产生了什么后果，等等。进一步的，当然还应该能够从人物、人物行动以及人物之间关系的相互联系中，对故事的意义作出解读。小说终归不是为讲故事而讲故事，它完成的是对于生活的发现，读故事当然也应该读出这一重意味。一般的小说读者也许对于故事本身更感兴趣，他们甚至可以不去关心故事的意义，而只是希望从紧张曲折、扣人心弦的故事情节中获得一种阅读的快感。这也没有什么可指责的。小说一个很重要的功能就是消遣；而且，即使是纯粹的消遣，对于保持我们心智的健全也不是没有益处的，至少"它为我们提供了一个短暂的离开现实的机会，让我们休息片刻，然后我们将能以更坚强的姿态去再度面对现实"①。但是，对于想要成为一个高水平的小说鉴赏者的人来说，特别是对于一个文学专业的学生和研究者来说，小说阅读仅仅停留在对于情节本身的关注，显然是不够的。将小说仅仅作为一个有趣的、能给我们提供某种紧张刺激的故事来读，说明还没有真正理解小说这种文本。

应该特别强调的是，在小说文本的解读中，重点还应该是对于小说人物形象的解读。对于小说创作来说，通过故事的讲述刻画鲜明、独特、丰满的人物形象，是许多小说家的一个基本目标；而且，小说人物形象的思想容量和艺术水平，直接决定着文本的价值乃至小说家创作的水准。因此，准确把握人物性格，把握人物性格的思想内涵和美学内涵，自然也就成为小说欣赏的一个中心环节。

讨论题

1. 《黑猫》的讲述者一开始就说并不要求读者相信他所讲述的故事，读过之后我们是否可以相信这个故事？在什么意义上相信或者不相信？

2. 作者将猫取名为"普路托"是否有什么寓意或者暗示？

3.2. 故事与人物

我在明尼苏达州莫里斯圣玛丽学校任教时，他在三年级第一班就读。全班三十四名学生都是我的宝贝，但马可·艾克伦却是最特别的一位。他的外表十分干净，常带着那种活着真好的态度，使得偶有淘气的表现都变得令人喜欢。

马可也很爱说话，我得一再提醒他未经允许不可开口。让我印象深刻的是他每次受批评后的诚恳反应——"谢谢修女纠正！"起先我不知道如何应付，但不久我便习惯了每天听到好几遍。

一天早上，马可又说个不停，我再也忍不住了，于是犯了一个新任教师的错误，我对他说："马可，你再说一句话，我就要用胶布把你的嘴巴贴起来！"

不到十秒钟，恰克便冲口而出："马可又说话了。"我没有吩咐任何学生帮忙看住马可，但因为我在全班面前说过要处罚他，只好照着去做。

我记得那一幕，仿佛发生在今天早上。我走到写字桌前，很自然地打开抽屉，拿出一卷胶带。我不发一言，走到马可面前，撕下两条胶带，在

---

① ［美］玛乔丽·博尔顿:《英美小说剖析》,林必果译,重庆出版社1988年版,第11页。

他嘴巴上贴了个交叉，然后回到教室前面。

我看看马可的反应，他正向我眨眼示意。够了！我笑起来。在全班的笑声中，我走到马可的桌旁，撕掉胶布，耸耸肩。他说的第一句话是："谢谢修女纠正。"

年终时，我被安排去教初中数学。日子过得很快，不知不觉马可又再次出现在我班上。

他比以往更英俊，依然很有礼貌。因为他必须很留心听我讲解"新数学"，他在初中三年级的表现比小学三年级时安静得多。

某星期五，教室气氛有些不对劲，因为我们整个星期都在学习一个新概念，我察觉出学生们的挫折感，以及对别人的不耐烦。我必须缓和这烦躁不安的气氛，免得难以收拾。于是我吩咐他们在两张纸上写下其他同学的名字，在每个名字下面留下一些空间。然后我要他们尽量想出每位同学的优点，并写在他们的名字下面。

这项作业占用了课堂剩余的所有时间，到离开教室时，每位学生都把字条交给我。查理笑着离去。马可说："谢谢修女的教导，周末快乐。"

那一个周末，我在纸上写下每个同学的名字，再把其他同学对他们的看法抄在上面。星期一，我把纸交给每个同学。不一会儿，全班都露出微笑。"真的？"我听见有人低声说，"我从不知道别人这样看我呢！""我从不知道别人如此喜欢我！"

班上再没有提起那些纸条。我不知道他们是否在课后讨论过，或者告诉过父母，不过这都没有关系，该项作业已达到了目的，同学们因此更喜欢自己和别人。

那班同学继续升学。若干年后，当我度假回家，父母亲到机场接我。母亲照常问及该旅途的问题——天气，以及我所遇到的各样事情，后来说话稍为缓慢下来。母亲看了父亲一眼说："你爸爸要说些什么吗？"父亲清了清喉咙，就像平日要说重要的事之前那样。"艾克伦家昨晚打电话来，"他开始说。

"是吗？"我说，"我已多年没有他们的消息，不知马可怎样了。"

"马可在越南阵亡，葬礼明天举行，他的父母希望你能参加。"父亲安静地回答。

直到今天，我仍清楚记得父亲告诉我的马可的阵亡地点。

我从未见过军人躺在棺木里的样子。马可看来那样英俊、那样成熟。那一刻我只能想到的是："马可，只要你能开口对我说话，我愿失去全世界的胶布。"

教堂里站满了马可的朋友，恰克的妹妹献上一首《真理正在前进》。

葬礼当天为何要下雨？站在坟墓旁边已够难受了。牧师作了祷告仪式，号手吹出丧礼曲。

马可的亲友一个接一个走到棺木旁边，在上面洒下圣水。

我是最后一位到棺木边祝福的人。我站在那里，一位扶棺的军人过来对我说："你是马可的数学老师吗？"

我望着棺木点头。

"马可经常提到你。"他说。

葬礼结束后，大部分马可的生前好友一同到恰克的农舍去吃午餐。马可的父母在那里，显然是在等我。

"我们要给你看件东西。"他的父亲说，一边从口袋里掏皮夹。

"马可阵亡时，从他身上找到这个，我们想你可能认得。"

打开夹子，他小心拿出两片破旧的笔记本纸张。显然曾经破损、新贴、折叠，又折叠多次了。我不必细看，就认得我曾在上面抄下马可的优点，那都是同学们对他的总结。"多谢你，"马可的母亲说，"你瞧，马可多珍惜它。"

马可的同学开始围拢过来。

查理腼腆地笑着说："我也留着我的纸条，放在家里写字桌最上面的抽屉里。"

恰克的妻子说："恰克要我把它夹在结婚相簿里。"

"我也保存着我的那一张。"玛莉莲说。

"我的放在日记本里。"然后叫维浪的另一位同学，从她的笔记簿里取出皮夹，向众人展示她那破损的纸条。

"我经常带着它。"维浪连眼也不眨地说。

"我想大家都保留着自己的纸条。"此时我终于坐下来哭泣。我为马可和其余再也看不见他的朋友哭泣。

——［美］詹姆斯·道森《所有好处》

（选自葛爱丽编《心灵故事》，詹姆斯·道森等著，何国强译，四川人民出版社 2000 年版）

小说就是讲故事。从故事的层面看，大多数小说讲述的，总是一个或几个故事主人公在一个特定的时间和空间中，依据一定的动机，由其行动构成的一个相对完整的事件过程。因此，大多数小说总是由人物、情节和环境三个要素构成。

在小说构成的三个要素中，人物总是处于核心地位。玛乔丽·博尔顿在她的《英美小说剖析》中谈到，一个中学生在读过许多维多利亚时代的小说之后，曾提出过一个问题：为什么小说中的人从来不上厕所？①这个问题提得很有趣。其实，问题的关键当然不在于小说能不能写人物上厕所；人物上厕所是否能够成为故事的组成部分而被讲述，是由刻画人物或显示主题意蕴的需要决定的。换句话说，讲什么和不讲什么，都是小说家以自己对人物、对生活的审美认识为依据所作的理所当然的选择和剪裁。

从小说叙事的角度看，故事的讲述总是围绕人物展开的，小说讲述的是人物的故事。而从小说的叙事目标来看，归根到底，小说也就是要通过故事的讲述来展现和刻画人物。因此，正如戴维·洛奇在他的《小说的艺术》中谈到的，"人物是小说最重要的一个因素"②。虽然在小说创作中也有并不以人物形象的刻画为主的，如寓言小说，但总体来看，绝大多数的小说仍然是以人物形象的刻画为核心的。而且，小说讲述的故事是否新奇跌宕而富于刺激性，并不是判断小说艺术优劣的依据，成功的人物形象塑造才是伟大的小说家们卓越成就的标志。这一意识的建立，对于小说鉴赏十分重要——从某种意义上说，读小说就是读故事，而读故事其实是"读"人物。绝大多数情况下，能够从故事中"读"出人物，也才能真正领略故事的妙味。

这样一种认识当然也能启发我们对《所有好处》的阅读。这是一个由三个时间跨度相当长的场景（情节段落）连缀而成的一位教师和她的学生之间的故事。它没有曲折紧张的情节，对故事的讲述也显得很朴实。不过，读过之后我们会发现，这也是一个令人难忘的故事。说这个故事令人难忘有两层含义：一方面，"我"的讲述暗示着这个故事之于"我"的难忘：已经过去那么长的时间，多年以后讲起这个故事的时候，这三个场景中的人的音容笑貌还那么清晰，甚至一个个细节也还那样的鲜活而历历在目；另一方面，那位充满爱心、用自己高超的教育艺术对学生产生了终生影响的女教师，也让我们这些读者难忘。

这其实是一个"我"作为一名教师的成长的故事，因此，对于故事中"我"的解读也就成为解读这篇小说的枢纽。

作出这样的判断也许会让许多读者疑惑：小说明明是"我"在讲述那个管不住自己、有些淘气的可爱男孩马可·艾克伦的故事，何以是"我"的故事呢？我们看小说开始的那一段叙述：

> 我在明尼苏达州莫里斯圣玛丽学校任教时，他在三年级第一班就读。全班三十四名学生都是我的宝贝，但马可·艾克伦却是最特别的一位。他的外表十分干净，常带着那种活着真好的态度，使得偶有淘气的表现都变

---

① 参见［美］玛乔丽·博尔顿：《英美小说剖析》，林必果译，重庆出版社 1988 年版，第 94 页。

② ［英］戴维·洛奇：《小说的艺术》，王峻岩等译，作家出版社 1998 年版，第 76 页。

得令人喜欢。

如果不是马可·艾克伦的故事，何以"我"在这里单单要点出 34 名学生中"马可·艾克伦却是最特别的一位"？

不过，这段交代人物关系、环境的平常话语，其实很耐人品味。第一句"我"与"他"的并列，"三十四名学生都是我的宝贝"与"最特别的"马可·艾克伦的对举，可以看出"我"对所有学生的爱。这是一种在一名好的教师身上能够集中体现的无私的、没有偏见的爱。而"我"对马可"活着真好的态度"的发现，对他"偶有淘气的表现都变得令人喜欢"的感受，则在细微处见出"我"不仅富有爱心，更有在这爱心引导下的识人慧眼，能敏锐地发现学生的优点和特别之处，能怀着欣赏的心情来对待学生，这不正是一名好教师应该具有的素质吗？

用富于情趣的场景连缀起有意味的情节来描写人物，是《所有好处》给人留下深刻印象的原因之一。"英语中的'小说'是 novel，由 new 变化而来，含有新颖的意思，即一条新闻、一个新鲜的故事……后来小说演进成以虚构为基础的真正的艺术作品，总还离不开有趣的情节。"①而从根本上看，情节的发展过程是由人物性格、人物的内心欲求决定的，由人物与人物之间关系促成的人物行动，构成情节（也即一定的生活事件）发展的基本过程。人物性格是推动情节发展并决定其发展趋向的内在动因；而反过来说，小说借助情节展示出来的也就是人物性格成长和发展的历史。

《所有好处》借助情节展示的也就是"我"作为一名教师的成长历史。在第一个场景中，"我"还是一个初上讲台，不知道如何驾驭自己的课堂的新教师。作品通过生动有趣的细节展示了"我"在课堂上的尴尬。马可管不住自己在课堂上说个不停，无奈之下"我"发出警告。可是，这是一个错误的警告，它马上就把"我"逼到一个两难的境遇之中：不到十秒钟，马可便被恰克"揭发"又说话了。"我"是否要给马可的嘴巴贴上胶布？如果不贴，那是自食其言，作为老师哪能说话不算数呢？而如果贴了，则是施行了对学生的体罚，一名好老师怎么能体罚学生呢？"我"其实知道马可并不是有意和"我"作对，于是，"我"将马可的嘴巴用胶布交叉起来贴上，"我"在马可"向我眨眼示意"时笑了起来，又在全班的笑声中走到马可身边撕掉他嘴上的胶布。这一"贴"、一"笑"、一"撕"之间，让我们看到处在尴尬之中的"我"作为一名有着良好素质的教师的机敏、灵活和宽容。

在第二个场景中，我们看到的则是一名已经开始走向成熟的教师。"我"

---

① 王先霈：《小说技巧探赏》，四川文艺出版社 1986 年版，第 142～143 页。

已经不再是那个因为急躁和缺乏经验轻易就将自己推入尴尬之中的新教师了。"我"理解学生学习过程中可能出现的心理问题，"我"已经成为可以治疗学生"心病"的导师。面对学生在学习新概念过程中出现的挫折感，面对学生的焦虑，"我"想到的是"必须缓和这烦躁不安的气氛，免得难以收拾"。"我"精心"构思"出一项很有趣味且蕴含深意的作业——每人写下其他同学的所有优点。当星期一"我"把利用周末写满各人所有好处的纸交给每个同学时，"全班都露出微笑"。这使"全班都露出微笑"的课堂作业，确实是匠心独具的杰作，从中我们看到了这位女教师的成熟和富有"慧心"。

让人震撼的是，这项写出"所有好处"的作业，伴随着学生的一生。"常带着那种活着真好的态度"的马可，与躺在棺木里"看来那样英俊、那样成熟"的马可形成对比，令人感伤。马可阵亡时，从他身上找到了那两张总结"所有好处"的"曾经破损、新贴、折叠，又折叠多次"的纸片，而其他同学也珍藏着"所有好处"的纸片。两页小小的纸片，为何被当作珍贵的物品保存？这是因为他们从别人对自己的赞美和自己对别人的赞美中，更喜欢自己和别人，从而理解到爱他人与爱自己的关系，懂得自信心的重要。"我终于忍不住坐下来哭泣"——为喜欢说话的马可再也不能开口讲话，为朋友们再也看不见他，也为当年的苦心对学生产生深刻影响所带来的那一份感动。故事至此戛然而止，而一位富有爱心和慧心、感情丰富细腻的女教师的形象，也自此留在了读者心中。

我们说小说鉴赏的核心在于对人物形象的理解，并不是说欣赏小说仅仅只是欣赏其中人物形象的刻画。事实上，相对于那些并不以人物形象刻画为主的小说，如寓言小说或者带有"实验性"特征的小说而言，欣赏过程中可能更要求我们通过叙事去解读故事本身的意蕴。即使对那些偏重于通过故事的讲述刻画人物的小说，除了对于人物形象的理解之外，也仍然不排除可以在其他的层面获得更多的感悟，如《所有好处》中"我"布置的那次"写出别人所有好处"的作业，以及这一次作业给学生一生带来的影响，就让人领悟到这其实也应该是一项人生的作业：在我们的生活中，能够去发现别人的"所有好处"，该是一件多么令人愉快的事情；在发现别人"所有好处"的同时，其实也会让自己得到"所有好处"，这该是一件多么令人欣慰、让人自信的事情！这样一种感悟同样能够给我们带来一种深刻的欣赏的愉悦。

讨论题

1. 能否试着用自己的话概括地描述一下《所有好处》中"我"和马可的形象特征？

2. 《所有好处》中写到"我"给马可的嘴贴上胶布和撕下胶布，这两个细节侧重表现什么？

3.3.　从说话看出人物来

　　正吃时，只听得外面必必剥剥地爆响，林冲跳起身来，就壁缝里看时，只见草料场里火起，刮刮杂杂的烧着。当时林冲便拿了花枪，却待开门来救火，只听得外面有人说将话来。林冲就伏门边听时，是三个人脚步响，直奔庙里来，用手推门，却被石头靠住了，再也推不开。三人在庙檐下立地看火，数内一个道："这条计好么？"（1）一个应道："端的亏管营、差拨两位用心！回到京师，禀过太尉，都保你两位做大官。这番张教头没得推故了。"（2）一个道："林冲今番直吃我们对付了，高衙内这病必然好了。"（3）又一个道："张教头那厮，三回五次托人情去说：'你的女婿没了。'张教头越不肯应承，因此衙内病患看看重了。太尉特使俺两个央浼二位干这件事，不想而今完备了。"（4）又一个道："小人直爬入墙里去，四下草堆上，点了十来个火把，待走那里去！"（5）那一个道："这早晚烧个八分过了。"（6）又听得一个道："便逃得性命时，烧了大军草料场，也得个死罪。"（7）又一个道："我们回城里去罢。"（8）一个道："再看一看，拾得他一两块骨头回京，府里见太尉和衙内时，也道我们也能会干事。"（9）

　　林冲听那三个人时，一个是差拨，一个是陆虞候，一个是富安。自思道："天可怜见林冲！若不是倒了草厅，我准定被这厮们烧死了。轻轻把石头掇开，挺着花枪，左手拽开庙门，大喝一声："泼贼那里去！"

　　——《水浒传》第十回："林教头风雪山神庙　陆虞候火烧草料场"（节选）

　　现代小说理论家对小说的叙事方式作了"讲述"与"展示"的区分。所谓讲述，是指由一个小说家创造的作为替身的叙述者将故事主观地讲出来，它的一个突出特点就是故事的呈现依赖于讲述者的叙述行为。而展示则是指将故事客观地呈现在读者面前，如戏剧演出一样；展示不依赖叙述者的叙述行为而成为一种故事的"自我呈现"。小说在叙事过程中运用的通常称为人物语言描写的方法，就是一种展示，"纯粹的展示是直接引用人物的话语"。得出这样一个结论，是因为此时的事件就是一种话语行为，小说家通过对人物话语的模仿，来直接呈现事件。①

　　人物语言是对于人物话语的模仿，这决定了人物语言必须是个性化的，也就是说，人物语言的话语特征必须带有人物"标记"。具体说来，其一，人物

---

　　①　参见［英］戴维·洛奇：《小说的艺术》，王峻岩等译，作家出版社1998年版，第135页。

语言要符合人物的性别、年龄、教养、职业、社会地位、民族，甚至宗教信仰等，也要能够显示他的个性，即什么人说什么话。其二，由于人物话语毫无例外地都是具体语境中的言语行为，因此，还要能够符合或者能够显示人物在特定情境下的心理状态、内心欲望，即什么时候说什么话。其三，在小说文本中，由于对话通常是人物在特定情境下的一种"交流"乃至"交锋"，因此，除交流各方的话语方式必须符合他们各自的身份特征和性格特征之外，能够准确显示人物在特定情境中的心理指向，这显得尤其重要。

优秀的人物语言，都是富于个性化的，能够让我们从说话看出人物的方方面面来。明代金圣叹评点《水浒传》，就特别推重它在人物语言描写上的功力："《水浒传》并无之乎者也等字，一样人，便还他一样说话，真是绝奇本事。"①如上面节选的这段陆虞侯、差拨、富安三人在庙檐下立着看火时的对话，就是如此。虽然这段对话并没有标注出是谁在说，但仍然能够让我们由说话看出人来：

第（1）（5）（8）句显然是差拨的话。差拨是当地公差，是他设的计，并爬进去点的火，点燃后也就完成了任务。"这条计好么？"此刻的得意、讨好、献媚乃至邀功求赏的小人之心，都在这一句并不需要回答的问话中透露出来。

第（3）（6）（9）显然是富安的话。富安参与了陷害林冲的全过程，此次还要回去交差，这一点和陆虞侯类似。但富安地位比陆虞侯低，故讲话也是巴结讨好的走狗语气。

第（2）（4）（7）是陆虞侯的话。他在高府是忠实奴才，但在此处地位最高，相当于"半主子"，因此讲出"回到京师，禀过太尉，都保你两位做大官"，"太尉特使俺两个"一类流露出居高临下的官腔、官调的话。差拨、富安、陆虞侯三个均为奴才，但从他们的话语中，又逐一展示出他们各自不同的奴才地位。

写好人物首次出场时说的第一句话，鲜明凸显人物的个性，是《水浒传》人物语言艺术常用的表现手法。譬如写李逵的出场，他与戴宗的对话就"一语道破"他粗鲁憨直、豪爽纯朴的个性特征。小说写道：

……李逵看着宋江问戴宗道："哥哥，这黑汉子是谁？"戴宗对宋江笑道："押司，你看这厮怎么粗卤！全不识些体面！"李逵便道："我问大哥，怎地是粗卤？"戴宗道："兄弟，你便请问'这位官人是谁'便好，你倒却说'这黑汉子是谁'；这不是粗卤却是什么？我且与你说知：这位仁兄便是闲常你要去投奔他的义士哥哥。"李逵道："莫不是山东及时雨

---

① 金圣叹：《〈水浒传〉评点》，见《〈水浒传〉会评本》，北京大学出版社1981年版，第17页。

黑宋江？"戴宗喝道："咄！你这厮敢如此犯上，直言叫唤，全不识些高低！兀自不快下拜，等几时！"李逵道："若真个是宋公明，我便下拜；若是闲人，我却拜甚鸟！节级哥哥，不要瞒我拜了，你却笑我！"宋江便道："我正是山东黑宋江。"李逵拍手叫道："我那爷！你何不早些说个，也叫铁牛欢喜！"……

李逵第一次出场的说话，就具有一种"闻其声而知其人"的艺术效果。如果李逵像戴宗教他的那样说："这位官人是谁？"那就不是李逵了，惟其说："这黑汉子是谁？"才是李逵。也只有李逵，才会问："莫不是山东及时雨黑宋江？"而不称"仁兄、义士哥哥"，他的"直言叫唤"正表现了他的粗鲁和憨直的性格。在写法上，作者还采用了反衬手法，即写与人物性格相背离的话语，来衬托其正面性格特征。作者写李逵的"使乖"，见宋江时怕戴宗再骗他而不立刻下拜，但又要直说出来，更衬托出他的憨直和一派天真。金圣叹说："写李逵粗直不难，莫难于写粗直人处处使乖说谎也。"

　　小说人物语言的个性化特征，实际上为我们进行小说文本的欣赏指示出一个不可忽视的层面。在小说的阅读中，读者充分调动自己的生活经验和艺术经验，发挥自己的感受、体验能力和联想、想象能力，从人物话语特征去解读人物性格，揣摩特定情境中的人物心理，是小说欣赏中必不可少的，也是关系到能否对文本作出细致深入解读的一个关键。事实上，对于人物语言的细心揣摩和品味，会使我们获得更多的深层信息，获得更多的小说阅读兴味。我们可以细细品味一下这两段人物对话：

　　留小儿没完没了地问我北京的事。"真个是在窑里看电影？""不是窑，是电影院。""前回你说是窑里。""噢，那是电视。一个方匣匣，和电影一样。"她歪着头想，大约想象不出，又问起别的。"啥时想吃肉，就吃？""嗯。""玄谎！""真的。""成天价想吃呢？""那就成天价吃。"这些话她问过好多次了，也知道我怎么回答，但还是问。"你说北京人都不爱吃白肉？"她觉得北京人不爱吃肥肉，很奇怪。她仰着小脸，望着天上的星星；北京的神秘，对她来说，不亚于那道银河。

　　留小儿最常问的还是天安门。"你常去天安门？""常去。""常能照着毛主席？""哪得来，我从来没有见过。""咦？！他就生在天安门上，你去了，会照不着？"她大概以为毛主席总站在天安门上，像画上画的那样。有一回她趴在我耳边说："你冬里回北京把我引上行不？"我说："就怕你爷爷不让。""你跟他说说嘛，他可相信你说的了。盘缠我有。""你哪儿来的钱？""卖鸡蛋的钱，我爷爷不要，都给了我，让我买褂褂儿。""多少？""五块！""不够。""嘻——我哄你，看，八块半！"她掏出个小布包，打开，有两张一块的，其余全是一毛、两毛的。那些钱大半是我买了鸡蛋给破老汉的。平时实在是饿得够呛想解解馋，也就是买几个鸡蛋。我怎么跟留小儿说呢？我真想冬天回家时把她带上。可就在那年冬天，我病厉害了。

这是从史铁生《我遥远的清平湾》中节选的两段对话，其中的"我"是一位到陕北插队的北京知青，留小儿是"我"在插队时一起放牛的破老汉的孙女。和前面节选的《水浒传》里的那段对话一样，小说在这里直接将两个人的一问一答连接起来，省略了"她问""她说""我说"之类的引导词，类似人物语言的"实况录音"，让我们似乎可以直接"聆听"。我们能够清晰地知道，这是两个年龄、生长背景、文化教养等都完全不同的人的对话。首先是两个人话语特征的不同，比如留小儿话语中的"前回（上次）""成天价（每天）""照着（见到）"等方言词汇显示的语言的地域色彩。其次，当然也是更重要的，在他们的话语背后附着明显的且耐人寻味的个人化的心理印记。小女孩其实已经听"我"给她讲过电视、城里人吃肉、天安门等事情，这一次的谈话，只是想再次确证一下她从自己的生活中无法找到确切根据来加以证实的事情。"真个是在窑里看电影？""啥时想吃肉，就吃？"从这种问话的口气，可以想见，小女孩对"我"告诉过她的那些在"我"看来极为平常的事情，是多么地惊异而且记忆深刻，也许她在自己心中已经很多次这样问过自己了。"玄谎！""咦？！他就生在天安门，你去了会照不着？"这两句话，前一句是对"我"说的城里人吃肉的真实性的很直接的怀疑和否定，后一句则是用反问语气对"我"常到天安门却居然"照不着"毛主席表示的怀疑和否定。小女孩的语气是那样的肯定，可是就在这种肯定的语气中，我们也可以看到，她实际上在力图用自己有限的经验来判断她获得的关于外面世界的信息，而贫困、闭塞的生活，又使她的确无法想象外面的世界。这两段对话中，小女孩的话语实实在在透着一个生活在贫穷、落后的陕北硷畔上的小女孩了解外面世界的渴望，透着她对那种无法想象的美好生活的向往。她求"我"带她到北京去看看，甚至已经把爷爷留给她买褂褂儿的钱攒起来作盘缠——一件新褂褂儿会给她带来多么大的快乐啊！我们从中可以看到小女孩的稚气、天真和纯朴，也能从这些话语中体味到一种别样的心酸。这两段对话中，"我"的话语特征也很值得品味。"我"是一位沉静、朴实且待人真诚、随和的青年，对小女孩问话不厌其烦地有问必答，还给予一些必要的解释，而且，在"我"作答的语气中，丝毫没有对天真好奇的小女孩的幼稚的轻视。这些都显示出人物朴实真诚的性格特征。

有趣的是，"我"的话语中也渗入了一些方言语素，如"方匣匣""成天价""哪得来"等，同时又保持着自己的身份背景，在小女孩用"照着"的方言词汇时，"我"仍然用"见过"这一普通话词汇。这是一种初来乍到的知青的话语形式——"我"对于方言还处在一个模仿、熟悉的阶段。而这种模仿，同时也透出人物要尽可能融入新的环境中的心理要求。

美国作家利昂·塞米利安在他的《现代小说美学》中谈道："对话如果不能完全如实再现口头语言，也应体现口语精练犀利和不连贯的特点，时而重音强调，时而轻松徐缓，时而又是突如其来的爆炸式的节奏。""口头语言中存在很多方面的差异，如个人差异、阶级差异、地区差异、民族差异、时代差异等。因此，没有一种普遍适用于口头语言中各个方面的原则。但模仿仍是我们对口语进行检验的依据。作家要尽可能精确地去模拟现实中流行的语言，模拟具体时间内人们行动中那些能够揭示人物性格和思想感情的活生生的语言。在对话中，依然是部分体现整体。"①这段话是一位作家从自己的经验而来的对于小说人物语言描写提出的要求。此外，这里谈到小说人物语言的口语化、不同人物语言的差异，以及对特殊语境下能够显示人物性格和思想情感的人物语言的精确摹拟，特别是对于对话是"部分体现整体"的强调，也给我们提示了小说欣赏中应该从哪些层面去体味人物语言。

讨论题

1. 从本节中节选的《水浒传》李逵出场时与戴宗的对话，能否看出戴宗的性格？从他们的对话中可以看出他们两人之间是一种什么关系？
2. 试从本节摘选的人物对话分析小说人物对话的基本特点。

3.4. 故事讲述中的"闲笔"

鲁达只把这十五两银子与了金老，分付道："你父子两个将去做盘缠。一面收拾行李。俺明日清早来发付你两个起身。看那个店主人敢留你！"金老并女儿拜谢去了。

鲁达把这二两银子去还了李忠。三人再吃了两角酒，下楼来，叫道："主人家，酒钱洒家明日送来还你。"主人家连声应道："提辖只顾自去，但吃不妨。只怕提辖不来赊。"三个人出了潘家酒肆，到街上分手。史进、李忠各自投客店去了。只说鲁提辖回到经略府前下处，到房里，晚饭也不吃，气愤愤的睡了。主人家又不敢问他。

---

① ［美］利昂·塞米利安：《现代小说美学》，宋协立译，陕西人民出版社1987年版，第15～16页。

155

　　再说金老得了这一十五两银子，回到店中，安顿了女儿。先去城外远处觅下一辆车儿，回来收拾了行李，还了房宿钱，算清了柴米钱，只等来日天晓。当夜无事。次早五更起来，子父两个先打火做饭，吃罢，收拾了，天色微明，只见鲁提辖大踏步走入店里来，高声叫道："店小二，那里是金老歇处？"小二哥道："金公，提辖在此寻你。"金老开了房门，便道："提辖官人里面请坐。"鲁达道："坐甚么！你去便去，等甚么！"金老引了女儿，挑了担儿，作谢提辖，便待出门。店小二拦住道："金公那里去？"鲁达问道："他少你房钱？"小二道："小人房钱，昨夜都算还了。须欠郑大官人典身钱，着落在小人身上看管他哩。"鲁提辖道："郑屠的钱，洒家自还他。你放这老儿还乡去。"那店小二那里肯放。鲁达大怒，叉开五指，去那小二脸上只一掌，打的那店小二口中吐血。再复一拳，打下当门两个牙齿。小二扒将起来，一道烟走了。店主人那里敢出来拦他。金老父子两个，忙忙离了店中，出城自去寻昨日觅下的车儿去了。

　　且说鲁达寻思，恐怕店小二赶去拦截他，且向店里掇条凳子，坐了两个时辰。约莫金公去的远了，方才起身，径投状元桥来。

　　且说郑屠开着两间门面，两副肉案，悬挂着三五片猪肉。郑屠正在门前柜身内坐定，看那十来个刀手卖肉。鲁达走到门前，叫声郑屠。郑屠看时，见是鲁提辖，慌忙出柜身来，唱喏道："提辖恕罪。"便叫副手："掇条凳子来，提辖请坐。"鲁达坐下道："奉着经略相公钧旨，要十斤精肉，切做臊子。不要见半点肥的在上头。"郑屠道："使得，你们快选好的切十斤去。"鲁提辖道："不要那等腌臜厮们动手，你自与我切。"郑屠道："说得是，小人自切便了。"自去肉案上拣了十斤精肉，细细切做臊子。那店小二把手帕包了头，正来郑屠家报说金老之事，却见鲁提辖坐在肉案门边，不敢拢来，只得远远的立住，在房檐下望。这郑屠整整的自切了半个时辰，用荷叶包了，道："提辖，教人送去？"鲁达道："送甚么。且住，再要十斤，都是肥的，不要见些精的在上面，也要切做臊子。"郑屠道："却才精的，怕府里要裹馄饨。肥的臊子何用？"鲁达睁着眼道："相公钧旨分付洒家，谁敢问他。"郑屠道："是合用的东西，小人切便了。"又选了十斤实膘的肥肉，也细细的切做臊子，把荷叶来包了。整弄了一早晨，却得饭罢时候。那店小二那里敢过来。连那正要买肉的主顾，也不敢拢来。郑屠道："着人与提辖拿了，送将府里去。"鲁达道："再要十斤寸金软骨，也要细细地剁做臊子，不要见些肉在上面。"郑屠笑道："却不是特地来消遣我！"鲁达听罢，跳起身来，拿着那两包臊子在手里，睁眼看着郑屠说道："洒家特地要消遣你！"把两包臊子，劈面打将去，却似下了一阵的肉雨。郑屠大怒，两条忿气从脚底下直冲到顶门，心头那一把无明业火，焰腾腾的按纳不住，从肉案上抢了一把剔骨尖刀，托地跳将下来。鲁提辖早拔步在当街上。众邻舍并十来个火家，那个敢向前来劝。两边过路的人，都立住了脚，那店小二也惊的呆了。郑屠右手拿刀，左手便来要揪鲁达。被这鲁提辖就势按住左手，赶将入去，望小腹上只一脚，腾地踢倒了在当街上。鲁达再入一步，踏住胸脯，提起那醋钵儿大小拳头，看着这郑屠道："洒家始投老种经略相公，做到关西五路廉访使，也不枉了叫做镇关西。你是个卖肉的操刀屠户，狗一般的人，也叫做镇关西！你如何强骗了金翠莲！"扑的只一拳，正打在鼻子上，打得鲜血迸流，鼻子歪在半边，恰似开了个油酱铺，咸的，酸的，辣的，一发都滚出来。郑屠挣不起来。那把尖刀也丢在一边，口里只叫："打得好！"鲁达骂道："直娘贼，还敢应口！"提起拳头来，就眼眶际眉梢只一拳，打得眼棱缝裂，乌珠迸出，也似开了个彩帛铺的，红的，黑的，绛的，都滚将出来。两边看的人，惧怕鲁提辖，谁敢向前来劝。郑屠当不过，讨饶。鲁达喝道："咄！你是个破落户。若是和俺硬到底，洒家倒饶了你。你如何对俺讨饶，洒家却不饶你！"只一拳，太阳上正着，却似做了一个全堂水陆的道场，磬儿钹儿铙儿一齐响。鲁达看时，只见郑屠挺在地下，口里只有出的气，没了入的气，动弹不得。鲁提辖假意道："你这厮诈死，洒家再打。"只见面皮渐渐的变了。鲁达寻思道："俺只指望痛打这厮一顿，不想三拳真个打死了他。洒家须吃官司，又没人送饭。不如及早撒开。"拔步便走。回头指着郑屠尸道："你诈死！洒家和你慢慢理会。"一头骂，一头大踏步去了。

　　——《水浒传》第二回："史大郎夜走华阴县　鲁提辖拳打镇关西"（节选）

　　将"闲笔"用得出奇、出色，是《水浒传》叙事的一个很突出的特点，上面摘选的这一段就是如此。从情节过程上看，鲁提辖拳打镇关西这一节其实是非常紧凑的——鲁智深酒馆偶遇金氏父女、客店放人、郑屠肉店挑衅、出手三拳打死郑屠，以鲁智深的活动为线索，几个情节段落环环相扣，可以非常紧凑地写出来。但细读之下，我们发现作者写来却并不急促：讲过提辖一掌打了店小二，放走了金氏父女，来到状元桥附近的肉铺"消遣"郑屠切臊子，在读者急切要看郑屠的反应时，作者却笔墨宕开，一定要交代一下"那店小二把手帕包了头……不敢拢来，只得远远的立住，在房檐下望"。这是一处闲笔。臊子切好了，"却得饭罢时候。那店小二那里敢过来。连那正要买肉的主顾，也不敢拢来"。这也是一处闲笔，看客除了店小二以外，又增加了要买肉的主顾。郑屠心头"那一把无明业火，焰腾腾的按纳不住"了，"托地"跳下柜台，而鲁智深"早拔步在当街上"了。就在这已然要开打的当口，作者还要交代一下众邻舍并十来个火家都不敢向前来劝。"两边过路的人，都立住了脚，那店小二也惊的呆了。"这还是一处闲笔，看客中除去店小二、买肉的主顾，又增加了众邻舍和两边过路的人。既然是"闲笔"，也就应该是可以去掉的。比如将上面这段文字中的几处"闲笔"去掉，确实并不影响这段故事情节的完整性。不过，如果真的去掉了，我们也会发现，这段故事会少了许多味道，比如一定不会像现在这样叙事显得疏密有致，急缓有间，刚柔相济，至少鲁提辖拳打镇关西不会像现在看到的这样惊天动地痛快淋漓。金圣叹评这段文字"百忙中处处夹店小二"，是"极忙者事，极闲者笔"，赞叹作者"笔力奇矫"。从我们的阅读感受看，这种点评的确是深识之论。

"所谓'闲笔'是指叙事文学作品人物和事件主要线索外穿插进去的部分，它的主要功能是调整叙述节奏，扩大叙述空间，延伸叙述时间，丰富文学叙事的内容，不但可以加强叙事的情趣，而且可以增强叙事的真实感和诗意感，所以说'闲笔不闲'。"[1]这段话应该可以看作是对小说中"闲笔"的一个很清晰的定义。说到底，"闲笔"也就是小说叙事中主要情节线索之外的非情节因素，或者是一段笔墨宕开的闲话，或者是一段随意点染的景致，或者是一段故事之外的情事的穿插。由于这些"闲笔"属于有因果关系的一系列事件构成的情节过程之外的部分，因此，小说欣赏中，过分关注情节发展而又有些性急的读者，往往不耐烦细致阅读它们，有时甚至还会跳过这些地方。这当然不是一种好的欣赏习惯。事实上，正如在前面已经看到的，"闲笔"作为小说的有机组成部分，往往正是体现小说家驾驭叙事艺术的能力的地方。中国古代批评家十分重视小说的"闲笔"艺术，如金圣叹《水浒传》评点中就经常有类似"闲闲写来""忙中有闲笔"的评点，且对"闲笔"给予极高的评价，认为"小说向闲处设色，惟史迁有之，耐庵真才子，故能窃用其法"[2]，"从闲处着笔，作者真才子"[3]。

小说叙事过程中的"闲笔"所具有的艺术功能，首先体现在它营造了小说的诗意氛围，增强了小说的语言情致，使小说语言更富有情趣。王蒙在谈到小说语言时曾经说过："小说里边还需要有一种情致。情就是感情的情，致就是兴致的致。我想，所谓情致就是指一种情绪，一种情调，一种趣味。因为小说总是要非常津津有味的、非常吸引人的、非常引人入胜的才行。这种情致是一种内在的东西。它表现出来，作为小说的结构，往往成为一种意境。也就是说，把生活本身所具有的那种色彩、那种美丽、那种节奏，把生活的那种变

---

① 童庆炳：《现代学术视野中的中华古代文论》,北京出版社 2002 年版,第 376 页。

② 金圣叹：《〈水浒传〉会评本》,北京大学出版社 1981 年版,第 1019 页。

③ 金圣叹：《〈水浒传〉会评本》,北京大学出版社 1981 年版,第 411 页。

化、复杂，把生活本身的色彩、调子，再加上作家对它的理解和感受充分表现出来，使人看起来觉得创造了一个新的艺术世界。"①这应该是一位优秀的小说家深得堂奥的体会。可以这样说，小说的语言情致不一定仅仅依靠"闲笔"来获得，但通过闲笔来抒发情感，建构小说的抒情的诗意氛围，的确是一种很好的营造语言情致的方式。我们可以读一读下面这两段从王蒙的《蝴蝶》中摘选的文字：

> 枝头的树叶呀，每年春天，你都是那样的鲜嫩，那样充满生机。你欣悦地接受春雨和朝阳。你在和煦的春风中摆动你的身体。你召唤鸟儿的歌喉。你点缀着庭园、街道、田野和天空。甚至于你也想说话，想朗诵诗，想发出你对接受你荫庇的正在热恋的男女青年的祝福。不是吗？黄昏时分走近你，将会听到你那温柔的声音。你等待夏天的繁茂，你甚至也愿意承受秋天的肃杀，最后飘落下来的时候，你甚至没有一声叹气。……但是，如果你竟是在春天，在阳光灿烂的夏天刚刚到来之际就被撕掳下来呢？你难道不流泪吗？你难道不留恋吗？……

> 然而，汽车在飞奔，每小时六十公里。火车在飞驰，每小时一百公里。飞机划破了长空，每小时九百公里。人造卫星发射，每小时两万八千公里。轰隆轰隆，速度夹带着威严的巨响。

《蝴蝶》是一篇带有很强的文体实验特征的中篇小说。曾经是小石头、张指导员、张书记、张老头，而现在是某部副部长的张思远，是一个对他为之奋斗的事业有着坚定信念的共产党员，他热爱他的事业和养育了他的人民。但是，在不正常的年代里，他的信仰也使他变成了一架政治机器。在新中国成立初期的历次政治运动中，他也亲手断送了一些人的政治生命。他渴望爱情、亲情也得到过爱情、亲情，但他对个人情感的轻视最终使他不仅失去了爱情，而且始终没有得到自己的儿子的理解。他一生中的大部分时光都在与政治共沉浮中流逝，只是在他自己也被十年动乱的政治狂潮击倒之后，在他为了找回儿子也为了脱离开政治漩涡来到一个偏远的小山村，在他又回到那些淳朴善良的人们中间之后，他才开始了找回自我的痛切的反思。这种反思一直延续到他复出以后——他要从这种反思中找到联结昨天、今天、明天，联结一切人、一切事的桥梁。上引这两段文字关涉的是张思远与妻子海云离婚的情节段落。海云被划为右派，为了不影响张思远的政治前途，当然也由于对张思远的失望，海云向张思远提出了离婚的要求。他们离婚了。叙事到此，作者插进了上面这两段文

① 王蒙：《王蒙文集》第7卷，华艺出版社1993年版，第147~148页。

字。《蝴蝶》的叙事大部分是借人物的意识流动加以展示的，不过，上面这两段文字显然不能被我们完全看作是人物意识的流动，前一段是人物对特定情境中的景物的遐想和感受，后一段直陈事实。这两段文字，前者抒情，后者富有喻意地写实，揭示了海云的命运——她犹如一片无声无息的绿叶，在历史的狂飙、时代的车轮面前，个人又算得了什么啊！从叙事的层面看，这两段文字都可以看作是"闲笔"，小说家也正是利用这"闲笔"营造了诗意的氛围，使叙事的悲剧色彩更加强烈。

当代小说家中，汪曾祺是非常善于运用"闲笔"增强小说韵致与感染力的。他的小说《受戒》情节不很集中，叙述信马由缰不受规范的约束。小说名为《受戒》，可是"受戒"的场面直到小说结束的时候，才通过小英子的眼侧面写出。小说开头写道："明海出家已经四年了。"接下去并没有写明海出家的原因，而是写当地"当和尚"的风俗、明海在荸荠庵里的生活方式、明海与英子一家的关系，等等。不仅如此，小说在叙述过程中，还不断插入其他事件。如在讲述荸荠庵里和尚的生活方式时，连带写出其他和尚的性格特点；在介绍三和尚的聪明时，连带讲到他不但经忏俱通，而且有"飞铙"绝技，可以在放焰口时出尽风头；讲明海为妇女们唱山歌小调，以及当地的和尚与妇女私通的风俗。虽然枝蔓纵横，但摇曳有致，如江南小溪，清冽、活泼、自然。

小说写明海受戒后，小英子接他回来时，问他："我给你当老婆，你要不要？"明海先是大声然后是"小小声"说"要——！"小说接下来这样写道：

> 芦花才吐新穗。紫灰色的芦穗，发着银光，软软的，滑溜溜的，像一串丝线。有的地方结了蒲棒，通红的，像一枝一枝的小蜡烛。青浮萍，紫浮萍。长脚蚊子，水蜘蛛。野菱角开着四瓣的小白花。惊起一只青桩，擦着芦穗，扑鲁鲁鲁飞远了。

这一段"闲笔"真是美妙极了——顺其自然的闲笔艺术，增强了小说叙事话语的功能，营构了一重极美的诗意世界。

从叙事的角度看，"闲笔"还具有扩展小说的表现空间的功能。实际上，在小说叙事中，"闲笔"不仅仅是一种语言行为，更多的时候也表现为一种叙事行为。从语言行为来看，"闲笔"实际上是一种特殊的语言并置，通过这种语言并置加强叙事的情趣，营造一种诗意。而作为一种叙事行为，叙事过程中"闲笔"的穿插，则使叙事空间获得一种延展性，由此也使叙事内容得以丰富。

鲁迅小说《祝福》是这样开头的：

明天进城去。福兴楼的清炖鱼翅，一元一大盘，物美价廉，现在不知增价了否？往日同游的朋友，虽然已经云散，然而鱼翅是不可不吃的，即使只有我一个……

从字面上看来，似乎是信手拈来，与后面将要展开的情节内容实在没有多大关系，但如果与小说中"我"的身份及其背景联系起来，就不难看出，这处"闲笔"并非旁逸，而是与鲁迅匠心独具的构思有关。"一元一大盘"的鱼翅，在"我"看来是那样廉价，而与祥林嫂的工钱相比，却显得十分昂贵：祥林嫂在鲁四老爷家从"冬初"到"新年才过"，加上"此后大约十几天"，一共干了三个月零十几天，期间尽管"食物不论，力气是不惜的"，可工钱加在一起，也不过只有一千七百五十文，仅够一盘半多一点的鱼翅的价钱。她饱经折磨，辛苦劳动，得到的不过是微薄的血汗钱。细细品味，我们会发现，这单单点出的"我"一定要去吃的福兴楼清炖鱼翅"一元一大盘"的价钱，不仅与祥林嫂一样的劳动力的廉价构成一种对比，而且，在这样一种对比中，还能让我们对祥林嫂欲做奴隶而不能的生存状况有一种更深切的体认。

小说阅读中稍加注意就会发现，小说叙事中的"闲笔"不闲，几乎俯拾即是。沈从文《八骏图》开始不久，写到达士先生刚刚在住处安顿下来，在窗前伏案给未婚妻写信时，抬头看到窗外的草坪中走过的黄衫女子，"恰恰镶嵌在全草坪最需要一点黄色的地方"，一时心旌摇动，"达士先生于是把寄给未婚妻的第一封信，用下面几句话作了结束：学校离我住处不算远，估计只有一里路，上课时，还得上一个小小山头，通过一个长长的槐树夹道。山路上正开着野花，颜色黄澄澄的如金子。我欢喜那种不知名的黄花"。这里写到的达士先生随意一望看到的风景，也是一处闲笔。表面看来，这处闲笔也似乎是小说家的信笔所致，接下来的叙事中，达士先生看到的这个女子其实很久都没有出现，好像被达士先生和作者忘记了。但是细心的读者却不应该忘记，在小说即将结束的时候，这个黄衫女子突然在达士先生的生活中变得举足轻重起来。她其实是常常出现在他的视野、他的心里，还不时激起他很多不着边际的想象。他在这一地的教授生涯行将结束时，再也不能忍耐对她的猜测，于是便向住处的听差王大福打听她的来历。故事的结尾，达士先生在几经挣扎后选择了留下来，听凭那个诱惑对自己的处置。此时再回顾当初的那句"恰恰镶嵌在全草坪最需要一点黄色的地方"，不由得对从文先生的安排会心一笑。黄色历来是有情欲的含义在里面，而这欲求虽然在小说开始处并没有迈出理性的门槛，却早已在达士先生的心里活跃着。这一处"闲笔"其实暗示了人物的内心，会心于此，我们对人物也会有更深一层的理解。

小说叙事过程中的"闲笔"的艺术功能，正给我们提示了小说阅读中应该注意的问题。小说欣赏中关注小说的情节，希望尽快知道故事的结局——有情人是否终成眷属？英雄是否化险为夷？那一部武林秘籍最后落入谁手？谋杀者的罪行究竟如何被揭露？……为了尽快知道故事的结局，甚至跳过那些小说家随意穿插、点染的笔墨，这样一种欣赏态度虽然不一定都是文学审美能力发展不充分的表现，但毕竟还是显得比较幼稚。说到底，小说中的"闲笔"之成为"闲"，仅仅是相对于小说情节过程而言的，而作为小说叙事整体的有机组成部分，绝不是可有可无的闲逸多余的笔墨。因此，小说欣赏中，这些也绝不是可以跳过去的地方。否则，会失去太多小说欣赏的审美的乐趣。

讨论题

1．内省一下我们自己的阅读感受，谈谈假如小说叙事过程中没有"闲笔"会是一种什么状态？

2．结合自己阅读过的小说文本，试着具体归纳一下小说中的"闲笔"具有的艺术功能。

3.5.　谁在讲故事和怎样讲故事

我们那个地方，过去很少有产科医生。一般人家生孩子，都是请老娘。什么人家请哪位老娘，差不多都是固定的。一家宅门的大少奶奶、二少奶奶、三少奶奶，生的少爷、小姐，差不多都是一个老娘接生的。老娘要穿房入户，生人怎么行？老娘也熟知各家的情况，哪个年长的女佣人可以当她的助手，当"抱腰的"，不须临时现找。而且，一般人家都迷信哪个老娘"吉祥"，接生顺当。 ——老娘家都供着送子娘娘，天天烧香。谁家会请一个男性的医生来接生呢？ ——我们那里学医的都是男人，只有李花脸的女儿传其父业，成了全城仅有的一位女医人。她也不接生，只会看内科，是个老姑娘。男人学医，谁会去学产科呢？都觉得这是一桩丢人的事，不屑为之。但也不是绝对没有。陈小手就是一位出名的男性的产科医生。

陈小手的得名是因为他的手特别小，比女人的手还小，比一般女人的手还要更柔软细嫩。他专治难产。横生、倒生，都能接下来（他当然也要借助于药物和器械）。据说因为他的手小，动作细腻，可以减少产妇很多痛苦。大户人家，非到万不得已，是不会请他的。中小户人家，忌讳较少，遇到产妇胎位不正，老娘束手，老娘就会建议："去请陈小手吧。"

陈小手当然是有个大名的，但是都叫他陈小手。

接生，耽误不得，这是两条人命的事。陈小手喂着一匹马。这匹马浑身雪白，无一根杂毛，是一匹走马。据懂马的行家说，这马走的脚步是

"野鸡柳子"，又快又匀。我们那里是水乡，很少人家养马。每逢有军队的骑兵过境，大家就争着跑到运河堤上去看"马队"，觉得非常好看。陈小手常常骑着白马赶着到各处去接生，大家就把白马和他的名字联系起来，称之为"白马陈小手"。

同行的医生，看内科的、外科的，都看不起陈小手，认为他不是医生，只是一个男性的老娘。陈小手不在乎这些，只要有人来请，立刻跨上他的白走马，飞奔而去。正在呻吟惨叫的产妇听到他的马脖子上的銮铃的声音，立刻就安定了一些。他下了马，即刻进产房。过了一会儿（有时时间颇长），听到哇的一声，孩子落地了。陈小手满头大汗，走了出来，对这家的男主人拱拱手："恭喜恭喜！母子平安！"男主人满面笑容，把封在红纸里的酬金递过去。陈小手接过来，看也不看，装进口袋里，洗洗手，喝一杯热茶，道一声"得罪"，出门上马。只听见他的马的銮铃"哗棱哗棱"……走远了。

陈小手活人多矣。

有一年，来了联军。我们那里那几年打来打去的，是两支军队。一支是国民革命军，当地称之为"党军"，相对的一支是孙传芳的军队。孙传芳自称"五省联军总司令"，他的部队被称为"联军"。联军驻扎在天王庙，有一团人。团长的太太（谁知道是正太太还是姨太太）要生了，生不下来。叫来几个老娘，还是弄不出来。这太太杀猪似的乱叫。团长派人去叫陈小手。

陈小手进了天王庙。团长正在产房外面不停地"走柳"。见了陈小手，说：

"大人，孩子，都得给我保住！保不住要你的脑袋！进去吧！"

这女人身上的脂油太多了，陈小手费了九牛二虎之力，总算把孩子掏出来了。和这个胖女人较了半天劲，累得他筋疲力尽。他歪里歪斜走出来，对团长拱拱手：

"团长！恭喜您，是个男伢子，少爷！"

团长龇牙笑了一下，说："难为你了——请！"

外边已经摆好了一桌酒席。副官陪着。陈小手喝了两盅。团长拿出二十块大洋。往陈小手面前一送：

"这是给你的！——别嫌少哇！"

"太重了！太重了！"

喝了酒，揣上二十块大洋，陈小手告辞了："得罪！得罪！"

"不送你了！"

陈小手出了天王庙，跨上马。团长掏出枪来，从后面，一枪就把他打下来了。团长说："我的女人，怎么能让他摸来摸去！她身上，除了我，任何男人都不许碰！这小子，太欺负人了！日他奶奶！"

团长觉得怪委屈。

——汪曾祺《陈小手》

汪曾祺的小说《陈小手》，讲述的是一个过去时代的乡村男性产科医生的故事。小说开头，"我们那个地方，过去很少有产科医生。一般人家生孩子，都是请老娘"，是一个很典型的类似于"从前，很远很远的地方，有……"的故事讲述模式，顺顺当当，平淡无奇。接下来，在娓娓讲述中我们知道了"我们那个地方"生孩子的乡俗，陈小手作为一个男性产科医生的特异，陈小手在"我们那个地方"的声誉，等等。不知不觉中，我们随着故事的讲述到达陈小手一生中最后展示他的助产技术的那个时刻。陈小手的一生，也随着故事的结束而留在了我们的记忆中。故事讲得认真也很有耐心。这是一种典型的讲故事，也可以说是一种非常典型的汪曾祺式的讲故事。*

正如前面相关的小节已经谈到的，小说最基本的美学特征就是它的叙事性，即把按时间进程发生的故事转化为带有策略的讲述。小说既然要讲故事，自然就有一个由"谁"、站在什么"位置"来讲和怎样来讲的问题。这是小说阅读中必须关注的问题，因为"故事不能自我讲述，不论谁讲故事，为了达到讲述的目的，他总得站在一定的相关位置才行"①。实际上，小说阅读中，我们往往并不十分在乎作家站在什么立场来观照他的人物以及发生在人物身上的故事，因为这对我们读故事的影响不是太大，至少可以把这个问题放在阅读后期来关注。但是，对于故事叙述者以及叙述者所处的位置，在小说阅读的初始，我们就不能不给以极大的关注。因为小说家是借助他选定的讲述者的视点将故事——人物、事件以及其他相关的一切——告诉我们的。正如英国小说家、文艺理论家戴维·洛奇指出的，小说中不可能有绝对客观、绝对公正的叙述，"即使采取那种'无所不知'的叙述方法、从全知全能的上帝般的高度来报道一件事，通常的做法也只授权给一两个人物，使之从自己的视点叙述故事

* 请访问爱课程网→资源共享课→文艺学系列课程/孙文宪→3. 小说欣赏→第十四讲《变形记》1（00：19：42—00：30：28）/魏天无

---

① ［英］玛乔丽·博尔顿：《英美小说剖析》，林必果译，重庆出版社1988年版，第41页。

的发生、发展，而且主要讲述跟他们的关联"①。正因为如此，不同的叙事视点，会影响到讲述的内容和讲述的"质量"，不仅直接关系到读者从叙述中能够看到什么和怎么看，而且还会直接影响到读者对讲述的故事，特别是故事中的人物及其行为作出的反应。

"谁"在讲故事关涉的是叙述者。小说阅读中，细心的读者会发现，许多时候将故事讲述出来的其实并不是小说家，而是小说家创造出来的某个人，如鲁迅的《孔乙己》中其实是咸亨酒店的那个小伙计在讲故事，而《红楼梦》则是曹雪芹虚构的女娲氏弃置于青埂峰下那块无才补天的石头自供的幻形入世的传奇经历。在有些文本中，小说家和讲述者的关系可能显得有些暧昧，例如，我们从讲述者对故事和故事中的人物的态度觉察到叙述者与小说家可能是部分重合的，但无论如何，小说欣赏中将故事的讲述者和作者区分开来总是很必要的。

与"谁"在讲故事比较，怎样讲故事所关涉的问题要复杂一些，涉及叙事角度的选择、叙述语气的确定，乃至叙事时间的安排，等等。根据讲述者与故事之间的关系，大体可以将小说的叙事角度区分为全知叙事、主观叙事和纯客观叙事三个大的类型。全知叙事中，讲述者就像一个全知全能的上帝一样知道已经发生的所有事情，并有权将所有的事情不受任何限制地讲述出来。这是传统小说最常使用的一种叙事类型。主观叙事中，讲述者通常是故事的参与者或阅历者，"在这种情况下，叙述者和人物知道得同样多；对事件的解释，在人物没有找到之前，叙述者不能向我们提供"②。这是一种限制视角的叙事。纯客观叙事与前两种叙事角度的不同在于，这种叙事中讲述者既不是一个全知者，也不是故事的参与者或阅历者，而仅仅只是一个似乎正在发生着的故事的观察者。讲述者置身事外，只是从外部观察正在发生的事情，然后将故事的发展过程客观地"记录"下来。因此，这种叙事讲述出来的内容只是那些可以直接观察到的部分，不能直接观察到的则不能讲述。美国小说家海明威的《杀人者》、鲁迅的《示众》采取的就是这种叙事角度。

汪曾祺《陈小手》就是以"知情人"的身份和语气，采用最常见的"全知视角"来进行讲述的。这种视角显然很适合《陈小手》的叙事风格。正如我们所看到的，讲述者什么都知道，所以，他告诉我们陈小手作为产科医生的所有活动，甚至可以细致地告诉我们陈小手如何在产房里处理产妇难产，产妇临产时的痛苦和呼号，以及产妇在痛苦中听到陈小手白马脖子上銮铃的响声一下子

---

① 　[英]戴维·洛奇：《小说的艺术》，王峻岩等译，作家出版社 1998 年版，第 28 页。

② 　[法]托多洛夫：《叙事作为话语》，见张德寅编选《叙述学研究》，中国社会科学出版社 1989 年版，第 298 ~ 299 页。

就会心理安定的情状。这是采用别的视角难以做到的。

应该特别强调的是，叙事角度的确定，并不仅仅是为了故事讲述的方便，而是一种叙事策略，其目的是要获得某种叙事效果。说到底，它体现的是小说家希望读者看到什么，或希望产生怎样的文体效果的主观意图。这一点在《陈小手》的阅读中自然也能感受到。这篇小说似乎只是要讲一个过去时代的故事，讲述者只要把故事的全过程——来龙去脉、发展演变以及它所关涉的一切——交待清楚就行了。事实上，我们得到的的确也只是一个很吸引人的故事。我们看不到讲述者对故事中的人物和事件的评价，甚至对那位心怀妒意、满腹"委屈"的团长一枪结束了以治病救人为己任的陈小手性命的恶行，也没有任何指责。不过，我们却获得了一种极强的真实感，而且，正是这种讲述的几乎是不容怀疑的真实感，帮助我们形成了自己的判断——我们丝毫不会怀疑陈小手是一个医术高超、医德高尚的医生。

在小说阅读中，还需要将叙事角度的观察与叙事人称的确认区别开来。一般来说，全知视角通常会采用的是第三人称叙事，限制视角则往往采用第一人称叙事。但现代小说的叙事也有例外。我们可以读一读下面这段文字：

> 西坠的夕阳下，赵得夫在一群参谋和特务兵的簇拥下走上了枣树林前的那片高地，那架势就像一个羊倌领着他的一群羊。赵得夫矮矮墩墩，头大如斗，粗短的发茬新秧一般茁壮茂密，脸上坑坑洼洼的，却有一只威风凛凛的大鼻子，短胳膊短腿，一件紫腥草染成的外套松垮垮地披在左肩上，衣长过膝，人站在那里，两只簸箕般的大手不住地挠着粗壮的短脖颈，挠得皮屑四飞。左军心里发涩。左军感到一阵失望。左军想，这就是那个赫赫有名的红七师师长么？
>
> 赵得夫站在那里，就有一个特务兵递给他一架望远镜。左军认出那是架老牌子的英国货，叫"倍得夸儿"。左军看见赵得夫将"倍得夸儿"往眉下一杵，不到三秒钟就拿开了。左军倒不是觉得三秒钟能否于敌情有什么程度的准确判断，左军迷惑不解的是赵得夫拿望远镜的方式。左军敢于发誓，赵得夫刚才是倒拿着望远镜的，也就是说，他使用的是远视的那一头。

这是邓一光小说《战将》中的一个段落。这里显然是以故事中的另一个主要人物左军的视点来讲述的。师长"短胳膊短腿"却"头大如斗"，短发茂密，脸上坑坑洼洼却有一只"威风凛凛的大鼻子"，军服随意地披在左肩上。此时他正在挠着粗短的脖颈且挠得"皮屑四飞"。特别是这位师长将望远镜在眉下"杵"了不到三秒钟就拿了下来，而且还是倒着"杵"的。这些描写显然有些夸张。不过，这种夸张凸显出来的正是左军眼中的师长的形象。左军是德国著名的赫本兹军校的优秀毕业生，是一个"科班"出身的职业军人，所以他才能够敏锐地发现赵得夫用倒了望远镜并且敢于"揭发"出来。而且也正是因为这位统帅着一支赫赫有名的正规军的师长的形象，与左军心中的师长形象的反差实在是太大了，以至于他在自己的心中将赵得夫与"羊倌"画上了等号。这种叙事虽然采用的是通常的第三人称叙事方式，但并不是一种全知叙事。美国文学批评家 W.C. 布斯将这种叙事称为"第三人称'意识中心'叙事"："叙述者用第三人称叙述故事，但把自己局限于故事里的某个人物的经历、思想和情绪中，或把自己的视点局限于数量极为有限的人物身上"。①很明显，由于是以故事中的人物的角度来叙事的，这本身就造成了叙事的限制性，因此这种叙事仍然是一种类似主观叙事角度的限制叙事。与全知视角的叙事和通常采用第一人称的主观视角的叙事相比，"第三人称意识中心"叙事往往能够形成一种更加复杂的阅读效果。比如上面这一部分叙事传达的信息就具有双重性：一方面我们借助左军的视角认识了已经与他发生了某种关系的小说主人公；另一方面，我们也认识了左军本人。而且，我们的阅读感受也具有双重性：一方面，我们不得不认同左军对赵得夫像是一个"羊倌"的感觉是准确的，因为他是一个军事方面的"行家"；另一方面，又不得不承认赵得夫就是这样一位统帅着一个威名赫赫的红军师的师长，因为他正在指挥这支军队作战，而且他带领的那些"羊"们的确对他"乖乖的"。至于赵得夫居然倒着使用望远镜，则更让我们不好作出判断——究竟是这位"羊倌"师长根本就不会用望远镜，还是他把这场打土围子的战斗根本上就看作是小菜一碟，而不屑于使用望远镜来作所谓的敌情判断呢？有一点是可以肯定的，那就是，这样一种叙事方式，的确增加了小说阅读的复杂性。

小说欣赏中，与叙述角度的观察相联系的，是对于叙述语气的体味。叙述语气的选择往往"暗藏"着小说家的"用心"，成为小说家用来营造某种氛围，并形成对读者的某种暗示的重要手段。因此，对于小说叙述语气的体味，许多时候也是能否准确把握小说叙事目的的一个关键。

小说的叙述语气总是因讲述者的不同而不同。可以说，有多少种不同的讲述者，就会有多少种不同的叙述语气，因此，很难对其进行准确的分类研究。不过，如果忽略不同叙述语气的具体差别，也能从传统小说中发现一些叙述语气的基本类型。比如采用童话与民间故事中经常使用的匿名者叙述语气进行讲述，这种叙述语气类似于"很久很久以前，在一个叫做什么什么的地方……"，如上面已经读到的汪曾祺的《陈小手》；或者采用故事中某个知情

---

① ［美］W.C. 布斯：《小说修辞学》，华明、胡晓苏、周宪译，北京大学出版社 1987 年版，第 171 页。

人的口气来讲述，如鲁迅的《祝福》；或者以一个与读者非常友善的作者自己的口吻来进行讲述，如英国小说家乔治·艾略特《亚当·比德》开头：

> 埃及魔法师用一滴墨做镜子，可以映出逝去岁月的景象。这也正是我要为您做的，读者先生。我要用笔尖上的一滴墨，为您映出耶稣纪元一七七九年六月十八日乔纳森·博吉那间宽敞的作坊中的情景……

这是一种典型的"作者闯入式"的叙述语气。许多现代小说研究者指出，像这种为古典小说所普遍采用的叙述语气，在现代小说中已经不大被小说家采用，其中一个重要的原因，是这样的语气往往容易"唤起读者去注意叙述行为，因而使人不能尽情沉入书中营造的逼真的幻想世界，而且也淡化了由人物经历所激发的情感的浓度"①。但是，这并不意味着这种叙述语气已经被现代小说家完全抛弃。我们来读一读洪峰《瀚海》中的这几段：

> 我一直没能对生活，对周围的一切作出诗意的理解。我不是没进行努力，只是发现那样做的结果总是得出似是而非的结论。我的结论是也只能是：生活就是生活，一切就是一切。这就决定了我的故事很难讲述——没有诗意。而诗意对于故事和人们来说是多么重要！我之所以还要讲它，却正是出于这种没来由的自信——
>
> 没有诗意。
>
> 我想，只要你去过沙漠后再到我的故乡来，你就会觉得我的故乡跟天堂差不多。当然，这必须先有一个很不可靠的假设：除了沙漠之外你没去过任何地方，或者你干脆就生活在沙漠里面。
>
> 这是我给您的一个大背景，别的就没有什么可提供的了。这就决定了故事的难度是不是？
>
> ……
>
> 我的故事终于讲完了。如果说还有一些我刚刚提起来又丢下的故事和人物，我已经没有兴致讲了。无论如何，故事到这里必须结束了。
>
> 如果说我自己还有什么想法，那就是恳求大家等一等再说话。
>
> 最后我认为有必要告诉大家关于结构的处理方面的问题。巴乌斯托夫斯基先生的那段话我原本是放在最后的，但现在我把它搁在题记的位置上了。我这样干是出于对自己的偏见的修正。也是巴乌斯托夫斯基先生的话太有道理而我太没道理。我发现自己太褊狭太小家子气太那个了。

---

① [英]戴维·洛奇：《小说的艺术》，王峻岩译，作家出版社1998年版，第9页。

> 最后我还想说一遍我说过无数遍的那句话：生活对每个人不太相同。
> 这句话是不是说得太轻松了？值得怀疑。

这是《瀚海》的开头和结尾。这里完全是叙述者"我"在说话："我"对生活的基本看法（这决定"我"将怎样讲我的故事），"我"为什么要讲这个故事，"我"对作为故事大背景的故乡最基本的感觉，"我"为什么要在这里结束我的故事，等等。在这里，我们"听"到的都是"我"在絮絮叨叨地说话，"看"到的都是"我"的话语行为。经过比较可以发现，这里采用的就是一种与乔治·艾略特《亚当·比德》大体类似的"作者闯入式"叙述语气。说大体类似，是因为通常以作者口吻讲述的文本，作者只是作为一个讲述者出现，作为讲述者的作者与他所讲述的故事一般处在分立的关系状态。而《瀚海》虽然是以作者的口气来讲述故事，但与通常的"作者闯入式"不同，这里的作者也是小说中的一个人物。他所讲述的是与他有关的故事，甚至包括他自己的故事。这使得小说的叙述又类似于以"知情者"口气讲述的方式。但《瀚海》又不同于通常的那种以"知情者"身份讲述故事的小说文本。因为在一般的以"知情者"作为讲述者的小说文本中，"知情者"只是获得作者的"授权"来讲故事，即使是以第一人称讲述，这种"授权"也是明确的。因此，读者在阅读小说的过程中，理智上一般不会将这个讲述者看成作者本人。但《瀚海》不同。《瀚海》中的讲述者在讲述过程中不断强调"我"就是作者，"我在上大学时一时高兴就改了名字，就是现在写在小说题目下面的那个"。这种强调很容易使读者在阅读过程中将作者与讲述者合二为一。从这个意义上说，它的确又是一种"作者闯入式"的讲述方式。

这种叙述语气的选择，为作者实现自己的叙事策略提供了保证。《瀚海》讲述的故事是难以复述的，因为小说不仅涉及"我"的家族父系一脉从爷爷、奶奶、父亲、兄妹一直到"我"自己三代人的故事，而且还涉及母系一路从姥姥、姥爷、舅父、舅母直到表妹，以及与他们相关的人的故事。小说时间跨度大，人物与人物之间的关系，以及发生在每个人身上的故事之间的因果关系也极为复杂。故事的复杂性，被讲述者在讲述过程中对故事进行的多层次的切割和重新拼接进一步强化。这也正是如《瀚海》这类带有明显的现代主义实验性特征的小说文本通常采用的叙事策略。"现代主义和后现代主义小说家也在寻求使读者摆脱只从故事情节中获取乐趣的阅读方式，他们的做法是打破传统小说模式，割断并重组暂时性和因果性链条。"[1]《瀚海》采用的直接与读者对话的"作者闯入式"叙述语气，为"他们的做法"提供了方便。这种"作者闯

---

① ［英］戴维·洛奇：《小说的艺术》，王峻岩译，作家出版社 1998 年版，第 92 页。

入式"的叙述语气，实际上是赋予讲述者以作者的权力，从而使之成为了一种结构性支撑。换句话说，讲述者转换成了那个可以按自己对于故事的理解来安排讲述次序（或者说结构），想怎么讲就怎么讲的作者。他可以按照自己的意愿"任意"进行故事的拼接，并暗示读者在这种相关故事的拼接中，即在重组后的暂时性和因果性链条中，去领悟文本意义。由于这种暗示是借"作者"的语气表达的，因此，它的效果也显得更加突出。除这里摘引的《瀚海》的几个段落外，在马原的《冈底斯的诱惑》、苏童的《一九三四年的逃亡》、王蒙的《青狐》等作品中，都能获得这样的阅读感受。

细致品味一下从《瀚海》节选的段落，我们还有一个发现，即作者是用一种对自己的能力表示某种程度的怀疑的语气，来开始和结束他的讲述的。他坦然承认自己无法对生活作出诗意的理解，他怀疑自己无数遍说过的那句话是否说得"太轻松了"。在故事讲述过程中，他也总在怀疑自己对于人物及故事的理解力。一般情况下，这种作家的自我怀疑，自然会被看成是作家在"装糊涂"。但这种语气又的确造成了一种极为重要的叙述效果，即它显示了作家的诚意并且要求读者相信他的诚意。这时，小说的叙述语气又成了一个"叙事圈套"。在这一"叙事圈套"的引导下，读者在不知不觉间会很自然地接受"作者"（严格说来，仍然应该是讲述者）讲述的故事，并接受他对故事所包含的意义的暗示，比如"生活对每个人确实不太相同"——读到《瀚海》的最后一句，我们是不是也会发出同样的感叹？

讨论题

1．比较一下全知视角的叙事与主观视角的叙事给我们的阅读感受有什么不同。

2．能否将本节中摘引的《战将》的段落转换成全知视角的叙事？比较一下转换之后不同的叙事效果。

3.6.　原型与互文性

年轻人环视门厅："安吉丽卡在这儿吗？"

"爱尔·帕伯斯特？不在这儿。找她干什么？"

年轻人的肩膀垮了下来。"啊，耶稣。我以为她肯定在这儿。"

"据我所知，她从没有报名参加这个研讨会。"

"可这一定是唯一的一个了，"年轻人痛苦地说，"我从一个国家到另一个国家满世界追那女孩。欧洲，美国，亚洲。我花完了所有的积蓄，我的美国捷运公司信用卡也因透支被收了回去。我不得不在从香港到亚丁的船上打工，搭便车穿过沙漠，差点渴得送了命。自从她在鲁米治不辞而别，我再也没有得到她的任何音讯。"

——［英］戴维·洛奇《小世界》

（罗贻荣译，重庆出版社1992年版）

阅读小说最让人愉快的莫过于故事本身的吸引力，但是就作家而言，找到一个好的故事却并不是一件容易的事情。当戴维·洛奇想写一部有趣的小说，并已明确了所要表达的内容——高等院校和科研机构的学者们在没完没了的会议旅行中所显现的追名逐利的欲望——而且，主要的人物也已经历历在目时，却陷入了困境。在《小世界》的导言中，我们读到了这样的剖白："'主要问题是找到某种情节结构，将不同国家各色各样不同类型的学者聚集在一起，使他们在不同的地点、不同的聚会中彼此频频相遇，发生纠葛，并保持持续不断的叙述趣味。'在很长一段时间内，这个难题使我受到挫折。"在作者的笔记里甚至出现了这样的绝望呼喊："什么东西才能作为一个故事的基础？"①

几乎处于绝望境地的戴维·洛奇想起了神话结构，一个奥德赛②式的长途旅程：爱尔兰青年柏斯在英国一次学术会议上对美貌博学的安吉丽卡一见钟情，但会议还未结束，她便消失了。他只好一路追寻，在各式各样的学术会议中寻找安吉丽卡。戴维·洛奇在这里如同找到了一个能够完整透射世界的棱镜，《小世界》用一个年轻人追寻意中人的情节把学术圈的千头万绪都一一编织在一起，从而在对一个现代人的爱情故事的讲述中，展现西方学术界形形色色的人和光怪陆离的事。这部"学者的罗曼史"出版伊始就在西方文坛引起轰动，不仅被评论界誉为"空前的杰作""最卓越、最有趣的小说"，在知识分子中广为流传，而且也深受一般读者喜爱。

《小世界》的成功，应该说在很大程度要归功于"追寻"这一原型情节结构。文学中的"追寻"结构可谓源远流长。早在古希腊神话时期就有伊阿宋取金羊毛的故事和俄底修斯历险的故事；中世纪广为流行的骑士文学中有《帕尔齐法尔》，以及与此有关的寻找圣杯的传说；近代有班扬的《天路历程》和歌德的《浮士德》。只不过到了近代，英雄追寻的不再是绝世珍宝，而是灵魂和人生的归宿了。直到现代，作家们还十分热衷于在作品中运用"追寻"原型，如西方现代主义的皇皇巨著《尤利西斯》。小说描写了在一天时间里都柏林的广告推销员布卢姆和青年教师斯蒂芬在城里分别游荡并最终相遇的经历。一个是失去了爱子而妻子又感情旁逸的推销员布卢姆，另一个是对母亲满怀愧疚的

---

① ［英］戴维·洛奇：《小世界》，罗贻荣译，王逢振校，重庆出版社1992年版，第5页。

② 《奥德赛》是古希腊诗人荷马撰写的长篇史诗，描写了古希腊英雄奥德赛从特洛伊战场历经十年路途跋涉，终于返回故乡与家人团聚的故事。

青年斯蒂芬，这两个各有心灵创伤的人在城里的游荡其实就是一种"追寻"，而他们的相遇则类似《奥德赛》中的英雄最终返回家园与家人团聚。又如美国作家查尔斯·弗雷泽曾获得1997年美国国家图书奖的长篇小说《冷山》，也是一部运用了"追寻"情节结构的作品，整个故事好像是一个南北战争版的《奥德赛》，描述的是受尽战火洗礼的逃兵英曼漫长艰难的回家历程。①

原型指一个在神话、传说、文学及其他艺术中循环出现或重复出现的单位，包括形象、描述细节、情节、人物等。正如艾略特所认为的，现代作家借用神话是为了给纷乱无序的现代生活安排一个秩序。原型的第一个重要意义就在这里体现出来：优秀的作家往往非常乐意依靠神话原型的形象、细节、情节、人物等为自己的作品搭建起牢固的框架；优秀的作品往往令人一见之下惊异无比，一切像是刚刚诞生的崭新世界，但是换一个角度来看，它的成功之处和重大意义却在于永恒之物的重现。从原型的角度来看，文学作品实际上都是在形象塑造、情节结构等方面的已有规范下进行的新的创作。

除了宏观上的情节结构原型以外，相当多的文学作品中还包含着原型形象和意象。拉美著名作家马尔克斯获诺贝尔文学奖的名著《百年孤独》中充满了原型意象和形象，如马贡多那场下了四年十一个月零两天的雨，就让人联想起从《圣经》到无数民间传说故事中的大洪水、大暴雨，人类在那些水灾中几乎总是丧失掉已有的一切财产乃至生命，不得不在雨停之后重新开始繁衍、播种、畜牧。同样，《百年孤独》中的大雨也预示着布恩地亚家族和马贡多的衰败，为小说最后那阵把马贡多席地卷起、吹得无影无踪的大风作好铺垫。除此之外，父亲形象、西绪福斯②形象、忏悔者形象、耶稣形象等都是小说中常出现的原型形象，如卡夫卡的作品就包含着作为权威和恐惧力量出现的父亲原型，而主人公的挣扎和追求中则叠印出西绪福斯的形象。又如无数西方小说中都出现过以耶稣为原型形象的人物，俄国作家陀思妥耶夫斯基的《白痴》中的主人公梅思金公爵就是其中之一。

描述细节的原型在文学中也是举不胜举，如占卜、死者复生等。在娴熟的作家那里，这些都是必不可少的推进情节发展、预示人物命运或者营造魔幻氛围的内容元素。

在人物塑造方面，原型为人物的基本形象和命运打下了坚实的基础，原型人物和小说人物之间具有牢不可破的类比关系。美国作家麦尔维尔的《白鲸》

---

① 2003年美国米拉麦克斯公司将这部小说搬上了银幕，由安东尼·明格拉导演，妮可·基德曼、裘德·洛主演。

② 希腊神话中，西绪福斯是科林斯城的创建者，因违抗神的旨意而被罚推着巨石上山。他把巨石推向山顶，巨石又因自身的重力滚回山下，于是他又重新推石上山，如此往复，永无休止。

中就充满了原型人物。《白鲸》主人公是捕鲸船"斐廓德"号船长亚哈，故事却是由水手以实玛利叙述的。以实玛利来自《旧约·创世纪》中的一个人物：亚伯拉罕之妻撒拉不育，遂将使女夏甲送给丈夫为妾，夏甲生子以实玛利。但后来撒拉也怀孕了，生子以撒。为了让以撒独有继承权，她让亚伯拉罕把夏甲母子赶出家门。小说叙事人以实玛利身上实际上暗含着《圣经》的这个原型人物的特点：被逐出家门、被社会遗弃的人。小说中以实玛利厌倦陆地生活而出海，到荒凉辽阔的大海上漂泊，这和《圣经》里的以实玛利被人赶出家门流落荒漠具有明显的相似之处；而且，正如《创世纪》中的以实玛利最终被上帝所救，小说中的以实玛利也是"斐廓德"号与鲸鱼的大战中唯一的生还者，最终成为这个惊险故事的唯一讲述者。

《白鲸》的主人公亚哈也是一个基于原型人物基础上的人物形象，他的原型是《旧约·列王纪（上）》中的古以色列北部以色列国第七代国王亚哈。正像《圣经》中的亚哈一样，小说中的亚哈船长既有勇有谋、聪明能干，又阴险残暴、蔑视天神，具有魔鬼一样偏执、疯狂的复仇心理。他的结果也同作为原型的以色列王一样，遭天惩而覆灭。

原型对文学的重大作用来源于它的"出身"。原型来源于人类从史前就开始的长期社会实践，它是人们从人类整个文明进程来探索文学意义的结果。文学中的每一个原型都是抵达我们长久生活着的这个世界的探险路标——它们大部分已经被人遗弃和扭曲，原型提醒我们将它们重新拾起、清理、收藏。

瑞士心理学家荣格和加拿大思想家、文学理论家弗莱分别针对原型阐发了自己的观点。荣格强调原型是一种集体无意识，是本能、经验的表现，是人的一种先天的能力。因而，原型成为了每个人与人类早期记忆、文学与神话传说、文明与史前、个体与群体的沟通媒介。文学艺术作为原型的优秀载体，一方面寄寓了作者有意或无意传达的某种"种族记忆"，另一方面复活了读者内心的心理积淀，使作为个体的读者能够通过作品和久远的人类活动、经验、记忆进行对话、交流。弗莱则把神话和宗教仪式中的原型概念借用到文学中，从文学的原型出发，强调原型对于文学的建构价值。他认为，文学作品可分为五个层面，即字面层面、描述层面、形式层面、神话层面、普遍或综合的层面。原型就是在神话层面反复出现的意象，它们把这部作品同其他作品联系起来，使我们的文学经验成为一个整体，看到它们的相似性，从而发现文学的结构就是神话的结构，而所有的文学都是整个人类经验的组成部分。弗莱认为，只有在原型的基础上，文学作品才能集结它所有的力量把自己和自然、世界对立起来，从模仿自然上升到超越自然，形成自己一个独立的完整的宇宙。

　　根据上述观点，文学原型首先是作为一个沟通单位，并且首要的是沟通文学和人类活动之间的文化关系；同时，不能忽略的是，原型作为一个文学结构单位，在每一部作品中显然具有其特殊的审美意义，这才是它能够成为弗莱所说的"第二自然"或"宇宙"的根本原因。每一个文学形象和它的原型形象之间都不可能一模一样，这之间或紧密或松散的距离感是文学形象独立性的基础，而形象的审美特征和功能最终来源于作品本身。

　　无论是从沟通功能还是从审美功能来看，文学原型都是由观念和感情交织在一起的一个个结构单位。每一次对原型的重复或变异都揭示出它的强大生命力，同时又一次次让人领悟到原型的神秘性。观念是可以如此轻易地被批评家和读者猜透，但与观念一起交织在原型中的感情却是一个千年难破的谜，文学原型因此往往是些让人心中感念，口中却不能明言的文学单位。只有追溯到每个人的集体无意识，追溯到人类远祖的所有经验和记忆中，才能探究清楚原型中的感情因素。因此，从文学原型出发，可以探寻到所有人类最隐秘的心理情结，其结果正如弗莱所言："探索各种原型便构成一种文学上的人类学。"①

　　如果说原型是从人类活动的整体领域对文学的一次寻根探源，那么，互文性（Intertextuality，亦译作"文本间性"）就是在文学领域中对文学性质的一次重大发现；如果说原型是对文学作品的意义进行了长途跋涉的纵向探寻，那么互文性所展开的就是对文学作品横向关系的探寻。

　　互文性是指两个或多个文本之间相互作用的一种关系。法国批评家罗兰·巴尔特甚至认为所有的文本都是互文性的。互文性要说明的是，文学作品就像一场没完没了的大型宴会上端上来的菜，看起来样样都没有重复的，实际上统共就只有二三十样原料，不过是第一次怎么搭配怎么烹的，第二次再上就换一种搭配和烹法。所以味道不一样只是一种效果，实质是你中有我、我中有你。

　　互文性渗透在文本的各个方面，如语言、结构、情节、人物、体裁等。

　　互文性首先表现在文学作品的素材即语言本身。当每个人说话时，是面对他人在说话，不存在完全没有对话者的说话，因为即使是独白也有它所意指的对象。语言总是指向某种对象，在最不可能有对话者的情况下，则很可能是指向上帝、大自然、一只猫、一棵树、一块石头或者其他，总之是一个特殊的、相信能够倾听我们说话的对象。所以，很容易推想出来的是，我们的语言，无论是说出来的还是写下来的，总是针对并包含对话者的语言的，换句话说，所有的语言都具有对话性。在俄国文学理论家巴赫金看来，"对话"所包含的词语互动，是语言的根本属性。词语并不是中性的，必然与他人相关。同语言与

---

　　① ［加拿大］诺思洛普·弗莱：《文学的原型》，黄志纲译，见吴持哲编《诺思洛普·弗莱文论选集》，中国社会科学出版社1997年版，第85页。

生俱来的对话性相似,每一部文学作品也天生地针对和包含着其他文学作品,"任何作品的文本都是像许多行文的镶嵌品那样构成的,任何文本都是其他文本的吸收和转化"①。任何文本都是一种互文。在任何一个文本中,都可以或多或少辨认出其他话语和其他文本的不同程度的存在。

比如说爱尔兰作家乔伊斯的巨著《尤利西斯》,就是一个结构、人物,甚至场景互文性的突出例子。《尤利西斯》前三章与《奥德赛》的第一部分对应,前者斯蒂芬对精神父亲的追寻与后者尤利西斯的儿子外出寻找父亲相似;《尤利西斯》的第四到第十五章与《奥德赛》的第二部分相似,前者是布卢姆一天内在城里各处的游荡,后者写了尤利西斯十年的历险漂泊;《尤利西斯》的第十六章到第十八章与《奥德赛》的第三部分写的都是团聚。除了结构的互文,这两部作品人物间的类比关系更是一目了然,只不过古希腊史诗里的英雄尤利西斯在乔伊斯的安排下变成了都柏林城里平庸普通的商人布卢姆,而尤利西斯勇敢的儿子在乔伊斯的作品里成了爱尔兰虚无忧郁的青年历史教师斯蒂芬。最令人难堪的是,《尤利西斯》里能拿出来与古希腊尤利西斯忠贞不渝的妻子相对照的,只有生性放荡的莫莉(布卢姆的妻子)。从结构和人物的互文来看,说《尤利西斯》是对《奥德赛》的反讽模仿似乎是言之成理的,但矛头指向的不是古希腊人的天真或者说迂腐,而是我们这个时代和社会的问题,也许文明的发展本身就是反讽的。

体裁的互文可以说是20世纪以来不少作家的拿手好戏,除了可以被称为"文体俱乐部"或"试验室"的《尤利西斯》以外,美国作家汤姆斯·品钦的长篇小说《万有引力之虹》就是集散文、评论、随笔和札记为一身的混合物,内容涉及高等代数、导弹工程学、物理学、侦探技术、变态性爱等。这里,值得思考的问题不是忧虑那些体裁的互文会不会动摇小说的纯洁性,而是重新思考所谓的小说力量,思考是不是小说本来就应该如此,而长久以来的小说理论和文学理论却过分束缚了小说原本年轻的生命力和创造力。

互文性对于作家的启发无疑是最大的。从互文的角度看过去可以发现,任何作者在写作时都是在对别的文本进行有意或无意的改写,在写作中更为普遍的现象是作者对以前作品无意识的改写。而有意识的改写包括诠注、翻译、典故的运用和反讽模仿等。后一种改写如由林纾翻译的《巴黎茶花女遗事》(索隐书屋刊本1898年版),这是林纾在好友王寿昌口授的基础上,以文言文翻译的小仲马的《茶花女》。林纾本人并不懂外文,因而此种文言《茶花女》可以说是林纾用中文文言对法文《茶花女》的改写。由于他完全不懂法文,这种

---

① [法]朱丽娅·克里斯蒂娃:《符号学:意义分析研究》,转引自朱立元《现代西方美学史》,上海文艺出版社1993年版,第947页。

"翻译"也因此呈现出更为突出的改写特征，加入很多译者从自己所处的环境推己及人的想象成分。典故的运用方面如美国作家塞林格的名著《麦田里的守望者》的开篇：

> 你要是真想听我讲，你想要知道的第一件事可能是我在什么地方出生，我倒霉的童年是怎样度过，我父母在生我之前干些什么，以及诸如此类的大卫·科波菲尔式废话，可我老实告诉你，我无意告诉你这一切。①

如果读者明白"大卫·科波菲尔"是谁，就知道这里作者所表达的恰是不想照着传统现实主义小说的写法，从主人公的出生起娓娓道来。顺着看下去的话读者就会发现，这个挑衅可不仅仅在这一点上的，这只是一个开头，整部小说都是一种挑衅的姿态，讲述一个少年叛逆者的故事。

说到互文中的反讽模仿，不能不提鲁迅的《故事新编》。《故事新编》的八个故事都取材于中国历史、神话与传说，从上古时代的女娲补天、大禹治水，到中国古代哲学家老庄。用鲁迅自己的话说，《故事新编》是一部"神话，传说及史实的演义"。说"演义"还不确切，实际上是以反讽、戏谑的方式，对传统的故事进行颠覆性的改写。

唐人杜光庭的传奇小说《虬髯客传》的改写遭遇，也可以说是相当有代表性的互文例证。《虬髯客传》写的是唐朝开国大臣卫国公李靖与红拂、虬髯客的故事，说隋末志士李靖，本想献策于隋朝重臣杨素，见面后却遭遇对方的傲慢且不采纳建议，因而想去太原投奔李氏父子即后来的唐太祖唐太宗。夜晚有人来访，是杨素接见他时站立身旁的歌女红拂（因手持红拂而得名），原来红拂看出李靖将有一番作为，便爱慕于他。二人私奔，在客栈遇到满脸络腮胡子的汉子虬髯客。红拂看出此人不俗，与他结拜，互称三哥一妹，并介绍李靖相识。虬髯客本欲自创功业，随李靖见李氏父子后遂死心，将全部财产悉数赠与李靖，携妻并一仆离去，嘱言十年后若东南方有消息，则功业有成，可洒酒相庆。李靖用虬髯客赠与的财产助李氏父子成就唐王朝，自己也功成名就，红拂得享富贵。十余年后果然听闻扶桑国有人杀了国王而自立为帝，国事已定，知道三哥（虬髯客）功业已成，遂向东南洒酒相庆。这个故事后世流传甚广，曲里有凌初成的《虬髯翁》，戏中则有明代张凤翼所作的《红拂记》，甚至还有人作画"风尘三侠"，专画传奇中的三位侠士。在这些互文性的创作中，可以

---

① ［美］J. D. 塞林格：《麦田里的守望者》，施威荣译，译林出版社 1999 年版，第 1 页。这里的"大卫·科波菲尔"指英国 19 世纪作家狄更斯的同名小说，小说从遗腹子大卫·科波菲尔的出生写起，记叙了他的成长历程。

说，当代作家王小波的《红拂夜奔》是最为"离谱"的了：

> 李卫公死了以后，红拂也不想活了，她想自杀死掉，但是大唐朝制度严明，一切都要纳入计划，所以她每天都要往各种衙门跑，给自己办理殉夫的手续。官员们对她很客气，对她的打算也很赞成，但是还是要她等指标。她需要各种指标，首先，需要一个非正常死亡指标。这是因为长安城里每年只能有三百人非正常死掉，死于车、兵、水、火的都在内，毒药也在内，只有病死老死不在内。这件事要由刑部衙门办理。管这件事的官儿查来查去，发现各种死法的人都已大大超过了指标，只有下月上吊死的人还有空额，所以就批准她上吊死掉……拿到准许上吊的批件后，又要到礼部去办手续，这是因为寡妇殉夫属于意识形态的范畴。礼部风气司的官员却说，这个季度殉夫的人太多了，使整个社会空气趋向悲观，所以起码要等到下一季度。为这件事又得和刑部扯皮。除此之外，还要在死掉之前注销各种注册、户籍、会员……不管怎么说，她有车子、有身份，已经占了好大的便宜。最起码到了礼部可以在贵宾室喝着香片等候接待，用不着像那些个小寡妇那样，在办公室门外站队，战战兢兢地听到里面怒吼连声："光想自己立贞节牌坊，就不想想给我们的工作带来多少麻烦！"在礼部填写有关表格时，在"殉节动机"这栏里，她填上了"觉得活着太麻烦"。后来在别人的一再启发下，才添上了思恋卫公。这样添了以后，她觉得活着更麻烦了。后来她又发现表格上有"殉节方式"一栏，就填上了"割腕"两个字。后来礼部官员看那张表时，就说刑部批您上吊，您怎能割腕呢。这份表只好重填，想要贴上张白纸条改过是不成的，因为这是命妇殉节，有关材料恐怕要呈皇上御览，有贴补的地方不行。可是那些表格少的也有三四十页，全都要用工楷填写，重填真是麻烦死了。

王小波的《红拂夜奔》以《虬髯客》的故事作为底本或者说跳板，这种互文关系很清晰。不仅如此，在小说中，作者还在每章的开头进一步扩展所谓的"出处"和互文性：或者说这一章内容受到了卡夫卡《变形记》的影响，或者在上引部分的章目下注明"因为本章里提到红拂申请自杀指标的事，作者想起了一件相似的事：本年度北京城里交通事故死亡指标是一百九十二人，本区只有十七人"。这种互文已经超越了原来那个故事的范围，而和"当下"现实联系了起来。同时，我们也意识到，上述段落中互文的魅力离不开这两种文本（传奇文本和现实文本）的差距，正是唐代的红拂故事被叠加到了现实生活中，表层故事和现实情况、虚构和写实的"犬牙交错"挤压出表里不一的意义反差，互文的反讽意味才显露无遗。

从读者的角度看，互文性扩大了读者的主动性。比起传统的、以作者为准绳的阅读方式，互文性带来一种更为自由的阅读方式。比如看到《儒林外史》中的不慕功名、行事颇为怪异的杜少卿，可能会想到《红楼梦》里的贾宝玉，二人的不通世道确有些相似之处。还有网络上的超链接也是一种"互文"，可以说，这前所未有地扩大了读者的阅读范围，赋予他更多的主动性，也方便了阅读。

讨论题

1. 互文性对我们的文学阅读提出了怎样的要求？

2. 比较一下唐传奇《虬髯客传》和王小波的《红拂夜奔》，分析一下后者的独创性。

3.7.　意识流小说和"元小说"

装帧好像太讲究了，这是什么书啊？《摩西经书》第八、第九卷。大卫王的御玺。书页上还粘着拇指痕迹，准是一遍又一遍地被读过的。在我之前是谁打这儿经过的？怎样能使皲裂的手变得柔软。用白葡萄酒酿造醋的秘方。怎样赢得女性的爱情。这对我合适。双手合十，将下列咒语念诵三遍：

受天主保佑的女性的小天堂！请只爱我一人！

神圣的！阿门！

几点过一刻啦　可真不是个时候　我猜想在中国　人们这会儿准正在起来梳辫子哪　好开始当天的生活　唔　修女们快要敲祷钟啦　没有人会进去吵醒她们　除非有个把修士去做夜课啦　要么就是隔壁人家的闹钟就像鸡叫似的咔哒咔哒地响　都快把自个儿的脑子震出来啦　看看能不能打个盹儿　一二三四五　他们设计的这些算是啥花儿啊　就像星星一样隆巴德街的墙纸可好看多啦　他给我的那条围裙上的花样儿就有点儿像不过我只用过两回　最好把这灯弄低一些　再试着睡一下……

　　　　　　——［爱尔兰］詹姆斯·乔伊斯《尤利西斯》（节选）

　　　　　　（萧乾、文洁若译，译林出版社1996年版）

上引的两段都来自爱尔兰作家乔伊斯的《尤利西斯》。第一段是都柏林的中学历史教师斯蒂芬的意识活动片断，当时他正漫步在都柏林街头的书摊边，一边翻看摊子上的书，一边浮想联翩。首先他在一堆破破烂烂的书中间发现了一本装帧考究的书，心里惊奇，拿起来一看是"《摩西经书》第八、第九卷"。但真正的《摩西经书》(《旧约全书》的前五卷）根本就没有第八卷和第九卷，书摊上的这本明显是伪造的。这种书一般刊登秘方、法术，斯蒂芬一翻就翻到了刊有"大卫王的御玺"的这一页。这时，斯蒂芬注意到了书页上的拇指痕迹，想到这肯定是被人一遍一遍翻过、读过，于是又想到底是谁在他之前从这儿走过呢？但显然，他很快又被书摊上的另一本书吸引住了。文中没有交代这是一本什么书，但列出的书中的另外三个小标题吸引住了他，一个是"怎样能使皲裂的手变得柔软"，另一个是"用白葡萄酒酿造醋的秘方"，这两个题目都没有让斯蒂芬产生兴趣，直到"怎样赢得女性的爱情"，斯蒂芬马上来了兴趣，心里说"这对我合适"。这一段的最后是斯蒂芬心里默念的问题答案。

上引的第二段是都柏林的一位小有名气的女歌手、广告推销商布卢姆的妻子莫莉的意识活动。因为布卢姆凌晨4点才回家，把正在睡梦中的莫莉吵醒了，她在半梦半醒之间开始了"意识流"。她想起了自己的初恋、情人和丈夫等，突然又想起了时间，应该是很晚了，或者说马上就该开始新的一天了，于是有些抱怨丈夫不应该这个时候回来吵醒了她。然后她想到了中国。因为《尤利西斯》讲述的是20世纪初的故事，那时候西方人印象中的中国人都还留着长辫子，所以莫莉会想在这个时间（大约是凌晨四五点）中国人都应该起来梳辫子了，要不然就会占用白天的时间整理辫子，没办法按时开始一天的活动了。这时，莫莉忽然意识到离她们家很近的一家女修道院快要敲祷钟了。和自己的处境（被丈夫在睡梦中吵醒）相比，莫莉觉得修女们挺幸福的，因为她们睡觉的时候肯定没有人去惊醒她们，当然，也有可能有修士去那儿做夜课而把她们吵醒。修士到女修道院做夜课这个细节实际上不太可信，只能说一方面是莫莉生性有些放荡才会有此联想，另一方面含着作者对神职人员的嘲讽。莫莉觉得自己睡不着还是要怪隔壁那家的闹钟太响，就像鸡叫一样吵闹，如果鸡是这么叫的话，肯定要把自己的脑子震出来了。莫莉想打个盹儿，开始数"一二三四五"，帮助入睡，但是不成。她又注意到了墙纸上的花，太小了，她觉得不如隆巴德街上的墙纸好看。她想起布卢姆买给自己的一条围裙上的花就有点像那儿的花，莫莉很遗憾地想到那条围裙她只用了两回。最后她想到了灯，也许把灯调低一点就能睡了。

如果是第一次接触到这样的文字，相信很多人都无法接受。阅读这样的文字好像是猜谜一样，为什么作者要这么跳跃着安排文字，他想要干什么呢？

要回答这个问题，就要先明确"意识流"这个概念。意识是人脑对于客观世界的反映，是感觉、思维等各种心理过程的总和。在心理学家看来，人的意识是时刻处于流动状态的。心理学家早有这个发现，美国心理学家、实用主义哲学家威廉·詹姆斯1890年在《心理学原理》中提出和详细论述"意识流"（或译"思想流"）概念，他的弟弟亨利·詹姆斯1902年创作了《鸽翼》等意识流小说。在威廉·詹姆斯看来，意识包括有意地或无意地在人的头脑中闪过的各种念头，这些念头往往是以无逻辑、杂乱的形式涌现的。他认为，意识本身不是许多截成一段一段的碎片，我们平时对人的意识的总结是对意识所作的抽象归纳的处理。那么意识是什么样的呢？他认为，不能用"链条"或"系列"之类的字眼来描述意识，意识不是一节一节地拼接起来的。最后他发现，用"河"或者"流"这样的比喻来形容意识是比较恰切的。由此，詹姆斯提出了"意识流"的概念，将人的意识称为"意识流"或"思维流"。

意识流这个术语自1918年被引入文学评论之后，它通常包含三层意思：现代主义文学思潮的一个小说流派；一种小说文体；表现人物心理和意识活动的一种技巧。我们这里主要谈第三层意义上的意识流，即从文学技巧的角度分析意识流的表现手法。意识流创作手法从20世纪20年代开始成了文学的一种写作模式，作家利用它来捕捉人物心理活动的范围和轨迹。上文看到的例子运用的就是意识流创作技巧。正像我们仔细体会过的那样，作者成功地捕捉住了人物瞬间的心理活动，模拟出了一个人在那种情况下思维的跳跃、选择、停留和转折。因此，这两段文字看起来像一盘散沙，实则井井有条，饶有兴味。

意识流其实并不仅仅是一种艺术技巧，而是人的真实的意识活动的全部，就是人的思想、感情、感觉……所以，人们也把意识流看作是题材和内容本身。当人们提到意识流的时候，它既是指一种文学表达技巧，同时也指文艺作品的内容要素之一，即小说中具体描述的感性心理现象。

先从作为一种内容的意识流说起。作家为什么要表现人的意识流呢？因为意识流不仅仅是心理学家对人的意识的研究成果，它还是20世纪初的一批作家和理论家对人的观察的结果。当人们发现作品其实更应该去描绘人物内心的真实时，当人们发现对人的心灵的探索一点儿也不比孤身在南美洲亚马逊河流域的原始森林探险更容易时，文学的发展就在彼时产生了一个巨大的转折，不少作者从在写作中完全包揽人物的塑造（谈吐、服饰、家居等），变成了在作品中主动放弃自身的权力，把空间完全让给主人公奔腾不息的意识活动。20世纪早期，英国著名作家、文学评论家弗吉尼亚·伍尔夫在自己的论文中就从这个角度否定了生活的客观性和现实性，强调"内心真实"。她认为"生活是一圈明亮的光环，生活是与我们的意识相始终的、包围着我们的半透明的封套"，在一个普通的日子里，一个普通人的"心灵接纳了成千上万个印象——琐屑的、奇异的、倏忽即逝的或者用锋利的钢刀深深地铭刻在心头的印象，它们来自四面八方，就像不计其数的原子在不停地簇射；当这些原子坠落下来，构成了星期一或星期二的生活……把这种变化多端、不可名状、难以界说的内在精神——不论它可能显得多么反常和复杂——用文字表达出来，并且尽可能稍掺入一些外部的杂质"。这正是小说家的任务。这一观点能够成立且被作家接受，视接近生活的本来面目为己任的作家自然就会深入人物的意识深层，他们的作品也就会"没有情节、喜剧、悲剧、爱情的欢乐或灾难"。①

从这里可以看出，意识流创作无疑是文学对人的又一次重大发现。人不是外界的物体，人是人的意识活动的总和。需要注意的是，在此之前的19世纪，作家经常从人的外貌、服饰和家居摆设上描写、介绍和判断人物的身份、地位、性格、脾气等，这个时期被称为现实主义文学创作时期。在伍尔夫等人看来，现实主义的创作手法已经不能满足文学的要求了，作家们应该抛弃陈旧的外部表现手法，如描述情节、服饰、家居等，而直接深入到人物的意识中去，真正达到对人物的客观真实的刻画，这是一个需要做出巨大努力的过程。

本节开头所引的两段文字，正是从这个角度切入人物的内心世界的。作者在刻画斯蒂芬和莫莉时，完全放弃了从外部的物质（穿戴、谈吐、房屋、马车等）来写两人，而是将笔触放进了他们每一分钟都纷繁复杂的意识活动里，让人物自己来表现自己。通过这样的处理，我们不仅看到了第一段里青年知识分子斯蒂芬是如何在书摊上浏览和辨认书籍的，还发现除了比一般人博学以外，他实际上和普通人一样，趣味并未高雅到哪里去，和普通人一样对追求女性饶有兴趣，看见了什么秘诀就兴奋异常，马上默念于心。而第二段则成功地模拟出莫莉在半梦半醒之间的意识活动，让每一个仔细阅读过这段文字的人都惊叹于它的真实性。20世纪著名心理学家荣格在写给乔伊斯的信里这样说道："全书最后那没有标点的四十页真是心理学的精华。我想只有魔鬼的祖母才会把一个女人的心理捉摸得那么透。"②

顺带指出，伍尔夫（代表作《达罗维夫人》等）和乔伊斯都是意识流小说的代表作家，其他代表人物还有法国的普鲁斯特（代表作《追忆似水年华》）和美国的福克纳（代表作《喧哗与骚动》《押沙龙，押沙龙！》）。意识流小说是20世纪30年代流行于英、法、美等国的一个非常重要的现代主义小说流派，在西方现代派小说中影响最大。这类小说流行的20世纪上半叶也是现代西方文学史上最重要、最辉煌的时期。它们主要侧重于探索意识的隐秘之处，目的是为了揭示人物精神性的存在。它们反对描摹客观现实，而着力于表现人的内心世界、人的意识流程。在这个过程中，这类小说更多地表现人的感知觉、前意识、潜意识、思想、情绪、回忆、联想等。也就是说，它们把人物的

① ［英］弗吉尼亚·伍尔夫：《论小说与小说家》，瞿世镜译，上海译文出版社1986年版，第7～8页。
② 引自萧乾《尤利西斯》中译本序，见詹姆斯·乔伊斯《尤利西斯》，萧乾、文洁若译，译林出版社1996年版，第12页。

那些并不是很清晰的想法、感触，与已经意识到的那些明明白白的思想糅在一起，这就形成了对人物意识活动的放大镜式的描写或者说记录，而同时作者对人物的内心活动不作任何解释。意识流小说难读的根源就在这里。

意识流作家大量运用内心独白、自由联想和象征暗示的艺术技巧，由里及表、由微观到宏观来表现人物的意识活动，并在语言、文体和标点运用方面有很大创新。

对人物的内心独白、自由联想的意识活动的模仿，常常构成此类小说叙事的主体部分。自由联想如下面一段：

> 他可曾想到过等待他的那个墓穴？人们说，当你在太阳下打哆嗦时，就说明你想到了。有人在墓上踱步。传唤员来招呼你了：快轮到你啦。我在靠近芬格拉斯路那一带买下一块茔地，我的墓穴就在那里。妈妈，可怜的妈妈，还有小鲁迪也在那里永眠。①

这是《尤利西斯》中布卢姆在参加朋友葬礼时的一段意识活动。首先他不无悲伤地想到，正在下葬的迪格纳穆有没有想到这个等待着他的墓穴呢？他想起人们常说的一个说法，那就是在阳光下发抖时你就想到了。布卢姆注意到有人在墓地踱步，这时听见有人催促说，快轮到你啦。在布卢姆听来，这句平常的、让他走近墓穴告别的催促之语似乎别有含义。朦胧中他似乎感到这句话是说他下葬的事快到了，于是想起了墓地，早已葬在那里的小鲁迪（他幼年夭折的儿子），以及为孩子夭折的事而一直悲痛的妻子莫莉。这一段里主人公的意识在半明半暗之间飘动，一会儿注意到葬礼的现场，一会儿被自己暧昧不明的想法牵引着游离开来。

而意识流小说中的内心独白常常和叙述纠缠在一起，如下面一段（方括号内文字为本书编写者的说明）：

> 他侧耳听着它吱吱舔食的声音［叙述语］。做火腿蛋吧，可别［内心独白］。天气这么干旱，没有好吃的蛋［内心独白］。缺的是新鲜的清水［内心独白］。星期四嘛，巴克利那家店里这一天也不会有可口的羊腰子［内心独白］。用黄油煎过以后，再撒上胡椒面吧［内心独白］。烧着开水的当儿，不如到德鲁加茨肉铺去买副猪腰子［内心独白］。猫儿放慢了舔的速度，然后把碟子舔个一干二净［叙述语］。猫舌头为什么那么粗糙

---

① ［爱尔兰］詹姆斯·乔伊斯：《尤利西斯》，萧乾、文洁若译，译林出版社 1996 年版，第 200~201 页。

［内心独白］？上面净是气孔，便于舔食［内心独白］。有没有它可吃的东西呢［内心独白］？他四下里打量了一番［叙述语］。没有［内心独白］。①

意识流作家大都漠视情节的连贯性，而大胆瞩目于对人的完整的意识活动的模仿。这其中一个重要的原因就在于他们有一个全新的时间、空间观念。在意识流作家看来，真正的时间和空间存在于人的具体独特的意识活动中，不能按照外在的物理的时间空间来剪裁人物的意识，相反，要用人物的意识活动来统摄时间的流动和空间安排。

为了更生动地描摹人物的意识活动，意识流小说对语言和文体做了很大改革。比如《尤利西斯》第八章中两个人聊天时出现了这样一个词："Smiledyawnednodded"。这是"微笑""哈欠""点头"三个英文词过去式的连写，作家是想用这个特殊的"合成"词表现三个动作的同时性。又如《尤利西斯》中的十八章的文体都各不相同，最奇特的是第十四章，写的是当一个产妇在医院分娩时，斯蒂芬等人却在医院食堂里喝酒。乔伊斯搬出英国各个时期的散文体裁，开始是最古老的盎格鲁—撒克逊体，接着是稍晚些的散文体，最后是晚近的新闻体。如此交换文体，由远而近，由雏形到比较成熟的散文格式，暗示出胎儿在母体内的成长发育过程。

除了上面列举的这些意识流小说对传统小说叙事所作的创新外，为使文本对人物意识活动的模仿更加真切，意识流小说在文本形式如标点方式上也有所创新，以使文本对人物意识活动的模仿显得更加真切，同时借鉴其他艺术表现手法，如电影蒙太奇②等，来强调人的意识活动在不同意识点上的直接跳跃和切换。前者如《尤利西斯》的最后四十页，为了模仿人物无休无止的意识浪潮，乔伊斯竟去掉了所有的标点，只剩下莫莉在半梦半醒间的胡思乱想。而后者，在本节几乎所有引述的《尤利西斯》片断中都可以看到，这是我们在阅读意识流小说时应该学会去观察、感受和分析的。

这里还想顺便谈到的是，和意识流小说一样对我们惯常的小说阅读感受产生极大冲击的，还有"元小说"。我们可以先读一读下面这段文字：

> 我其实与别的作家没有本质不同，我也需要像别的作家一样去观察点什么，然后借助这些观察结果去杜撰。天马行空，前提总得有马有天空。

---

① ［爱尔兰］詹姆斯·乔伊斯：《尤利西斯》，萧乾、文洁若译，译林出版社1996年版，第118～119页。

② 来自法语，原意为建筑学上的构成、装配，借用到电影艺术中有组接、构成之意，意味着若干镜头组成一个场面，而若干场面则构成一个段落等。

比如这一次我为了杜撰这个故事，把脑袋掖在腰里钻了七天玛曲村。做一点补充说明，这是个关于麻风病人的故事，玛曲村是国家指定的病区，麻风村。

毫无疑问，我只是要借助这个住满病人的小村庄做背景。我需要使用这七天时间里得到的观察结果，然后我再去编排一个耸人听闻的故事。我敢断言，许多苦于找不到突破性题材的作家（包括那些想当作家的人）肯定会因此羡慕我的好运气。这篇小说的读者中间有这样的人吗？请来信告诉我。我就叫马原，真名。我用过笔名，这篇东西不用。①

"元小说"也称"超小说"，这是从西方现代小说理论中借用的一个术语。用通俗的语言来为它定义，是指那些"有关小说的小说"，那些"关注小说的虚构身份及其创作过程的小说"。②这类文本的一个突出的特征就是"在创作小说的同时又对小说创作本身进行评述"③，通常采用叙述者与想象的读者对话的方式，将小说的创作过程穿插于叙事之间，甚至不惜向读者披露小说的故事编造、情节构置、结构安排等"机关"，目的在于加速读者对于文本叙事过程本身的反应。上引这段文字就是一个作者在小说中讨论自己创作这篇作品的来源和想法，甚至将自己的真名实姓写进小说里。

为什么要这样做呢？因为小说是虚构的，"元小说"就是要通过拉开读者与生活的距离，打破现实主义真实性的幻觉，打破那种认为小说是天然、合理的独立世界的幻觉。文学史上的绝大多数作家都想用自己的文字构成这样一种"真实"的幻觉，而在"元小说"看来，实事求是地面对小说这种虚构艺术，应该揭示它本身的虚构性，使读者明确意识到小说远不是现实生活的摹本，而只是作家编撰的故事，是人工制品。所以，"元小说"同时是小说和评论，作者也同时兼任了作家和评论家的角色。说得更深刻一点则是，"元小说"的创作者认为，没有任何理由相信，我们可以真实地表现我们和我们生活着的这个世界。一个人的档案能够说明一个人吗？国家的秘密卷宗能够代替所发生的真实的事件过程吗？不能，谁都不能夸口说他所讲述的是最现实和最真实的，除非他想骗人。既然现实生活中的证据都不是那么可靠，那么为什么我们要求小说这种明摆着的虚构艺术，能真实地、不走样地反映这个社会、这个世界呢？如果是那样的话，就赋予了小说太多的特权，它承担不起。那么小说能做什么呢？它能思考我们是怎样言说自己和这个世界的，就是说它不去关注人们说的

---

① 《虚构》，《马原文集》卷一，作家出版社1997年版，第3页。
② ［英］戴维·洛奇：《小说的艺术》，王峻岩译，作家出版社1998年版，第230页。
③ 林骧华主编：《西方文学批评术语辞典》，上海社会科学院出版社1989年版，第46页。

和做的那些事即内容本身，而是揭示人们是怎么说的和怎么做的，揭示意义是如何被构成的。"元小说"的创作者认为，这是小说能够做和应该做的事情。

"元小说"的创作者于是致力于揭示小说中的语言是如何构筑起小说本身的，这个举动就像从城堡上丢下的滚木一样，摧毁了它沿途碰到的障碍：人物、情节、结构、故事、作者、文体等。它颠覆了小说作者的权威、人物的现实性、故事的可靠性、情节的连贯性、结构的完整性、文体的统一性，当然还包括文学上的各种陈词滥调、惯用手法，等等。作为一种回报，"元小说"则获得了自由的人物、开放的结构、灵活的视角、颠覆性的叙事、文本中套文本的文体混杂、玩世不恭的语言，以及新鲜奇妙的艺术境界。简言之，"元小说"是对传统小说的反叛、反省。

不要以为"元小说"是完全推翻了传统小说的小说，其实传统的创作手法在"元小说"中提供了一种背景，优秀的"元小说"作家在这之上施展其实验技巧，使这些传统手法和结构变得陌生。如下面一段：

> 现在当我注视查尔斯的时候，我要提出的问题不同于上述两个问题，而是：我要拿你怎么办呢？我早想就此了结查尔斯的故事，在他赴伦敦途中永远撇开他。然而维多利亚时代的小说所习用的套式，是不容许没有结尾的结局的，但却容许没有结论的结局；而我，早先就主张应给小说中人物以自由。我要解决的问题很简单，查尔斯的要求清楚吗？应当说是清楚的。然而小说的首要角色的要求并不那么清楚，而此时我确实不知道他的去向。当然，如果这是真实生活中的两个片段，而不是我想象中的两个虚构人物，那么，进退两难局面的结果则是明显的：这个人物的要求和那个人物的要求相互冲突，最后按生活真实的可能去决定胜负。小说往往假装忠实于生活真实，作家把冲突的双方摆进竞技场中，然后描绘两者之间的冲突，但实际上却把这场冲突事先加以安排，按照自己的喜爱让其中一方取胜。……我继续注视着查尔斯，同时意识到没有必要把他即将参与的冲突安排下来。这使得我只可能有两种选择。让这场冲突继续下去，只扮演记录的角色，或者在这场冲突中同时同情冲突的双方。我注视着那张有点疲惫、但并非毫无作用的脸。当我们临近伦敦时，我觉得我找到了一个解决问题的办法；也就是说，这个进退两难的局面是虚假的。我不参与这场冲突的唯一办法，是对这场冲突提出两种不同的结论。①

---

① ［英］约翰·福尔斯：《法国中尉的女人》，阿良、刘坤尊译，花城出版社 1985 年版，第 432～433 页。

这是英国作家福尔斯的名著《法国中尉的女人》中的一段，作者不仅安排了自己和主人公在车厢里的相遇，而且面对面地看了一会儿他笔下的主人公查尔斯，琢磨着怎么给他安排下面的情节。查尔斯是一位具有自由思想的贵族，他本来和小镇上一位富商的女儿订了婚，却又同时被小镇上一位名誉不甚好的女子莎拉吸引。当莎拉被普尔特尼太太辞退，失去了家庭教师的工作后，她离开了小镇，查尔斯则四处寻找她。就在这个时候，出现了上文的一幕。小说作者在查尔斯的车厢里面对面坐着注视他，想："我要拿你怎么办呢？"他其实早想了结查尔斯的故事，比如说就在查尔斯到伦敦的当儿就丢掉他。唯一让他担心的是，读者恐怕难以接受这样的结局，就是说没有结尾。但是福尔斯很明白自己的想法，他早就主张要给小说中的人物以自由，作者不应该过多干涉人物。顺着这个思路，他重新考虑查尔斯和莎拉的故事。查尔斯显然想找到莎拉，但是福尔斯觉得他不能肯定莎拉的想法，而且他更不能在不知道的情况下给定莎拉的去处。换个角度，如果在现实生活中，这一切会如何发展呢？福尔斯把这两个虚构的人物放进了现实来考虑，结果就是当两者的要求冲突时，应当让生活的真实本身决定他们的结局。想到这里，福尔斯不禁开始抱怨长久以来创作小说的习惯：作者假装忠于生活，事实上操纵一切，从主人公之间的冲突到他们的结局。福尔斯认为他没有必要替查尔斯安排结果，于是他就只有两条出路：要不就是让他们的故事依照生活的真实面目自己发展下去，他仅仅充当记录的角色；要不就在冲突中同时同情双方。在列车即将到达伦敦的时候，福尔斯终于找到了问题的解决办法：安排两种结局。

在小说冲突渐趋白热化，故事结局呼之欲出的当口，作者却从隐蔽的叙述人的角色中走出来，和人物坐在了一起，讨论他的命运，评论传统小说的创作手法，解释他本人的创作想法和打算。小说中这个怪异的段落正是基于作者对传统小说创作方法的熟悉，上述引文中的作者不仅在文中讨论了传统小说的创作方法，同时也利用了这些方法造成了小说扑朔迷离的面貌。传统小说里作者是隐蔽的、高高在上的、统摄一切的，福尔斯所以才反其道行之，在紧要关口公开亮相；相对于传统小说的单一故事结局，《法国中尉的女人》则拥有不止两个结局。没有传统小说创作的程式化就没有福尔斯"大逆不道"的行为，二者相辅相成。可以说，每一部开放的"元小说"背后都有一种或若干种传统小说的影子。

"元小说"作家在构筑小说的幻象的同时又揭露这种幻象，展示它的所有技巧；反过来也可以说，"元小说"作家在揭露传统小说的种种幻象的同时又利用它们形成自己的幻象，一个精妙、神秘、引人深思、令人激动的迷宫般的花园。

1. 本节作为示例摘引的《尤利西斯》片段中的第二个自然段为什么取消了文中的标点？

2. 将"元小说"中作者"站"出来说的话去掉，它的叙事效果会有什么不同？

3.8. 荒诞与真实*

在我所度过的整个这段荒诞的生活里，一种阴暗的气息穿越尚未到来的岁月，从遥远的未来向我扑来，这股气息所过之处，使别人向我建议的一切都变得毫无差别，未来的生活并不比我以往的生活更真实。他人的死，对母亲的爱，与我何干？既然只有一种命运选中了我，而成千上万的幸运的人却都同他一样自称我的兄弟，那么，他所说的上帝，他们选择的生活，他们选中的命运，又都与我何干？

——［法］加缪《局外人》

（节选自《鼠疫　局外人》，顾方济、郭宏安等译，译林出版社1999年版）

荒诞在20世纪以来的文学作品中出现的频率远超过了其他世纪，可是，上文所说的"荒诞的生活"指的是什么呢？主人公在如此刻骨铭心的内心独白中又传达了什么愿望呢？"一种阴暗的气息"是命运还是别的什么，为何它使他的生活充满了一种坚忍的力量，以至于他毫不犹豫地抛开了他人、母亲的爱以及上帝？为了说明这些问题，得先从荒诞这个词本身开始。

"荒诞"（absurd）一词是由拉丁文"耳聋"（surdus）演变而来，原指音乐中的"不和谐"，字典上指不合理或不恰当，现代用法中指明显地悖于情理，因而可笑。《百年孤独》中马贡多的尼卡诺尔神父让做弥撒时给他当助手的小伙子端来了一杯冒着热气的巧克力浓茶，他一口气喝了下去，用手帕擦了擦嘴，伸开双臂，闭上双眼，然后竟离开地面升起了十二厘米；阿卡·布恩地亚一天晚上在家里看见那个已经被他杀死的人在盆子里洗伤口；俏姑娘雷梅苔丝乘着粗麻布床单上了天……从荒诞的字面义判断，上述情节是荒诞的，但这些其实更应该归入神话传说。这里所说的荒诞，或者说当我们谈论文学上的荒诞

---

* 请访问爱课程网→资源共享课→文艺学系列课程/孙文宪→3. 小说欣赏→第十六讲《变形记》（00：30：50—00：45：32）/魏天无

问题时，荒诞就不仅仅是不合理的事或现象，它触及人类20世纪以来普遍的生存状态。这种状态到目前为止，也只能用荒诞来形容，虽然它经常看起来是合理的。

荒诞是现代文学批评词语，但它的根源在存在主义哲学中。存在主义（Existentialism）既是一种哲学，又是一种文学流派。存在主义哲学论述的不是抽象的意识、概念、本质等，而是人的存在、精神的存在。在存在主义看来，其实很难用理性来解答世界和人的种种问题，因为这里有两个主体——人和世界，或者说作为个体的我和我之外的其他事物。这两者是对立冲突的。下面就是一个例子：

> 我擦了擦脸上的汗，直到我听见传养老院院长，这才略微意识到了我所在的地方和我自己。他们问他妈妈是不是埋怨我，他说是的，不过院里的老人埋怨亲人差不多是一种通病。庭长让他明确妈妈是否怪我把她送进养老院，他又说是的。但这一次，他没有补充什么。对另一个问题，他回答说他对我在下葬那天所表现出的冷静感到惊讶。这时，院长看了看他的鞋尖儿，说我不想看看妈妈，没哭过一次，下葬后立刻就走，没有在她坟前默哀。还有一件使他惊讶的事，就是殡仪馆的一个人跟他说我不知道妈妈的年龄。大厅里一片寂静，庭长问他说的是否的确是我。院长没有听懂这个问题，说道："这是法律。"然后，庭长问检察官有没有问题向证人提出，检察官大声说道："噢！没有了，已经足够了。"他的声音这样响亮。他带着这样一种得意洋洋的目光望着我，使我多年来第一次产生了愚蠢的想哭的愿望，因为我感到这些人是多么地憎恨我。①

主人公默尔索的母亲去世了，他请假参加了葬礼，但没有再看母亲一次，守灵的时候照常抽烟、喝咖啡。第二天他同女友游泳、看电影以及上床，回家后吃饭、睡觉，和邻居聊天。假期结束他上班，周末他带着女友和邻居一起到海边。一个偶然的情况促使他冲那个打了邻居一顿的阿拉伯人开了一枪，然后又补了四枪。他被关在监狱里，预审官发现他毫无悔罪之意，放弃了他。来代理案子的律师很难理解他的所作所为。法庭审判他，许多证人上场，大家基本都说了真实的情况，他被看成是个冷酷残忍的怪物。关于杀人，他说是太阳太强烈产生晕眩所以开了枪，引起哄笑。他被判处死刑，神甫到牢里看他，他把神甫赶走了。

世界和人的对立是难以避免的，荒诞就表现在人与世界的对立关系上。默

---

① ［法］加缪:《鼠疫 局外人》,顾方济、郭宏安等译,译林出版社1999年版,第243～244页。

尔索对社会保持距离，看起来很冷漠，是这个世界的局外人，然而这个世界从它的逻辑出发厌恶他并判决他有罪，彻底剥夺他的生命。上文中默尔索头一次明白了世界和他的对立，大家都在审判他，不是因为他杀了人，而是因为他拒绝与世界沟通并予以认同，违背了这个世界的规则。在存在主义看来，这就是荒诞，世界和人的这种天然的不协调、对立使人产生了荒诞感。

荒诞很多时候指的是我们所处的这个世界的真实状况。20世纪以来的文学作品大多以嘲讽夸张的方式揭示出这个世界的荒诞。相对于个体的人来说，世界是强大的，因此对荒诞似乎要负更多的责任。随着人类文明的高速发展，20世纪以来的文学作品在表现世界的荒诞性上达到了前所未有的高度。这是20世纪现代主义文学对我们所处世界的一种基本的、同时也更具有哲学意味的认识。也正是这样一种认识，为我们提供了解读和欣赏这一类小说文本的基本思路。

不用说，在阅读这一类小说时，透过文本表面的荒诞，透视文本借助荒诞揭示出的世界的真相，是一个关键。同时，这一类文本深层蕴含的哲学化的对于世界的认识，也要求我们改变惯常的小说阅读方式。具体说来，要求我们能够超越文本的叙事层面，能够顺利地从对文本的感知进入理性的判断，借助理性的思考去达至对文本深层意蕴的理解。

例如，美国作家约瑟夫·海勒的《第二十二条军规》是一部黑色幽默小说，这里的"黑色"指失去光明和欢乐，只有阴沉、痛苦、郁闷和忧愁，指可怕而又滑稽的社会现实；"幽默"指对这种现实玩世不恭的嘲笑。什么是"第二十二条军规"呢？投弹手尤索林想让飞行大队的医生说他已经发疯以停止飞行时，丹尼卡医生引用了"第二十二条军规"予以拒绝。他解释说：

> 这条军规规定，面临真正的、迫在眉睫的危险时，对自身安全表示关注，乃是头脑理性活动的结果。奥尔疯了，可以允许他停止飞行，只要他提出请求就行。可是他一提出请求，他就不再是个疯子，就得再去执行飞行任务。倘若奥尔再去执行飞行任务，那他准是疯了，如果他不再去，那他就没有疯，可是既然他没有疯，他就得去执行飞行任务。倘若他去执行飞行任务，他准是疯了，不必再去飞行，可是如果他不想再去，那么他就没有疯，他就非去不可。①

就是说，"第二十二条军规"既说明了疯子可以获准停止飞行，同时规定，停

---

① ［美］约瑟夫·海勒：《第二十二条军规》，南文、赵守垠、王德明译，上海译文出版社1981年版，第66页。

止飞行必须由本人提出申请；但如果一个人提出申请，那就意味着他在面临真正的危险时，对自身安全表示了关注，这证明他头脑清醒，绝不是疯子，他就必须继续执行飞行任务。

这无疑是一个圈套，一种诡辩，但这种情况在尤索林所在的军队里并不是唯一的。卡思卡特上校把飞行记录从二十五次提高到三十次、四十次、五十次、五十五次……七十次，这就意味着飞行员们总也回不了家，按照军规他们得飞够规定次数才能获准回国。尤索林偶然听说第二十七空军司令部说飞满四十回就可以回国了，很兴奋，因为他已经飞了四十八次了。但是丹尼卡医生告诉他，这条规定并没有说飞够四十回就一定得回国；而军规规定，军人一定得服从命令。如果他违抗上校的命令的话，比如说没有飞够五十次就回国，那么第二十七空军司令部还要向他问罪的。

中队的一个培训班上有人提了一个很难回答的问题，是关于一个死去的飞行员的，卡思卡特上校认为如果大家爱问什么就问什么，那么天晓得今后还有什么事情能够保密，于是派科恩中校去制止他们。科恩中校制定了一条提问守则：只有从不发问的人才可以提问。过了不久，参加培训的人只剩下那几个从来不提问的人。而科恩中校等一致认为，教育那些从来不提问题的人既不可能也无必要，由此终止了培训班。新上任的中队长梅杰少校则规定，他在办公室的时候，不准任何人来见他，要见他只有等他离开后。《第二十二条军规》中还有这样一些事：佩文姆将军发命令，要求地中海战区内的帐篷统统并排搭起，帐篷门要朝着国内华盛顿纪念碑的方向，因为这样才有气派。谢司科普夫少尉一星期夺得三面红三角旗，因为他揣摩出一种新的队列行进方法：不挥动手臂。为了达到这个目的，他最初想请一位在金属片商店工作的朋友把镍合金做的钉子敲进每个学生的股骨，用几根刚好三英寸长的铜丝把钉子和手腕连接起来。考虑到战时很难弄到优质铜丝和其他客观因素，他放弃了这个想法。由于他训练的中队行进整齐，没有像其他中队那样歪歪扭扭，阅兵一结束他当场就被晋升为中尉，从此迅速地步步高升。布莱克上尉不甘落后，发明了光荣的忠诚宣誓运动，并在一夜之间蓬勃开展起来：所有作战的官兵到情报室领取图囊时，都得签一个忠诚誓约；到降落伞室领取防弹衣和降落伞时，签第二个誓约；还得向管理摩托车的鲍金顿中尉签第三个誓约……理个发要签个誓约，此外还有取饭时宣誓、拿调味料时宣誓、坐下来前宣誓，等等。

《第二十二条军规》是不是就是这样一部仅仅充满了一大堆诡辩术和莫名其妙事件的小说呢？看一看下面一段，人们就能明白它要表达的东西：

> 尤索林也觉得冷，不由自主地颤抖起来。当他沮丧地低头望着斯诺登那流得满地都是的一大摊可怕的内脏时，他浑身马上起了鸡皮疙瘩。看到

他的内脏，不难领会它的寓意。人是物质，这就是斯诺登内脏的寓意。你把他从窗口扔出去，他就会摔下。你把他点着了，他就会燃烧。你埋了他，他就会腐烂，和其他的垃圾一样。一旦失去了灵魂，人就成了废物。这就是斯诺登内脏的寓意。①

这是尤索林在小说第四章里的培训班上提出的那个问题的答案。他提的问题是："去年的那个斯诺登夫妇现在在哪儿？"②当时没有人回答这个问题，而这个胆大妄为的问题最终导致了培训班的结束。这个问题的答案是：飞行员斯诺登已经被战争变成了一堆物质、垃圾，或者废物，他死了。与一般的厌战小说不同，《第二十二条军规》在揭示战争给人的荒诞感的同时，说明了这种荒诞的来源——制度化了的疯狂和有组织的混乱。"第二十二条军规"其实是个符号，它可以是世界上任何地方的任何荒诞的规定、条例和事件，它体现出了人类社会制度的极端异化：人类用理性建造起来的制度最终成了人类最大的敌人。

文学中的荒诞描写后面揭示的是这个世界的荒诞。但是就《局外人》的主人公默尔索来说，这个世界也是幸福的，因为他终于洞悉了世界的荒诞性，并从中领会了一种真正的力量。如果说默尔索在进监狱之前和世界的关系主要是一种局外人的旁观，那么他在监狱中、在审判他的过程中却开始思考他的人生，最终在面临死亡的时候，抓住了生命——

……他还想跟我谈谈上帝，但是我朝他走过去，试图跟他最后再解释一回我剩下的时间不多了。我不愿意把它浪费在上帝身上。他试图改变话题，问我为什么称他为"先生"而不是"我的父亲"。这可把我惹火了，我对他说他不是我的父亲，让他当别人的父亲去吧。他把手放在我的肩膀上，说道："不，我的儿子，我是您的父亲。只是您不能明白，因为您的心是糊涂的，我为您祈祷。"

我也不知道是为什么，好像我身上有什么东西爆裂了似的，我扯着喉咙大叫，我骂他，我叫他不要为我祈祷。我揪住他的长袍的领子，把我内心深处的话，喜怒交迸的强烈冲动，劈头盖脸地朝他发泄出来。他的神气不是那样地确信无疑吗？然而，他的任何确信无疑，都抵不上一根女人的头发。他甚至连活着不活着都没有把握，因为他活着就如同死了一样。而

① ［美］约瑟夫·海勒:《第二十二条军规》,南文、赵守垠、王德明译,上海译文出版社1981年版,第672～673页。

② ［美］约瑟夫·海勒:《第二十二条军规》,南文、赵守垠、王德明译,上海译文出版社1981年版,第47页。

我，我好像是两手空空。但是我对我自己有把握，对一切都有把握，比他有把握，对我的生命和那即将到来的死亡有把握。是的，我只有这么一点儿把握。但是至少，我抓住了这个真理，正如这个真理抓住了我一样。①

这一段说的是神甫在默尔索被判决死刑以后来到他的监牢，想拯救他的灵魂，最后却被他赶走了。默尔索对神甫说，他对上帝不感兴趣，所以不想接纳神甫。这是一个表面的原因。更深层的所指则是，人已经丧失了对神和其他东西的信仰，因为这个世界本来就无所依靠。在存在主义看来，人的存在不是通向上帝，而是通向自身的未来，没有任何外在力量能够左右人的自由意志。人的生存是一系列"偶然"的"自由选择"的累积。相对默尔索的清醒，神甫则是那个坚决要求他依靠上帝的人，他难以理解默尔索的拒绝，把这看作是默尔索过于绝望的结果。实际上神甫无法了解的是，不管从哪个意义上来说，默尔索都没有什么好悔罪的：第一，有罪之人的悔罪是因为他们犯了罪，通过悔罪他们希望能够得到上帝的宽恕，但是默尔索认为自己没有犯杀人罪，因此无罪可悔。第二，也是更加重要的，默尔索早就明白了他的命运，也就是人类丧失了信仰之后的命运，一个孤独的个体的存在。默尔索的冷漠、旁观的根源就在于此，他比绝大多数人都要明白这个命运，明白自己是无所依靠的。他的生命在他自己的了解和把握中。当他被投入监牢被剥夺了自由时，他洞悉了世界的荒诞和自己荒诞的存在，这时的他怎么可能经神甫的几句劝说就放弃个体存在的尊严，而将这一切与上帝联系起来呢？

加缪指出，"荒诞的人"就是"那个不否认永恒但也不为永恒做任何事情的人"，局外人就是具有"清醒的理性的人"，因为"荒诞，就是确认自己的界限的清醒的理性"。②默尔索的理性就在于他清醒地看到了人与世界的关系的本质，一种西绪福斯式的、荒诞的关系，并拒绝在这种本质荒诞的关系上增添意义的绚烂花纹。本节开头所引的一段就描述了默尔索领悟到他与世界的荒诞关系之后的清醒过程。在遭受了监狱和法院的不公正待遇之后，默尔索从命运的"阴暗的气息"中领悟到了荒诞的处境，这使他的生活充满了一种坚忍的力量。这种力量不是来自他人、母亲的爱和上帝，而是来自他自身。正是这种力量支撑着他清醒地走向死亡。在默尔索看来，不加怀疑地将生命交付给某种永恒，比如上帝，才是一个蒙昧的、不负责任的人的行为，而神甫显然就是这样一个人。从这一角度来看，默尔索才是一个有着深沉的丰富的感情的人。

在一个荒诞的世界里，不依靠脆弱的理性、虚假的规范以及上帝，而是依

---

① ［法］加缪：《鼠疫　局外人》，顾方济、郭宏安等译，译林出版社1999年版，第257页。
② ［法］加缪：《鼠疫　局外人》，顾方济、郭宏安等译，译林出版社1999年版，第205页。

靠自己，把握自己，创造自己和自己的未来，同时在这个过程中对他人负责，这就是存在主义的英雄。默尔索实现了对荒诞的认识并且勇于面对自己的生命以及死亡，可以说是一个潜在的存在主义英雄。死刑阻止了他用自己积极的行动来创造自己的存在，这不能不说是遗憾。在这个含义上，默尔索作为一个荒诞的人的形象无疑是有其积极意义的，至少他的形象说明了人可以反抗荒诞的世界而有所作为。

如果说在20世纪前半叶，文学中的荒诞还主要体现在世界的荒诞和人物的荒诞上，那么到了这一世纪后半叶，荒诞开始从内容延伸到了文学作品的结构和语言上。这是因为人们已经丧失了在存在主义那里还具有的信心和希望，文学越来越多地表现的是一种对荒诞的无可奈何、嘲弄和调侃。这些特点，集中体现在荒诞派戏剧中。

在第二次世界大战之后出现的荒诞派文学，是对传统文化和传统文学的基本信仰与价值标准的反叛。因为"人被切断了他的宗教的、形而上学的以及超验主义的根源，人就失落了；他的一切行为变得毫无意义、十分荒诞、毫无用处"①。彻底的失落感导致了彻底的荒诞不经。扭曲的人物、情节以及彻底荒诞不经的语言，构成了荒诞派戏剧的荒诞感。

侨居法国的爱尔兰作家塞缪尔·贝克特的代表作品《等待戈多》（*Waiting for Godot*），展示两个流浪汉在荒野里无望地等待那个不明身份的戈多。这是一部两幕话剧，话剧的背景是一个荒凉的、不确定的世界，仅有一棵光秃秃的树，主人公是名叫爱斯特拉岗和弗拉季米尔的两个流浪汉。第一幕爱斯特拉岗和弗拉季米尔来到树下，等待戈多。但是他们并不知道为什么等待，戈多又是谁。在等待过程中他们费力脱靴、穿靴、戴帽，吃胡萝卜，想上吊，看幸运儿跳舞，语无伦次地闲扯，等等。戈多没等到，来了一个孩子对他们说："戈多先生今天晚上不来了，可是明晚准来。"第二幕，还是这个地方，还是这个时候，爱斯特拉岗和弗拉季米尔又在等待戈多。他们两人的话没有昨天那么多，他们或是唱歌，或是穿靴戴帽，或是沉默，要不就演戏、互相谩骂。这时，那个小孩子又来了，他表示自己是第一次见到他们，然后传话说："戈多先生今晚不来了，明天准来！"

《等待戈多》充满着对人类境况的象征。其中的"等待"象征着人类毫无希望的生活：除了一个毫无意义的等待，还是等待。戈多是被追求的上帝还是别的什么也不清楚，人们追求它是为了给现世生活以意义，但这一切看起来相当渺茫。

荒诞派戏剧一再涉及的问题是交流的不可能及人与环境的全面失调。尤

---

① 参见林骧华主编:《西方文学批评术语辞典》,上海社会科学院出版社1989年版,第151页。

金·尤奈斯库的《秃头歌女》中说的是史密斯夫妇无意闲扯，说到一个叫博比·沃森的人，谈到后来，那一家人全叫博比·沃森；他们邀请马丁夫妇来做客，但客人来了他们却很茫然很陌生；马丁夫妇开始谈话，在谈话中发现他们是坐同一趟车来的，在同一个城市里，住在同一栋楼和公寓里，他们的女儿也是同一个名字。他们还发现他们有着一模一样的房间摆设和床，并且睡在同一张床上，原来他们是一对夫妻。这是一种极度的夸张和变形，借助这种夸张和变形，人与人之间的隔膜异常强烈地凸显出来。该剧最后，马丁夫妇与史密斯夫妇互换位置开始了戏剧开头的一幕，这循环安排说明了这种迷失的普遍性：每一天每一个人都可能程度不一地出现戏中的一幕，我们都是一些处于混乱和迷失状态的人。

荒诞派戏剧语言的表意和交流功能退到了次要位置，语言本身的逻辑性遭到破坏，剩下的不是喃喃独白就是废话连篇。如《等待戈多》从头至尾几乎没有正常的对话和交流，大量的是两个人物的独白。而其中幸运儿的所谓长篇演讲，竟是一大堆的胡言乱语。再如《秃头歌女》的开场，史密斯太太滔滔不绝的九大段台词中，穿插了八次史密斯先生的活动，统统都是"看报，嘴里啧啧作响"，史密斯太太的话因此更应该说是一种独白。交流的一个极端是无法交流，荒诞派文学中常常出现或聋或哑的人物。如《椅子》中为老夫妇宣讲其所悟到的人生真谛的演说家，竟是文盲加哑巴。而《等待戈多》中的幸运儿第一次出现时还滔滔不绝，第二幕出现时却变成了哑巴。

荒诞派戏剧十分重视布景、灯光、音响、道具、服装的表意象征功能，大力压缩传统戏剧着重表现的人物、情节和台词的比重，用许多令人瞠目结舌的道具突出地表现世界中的物质对人的压迫，世界和人的异化。如尤奈库斯的《阿麦迪或脱身术》中，阿麦迪失手打死了妻子玛莲娜的情人，尸体放在隔壁房间，它十五年来一直以"几何级数"膨胀，最后挤破房门并长出许多蘑菇。当他们不得已想把死尸扔进塞纳河时，忽然出现了警察，阿麦迪被尸体裹挟着飞向天空。塞缪尔·贝克特另一部作品《啊，美好的日子》，第一幕中半截身子已埋在土里的老妇维妮一边说"啊，又是一个美好的日子"，一边打开眼前的提包，取出梳洗工具，不断地摸索着牙膏、口红、眼镜等。到第二幕时，黄土已经埋到她的颈部，可她依然赞美："啊，又是一个美好的日子！"甚至唱起了情歌。尤奈库斯的《未来在鸡蛋中》，雅各的有三个鼻子的妻子罗伯特第二要生孩子，但她生下来的是一筐鸡蛋。雅各像鸡一样去孵蛋，孵出来的是难以数计的银行家、猪猡、联邦主义者、皮鞋、楼梯等，一筐筐鸡蛋最后摆满了舞台。荒诞派戏剧抛弃了丰满的人物形象、明晰的情节结构、完整的主题思想和明白的语言等传统戏剧要素，而代之以单调的人物、怪异的举动、荒诞的语言、莫名其妙的情节，以及充满了各种隐喻和象征的道具、布景，等等，旨在带给观众强烈震动和反思，揭示出一个压抑、荒诞的生存环境。

在20世纪上半叶，文学作品还能够通过丰满的人物形象、清晰严谨的说理和有逻辑性的情节，来表达他们所意识到的人类处境的荒唐无稽。到了荒诞派戏剧这里，理性手段和推理思维却已完全被荒诞所吞没，荒诞本身成为戏剧的主角。

讨论题

1. 荒诞其实凸显着深刻的真实。这里的真实是从什么意义上看的？
2. 阅读类似《第二十二条军规》这样的小说，与我们阅读金庸武侠之类的小说，有哪些不同的阅读感受？

3.9. 故事与哲思

　　还是奥雷里亚诺想出了办法，在接下来的几个月中帮助人们抵御失忆。这发现本出于偶然。他属于第一批病人，已是老练的失眠者，并借此掌握了高超的金银器工艺。一天他在寻找用来捶打金属箔片的小铁砧时，却想不起它的名称。父亲告诉他："砧子。"奥雷里亚诺把名称写在纸上，用树胶贴在小铁砧底部：砧子。这样，他相信今后就不会再忘记。当时他还没想到这便是失忆开始的症状，因为那东西的名称本不好记。没过几天，他发现自己对实验室里几乎所有器物都叫不出名来。于是他依次注明，这样只需看一下标签就可以辨认。当父亲不安地告诉他自己童年最深刻的记忆都已消失时，奥雷里亚诺向他传授了这一方法。何塞·阿尔卡蒂奥·布恩迪亚先在家中实行，而后推广到全镇。他用小刷子蘸上墨水给每样东西注明名称：桌子、椅子、钟、门、墙、床、平锅。他又到畜栏为动物和植物标上名称：奶牛、山羊、猪、母鸡、木薯、海芋、香蕉。随着对失忆各种可能症状的研究不断深入，他意识到终会有那么一天，人们即使通过标签认出每样事物，仍会记不起它的功用。于是他又逐一详加解释。奶牛颈后所挂的名牌便是一个极好的例子，体现出马孔多居民与记忆作斗争的决心：这是奶牛，每天早晨都应挤奶，可得牛奶。牛奶应煮沸后和咖啡混合，可得牛奶咖啡。就这样，人们继续在捉摸不定的现实中生活，只是一旦标签文字的意义也被遗忘，这般靠词语暂时维系的现实终将一去不返。

　　通往大泽区的路口立起一块牌子，上写马孔多；中心大道立有一块更大的牌子，上书上帝存在。

　　——［哥伦比亚］加西亚·马尔克斯《百年孤独》
　　（范晔译，南海出版公司2011年版）

在拉丁美洲的马孔多，人们患上了一种传染病：伴随着失眠症的失忆。疾病是通过食物和饮料传播的，没有任何办法治疗。人们只好将镇子封闭起来，把山羊颈脖上的铃铛解下来放在镇口，供一定要走访镇子的人使用，以使镇上的人知道他们是健康人，不让他们接触镇上的食物和饮料。除此之外，奥雷里亚诺想出了用文字给所有的物体写说明书的方法，虽然挺花精力的，但是人们终于能够记住东西的名称和各种感情了，还有那个最重要的、每个人都必须记住才会过得安心的事实：上帝存在。

这显然是小说在捏造故事，从来没有听说过这样的事。但是谁能肯定将来不会发生这样的事呢？说不定我们在那样的情况下还没有奥雷里亚诺这样聪明能干。另一方面，又有谁能肯定地说，人类在进化过程中没有经过这一幕呢？文字，是不是就是为了防止记忆的流失而发明出来的呢？而各种各样的知识，难道不是依赖文字才能够一代一代地积累、传播下来的吗？难以想象没有文字的世界会怎么样。马孔多发生的事因此完全可以看作是对人类发明文字、积累知识的所谓文明化过程的模仿和嘲弄。也许从我们星球之外的某个空间来看，人类文明到现在为止的发展，也就是马孔多的人迅速失去记忆和赶忙打捞记忆的这么短暂的几个月的情形。换句话说，现在的人们说不定就是在自己写的说明书中生活，一步也不愿意或不能越过它们。人生活在自己创造的符号中，人被符号把握而不是相反。结论是，人是世界万物中唯一需要在符号中也只能在符号中生存发展的生物。

小说就是这样用它的虚构带领我们探索已知和未知的一切。小说的真理包含在小说的虚构中。

人类产生最早的文学文体是诗歌，那么小说这种叙事虚构文体又是因何产生的呢？有一个说法是，人类就像一个蹒跚学步的孩子，当他幼小时，学唱诗歌；当他长大一些的时候，他探索周围的世界，这个时期就像十七八世纪的欧洲文明，人类的视野扩大了，这时小说就产生了。小说记叙了文明成熟的过程，小说从一诞生就对探索外部世界和表现正在发生着的生活兴趣百倍。最早出现在小说中的形象大多是些流浪汉和小偷，比如西班牙第一部流浪汉小说中的小癞子，丹尼尔·笛福笔下的鲁滨逊和摩尔·弗兰德斯，亨利·菲尔丁笔下的汤姆，这些具有传奇冒险色彩的人物和故事，很长一段时间以来都是小说最吸引人的地方。小说从一开始就表明了它对世界的好奇心，而那些生机勃勃的人物无疑体现着人类探索世界的勇气和信心。小说也开始观察我们生活着的社会，小说或者对生活抱着赞同的态度，或者揭示、嘲弄它的冷酷无情、浅薄无聊。在人们的印象中，小说很长时间以来都是世界和现实生活的观察者和速记员。小说与现实的关系因此被看作小说最本质的特征。

但小说同时发展着它令人吃惊的虚构、夸张能力，想想那些怪诞的哥特式小说、拉伯雷的《巨人传》和塞万提斯的《堂吉诃德》，小说在探索世界和现实的同时展现出它超现实的一面。实际上，即使是表现现实的小说，从根本上来说也都是一种虚构艺术。小说的世界和外部世界之间不是一个简单的反映和被反映的关系，前者既是对后者的反映，也是对后者的虚构再造。小说就像一个建筑物，虽然材料取自现实，最终的风貌却与现实毫无相似之处。正像王安忆所说的，"古典小说的外壳是现实的，内心却总是有圣光照耀"①。

早期小说经常用隐喻、象征来表达一些和现实的关系并不是那么密切的想法，小说的这些隐喻、象征带给人们的奇思妙想和深邃思考，有时甚至超越了作者原有的意图。

美国作家麦尔维尔的小说《白鲸》讲了一个普通的航海冒险故事。在捕鲸船"斐廓德"号上，船长亚哈为了复仇，牺牲掉捕鲸的经济利益，疯狂地追击一条曾经毁了他一条腿的鲸鱼。船上的大副是个把商业利益放在第一位的理智的人，他认为亚哈的行为是非理性的，但他无力抗拒亚哈的意志。他和其他被船长威胁利诱的船员一起参与了捕杀那头鲸鱼的行动。最后亚哈在疯狂的复仇行动中被狂怒的鲸鱼带走，拖向大海深处。船只被鲸鱼撞毁，除了以实玛利抱住了一块棺材得救以外，其他船员都葬身大海。这篇小说充满了神秘意象和深远的象征含义。《白鲸》中人人都是"眼睛盯着大海的人"，人们对大海的渴望，无疑代表着人自身精神上的超越需求，超越世俗、社会、阶层等禁锢自己的东西。精神自身希望能寻找到出路，大海在这里是原始文化、自然、世界的象征，它代表了文明世界的对立面，是来自世界的神秘诱惑。小说中的以实玛利到海上去一方面为了金钱，但更是为了满足精神自由的幻想和要求。《白鲸》以亚哈和大副为代表，实际上呈现着人类的两种追求：精神的和物质的。而这个故事隐含了两个层面的寓意，一是人类对物质文明的无限追求带来的是文明的危机，捕鲸是为了牟取商业暴利，人类从一己私利出发捕杀动物，这本身就蕴含着文明的隐忧；一是人类在精神层面的追求上很容易表现为偏执疯狂，最终导致自身毁灭。亚哈陷入复仇的狂想无疑是人类精神追求走到极致而陷入疯狂的写照，这只能导致最终的覆灭。

早期直到19世纪的小说大多有善恶分明的人物和大团圆的结局，其中往往包含着小说作者对天堂、尘世和地狱的井井有条的世界面貌的认同，这是因为作者和读者共同分享的精神支柱是宗教（基督教、天主教、东正教等）信仰。但是19世纪以来的不少浪漫主义和现实主义小说，对这些宗教信仰表示了怀疑和批判，如哈代的《德伯家的苔丝》《无名的裘德》等。进入20世纪以后，丧失了宗教信仰的人类文明越来越面临着精神上的危机，存在变成一个疑

---

① 王安忆:《心灵世界——王安忆小说讲稿》,复旦大学出版社1997年版,第253~254页。

问，小说更多地承担了反思这一状况的责任。

小说探索的疆界不止于自然世界和人类社会，小说还探索着人类的存在。米兰·昆德拉认为，发现只有小说才能发现的，这是小说存在的唯一理由。什么是小说才能发现的呢？米兰·昆德拉说，"哲学和科学忘记了人的存在……随着塞万提斯而形成的一个欧洲的伟大艺术不是别的，正是对这个被人遗忘的存在所进行的勘探"①。小说通过虚构故事、人物、结构等来把握现实、探索存在。在小说家的眼中，无论是人还是世界，都存在着无限的可能性。现实中的所谓真实在小说这里仅仅是一个起点。小说从真实性起步，打开一个广阔的未知世界，这里真实与荒诞并存，沉重与嘲弄同在。小说用一种独特的手段到达了现实难以企及的认知空间——这是一个具有形而上性质的认知空间。

但是，需要注意的是，小说作者不是哲学家，小说不是对哲学命题进行科学分析和逻辑论证的哲学论文。小说提出关于存在的问题，包含作者对人类存在的思考，但小说并不等同于这种思考：

> 沉思在进入小说以后，改变了自己的本质。在小说之外，人们处于肯定的领域；所有人都对自己说的话抱有把握；一个政客，一个哲学家，一个看门人都是如此。然而在小说的领地，人们并不作肯定，这是游戏与假说的领地。因此，小说的沉思，就其本质而言，是疑问式的，假定的。②

一旦进入小说的结构，沉思的本质便发生了变化，教条性的思想变为假定性的思想。小说的伟大正在于它不等同任何确凿无疑的思考，小说让我们怀疑文明已有的结论，这种怀疑就是小说的智慧。米兰·昆德拉认为，小说教它的作者把世界当作问题来理解，而当小说为这个世界的确定性作论证和说明时，小说就背叛了小说的精神。这是小说不同于哲学论著的根本原因。

文学史上出现过不少具有自己明确宗教、哲学思想的作家，他们的成功和伟大不是因为他们在小说中阐发了自己的宗教、哲学思想，而恰恰是他们在创作小说时把自己的思想家的身份放在了一边，坚持了自己的小说作者即故事虚构者的身份。不是宗教、哲学思想提升了小说的形而上学思索层面，而是小说用其虚构手段给现有的宗教、哲学思想提出了很多难以回答的问题。小说的形而上学性和它的虚构性是一体的，这是小说的巨大魅力所在。即使对于有着强烈宗教思想的俄国作家陀思妥耶夫斯基来说，这种规则同样存在着。陀思妥耶夫斯基"只是作为小说家，才成其为伟大的思想家。这就是说，他善于在他的

---

① ［捷克］米兰·昆德拉：《小说的艺术》，孟湄译，生活·读书·新知三联书店1992年版，第3页。
② ［捷克］米兰·昆德拉：《小说的艺术》，孟湄译，生活·读书·新知三联书店1992年版，第75页。

人物里创造极其丰富的前所未有的精神宇宙"①。陀思妥耶夫斯基本人的宗教观点和看法仅仅是他的小说中的众多思想中的一种,甚至还不是那个最突出和最有说服力的思想。

现代主义时期的小说不再像之前的小说那样,呈现出一个可以被理解和控制的世界图像或社会图景,相反,世界与人的对立成了一个突出的矛盾,如海明威小说的所谓"硬汉精神"的实质就是让我们要忍耐这个冷漠、残酷的世界,一方面是面对它战胜它,另一方面则是在喝酒、打猎、斗牛、钓鱼等过程中打发时间和生命。生命的不足珍贵正是因为世界已经变成了一个虚伪残忍的世界,所有活着的生命都在参与它的不道德的规则或者因为不适应而早已被绞杀。在信仰崩溃、世界破碎的情况下,现代主义小说转向我们的内心世界,把这里作为小说的最后一块领地。小说从内心世界遥看我们的生活,发现的是我们的生存不在我们的掌握之中,甚至不在理性能够理解的范围之内。

卡夫卡的小说《城堡》讲的是一个土地测量员K应聘到城堡外的村子,这个村子和周围的村子都从属于城堡。K后来才搞清楚的是这个村子并不需要土地测量员,这一切都是因为官方文件投递方面的失误而导致的。K既然到了这里就想在村里定居下来,这首先要得到城堡的认可,所以K开始想方设法让自己接近城堡的官员,如和城堡高官拉姆齐的情妇搅到一起、接近信使、和拉姆齐的秘书会面,等等,最终结果是他仍然没能到城堡里去,据说临终前才被告知能勉强定居在村子里。

《城堡》是一个颇为抽象的故事,它究竟要表达什么呢?像个谜,而且是一个失去了谜底的谜语。如果说《城堡》有一个主题的话,那就是追求本身:K想要在城堡定居,他的所有的行为都是为了这个目的,但他一直在追求中,最终也没有实现这个目的。K所追求的"城堡"到底代表了什么呢?有各种各样的说法,如官僚体制、权力、命运、未来等,这种寓意的复杂性、多义性可以说是现代主义小说的普遍特点。说到底,城堡是个含混的追求对象,K的追求实际上没有指向任何目标,他只有追求。

文学史上不乏以追求作为主线的作品,如但丁的《神曲》、班扬的《天路历程》、歌德的《浮士德》等,表现的都是精神对于真善美的追求。陀思妥耶夫斯基的《罪与罚》《白痴》《卡拉玛佐夫兄弟》等着重表现的则是精神在追求真善美的过程中的痛苦与困境:面对无处不在的苦难,精神再也不能无所羁绊地在宗教信仰中停歇了,它的步伐痛苦地在虚无主义和信仰间徘徊。而所有这些人类的形而上追求都不如《城堡》中表现得这么集中、纯粹、尖锐和痛苦。

---

① [捷克]米兰·昆德拉:《小说的艺术》,孟湄译,生活·读书·新知三联书店1992年版,第75页。

在这里过程仅仅是过程，目标在追求中虚无缥缈，越来越远：K 想去城堡，他一直处于想去的欲望之中，挖空心思、千方百计。K 动用了他所有的聪明才智，可他的智慧和理性在争取城堡的定居权上却毫无用处，即使他不乏"卑鄙"地"勾搭"上了拉姆齐部长的情妇也没有用。事实上，随着他的追求，K 越来越发现定居城堡这个目标的狂妄、渺茫和令人绝望，城堡酷似一个吸入千万能量和光线的黑洞。这个目标后来似乎都不重要了，K 周旋于细枝末节的头绪中难以自拔。这里已经没有任何传统的形而上的目标，只剩下一个赤裸裸的形而上的欲望。《城堡》展现的是一幅现代人在形而上追求之路上的挣扎：没有任何办法找到一条到达形而上目标的道路；最麻烦的是，这里也根本不存在什么形而上的目标。K 所走的路是一条无路之路，这同时预示了现代人的精神拯救之路。

痛苦焦虑的现代主义小说孕育了 20 世纪下半叶以来小说新的繁荣发展时期，这个时期小说的最大特点在于它又一次发现：理性不能把握的东西小说恰恰能够轻松地把握，存在不需要我们经过长途跋涉去寻找，存在就在我们的身边，存在就是语言本身。我们生活在语言中，所有的和最重大的存在问题原来都是被一些单词把握，我们生活在一些简单而复杂的难题中，所谓的人物，则完全可以用两三个单词所概括。

米兰·昆德拉的《生命中不能承受之轻》就是一部揭示人类生存基本境遇的小说，这部小说对生存的"轻与重""灵与肉"等复杂情境进行了思索和追问。小说绝大多数章节的名称都是人类的一种困境，如第一章"轻与重"、第二章"灵与肉"、第三章"误解的词"、第四章"灵与肉"、第五章"轻与重"、第六章"伟大的进军"等，这些章的标题分别对应着小说中的人物如托马斯、爱丽莎、萨宾娜以及弗兰克。布拉格医生托马斯最主要的问题是"轻与重"，换句话说，他最能体现存在的"轻与重"之间的矛盾状况。

> 如果永劫回归是最沉重的负担，那么我们的生活就能以其全部辉煌的轻松，来与之抗衡。①

小说中的这句话概括了存在之"轻"的原因：如果说存在着"永劫回归"，就是说包括苦难在内的人的生活还要一遍一遍地过的话，那么不断回归的生活就会变成最沉重的负担，人们要面临这一切所带来的对生活一遍遍的审视、自我谴责和责任感。但是幸好，人们的生活并不存在着这种循环回归，实际的、只

---

① ［捷克］米兰·昆德拉：《生命中不能承受之轻》，韩少功、韩刚译，作家出版社 1992 年版，第 3 页。

发生一次的生活其实质是轻松的。托马斯的生活就是如此横亘在轻与重之间，从托马斯的思想上来说，他早已参透生活"轻松"的实质，他想做的就是尽情享受生活中的一切，尤其是女色，托马斯是一个好色之徒。但是，某一天，他在布拉格乡下偶然认识的女招待特丽莎来找他。特丽莎就像是一个被人装在油漆过的草篮子里的孩子，顺水飘到他的床榻之旁，他不能不拾起她并再也无法抛开她。如果说人脑中有一个人的记忆难以涂抹覆盖的诗意区域的话，那么特丽莎就是唯一能在托马斯的那个诗意领域内打下烙印的人。托马斯的生活因为特丽莎的闯入而无法保持它轻松的姿态。婚后的托马斯长时间里还想在"轻与重"的状态中保持平衡，这就是说，他认为肉体上不忠与精神上的忠贞是可以统一在他的生活中的，这当然带给他和特丽莎无穷的痛苦。托马斯的故事就是一个存在的"轻与重"的故事。

相对于托马斯的问题，特丽莎的症结在于"灵与肉"。特丽莎认为人的灵和肉是统一的，也应该统一。特丽莎爱上托马斯并和他结婚，由此她理所应当地认为两人从精神到肉体上都结合了，这个完美的理念在托马斯屡屡的不忠行为前被撞得支离破碎。特丽莎发现她生活在一个自己难以适应的世界，世界是扭曲和倒置的，而她是如此脆弱。

《生命中不能承受之轻》是一部小说，也是一部存在分析学，它透过喧闹的生活轻松地提起存在境遇中的一个个文字的纽结点，这种姿态是不是也体现了20世纪后半叶以来的小说的存在状况？悄然变化中，痛苦的现代主义小说已经变成了一个轻松的手势：与现代主义小说毫无共同之处，后现代小说采用了一种挑剔、嘲讽的视角，它如此轻松地贴近存在而毫无对"最高真实"的渴慕与焦虑，充满了对存在既超脱又体贴入微的"游戏式"的把握。小说把它自己放置在存在之上，显示着这一文本样式独有的力量，即虚构的力量——小说在貌似"胡言乱语"的游戏中，无限地接近着人与世界的本真存在。

> **讨论题**
>
> 1. 小说传达哲思与诗或散文传达哲思有什么明显区别？
> 2. 类似《生命中不能承受之轻》这样的小说与类似《陈小手》那样的小说最大的区别在哪里？

3.10. 网络文学的新世界

"臣遵旨!"杨凌拱手上前,闪目望去,那玉碟上一行行地,全是金灿灿的大字:

"朕继承于少年,千钧于稚肩,诚惶诚恐,励精图治。巡九边、开海禁、革弊政、兴工商、镇佞妄,文治之行,洋洋洒洒,岂止万言。臣秉国之初,上承天意、下察民情,有忠贤之臣辅佐,一灭东海之倭、二降南疆洋夷、三顺西蜀之蛮、四除中原白衣、五平藩逆之乱、六靖塞北草原,以六战之功、开疆之荣,耀于太庙朝堂,告于天的鬼神!

"朕事天以礼,立身以义,事亲以孝,育民以仁。唯愿四守之内,莫不为郡县;四夷八蛮,咸来贡职,与天无极,人民蕃息,天禄永得。国之柱臣杨凌,为国绸缪、鞠躬尽瘁,代天子巡狩于天下,数振国威于蛮夷。文成武德,功在社稷,朕与杨卿,愿肝胆相照,休戚与共,于此虔诚告天!"

"皇上!"看到这里,杨凌心头一热。

正德忽尔一笑,说道:"朕这玉碟,是朕祷告于天地的功绩,也是向天的申明你我君臣情谊地一个见证,然后,就要封存于登封坛内,永远留在这泰山之巅,朕要与你共同署名其上。"

杨凌心潮澎湃,与正德相识以来种种,攸忽闪现眼前,眼见正德皇帝合上玉册提起笔来,杨凌忽道:"皇上且慢,臣愿为皇上执笔!"

笔在特制地金粉中蘸了蘸,一行金色大字如行云流水闪现:"大明正德皇帝陛下",写到这里,他忽地想起自从井径驿除掉弥勒教主李福达回京时见到小皇帝在酒楼中那率性而为地真性情,不禁微微一笑,一蘸金粉提笔再续:"到此一游!"

正德皇帝见了先是一愕,随即就明白过来,那是地内外交困、那时地愤懑悲伤——涌上了心头,他长长地吁了口气,吐掉了曾经的辛酸,忽的接过笔来,刷刷刷龙飞凤舞再书一行大字:"大明西伯利亚王杨凌,到此一游!"

——月关《回到明朝当王爷》[1]

以上文字文白夹杂、古今倒错、谬传历史、错字频现,怎么看都不像是正

---

[1] 月关:《回到明朝当王爷》,载互联网:http://read.xwdl.com/files/article/html/23/23389/3901319.html。

经的传统文学作品，但这类作品却有众多忠心耿耿的读者，不论是会心一笑还是泪洒显示屏前，网络文学的作者和读者早已不是原来的陌路人，而是扎扎实实一路走来令人唏嘘不已的朋友亲人。什么时候读者和作者成了这样感人的知己友人，文学在互联网上的创作和传播带来哪些新的因素，这是需要面对的问题。

网络文学指在国际互联网（Internet）上传播的文学文本，这里指的是那些在互联网的虚拟空间里写作、传播、阅读和被评论的文学文本，而不包括纸质经典文学文本的网络化，如经典文学作品的电子图书等。

网络文学进入产业化阶段之后，人们不再质疑网络文学的文学资格，转而试图从文学既有的格局中划出一块领地给它。从不屑于网络文学的创作，到以网络文学为友，以至有条件地接纳它，文学界对网络文学创作的态度发生了不小的转变。道理其实很简单，一个能吸引受众、养活自己并频频产生财富的网上文学创作群体，对于已近窘迫的文学创作正规军产生了难以抵挡的震撼和诱惑。网络文学的现阶段成功运作也搅动了文学创作者和评论者的既定标准。

刚开始，网络文学和商业运作还没有多大关系。网络首先是一个交流领域。试探尝新的人们在上网之初被一些异常真诚的文字打动，并在洞悉所有网络诡诈之术以后还时时逗留在那个地方。因为网络上确实还有那么多真话，无论是从质上还是从量上，网络作者和读者之间的交流都是坦诚、快速而妙趣横生的。正因为是同处虚拟空间的作者和读者，所以可以口无遮拦、说个痛快，这其中既有不少污言秽语和褊狭之词，也流动着颇多的肺腑之言。无须外力规范或教诲，毫无芥蒂的交流，成为网络文学创作和接受的独特交流环境。"写给相通的灵魂看。彼此阅读和安慰。就是如此。"① "我和他们隔着网络彼此安慰。像空旷大海的深处，那些在冷暖流中迁徙的鱼。从来不曾对话。但是有着一样的方向。"②

网络文学的早期，在没有稿酬的前提下，"为什么写作"成为一个绕不过的问题。从网络文学的产生（北美华人圈的网上交流活动是其起点）可以发现，网络文学似乎使文学回到了它产生的初始状况：渴望"表达"。这是网络文学产生的最早和最大的动因。

这种表达首先是倾吐，是呼吸："写字给了我呼吸，让我抓着它往前漂流而不被彻底沉溺。我不知道如果不写字，我会如何。写字是呼吸……它是无用

---

① 吴过：《网上写手安妮宝贝访谈录》，载《网易电子杂志——弦柱年华》，互联网：http://ima-ges.163.com/images/ezine/content/ourmag.html。

② 安妮宝贝：《海底的鱼》，载互联网：http://www.rongshuxia.com/channels/zj/anni/suipian/02.html。

的艺术，没什么实际功能，只用来探索灵魂的边境。"①当主流作家甚至早已厌倦了组织故事情节而沉溺于叙事的自我拆解时，网络文学就像一个文学的活化石一样提出了自己微小的愿望——表达。不考虑功利因素的语言活动，网络文学的起点显得异常天真和纯粹。

但是，实践证明，网络文学如果不融入商业社会，难免成为破产的艺术。网络文学创作的自觉从当初的纯粹表达到现在的规模化大生产，这样一个令人吃惊的飞跃只用了不到五年时间（1998—2003）。现在，网络文学的创作队伍、付费模式、传播途径、读者群培养等，都已经达到了文化工业的标准，而文学批评界正在奋起直追那个缺席太久的评论环节。不管是命题写作竞赛，还是吸纳网络写手进入作协，亦或是大规模评点、分析、总结，文学创作和评论界都已放下身段一起下网捕鱼，希望能整合传统文学和网络文学。

现在的网络文学汇集了太多人的精力、金钱，太重的商业气息和太多的文字产量。反过来也可以说，所谓文学创作事业在网上赢得了早已失落的商业和社会影响的双重成功。有人说，网络文学孕育着革命性因素并必将超越传统文学，因为它代表了草根文化，是全民文学的胜利和全新自由的文学样式；又有人说，可以把网络文学看作是纸质文学的预备军，优秀的网络写手都以出版纸质文本作为成功的标志，好的网络文学作家作品还需要鼓励和期待；还有人说，网络文学是含平面印刷成分并以数位方式发表的超文本文学，代表着创作媒介和方式的全新改变，势必影响今后的前卫文学创作和艺术探索。不管从创作传播形式、创作人员特点，还是从这一文学现象的文化含义、社会效果等来看待网络文学，越来越多的人开始关心网络文学这一强势、活跃的文学创作平台，并试图从各自的角度阐释网络文学"独特"的繁茂和前景。

网络文学的创作问题引起人们的探究兴趣，但若仅仅着眼于作者和读者间的互动，并不能全面深入地解释网络文学何以能突飞猛进地发展。在现在已达到的一天几更新的速度下，读者的因素也很难说能在作者的构思中占据多大的比例。时间就是点击率，就是读者和金钱，很难想象现在的网络作者会在和读者的互动中慢慢构思情节、推进故事发展。事实上，众多网上作者现在沦为了体力工作者，除了拼命码字其他都可以放一边。脑力工作和体力工作在网络文学创作上没有区别，作者再也不可能占据传统文学创作中的精英导师的地位。除此之外，作者和读者的分界在网络文学的地盘也几乎是个伪问题，网络文学早已消解了这一身份的差异，所有的作者是读者，所有读者都可以成为作者，否则网络文学的惊人产量和创新能力就是难以理解的。当前网络文学繁荣的原

---

① Mayalin：《访谈录：它如同深海》，载互联网：http：//culture. 163. com/editor/020905/020905 _ 65219. html。

因，不是因为网络上的写手有着比纸质出版物作家更惊人的创造力和精力，更主要的是因为，读者纷纷自发到网上去写作了。中国当前网络文学的发展，为文学重心从作者到读者的转移，作了最好的注释。如果要谈论网络文学，最好的开头应该是：当读者开始创作。

不管怎么解释网络写手的身份，发烧级的读者才是庞然大物般体积的网络文学的坚实基础，他们随时可以从读者转变为作者，不需要任何纸质媒体或专家的推介和认证。对于传统的文学批评方式来说，这几乎是灾难的代名词。面对人民群众的文字的汪洋大海，毫无训练的文字表达和蜂拥而上的狂热粉丝，文学批评一方面可以欣慰，普罗文艺理想终于实现；另一方面则手握精良的批评武器难以下箸——网络文学的艺术水平可以简单到让人无话可说。网络文学的写手可以是白领、农民、教师、大学生、中学生、工人、退休人员等，一切对文学作品尤其是对网络交流积极参与的人们，都是网络写手的候选者。他们真正体现了一百多年前法国社会学家勒庞所忧虑的"乌合之众"的特点：狂热夸张的追捧，生杀予夺的群体权利，在模仿中求生存的平庸趣味，对时而简单油滑时而故作深沉的文字表达和冗长重复的情节故事的痴迷……当然，换个角度，网络写手/读者也是那些积极并勇于享受某种自由表达的权利，娱乐自我和娱乐他人，教育他人和自我教育，讽刺调侃和自嘲，培养无穷无尽的生活热情和现实目标的市民社会的典型代表。从这个角度看，网络文学代表着我们这个初具雏形蒸蒸日上的市民社会的公共福利，网络写手/读者不仅享受并且大力开拓着这一公共福利，促使它活力四射、花样翻新、日产斗金，可以说，对于包括传统文学界在内的所有文艺爱好者来说，网络文学是爱好和金矿的合一。

如果把所有网络文学看作是一个新的文学样式，那么网络文学文本最突出的特质无疑是杂糅。网络文学可以看作是游戏、影视作品、传统文学作品、报刊、图像、电脑技术等合力影响并且拼贴的结果，这带来了网络文学从形式到内容的新奇。网络小说的类型化发展即是这种杂糅的呈现：玄幻、同人、架空、耽美、穿越、盗墓、武侠、言情、灵异、历史、军事、游戏、竞技、科幻……现在，网络小说的读者可以像点菜一样来消费不同口味的网络小说，每一种类型几年下来都可以排出至少十部经典作品，越来越多的网络类型小说的读者加入创作的队伍，一代代小白①也有着越来越令人称道的好胃口，消费网络文学几乎是网民玩游戏发帖子之外的一项必修课。相比较类型文学在中国文学史上的长久弱势，网络文学在类型化方面令人吃惊的进展充分说明了读者的

———————————

① 小白为"小白痴"的缩写隐语，指热衷或标榜平面化、简单化这一特点的读者或作者；"小白文"则指浅显易懂、规避深度的网络文学作品。

需求在哪里，而传统文学又以何等高傲的方式错过了这一点。

类型化是对文学传统的突破、颠覆。文学作品高度分类，使得读者能以最快速度找到自己需要的作品，类型化实际上是文学艺术商业化的必经环节。当文学变成商品，带来的也许除了媚俗还有创新，求新求变的商业促销原则同样表现在网络文学的发展中。网络文学的类型化到如今可以用"俗滥"二字形容，但是这么短的时间涌现出这么多古怪新奇的文学类型，这种打场卖艺、现买现卖的街头艺术的能量确实也无可限量，难怪越来越多的人希望把这个过程纳入产业化领域。

网络文学这种快速自发的分类活动，是读者和作者合力而为的结果，也是网络技术影响文学体裁的直接后果。在一个随手点击就可以直接从经史子集跨越到名流八卦，从史前翻越到后现代的文本语境中，所谓的现实与幻想、当代与古代、故乡与异国等时空差异可以缩小为一个手指的微小动作，所谓的高深与浅薄、严肃与滑稽、严谨与放纵等风格上的差异可以变成网页的叠加或并置，网络文学文本的杂糅可以说是与生俱来。不管是周游星际的骑士，还是穿越古今的现代人，抑或是几度踏平阎王殿生死数回的魂魄，在有着无穷重新排列组合一切元素的可能性的网络上，获赠多维时空的网络文学的出现是必然的。网络文学借助网络，也凭借网络的示范，造就了自己匪夷所思的变化能力。

网络文学的变化也体现在网络削平了获得、发表文字的权力等级，在空前的人群智力集体爆炸的背景下，网络文学拆解掉了作者和评论家的权力。任何一个读者都同时是一个作者和评论家，只有先是一个超级读者才可能成为一个好的作者或评论者。去中心化的网络文学天生地反叛权力的等级制和禁忌，它的放肆与生俱来。下面是作者与读者在作品中进行磋商的两则例子，一个不容讨价还价，一个试图普及医学知识：

> 　　紫川秀看到紫川宁的交通工具大惊失色！"哎呀，这是……这是……！"
>
> 　　紫川宁："哦，这叫汽车啊……正确来说应该是小轿车！德国出产的奔驰，进口原装组件，强力引擎，行驶超级平稳，广告说连满杯的水在一百二十里时速都撒不出一滴来……"
>
> 　　"我不是说这个——骑兵拿马刀冲锋的年代就有人开奔驰？　——时空混乱也太严重了，读者会有意见的。"
>
> 　　"美女配名车，作者喜欢！读者吵的话——威胁他们说一个月不更

新！看他们怕不！"①

想到水，韦帅望紧跟着的念头就是好想小便，想到小便，韦帅望灵机一动，尿液是一种液体啊，当然那东西不是正常的用来洗手的液体，可是，帅望看看自己的手，老人们都说以水为净，只要洗了，就比不洗干净。

好吧，帅望站起来，解开裤子，好长的一泡尿，一半尿在康慨身上，一半用来洗手。（新鲜尿液，大部分成份是水，固体物质为盐，尿素，少量的糖，蛋白质，基本上，可以当做消毒的盐水看待，不同意见欢迎讨论。）②

网络对于一些具有前卫艺术爱好的创作者来说，不仅挑战了作者与读者的等级制，而且挑战着一切既定的艺术标准和规则。超文本文学（hypertext literature）包括非传统文学文本的多种新因素，动态影像、超链接、互动、音乐等所谓多媒体形式让人们重新认识了网络文学的革命性意义。不管是把网络文学看作是文学创作未来的笔、稿纸，还是未来的书法，前卫艺术家们对于这种新的文本方式寄予厚望。从实践来说，台湾的超文本文学实践更多印证了所谓网络新文类的说法。曹志涟、姚大钧、苏绍连（米罗·卡索）、须文蔚、李顺兴等人的创作和评价值得关注。从早期的《妙缪庙》《涩柿子的世界》到《歧路花园》③《FLASH超文学》④《向阳工坊》⑤《文学电电看》⑥等，超文本文学即严格意义上的网络文学已经显示出令人惊喜的创作成绩。

相比较一部分网络文学形式上的前卫实验，大多数网络文学内容呈现出游戏化、模式化书写。游戏打怪对网络小说影响巨大，这一点仅仅从网络小说向游戏版本的快速转换就可以一览无余。模式化的创作一方面以惊人的数量累计下了一系列重复率极高的情节模式，比如拜师、岁考、比武、下山、对阵、闭关、练剑、收怪、轮回、失忆、遇险、招贤、夜袭、投主、用计、破阵、初试锋芒、一见钟情、阴差阳错、死而复生，等等。这些模式不仅包含传统的武侠小说、言情小说、历史小说等最常见的情节元素，而且使用拼贴手法，创造了更多新的情节功能，比如说穿越时空的现代医学技术、教育方式、思维方式等

---

① 老猪：《紫川》，载互联网：http://book.xhsd.net/new/html/9/2459/11.html。
② 晴川：《韦帅望的江湖》，载互联网：http://www.lcread.com/bookPage/19071/1430239rc.html。
③ http://benz.nchu.edu.tw/~garden/garden.htm
④ http://poetry.myweb.hinet.net/flashpoem/index.html
⑤ http://hylim.myweb.hinet.net/
⑥ http://dcc.ndhu.edu.tw/poem/

对情节、历史、人物的影响和改变，天马行空的联接方式在网络文学中频频产生的娱乐效果和商业成功，也让人意识到文学体裁和文学元素的各种新的可能性。

模式化的创作和早期口头流传的史诗一样带来了容易记忆、阅读的熟悉感和怀旧情绪等好处，作者和读者常年的友谊就在这些经典的高度模式化的情节、人物中积累沉淀。网络文学从这个角度看，几乎类似于作者和读者共同操作的游戏。文学在这个意义上成为游戏过程，无论是传统文学的作者中心还是文本中心，在这里都让位于伙伴关系中心。

另一方面，过多的模式化写作则不得不让人怀疑网络写手的想象力和过快的更新速度。太多的废话和重复只能让人产生这样的联想。比如，《诛仙》在最应该以细腻变化取胜的爱情描写中，也让人见识了什么叫做想象的简陋和尴尬：张小凡和所有女人的交往都必须经过一次极为单调的烤兔肉的安排……当然，在小白们看来，每一次加了些许盐巴的烤兔肉的滋味都是那样地令人回味无穷。也许，人物的模式化行为是极为宝贵的唯一能指引小白走向主角内心世界的线索，因为人物的心理描写也已经简陋到了令人窘迫的地步。

模式化的负面影响和网络文学的付费方式及更新形式有关。按字数付费积极推动了网络文学的兑水现象；而日复一日的更新和当年的报刊小说连载一样，需要不断重复一些原来的情节故事，刷新读者因为大量阅读逐渐疲劳的记忆，作者也由于长期高强度的创作出现创造力的衰退和健忘，这造成了网络文学的随意、草率、冗长。

不管怎样，网络小说还是带来了无穷的娱乐性和教育性。前者带来轻松和笑声，但有时也和贫乏低俗甚至下流纠缠不清，所谓的"种马""狗血""YY"（意淫）、"口水文"等都是网民自己总结的网络文学套路。

就网络文学的教育性而言，《韦帅望的江湖》就是一部可以和《少年儿童心理健康指南》之类的专业书籍直接捆绑发行的寓教于乐的辅助性读物。

> 当我面对他人无故的伤害，当我面对陌生人给我的挫折，当我承受他人的不公正待遇，善良，是正确的态度吗？
> 一个人承受越多，就会对人类自私本质认识得更多，每个人都是自私的，每个人都要维护自身的生存，在面对选择时，绝大多数人，会选择自己的生存。一个善良的人，就这样慢慢失去了自己的立场，向人类的动物本性投降，渐渐不再是当初的那个人，慢慢跨过界线，转身成妖。①

---

① 晴川：《韦帅望的江湖》，载互联网：http://www.lcread.com/bookPage/19071/2193568rc.html。

从这个角度讲，网络文学是个传递生活经验甚至哲理思考的场地，只不过比起家长老师们令人生厌的说教，小白们更乐意接受网络小说的教条和说教。比如：

> 韩青摇摇头："不，帅望，我要你答应我，你要坚强，无论什么时候何种境地，首先选择活下去，然后选择好好地活下去，你明白吗？真正的坚强，并不是不屈服，而是活下去！保持心底的那份善良活下去，如果你遇到挫折，遇到打击，就连灵魂深处的东西都改变了，那不叫活着，你已经死了。活着，是不管外表如何改变，做事的方式如何改变，不管你是站着，还是跪着，你始终都是原来的那个韦帅望。这才叫活着，这才是坚强。"①

网络小说的教育和自我教育有着它平庸教条的一面，也有着极为个人化的探索，比如《亵渎》《尘缘》的有缺陷和道德污点的主人公，同网络文学众多过于简单和平面的人物相比较，这些有问题的主人公不能不说是网络文学对人物形象的一种探索，它延续的是叛逆、愤怒的社会判断，推崇的是个人主义的打破一切规则界限的勇气和能力。实力决定一切，这大概是读者能从《亵渎》《尘缘》中得到的深刻体验。有实力的人可以做自己和万物的主人，创造自己的世界。《亵渎》的最后一句话"要有光"，简单说明了一个道理：人可以成为神。但是，不管作品中如何彰显情爱、恩情、亲情对个人无限膨胀的实力的牵绊与约束，甚至将它们置于个人追求的终极目标，这些理由实际上既脆弱又狭隘单薄，只是点缀个人欲望征途的装饰品。在当下道德标准岌岌可危的商业社会背景下，抛开世俗道德约束，追求内心欲望的巨大满足的罗格（《亵渎》）和纪若尘（《尘缘》），不能不说是我们这个蒸蒸日上的市民社会的冒险家们的真实写照。

当读者开始创作，这是不是意味着网络文学拥有比传统文学文本更真实的对现实的体会和表达？网络文学是不是更真实地彰显了社会心理层面的反道德的暴力性倾向？网络文学是不是也更能够厚颜无耻地膨胀自我、娱乐大众？无论如何，娱乐并不是无意义的，它的危险在于表面的毫无危险和自由口碑。

读者的宽容和苛刻、要求和放纵带来了网络文学的重趣味的特点，而从文字上来讲，这一点更是网络文学的标志。玩的特点一开始就存在于网络文学之中。网络文学语言吸收口语、方言、文言文、不同语种的语言、字母、非语言

---

① 晴川：《韦帅望的江湖》，载互联网：http://www. jjwxc. net/onebook. php? novelid = 43583&chapterid = 49。

符号等，非常突出语言的简洁、有趣、幽默、夸张等特点。网络文学尤其吸收了种种奇怪的网络语言，如"猪脚"（主角）、"囧"（无奈）、"酱紫"（这样子）、"TNND"（他奶奶的）、"BT"（变态）、"FB"（腐败）、"汗"（吃惊）等。或者是为了键入文字时方便快捷，或者有意想造成一种陌生化效果，不被人一眼带过，网民们用数字、连读、缩写、外语、同音字、近义词甚至错打的字代替一个词汇或者短语。网络用语的无心插柳、阴差阳错一方面依赖想象和创造，另一方面不能不说与键入网络文字时出现的候选词汇有关。电脑技术是网络语言的重要土壤。由于键入汉字技术的选择词汇功能，语言在纵聚合轴上的扩展提供了网络语言进行拼接的巨大可能性，重新组合的句子因此具有了新的活力和张力。比如"猪脚"因为语音相近而替代"主角"，但是词义本身相差太远，呈现出幽默讽刺的修辞效果。

网络语言的自创语符有着强烈的革新性特点，如用乱码@# SIY－% ^ ¢ ×来表达震惊、色情、紧张等场面。伴随文字，网络语言可以随意插入语言之外的其他符号，如"：）""^_^""：P""＾O＾"（笑脸），甚至利用图像、动画、音乐等多媒体方式重新组织拼贴创造新的语言形式。对于传统纸质文学来说，这些语言上的变更不是一个可以忽略的小问题，它是否会影响甚至逐渐取代传统的文学语言，还是将一直保持前卫艺术的边缘性？无论哪一种解释，语言与其他符号的表意功能在网络文学这里得到了最大程度的挖掘和拓展。语言符号的动态、图像、音乐、色彩等所有空间时间的物质性特征得到了最大限度的展现。

网络语言不仅仅是一种新造语，运用网络语言也是一种身份意识。它意味着一个网民的身份和自觉立场，意味着融入一个以自由表达为口号、以反叛挑衅为姿态、以年轻不羁为骄傲的文化圈。网络语言倾向于或者说炫耀它的大胆、随意、低俗、无耻、冗长、色情、口水、意淫、夸张、漫画等，排斥乏味、道学、严肃等，这也赋予了网络文学活泼大胆任性炫耀的语言特点。

网络文学给人们带来了很多新的感受，快乐和启发、忧虑和无奈。它具有强烈的消费性、娱乐性和冒险精神，体现着我们这个时代的个人主义精神。网络文学首先来源于非常态的交流方式，这种非常态交流在剔除了现实社会中人与人之间的森严壁垒和虚伪应酬的同时，也带来了非常态下的追求快感、歇斯底里、粗俗、猥亵等较少暴露在现实交往中的人的非常态表现。网络文学表达的是脆弱的心灵，也是一个粗野的手势：宣泄、调侃、搞笑等。这种非常态的交流，忽而让人们对它寄予过高的期望，如种种全民创作全民解放的呼声，忽而让大家漠视甚至痛恨它的繁荣昌盛，如对网络文学作品低俗色情浅薄的指责。

网络文学有着非常突出的娱乐性。虽然长久以来我们早就听说了文学即将进入一个后现代的消费时代，但真正教会我们懂得"消费"含义的是网络文学的出现和发展。文学在网络上的重要性没有想象的高，也没有想象的低，它和聚餐开会打牌 K 歌游戏一样，首先是休闲方式和娱乐场所，很难期望能从这里面出现传世名作，但也不能忽略它的娱乐的普世价值。网络作品—电子收费—书籍—电视剧本—漫画和动画—网络游戏的链条的建立，使得网络文学的产业化链条已初具雏形。在这样一个以庞大文本字数和跨媒体为特点的文学产业背景下，文学批评已经难以在某一个单一领域内来评价网络文学的得失。比如一个原本很"小白"的网络文学作品可以改编成一个超级成功的游戏或者电视剧，如何公正评价在这种传播途径中生存的文学作品，对文学批评的标准和方式提出了新的要求。对于它，我们需要进一步观察和思考。

讨论题

1. 你有过网络阅读的体验吗？比较一下网络阅读与纸质文本阅读有什么不同，它们各自有怎样的优势和弱点，说说你对网络文学的总体看法。

2. 网络文学中传达的人生体验是否更真实，更具有教育意义？为什么？

4. 电影欣赏

概说：文学视野中的电影艺术

这一部分，我们将选择若干部电影作品，谈谈电影欣赏的问题。之所以把电影欣赏纳入文学欣赏的课堂，一方面是因为电影、电视在人们的日常生活中占有越来越重要的地位，也是青少年群体频繁接触、时常谈论交流的一种艺术形式，而电影艺术与电视艺术有着诸多的相通性。另一方面则因为，随着社会生活的发展，"文学"的内涵和外延已发生了显著变化，我们倡导的是开放性的"大文学"的观念，而不再拘泥于狭义的"纯文学"所指，尽管文学经典仍是常谈常新的话题。这既是时代潮流所致，也符合今天人们对文学的地位和作用的认识。

如果单从欣赏的角度来说，文学欣赏与电影欣赏之间同样存在着密切的关联。

首先，中外文学史上的许多经典名著，都被改编为电影和电视剧。西方的如列夫·托尔斯泰的《战争与和平》《安娜·卡列尼娜》，高尔基的《母亲》，莎士比亚的戏剧作品，勃朗特姐妹的《简·爱》《呼啸山庄》，简·奥斯汀的《傲慢与偏见》《理智与情感》，海明威的《太阳照常升起》《永别了，武器》

《乞力马扎罗的雪》《老人与海》，君特·格拉斯的《铁皮鼓》，等等。中国古典名著如《聊斋志异》《红楼梦》，现代名著如鲁迅的《阿Q正传》《祝福》《伤逝》，巴金的《家》，茅盾的《林家铺子》，杜鹏程的《保卫延安》，杨沫的《青春之歌》，张爱玲的《色·戒》，等等。一些名著不止一次被搬上银幕，其中，最受影视导演青睐的改编题材，要数简·奥斯汀的《傲慢与偏见》。这部小说自1813年诞生以来，在1938年到2005年间，被改编为影视作品的次数高达10次，电影有1940年版（罗伯特·Z.伦纳德执导）和2005年版（乔·怀特执导）两个版本。至于通俗文学作品，如言情、武侠、科幻、侦探、惊悚、奇幻等类型小说，也被频繁改编为电影。例如，被誉为"现代惊悚小说大师"的美国作家斯蒂芬·金，他的小说集《不同的季节》收录了4篇代表作，英文版一经推出即登上《纽约时报》畅销书排行榜的首位，当年在美国热销28万册，随后被翻译成31种语言出版。同时，该书还创下了4篇小说中有3篇被改编成轰动一时的电影的记录。其中最负盛名的便是根据小说《丽塔·海华斯及肖申克监狱的救赎》改编，曾获奥斯卡金像奖7项提名，被称为电影史上"最完美影片"的《肖申克的救赎》（影迷又称《刺激一九九五》，1994）。近年来异军突起的奇幻影片，也大都是根据畅销全球的奇幻文学改编而成。可以说，优秀的、各具风格与特色的叙事性文学作品，甚至包括诗歌作品（如张军钊1983年执导的《一个和八个》，就是根据郭小川的同名长诗改编而成），为电影创作提供了源源不断的题材和灵感，增强了文学与电影之间的互动，自然也在文学欣赏和电影欣赏之间架起了桥梁：对文学原著的欣赏，可以帮助我们更好地了解电影的内涵与韵味；而通过观赏此类电影，可以激发我们阅读原著的意愿和兴趣，从而扩展自身的文学艺术素养。

第二，作为叙事艺术，电影在故事情节结构、人物形象塑造、环境刻画及细节描写等方面，与叙事性文学作品如小说、戏剧等，有着很多的相通之处，因此，在欣赏的基本方法和技巧上，可以触类旁通、相互启发。比如，宁浩导演的《疯狂的赛车》（2009）与之前的《疯狂的石头》（2006）一样，都是由无数巧合拼出的"疯狂"的故事；但《疯狂的赛车》无论是在故事的情节性还是在叙事的方式上，都更为复杂、更有戏剧性，以至有影迷惊呼，观影时稍一分神，就看不懂后续的情节。为此，包括导演在内，共有8位编剧参与故事的编撰，他们甚至画了一张复杂的人物关系图，自称为"数学微积分编剧理论"。凭借如此"疯狂"的举动，这部投资1000万元的影片，最终突破了亿元票房大关。宁浩成为继张艺谋、冯小刚、陈凯歌之后，晋升内地"亿元导演俱乐部"的第四位成员。而以叙事为基本特征的小说、戏剧，在情节的编撰、叙事视角的设置、叙事节奏的掌控、人物关系的错综复杂上，与之有异曲同工之妙。

第三，从文本（text）的角度说，文学与电影各有其文本形态，也都包含有显文本与潜文本的双重结构。显文本在文学中呈现为语言文字及其塑造的各类形象（意象），在电影中则表现为影像及其画面构图；潜文本则是包孕在显文本之内或超脱于显文本之外的意蕴所指。换言之，无论是文学欣赏还是电影欣赏，都需要欣赏者关注显文本与潜文本之间的有机联系，并经由显文本进入潜文本的层面。

第四，虽然在文学面前，电影艺术不过是蹒跚学步的幼儿，但是，它的旺盛的生命力和强劲的发展势头却令人不能小觑。进入20世纪后半叶以来，当传统意义上的文学不再拥有昔日辉煌，面临边缘化的处境之时，电影对大众的影响越来越显著。不仅电影依旧从文学中吸取营养，获得灵感，文学也开始从电影中"拿来"，进行文体的试验与创新。20世纪末以来国内出现的"影视小说"，如《英雄》《大腕》《手机》《我是刘跃进》等，显示了文学与电影的双向互动的开始。这些小说均是由同名电影的编剧，在原剧本的基础之上"改写"而成。它们不仅满足了图书市场读者的阅读需求，也对小说研究和文学文体研究提出了新课题。

电影对大众的巨大影响力，即便从一些短片中也可窥见一斑。例如，在一部短片中看到，1979年，在中国某乡村，一个简陋、杂乱的乡村电影放映点内，五六个调皮的小男孩趁放映员不在，偷偷打开了放映机。银幕上出现的是卓别林的喜剧《马戏团》，孩子们被卓别林扮演的流浪汉与警察在马戏团追逐的场景逗得乐翻了天，唯有一个男孩神情专注地直视银幕，嘴角露出一丝笑意。突然的断电让孩子们有些手足无措，他们急中生智，将电源线接到三辆自行车上，一边用尽全力踩踏车轮来摩擦生电，一边在影片的滑稽表演中继续开怀大笑。这时，放映员冲进来大喝一声，吓得孩子们四散而逃，只剩下那个神情专注的孩子，仍坐在那里一动未动。他仰起脸怯生生地问道："叔叔，能让我把电影看完吗？"时间飞逝，当年的盲童已步入人生的暮年。他拄着拐杖走进一家富丽堂皇的影院，坐在舒适的软座上。此时，在他面前，红色的帷幕徐徐拉开，又一场人生的大戏即将上演……

这是中国导演陈凯歌执导的一部三分钟短片。2007年，全球共有35位著名导演接受了戛纳电影节组委会主席雅各布的盛情邀请，以"电影院"为主题，各自拍摄一部短片，以此庆祝戛纳电影节六十华诞。华人导演除了陈凯歌之外，张艺谋、侯孝贤、蔡明亮、王家卫也如期交出了自己的"作业"。这35部短片汇聚成一部"巨片"《每人一部电影》（台湾译名为《浮光掠影——每个人心中的电影院》），各具视角地展示了电影与不同年龄、阶层、种族、性别、信仰的人们的密切关系，它给无以计数的人带来的欢笑、伤感、惊悚、沉思与震撼，以及极具个性与风格的导演眼中的世界风云变幻和人生的错综复

214

杂。正如在这些作品中看到的，电影不仅是存留在每个人记忆深处的鲜活生动的影像和声音，它也在很大程度上影响了人们的生活方式和感受、认知现实的方式，并且为人类的明天和世界的未来勾画了无限的可能性。也正像陈凯歌的短片所表现的，哪怕是一部黑白的默片，它的功能也并不止于让人"观看"，同样可以让一位双目失明的人以"倾听"和"默想"的方式，接触到一个全然陌生而又异彩纷呈的世界。

自19世纪末诞生以来，从默片到有声，从黑白到彩色，从普通银幕到宽幅银幕再到 IMAX①，电影吸引了无数的眼球。经过百余年的风雨沧桑，特别是到了20世纪末，随着社会的快速发展和科技的巨大进步，信息化时代和全球经济一体化浪潮的来临，电影与人们日常生活的联系越来越紧密。我们常说这是一个"信息图像"或"视觉文化"的时代，一个"注意力经济"高度发达的时代，电影以它特有的叙事语言和视觉传达方式，在其中扮演着举足轻重的角色。美国学者、《世界电影史》的作者克莉丝汀·汤普森、大卫·波德维尔认为："我们的衣着、发式、言谈举止，我们信奉什么或怀疑什么……所有这些我们生活的方方面面在一定程度上都是由电影塑造成型的。电影还提供给我们强烈的美感体验，培养我们洞察文化的能力和新的思维方式。"②电影已不单纯是人们在繁忙、紧张的学习、工作之余舒缓心情、愉悦精神的一种途径，也不再仅仅作为致力于探索人类生存图景和精神家园的诸多文学艺术种类之一而存在，就总体而言，它已成为一个国家文化产业的重要组成部分。同时，不少学者专家和电影从业人员注意到，作为大众传播媒介和大众文化的生力军，电影在潜移默化中影响着、塑造着人们的言行举止、情感模式、思想观念等，因而可能承载着某种特定的意识形态。若干年来，一些国家和地区如法国、韩国、中国香港等对美国好莱坞"大片"横扫全球电影市场的议论和忧虑，乃至自发地予以抵制，并不仅仅是因为好莱坞"大片"以其巨额的票房收益，控制、主宰了输入地的电影市场，以致挤压、阻碍了该地区电影业的健康发展，更主要的是因为他们认为，在这些制作精良的类型化的"大片"背后，隐含着某种"美国式"的文化观念和价值准则；处于强势地位的电影生产地、输出地，在向其他地区源源不断地输入产品的同时，也在不知不觉间，输送着、强化着某些特定的文化观和价值观，并赋予这些观念以"普世"的价值和意义。美国学者罗伯特·考克尔认为："……电影不仅是娱乐物，而且是工业和政治

---

① 普通银幕的高宽之比为 3∶4，宽幅银幕的高宽之比为 3∶5 以上。IMAX 即 Image Maximum 的缩写，意为"最大影像"，亦称"巨幕"，是一种能够放映比传统胶片更大，具有更高解像度的电影放映系统。标准的 IMAX 银幕为 16 米高、22 米宽。

② [美]克莉丝汀·汤普森、大卫·波德维尔：《世界电影史》，陈旭光、何一薇译，北京大学出版社 2004 年版，第 1 页。

文化的一部分。""所有国家，包括美国，都明白电影和电视对民众的影响力、宣传价值和意识形态作用。"①近几年来，国内对包括"贺岁片"在内的国产"大片"的引导、扶持的力度，也是前所未有的；有关张艺谋、冯小刚等导演新作上映的报道，不时见诸央视一套《新闻联播》。这一方面固然是出于推动中国电影文化产业的发展，以满足人们日益丰富的精神文化需求的考虑；同时，在全球经济萧条的背景下，鼓励人们走进影院，也可以起到刺激消费、拉动内需的作用。当然更重要的是，包括电影在内的文化产业的发展程度，被视为一个国家"软实力"强弱的重要标志，也是一个国家能否由大国迈向强国的参照物之一。一个国家、民族的传统文化的深厚底蕴，现代文明的生长空间，以及未来在世界多元化文化格局中所处的位置，从未如此紧密地与电影时刻发生着关联——尽管电影仍然只是一种艺术，或许并不能、也不应当承载如此沉重的一切，但是，它无法阻止人们在今天的语境中，从不同的角度和层面，赋予它各不相同的意义和功能，并将各自的愿望和激情投射在它的身上。这也许正是电影艺术的魅力所在。

所有这一切，都来自电影的日益巨大的影响力和包容力。今天，全球每年电影产量数以千计。据联合国教科文组织公布的数据，2006年，印度"宝莱坞"制作了1091部电影，被称为"瑙莱坞"的尼日利亚拍摄了872部，美国485部，日本417部，中国以330部名列第五。到了2008年，全球金融危机已显端倪，中国的电影产量则达到406部，排在印度、美国之后，跻身世界前三名。据《世界电影史》一书作者的估算，全球每年在电影院观看电影的观众，大约有150亿。②除去影院这一相对固定的观影场所，人们还可以通过卫星电视或有线电视，通过四通八达、快捷稳定的宽带、无线网络下载视频或在线观看，也可以租买录像带或影碟在家观看。如果将这些难以精确统计的数字相加，电影观众的数量是十分惊人的。从票房收入来看，截至2008年年底，全球电影票房前10位者，均在9亿美元以上，1997年上映的《泰坦尼克号》以18.45亿美元雄踞榜首。进入2008年，在全球经济呈现大幅衰退的环境下，电影票房却持续攀升。据美国电影协会（MPAA）公布的数据，2008年全球票房高达281亿美元，与2007年相比上升5.1%，创造了新的纪录。而位居全球票房增幅之首的是中国。 2007年至2008年，中国电影票房连续两年保持26%以上增速；仅2008年一年，国产"大片"票房过亿元就达8部，其中，《赤壁

---

① ［美］罗伯特·考克尔：《电影的形式与文化·绪论》，郭青春译，北京大学出版社2004年版，第1、2页。

② ［美］克莉丝汀·汤普森、大卫·波德维尔：《世界电影史》，陈旭光、何一薇译，北京大学出版社2004年版，第1页。

（上）》更以 3.1 亿元刷新国产电影票房纪录。①在国际金融危机的大背景下，"口红效应"②一词迅速在国内电影行业走红。这一方面显示了中国电影人转"危"为"机"的信心，也再次证明了电影在人们现实生活和精神需求中难以取代的地位和作用。

虽然与其他艺术门类相比，电影艺术的历史显得较为短暂，但如同其他艺术种类一样，它也是在自身发展中逐步形成了自己的特征；同时，电影在不同的历史发展阶段，在主题意蕴、形式结构、美学风格等方面所呈现的不同特质，除了与电影制作者，尤其是导演的艺术观念、美学趣味、生产方式等有着密切的关联外，也与一个时代的社会文化状况、大众的欣赏习惯与接受心理，以及科技的进步与推广程度等无法剥离，唇齿相依。罗伯特·考克尔曾说："……电影不是凭空产生的。它有一个历史过程，就像我们和我们的社会一样，电影、我们的文化、我们自己的历史是密切交织在一起的。电影具有被历史地决定了的、产生意义的形式与结构，具有复杂的传达意义并使之被接受的固定模式。"③电影艺术的各种特征及其演变，是"被历史地决定了的"，是人类的社会史、文明史，当然也是艺术史的一个有机组成部分。概括来说，电影艺术的基本特征主要体现在以下几个方面。

第一，综合性。电影艺术的综合性首先体现在，它是在融合各类艺术的基础上形成的一门独立的艺术。最早宣称电影是一门艺术的，是侨居巴黎的意大利诗人、电影先驱者卡努杜。1911 年，他在题为《第七艺术宣言》的论著中，赋予电影以"第七艺术"的称号。卡努杜将各种艺术分为两大类，即时间艺术和空间艺术，前者如音乐、诗歌和舞蹈，后者如建筑、绘画和雕塑。时间艺术是动的艺术，空间艺术是静的艺术，将这两者之间的鸿沟填平的则是作为"第七艺术"的电影，它是"运动着的造型艺术，按照节奏艺术的标准展开"④。2009 年，荣获奥斯卡金像奖最佳外语片的日本电影《入殓师》（2008）中有这样的场景：广袤的田野上，主人公小林大悟拉起了他心爱的大提琴。悠扬的琴声中，三五只白鹤飞向湛蓝的天空。这个片段中有音乐的美妙旋律，有抒情诗一般隽永的意蕴，也有水彩画一样的淡雅、宁静的构图。当

---

① 以上各类统计数据，均来自相关媒体报道及互联网信息，并有所综合，恕不一一注明。

② 所谓"口红效应"指一种经济现象，也叫"低价产品偏爱趋势"。在经济不景气的情况下，人们仍会有强烈的消费欲望，便转而购买比较廉价的商品。口红作为一种"廉价的非必要之物"，可对消费者起到心理"安慰"作用。此外，经济衰退让人们的收入降低，很难攒钱去做"大事"，手中反而会有"小闲钱"，正好去购买"廉价的非必要之物"。参见"百度百科·口红效应"词条。

③ ［美］罗伯特·考克尔：《电影的形式与文化·前言》，郭青春译，北京大学出版社 2004 年版，第 1 页。

④ 引自李恒基、杨远婴主编：《外国电影理论文选》（修订版）上册，生活·读书·新知三联书店 2006 年版，第 45 页。

然，电影艺术的综合性并不是音乐、诗歌、绘画等艺术的简单叠加，一方面，这里所表现的场景是整个故事情节的自然延伸，而非刻意的营造（主人公是一位大提琴手，自幼习琴；因乐团解散，此时已从东京回到了偏僻小镇的老家，工作之余，他重新拾起了童年时代用过的琴）；更重要的是，导演通过看似简单的两个摇动的全景镜头的组接所形成的蒙太奇效果，独具匠心地将乐韵、诗情、画意融为一体，从而传达出极富东方特色的审美情趣，以及融合其间的对生与死的哲理思考：自我陶醉在琴声中的小林大悟，他周身透出的轻松、愉悦、恬淡与安然，表明他已从对入殓师这种特殊而奇怪的职业的抗拒、恐惧、心神不宁中走出来；同时昭示着，他对于人的生与死的关系，特别是死亡的含义，已经有了全然不同的感悟和理解：那些自由自在地在原野上空翱翔的白鹤，犹如逝者的"魂化"，他们并没有离开我们，只是以另一种方式生存于天地之间；生死的轮转，宛若季节的更替，人正是这天地万物中的一分子。这或许正是引他入门的师傅、社长佐佐木，如此兢兢业业、一丝不苟地对待自己的职业的原因所在，对逝者的尊重，即是对生者的尊重。我们知道，不独电影，任何一种艺术都会从其他艺术种类中吸取有用的成分，为己所用；这种吸取与融合，不是为了模糊与其他艺术形式的界限，恰恰相反，是为了更能彰显自我的特色，强化艺术的表达力量。在这层意义上，卡努杜认为："显然，当画家和音乐家能够真正和诗人的幻想相结合，而电影导演又通过不断变化着的光，把以上三种人所表现的同一题材处理成作品时……出现在我们面前的电影才将具有如此鲜明的思想和造型力量，终于能成为一切艺术的综合，并集中表达出对一切艺术起着决定作用的内在渴望。"①自然，所谓"一切艺术的综合"，并不意味着每部电影都要兼容上述艺术成分；在不同的影片类型中，某种艺术的成分可能占据着主导地位，比如在音乐片或歌舞片中，音乐与舞蹈的比重就会远超出其他类型的影片。

　　以上是从电影文本——作为整个电影艺术创作结果而呈现在观众眼前的文本——的角度，来分析其综合性的构成及其方式。其实，从电影的制作过程来说，它的综合性特征同样十分显著。电影是一种集体创作的艺术，从脚本的编撰、修改，演员的选定，到外景的遴选、摄影棚的搭建，到正式拍摄，再到剪辑及其他的后期制作，等等，需要诸多团队成员的协调与合作。许多电影史专家、电影研究者都注意到，20世纪初期在好莱坞逐渐形成的制片厂和制片人制度，创造了组织严密、分工精细、各司其职的商业化经济运作模式。好莱坞制片厂的老板选择明星和剧本，交给制片人负责；制片人再与导演、剧作家及所

---

① ［意］卡努杜：《电影不是戏剧》，施金译，见李恒基、杨远婴主编《外国电影理论文选》（修订版）上册，生活·读书·新知三联书店 2006 年版，第 53 页。

有参与影片制作的人签订协议，明确各自的任务，剩下的工作就是按照计划一步步地精确完成，由此带来的是影片生产的高效率、低成本、批量化，并确立了好莱坞作为世界电影制作中心的地位。电影制作过程中的这种综合性特征，看起来似乎只是加速推进了电影从一种技术转向大众消费品的过程，但事实上，正是在这样一种运作模式之下，形成了经典好莱坞电影风格：高超的制作技巧与清晰的故事讲述完美地融合在了一起，既有大牌的明星和华丽的场景布置，又有轻快的节奏和优美的风格。①时至今日，这种运作模式依然为好莱坞所沿袭，只不过更加完善，也更为成熟。国内以冯小刚导演为代表的"贺岁片"，也基本上是在"制片厂（公司）+制片人"的模式下，形成了"明星效应+有趣的故事+煽情"的商业类型化影片，取得了不俗的票房成绩。如2008年年底上映的《非诚勿扰》，以6000万元左右的投资，创造了超过3.4亿元的票房收入，成为当年票房最高的影片。

电影艺术的综合性特征，除了要求我们认识和理解电影文本"内部"的多元化艺术成分的融会与贯通以外，还提醒我们不能忽视文本"外部"多种因素的复杂影响与作用；换言之，相对于小说、散文、诗歌等文学文本，一部电影最终的美学风格、艺术倾向、主题蕴涵等，会受到主创者之外的诸多因素合力的制约与规范。"可以说，从20世纪初以来，电影的历史就是决定各门艺术发展的独特因素和已经发展的各门艺术影响电影的合力。而且，这个混杂的美学复合体，又受到社会学因素的影响，而愈发复杂。"②巴赞所言的"混杂的美学复合体"，正是对电影艺术综合性的恰切表述。因此，在欣赏电影时，应当更加自觉地将电影文本置于时代的文化语境中加以品味和揣摩。

第二，影像性。能够将六种艺术成分融合一体而又不失其艺术独立性的，是电影的影像性；准确地说，是活动着的影像，是一个个、一组组活动着的影像在组接、剪辑中形成的叙事的节奏和结构。人们常说，电影是一门视觉艺术，其视觉的效果及其功能来自各类影像的制作。同时，电影也是一门叙事艺术，影像则是它用以叙事的语言。这是它与其他文学文本的本质区别。

在历史上，当摄影术和活动的影像（如绘画投影或幻灯等）结合在一起，并用来讲述某个故事时，电影艺术便具备了它的雏形。1895年12月28日，法国的奥古斯特·卢米埃尔、路易·卢米埃尔兄弟在巴黎一家咖啡馆的地下室，公开放映他们拍摄的第一批短片《工厂的大门》《火车进站》等。在《工厂的

① 参见罗伯特·考克尔《电影的形式与文化》第二章第三节《经典好莱坞电影风格的形成》，北京大学出版社2004年版；克莉丝汀·汤普森、大卫·波德维尔《世界电影史》第三章第二节《古典好莱坞电影》，北京大学出版社2004年版。

② ［法］安德烈·巴赞：《非纯电影辩——为改编辩护》，见《电影是什么？》，崔君衍译，文化艺术出版社2008年版，第77页。

大门》中，人们看到一群头戴软边帽，身穿紧身上衣和曳地长裙，腰系围裙的女工，从徐徐打开的工厂大门走出，接着是一群手推自行车的男工。这时，厂主乘坐一辆马车进入工厂，女工们一边躲闪车辆，一边轻快地行走，整个场景气氛轻松、愉悦。《火车进站》中，一群旅客正在月台上等候火车的到来。很快，在镜头右上角的后景中，一辆蒸汽机车牵引着客车向观众驶来，冒着蒸气的黑黝黝的火车头一度占据了画面的中心位置。有人跟着列车奔跑，而随着车速减慢，旅客们向车厢走去，其中有带着两个孩子的奥古斯特·卢米埃尔夫人。火车沿着月台停稳后，车厢门打开，熙熙攘攘的旅客开始上下火车。卢米埃尔兄弟拍摄的这些短片，长度都只有一分钟左右，既没有声音，也谈不上故事情节，只是对某些日常生活场景的如实记录。但是，当观众看到活动的人物如此逼真地出现在自己眼前时，依然是目瞪口呆，惊奇不已。特别是看到奔驰的火车似乎迎面向自己而来的镜头时，现场的观众惊恐万分，甚至有人尖叫起来，拔腿就跑。就这样，从电影诞生的那一刻起，活动的影像所具有的神奇力量，不仅紧紧攫住了观众的眼睛，而且给他们的内心带来了强烈的震撼。卢米埃尔兄弟成为世界上第一位利用银幕进行投射式放映电影的人，被誉为"电影之父"。时至今日，影像仍然是电影艺术视觉传达的基本元素。在张艺谋导演的《英雄》（2002）中，我们欣赏了在色彩绚丽、旋转飞舞的胡杨叶中如月与飞雪激烈打拼的场面；在李安导演的《卧虎藏龙》（2000）中，也品味了在一片青翠欲滴的竹海上空，李慕白与玉娇龙飘逸、轻盈的交手场面。两部影片不同的影像造型及其色彩和构图，传递着极具个性的视觉效果，以及创作者对"侠文化"及其英雄形象在理解维度上的差异。与此同时，电影中的影像类型及其制作技术日趋复杂，令人眼花缭乱，目不暇接。我们既可以在贴近现实生活的影片中看到以"再现""展示"为主的影像，也可以在动漫、科幻影片中看到各种出没于童话、传奇、梦幻、未来世界中的虚拟影像，还可以在奇幻片中看到"真实"人物与虚拟人物共同现身的影像。无论这些影像是来自对现实世界的细致观察与敏锐捕捉，还是得自于一颗浪漫的心灵与丰富的想象，它们都是艺术创作的产物，受到一定的艺术观念的支配，也都从不同的角度和侧面折射出创作者对人与世界的生存状态的认识和理解。不过，如前所说，电影作为综合性艺术的复杂性在于，从它诞生之日起，对科学的执著探索、对商业运作中经济收益的考量，与对艺术表现方式的思考与选择，就通过放映在幕布上的活动的影像这一中介物，实现了统一。因此，在电影欣赏的过程中，我们首先要树立的观念是，影像是按照一定的程序被制作出来，并提供给观众观看；它的身上杂糅着艺术的、科学的、市场的诸种因素。影像在不断地塑造、改变我们的观看方式的同时，也在悄然地影响着我们对人与世界的感受和认知方式。罗伯特·考克尔认为："从一开始，电影制作者就凭直觉认识到影像是完全可以操纵的，因为从某种意义上说，电影影像是人工制作的客观世界与观众之间的媒介物。这些电影制作者还知道通过操纵影像，可以使影像反过来操纵人们如何看和看什么，以及人们对他们看到的东西做出反应的方式。"①

第三，科技性。每一个时代科学技术的发展，对于文学艺术总是有着这样那样的影响，有些影响甚至是比较直接的。比如，19世纪60年代前后，自然科学、特别是生物遗传学的发展，导致了自然主义文学思潮和文学观念的兴起。进入21世纪之后，信息技术的日新月异和互联网的迅速普及，在全球范围内引发了网络文学的热潮。这种以电子媒介为传播载体的新型文学，不仅改变了人们传统的阅读、欣赏作品的习惯，也为新世纪的文学注入了生机和活力。但是，就总体而言，没有哪一种文学艺术像电影那样，在自己的每一个发展阶段都与科技的进步息息相关：没有活动影像摄录机和放映机的发明，就不会有电影的诞生；没有声音胶片②的研制，电影就可能停留在默片时代；同样，没有彩色多层胶片的出现，我们就不会在银幕上看到世界的五光十色，绚烂多姿……今天，科技在各个领域的巨大发展及其应用，为电影艺术开拓了更为广阔的空间，并一次次把人们从办公室、家庭拉回到电影院，创造了一个又一个票房神话。特别是在那些大投资、大制作的好莱坞"大片"中，各种电脑特技制作出来的影像和视听效果，既让从影院中走出来的观众叹为观止，也成为影迷们津津乐道的话题。比如，在2008年年底统计的居全球票房收入前10位影片中，《指环王》系列中的第3部《王者归来》（2003）和第2部《双塔奇兵》（2002）分别排名第2位和第8位，这与该系列片大量使用特效镜头以营造奇幻无比的场景显然分不开。为了保证影片的特技效果，制片公司重金聘请曾在《泰坦尼克号》里大显身手的专事特效制作的威特（Weta）公司。该公司派出了120名精兵强将，分为奇幻生物、特效、化妆、盔甲及武器、微缩模型、模型特效6个小组，各司其职，以使影片的综合视觉效果尽善尽美。为了模拟原著中所描写的宏大战争场面，威特公司运用SGI的最新"行为智能"（Behavioural Intelligence software）软件，制作出十万人物混战的场面。在这些场景中，观众能够清晰地听到战袍猎猎飘动的声音，看到每个战士搏斗的动作和神态，以及受伤者鲜血喷涌而出的情形，等等。而收获了将近11.2亿美元票房的《王者归来》，其特效镜头相当于前两部影片之和，达到1200多个。为了能让这一"传奇三部曲"画上完美的句号，威特公司又购入了7组内含2.8GH英

---

① ［美］罗伯特·考克尔：《电影的形式与文化》，郭青春译，北京大学出版社2004年版，第25页。

② 声音胶片（Phonofilm），一种胶片录音系统。其制作过程是将声音转换为光波，再将其复制到标准35毫米电影胶片边缘的感光带上。这种系统具有声音和影像同步的功能。参见克莉丝汀·汤普森、大卫·波德维尔：《世界电影史》，陈旭光、何一薇译，北京大学出版社2004年版，第159页。

特尔 Xeon 处理器①的 IBM588 "锋刃" 主机，投入达 500 万美元。加上已有的 15 组 "锋刃" 主机，该公司拥有世界上最大的英特尔高效能电影群组，连结超过 2000 个处理器。这些高端的技术设备，加上专业化技术团队的通力合作，使得影片中正义与邪恶双方较量的场景显得波澜壮阔，气势磅礴，震撼人心。除了电脑特效外，电影的高科技含量还体现在诸如微缩景观制作、摄影技术、剪辑合成技术等方面。仍以《指环王》为例，在位于新西兰首都惠灵顿的摄影棚中，影片中的冈多首都白城，是按照 1/72 的比例，用聚苯乙烯和树脂制成，通高 6 米。如此巨大的模型，在制作上却十分地精益求精，就连城墙上的炮眼，一条条微型的街道，以及散落的民房都依稀可见……在拍摄时，一架微型摄影机被固定在液压升降机上，以极其缓慢的速度向上攀升，在模型上方盘旋一圈后，再沿着模型的外圈拍摄。这种取景拍摄对技术的要求很高，为了不使微缩景观拍出来后比例失调，要把镜头放到最大，所以拍摄速度不是通常的每秒 24 画格，而是每画格 15 秒。这样拍出来的效果就是，这座白色城市看起来比埃菲尔铁塔还要高。②

当然，科技含量的高低并不是衡量电影艺术质量优劣的标尺；观众是否弄清了影片所使用的各种科技手段，与他能否顺利地进入艺术欣赏的天地和尽情享受电影带来的快乐，两者之间也没有必然的、直接的联系。相反，在许多剧情片中，尽力抹去各种制作技术的痕迹，以便让观众毫无阻碍、"自然而然"地进入到故事情节中去，与片中人物同呼吸、共命运，甚至是主创者的艺术追求。我们了解电影艺术的科技性特征，目的是为了更好地认识电影与其他文学艺术的区别所在，并注意科技本身的复杂性与综合性，及其与电影艺术性之间的纠结。

第四，娱乐与通俗性。将娱乐与通俗性列为电影艺术的基本特征之一，相信不会有太大的争议。尽管一直到今天，有关"艺术电影"或"小众电影"与"商业电影"或"大众电影"的讨论仍在持续，但这种讨论主要涉及电影在市场化浪潮中的多元化生态问题，并不意味着娱乐和通俗性是"商业电影"的专利；况且，将"艺术"与"商业"对立起来的提法，本身值得商榷。电影的娱乐与通俗性可以从以下方面理解。

首先，自电影诞生之日起，其娱乐大众的目的和功能就显得十分突出。可以说，谋取商业利益是推动电影的发明与传播的重要动力；而惊人的商业收

---

① Xeon 是英特尔生产的 400MHz 的奔腾微处理器。在英特尔的服务器主板上，多达 8 个 Xeon 处理器能够共用 100MHz 的总线而进行多路处理，主要用于因特网以及大量的数据处理服务，如图像和多媒体等需要快速传送大量数据的应用。参见"百度百科·Xeon"词条。

② 参见食涩:《〈指环王Ⅲ〉全盘解码　王者无敌幕后花絮》，《新京报》2003 年 12 月 3 日。

益，反过来不断促进电影技术的改良与更新，并促使拍摄者将镜头对准为大众所喜闻乐见的场景。为了吸引更多的人购票观看，除了具有异国风情的"景观影片"外，早期电影具有强烈的滑稽喜剧、闹剧的色彩，往往着眼于人物与其他物体的相互作用，以夸张的肢体动作和人物对某件事情的出人意料的反应，来逗引观众发笑。例如，在卢米埃尔兄弟放映的第一批短片中，《水浇园丁》相对来说是最具情节性的。在这部短片中，一位调皮的小男孩捉弄正在花园里浇水的园丁，他乘园丁不备，用力踩住橡皮水管。当园丁奇怪地低头检查断流的水管时，男孩迅速把脚缩了回去，水猛地喷射到园丁的脸上。园丁回头看到了搞恶作剧的男孩，恼怒地跑去追打他……这种简单的充满闹剧色彩和戏剧性情节的短片，成为早期电影的一种重要类型，原因正在于它易于为大众所接受，并能给人们带来轻松愉悦的心情。此后，默片时代的喜剧大师卓别林，更是以他头戴圆礼帽、手持竹手杖、足登大皮靴、迈着鸭子步的流浪汉形象，以他变化多端的肢体语言和丰富的表情，风靡欧美二十余年，给无数的观众带去了欢笑，并为现代喜剧电影奠定了基石。

其次，与文学文本相比，电影在观赏和接受方面似乎没有为观看者设置任何门槛，可谓真正意义上的老少咸宜，也因此拥有更为广泛的受众群体。文学文本的阅读和欣赏，最起码需要阅读者识文断字，知道字词句的基本含义，并且能够初步了解文学文体的一般常识。而对于电影来说，只要具备正常的视听能力，任何人，不分年龄、性别、种族、职业等，都可以享受到电影带给他们的乐趣，甚至在他们第一次观看电影的时候都是如此。在前面列举的陈凯歌执导的短片中，那位丧失了视力的盲童，依然可以沉浸在电影所营造的欢乐气氛中。这虽说是导演出于一种艺术表现的需要而展示的特例，却说明了电影艺术所具有的普适性。今天，绝大多数影片都为演员的对白或旁白加上了字幕，这使得在听力方面有障碍的观众，同样可以在电影的世界里"无障碍通行"。

再次，电影与商业利益、与市场效益的"天然"联系，使得投资者、制作者不能不考虑受众的欣赏口味，并对市场前景作出预估，这反过来又强化了它的娱乐与通俗性特征。在经典好莱坞风格基础上形成的各种类型影片的长盛不衰，就是最好的证明。以近年来中国内地电影市场为例，商业类型片一直独占鳌头。2008年之前，内地的商业类型片市场，主要由港产的警匪、黑帮、功夫、浪漫喜剧支撑。到了2008年，内地制作的商业类型片、特别是喜剧片取得了突出成绩，甚至压倒了港产类型片的风头。其中，冯小刚导演、华谊兄弟公司出品的《非诚勿扰》创造了中国电影票房纪录的新高。王岳伦导演、浙江巨星等多家公司出品的《十全九美》，也以900万元的投资赢得了5300万元的票房。①这一方面固然说明了喜剧片相对于其他商业类型片（如科幻片、动作片、灾难片等），具有投资小、专业技术依赖程度低等优势，另一方面，也是因为当下的电影观众，特别是青少年观众，他们观影的初衷还是为了获得身心的放松。在每年岁末走进影院欣赏冯氏贺岁片，已成为不少观众的习惯。电影的制作者恰恰抓住了这一心理。

如上所述，电影是一门包容了时间艺术和空间艺术，兼有动、静艺术之所长的综合性艺术，具有综合性、影像性、科技性、娱乐与通俗性等基本特征，并且有着自己独立的艺术发展轨迹，在全球范围内产生着越来越大的影响。电影艺术的魅力是多层次、多角度的，人们可以从各自的背景和需要出发去进行鉴赏和阐释。事实上，在新的历史语境中重新审视电影的地位、意义和价值，不仅是电影史学家、电影理论研究者，也是文艺理论家、大众文化与媒介文化研究者、文化产业研究者关注的话题。可以说，对电影的研究已经成为跨学科、跨媒介的文化研究领域中的重要部分。我们这本教材，是把电影欣赏放在文学欣赏的总体框架之内，着眼于从文学的角度品味、赏析电影，侧重揭示它的文学性内涵。这一方面是考虑到观赏、评说电影，已成为大家日常生活和学习交流的不可或缺的一部分；另一方面，在中学阶段，大家已初步接触了影视方面的基本知识，也积累了一些观赏电影的感受和体验。当然更重要的是，电影作为新生的艺术形式，自身糅合了文学（诗歌）的艺术成分；在其后的发展历程中，古老的文学又从电影中吸取了很多有益的表现形式，逐步形成你中有我、我中有你的关系。

以文学的视野来观照电影艺术，虽说是我们这本教材在电影欣赏中的一种取舍，不过，如前所述，"文学性"始终是一个处于变化之中的动态的、开放式的概念或范畴，不同的欣赏者在同一部文本中所感受到的"文学性"内涵不可能完全一致；另一方面，电影毕竟有着独立的、不容忽视的艺术特质，对电影的欣赏不可能完全纳入到文学欣赏的构架之内。因此，从汗牛充栋、琳琅满目的影片当中选择哪些对象进行讨论，确实是一个棘手的难题。就电影的性质而言，一般将它分为故事片（艺术片）、科教片、纪录片等几类；具有一定长度的、虚构性情节的故事片，无疑是电影的主导形式，也是我们将要探讨的重点。而对于故事片的分类，并没有、也不可能有一个统一的、固定的标准。从历时和共时的坐标轴上，电影史学家和研究者依据各自的考虑，对故事片的类型做出了不尽相同的划分，如美国学者罗伯特·考克尔将电影故事类型分为喜剧片、情节剧、动作—惊险片、犯罪片、黑色影片、战争片、歌舞片、西部

① 参见《2008年中国电影产业报告》，下载自"中国网"，载互联网：http://www.china.com.cn/culture/zhuanti/09whcy/2009-05/07/content_17738931_3.htm。

片、科幻片、恐怖片；①今天我们观赏到的电影中，已经有一些新的、比较定型的类型故事片，如灾难片、奇幻片、动漫片等。而且，不同类型影片之间往往有着交叉与重叠，如喜剧—动作、警匪（犯罪）—动作、奇幻—动漫、奇幻—战争等。美国电影史家克莉丝汀·汤普森、大卫·波德维尔认为，一部世界电影史实际上是由"怎么样（How）"和"为什么（Why）"这两个基本问题交织而成；相应地，电影在不同的历史阶段所呈现的发展态势，各种电影艺术潮流的出现，包括好莱坞经典类型片的形成，以及其他国家、地区对这些类型片所做的继承与创新，事实上都是围绕着两大相互关联的主题展开，即"表现什么（What）"和"如何表现（How）"。②这其实是所有的文学艺术共同探索的主题。

以下将根据电影"表现什么（What）"，采取宽泛的而非严格的分类方式，选择若干影片进行讨论。鉴于这本教材的适用对象及其对电影的了解程度，在影片的选择上，我们并不过多地从电影艺术专业的角度去考虑其经典性或探索性、实验性，也不试图去涵盖所有的电影类型及其代表作。如果一定要说明这些影片被选中的理由，那就是：（1）它们是值得观看的。它们给观众带来的不仅仅是身心的放松和精神的愉悦，对生活、对现实的观察、感悟和理解能力，也将会在观看之中得到培养和提升。（2）在同类影片中，它们富有特色，值得分析。（3）它们具有阐释和评价的空间。同时，由于电影的举例远不如诗歌、散文、小说等文学文本举例那样方便，在每一节的篇幅中，可以具体展开探讨、分析的电影文本毕竟有限。因此，我们在每一节的讨论题之后，单独设立"值得一看"专栏，推荐若干部同类型的影片，供大家在学习时参考。

4.1. 电影与日常生活

> ……我愿意直面真实，尽管真实中包含着我们人性深处的弱点甚至龌龊。我愿意静静地凝视，中断我们的只有下一个镜头、下一次凝视，我们甚至不像侯孝贤那样，在凝视过后将摄影机摇起，让远处的青山绿水化解内心的悲哀。我们有力量看下去，因为——我不回避。
>
> ——贾樟柯③

---

① 参见[美]罗伯特·考克尔《电影的形式与文化》第四章第二节《类型》相关内容，郭青春译，北京大学出版社2004年版。

② 参见[美]克莉丝汀·汤普森、大卫·波德维尔《世界电影史》结语《电影史："怎么样？"和"为什么？"》，陈旭光、何一薇译，北京大学出版社2004年版。

③ 林旭东、张亚璇、顾峥编：《贾樟柯电影——〈小武〉》，中国盲文出版社2003年版，第23页。

　　"为什么人看不见自己的后面？为什么我只能知道一半的事情呢？"一位经常遭人欺负、受人训斥的 7 岁小男孩，懵懂于看不见这个世界的"另一半"，充满疑惑地向父亲发问。父亲无以言对，便送给他一部简易相机，让他去拍他感兴趣的东西。这位名叫洋洋的小男孩，几乎拍下了他所遇见的每一个人，冲洗出来的照片中却只有别人的大同小异的后脑勺。这种怪异的举动和"作品"，自然又激起了同伴和训导主任的讪笑和鄙薄。在一片哄笑中，洋洋振振有词地解释说："你自己看不到啊！我给你看啊！"

　　这是台湾导演杨德昌执导的影片《一一》①中的一些片段。在这部极具写实风格、可能略显压抑与沉闷的影片中，台北一户中产阶层的家庭及其邻居、朋友的日常生活，以"原生态"的方式呈现在观众面前。现代都市生活如潺潺流水，日复一日地随着人们急匆匆的脚步淌过，似乎无人留意"似水流年"的含义；但水面的每一圈涟漪，每一朵浪花，都暗示着水下布满的大大小小的礁石。并不只是刚刚踏入国小的洋洋，几乎每一个人都被看似平淡、散漫，毫无头绪却又丝丝相扣的生活中的问题所纠缠。简家婆婆不满意刚进门的儿媳，又因下楼倒垃圾而意外中风，瘫痪在床。医生叮嘱简家人要像正常人一样对待她，每晚要有人跟她说话。简家户主简南俊（大家都叫他 NJ）既要照顾好家庭，又面临公司经营不善的巨大压力。他在妻弟的婚礼上偶遇初恋情人阿瑞。一往情深的阿瑞找机会和 NJ 在日本约会，想弄明白当初他为何会爽约，并希望能和他从头开始，再续情缘，但 NJ 却无法给她永生的承诺。 NJ 的妻子敏敏事业有成，却在跟母亲讲话的过程中，痛苦地发现自己日复一日的生活是如此单调、贫乏，几句话就可以讲完。伤心之余，她上山住进庙里习佛。敏敏的弟弟阿弟与女友芸芸相交多年，接进家门的新娘却是另一位已有孕在身的小燕，但他和芸芸仍保持着暧昧关系。简家的女儿婷婷正值青春期，她羡慕邻家正处于热恋之中的莉莉，没曾想自己接到的第一封情书来自莉莉的前男友"胖子"，于是她有了约会、牵手、接吻，也品尝了第一次失恋的滋味。"胖子"想重新回到莉莉身边，误将与莉莉的母亲频频偷欢的英语老师当成了莉莉的男友，在她们的公寓楼下杀死了这位臆想中的"情敌"……慈祥的外婆在短暂的回光返照之后，在婷婷的陪伴下终于安然睡去。葬礼上，一直执拗地不肯跟外婆说话的洋洋，拿着日记本面对外婆的遗像念了起来："……婆婆，我不知道的事情太多了，所以，你知道我以后想做什么吗？我要去告诉别人他们不知道的事情，给别人看他们看不到的东西。我想，这样一定天天都很好玩。……婆婆，我好想你，尤其是我看到那个还没有名字的小表弟，就会想起，你常跟我

_____

　　① 该片荣获第 53 届戛纳电影节最佳导演奖、第 35 届全美影评人协会奖最佳影片、《时代》周刊评选的"年度十佳影片"等多项大奖。

说你老了。我很想跟他说，我觉得，我也老了……"

犹如影片中那个隐喻式蒙太奇所展示的那样，当阿弟陪着小燕在医院检查胎儿的发育情况，一边是显示屏上胎儿在子宫内的图像和心跳的咚咚声，一边从画外同步传来日本商人大田对 NJ 及其公司伙伴介绍新款电脑游戏的声音："……并不是我们不了解电脑，而是我们不了解'人'，我们自己。"我们不了解的，还有我们每天都在重复的生活；很多时候，我们像涉世未深的洋洋一样，"只能看到前面看不到后面"。正是在这生活的"后面"，处处充满着玄机，充满着看似偶然的必然；所谓"命运"，也正是被这"后面"的看不见的手操纵着，牵引着。现在，冷静、从容、睿智的导演用他的摄影镜头，充当了我们的另一双眼睛。显然，他热爱这波诡云谲的平常人的生活，他不动声色、不露痕迹地讲述着他们琐碎的故事。他并非刻意地要"超越"日常生活的表象，去挖掘那背后的"本质"或"规律"；他热切地期望生活中的每一个人都能够在某一时刻停下脚步，静静地审视一下自己的内心和周围的世界。

"为什么这个世界跟我想的不一样呢？"当婷婷依偎在突然醒来的外婆的膝上，向她发问时，老人只是静静地折着纸蝶，温柔地看着她。或许，这就是生活，每一个人都将带着这样的疑虑与烦恼继续在生活的路上奔走。

2000年，中国内地导演贾樟柯和演员赵涛在巴黎看完杨德昌的《一一》，"做舞蹈教师的赵涛问我大陆为什么看不到这样的电影，我无法回答。我们的电影不寻找真相，幸福就可以了，幸福没有真相"。在《一一》中，生活的"真相"隐没在我们看不见、也没有意识到的世界的"另一面"；对贾樟柯来说，这"真相"藏匿在被忽视、被淡忘的底层老百姓的生存状态中。也正因为如此，贾樟柯自编自导的影片《三峡好人》(2006)，以其关注现实、贴近底层、描述急剧变化中的普通老百姓的日常生活的鲜明指向，引起了许多人的兴趣和思考。这部影片从摄制到获奖再到公映的一波三折的过程，也很耐人寻味。该片荣获第63届威尼斯电影节最佳电影金狮奖，评委会主席凯瑟琳·德纳芙用"非常吃惊，非常感动，非常特别"来形容影片带给她的冲击和惊喜。日本制片界泰斗野上照代在东京影展开幕式上看完影片后，同样用"感动，感激"来表达自己的心情。在国内，它也被认为是当代电影史上非常重要的一部影片。但由于电影公映的档期与《满城尽带黄金甲》撞车，从而引发了贾樟柯与《满城尽带黄金甲》制片人的"口水之战"。

影片的故事情节非常简单：煤矿工人韩三明从山西汾阳来到重庆奉节，寻找十六年未见面的前妻。前妻原是他花钱从人贩子手里买来的，后被警方解救回原籍，夫妻关系自此解体。但木讷、憨厚的韩三明执意要为自己的孩子找回亲娘，无论付出多大的代价也在所不惜。最终，两人在一座正在拆除的大楼里相会，决定复婚。与此同时，女护士沈红从太原也来到此地，寻找两年未归、音信全无的丈夫郭斌。在老朋友的斡旋下，已在拆迁办担任要职的郭斌与沈红在三峡大坝前相见。随着晨练者播放的舞曲，两人虚以委蛇、各怀心事地跳起交谊舞。沈红告诉郭斌，她心里另外有人了。影片结尾，韩三明带着一帮在拆迁工地上结识的农民工回汾阳的黑矿上讨生活。当他回首告别这座大工地，半空中一个人正手持平衡杆在两座废弃的大楼间架起的钢索上小心翼翼地行走着。

贾樟柯本是应画家刘小东的邀请，跟随他到奉节拍摄一部纪录片，纪录画家创作大型油画《温床》的过程。到了奉节，贾樟柯目睹了因修建三峡大坝而被拆迁的古城，参与拆迁的农民工，告别故土的三峡移民，等等，积累了大量素材，但感觉纪录片并不能容纳他对这一切的感受，于是产生了套拍一部故事片的强烈欲望。如果对比观看这两部影片，会发现故事片中的许多场景，包括主人公韩三明等，都是直接出自纪录片；只不过贾樟柯在故事片中虚构了两位主人公，为他们设置了"寻找"这样一个主线，从而使三峡、三峡地区形形色色的人物的命运，成为巨变中的现实中国的一个缩影。由于是和纪录片一起套拍的，影片带有明显的纪实风格，具有浓厚的现实主义倾向。这样一个创作过程也使我们清楚地看到，现实主义文艺所说的再现、反映，并不等于对日常生活的原样纪录；单独抽取某些细节、场景来看，可能与生活原貌相差无几，但艺术作为一个有生命力的整体，不是来自其中个别因素的简单相加，而是来自艺术家的创造力。艺术的力量来自虚构。

尽管具有不同艺术观念和精神指向的艺术家，都不可能完全脱离现实，他们在不同类型和风格的艺术作品中或多或少都会触及现实，但是像《一一》《三峡好人》这样的具有现实主义风范的文艺作品，其首要的特征是关注当下变动的现实，关注其中个人的命运和归宿，并以严肃、真诚的态度和方式，洞察、揭示某一特定时期社会发展中的问题。他们可能不负责提供答案，但能促人警醒，引人深思。一位影评人这样评价《三峡好人》带给他的感受："相对《满城尽带黄金甲》的万人空巷，我却只能在孤独中静静地看完这部穷人的电影。有趣的是，当我在傍晚放这部电影的时候，周围的人都散去了，有一个朋友在一旁看了几分钟就睡觉去了。我感到悲哀。人是这样的心甘情愿蒙住眼睛沉迷于繁华的幻梦，却不愿面对破烂不堪的现实。"[①]贾樟柯曾一再感叹，在拍摄《小武》(1997)以前，他看了许多国产片，可是"当下中国人的生活状态"，"当下中国社会的状态"，在每一部电影中都是无故缺席的。这种缺失令他焦灼不安。"我希望从自己的创作开始，回到'当下'的情境里来。就拍我

---

① 陈祥波：《喧嚣世界里的静默人生——电影〈三峡好人〉评析》，载互联网：http://view.9van.com/index.php/view/cultural/2009-06-14/144709.html。

自己看到的，听到的，想到的，就拍此时此刻中国正在发生的事情。我喜欢'当下'这个词，它给我一种在场的感觉，一种现场感"。①当下的现实是一种变动不居的现实，人们常用"裂变"来形容。这一方面为艺术家提供了丰富的表现素材，另一方面，由于泥沙俱下，沉渣泛起，如何在艺术的层面上准确地把握、理解现实，也成为摆在艺术家面前的一个巨大障碍。面对这样的现实，艺术家的态度是矛盾的，因为一方面时代的潮流滚滚向前，不可阻挡，另一方面，当人们被潮流裹挟着跟跟跄跄往前奔走，停不下脚步的时候，不仅容易迷失方向，还很容易迷失自我。《三峡好人》的英文片名是"Still life"，导演也刻意使用烟、酒、糖、茶这些物质符号串联起各个场景。它们与故事情节、与人物的联系本是若即若离的，但这样的处理反映了导演对变动的现实与静物——静止的现实——之间复杂关系的思考。在导演阐述中，贾樟柯写道："有一天闯入一间无人的房间，看到主人桌子上布满尘土的物品，似乎突然发现了静物的秘密。那些长年不变的摆设，桌子上布满灰尘的器物，窗台上的酒瓶，墙上的饰物都突然具有了一种忧伤的诗意。静物代表着一种被我们忽略的现实，虽然它深深地留有时间的痕迹，但它依旧沉默，保守着生活的秘密。"②现实的变动不居不仅体现在物质层面，也体现在人的精神世界和心灵深处。人的最朴素、最深沉的情感往往是静默的，被掩盖在世事的喧嚣浮华之下。当每个人都在匆匆忙忙地奔向一个连自己都说不清楚的目标的时候，还有谁愿意驻足停留，安静地聆听来自心灵的声音？

除了关注当下的、变动的现实生活，《三峡好人》延续了贾樟柯一贯的创作宗旨，即特别关注处于社会底层或边缘的小人物的生活状态。人们经常把贾樟柯自《小武》以来的一系列影片的美学风格称为"县城美学"或"平民史诗"，原因就在于他始终将目光和镜头对准偏远一隅的芸芸众生。这不只是因为他生于斯长于斯，熟悉那里的一草一木，更重要的是，他对社会现实、对电影现状有着自己清醒而独特的认识。他在回顾《小武》的拍摄时说："每一个变革的时代，损害的都是那些小人物的利益，都是以牺牲他们作为代价。那么我们为什么不去关心他们，关心这些注定被别人牺牲掉的人呢？我特别喜欢一句话，就是一个社会急匆匆往前赶路的时候，你不能因为要往前走而无视被你撞到的那个人。"③在《三峡好人》中，这样一些小人物的形象集中体现在韩三明及农民工身上，还有小马哥、房东老人等，也包括沈红这样的小职员。底层人或边缘人的现实其实就是"无名者"的现实，他们是沉默的，是被损害、

---

① 张亚璇访谈：《把贾樟柯彻底搞清楚》，载互联网：http://cn.cl2000.com/film/dypx2.shtml。

② 载互联网：http://baike.baidu.com/view/13924.htm。

③ 张亚璇访谈：《把贾樟柯彻底搞清楚》，载互联网：http://cn.cl2000.com/film/dypx2.shtml。

被遗忘的现实存在。福柯在《无名者的生活》中说道：

> 没有什么东西会注定让他们声名显赫，他们也不具有任何确定无疑的、可以辨认的辉煌特征……他们应该属于那些注定要匆匆一世，却没有留下一丝痕迹的千千万万的存在者；这些人应该置身于不幸之中，无论是爱还是恨，都满怀激情，但除了那些一般被视为值得记录的事情之外，他们的生存灰暗平凡；不过，他们在某一刻也会倾注一腔热情，他们会为一次暴力，某种能量，一种过度的邪恶、粗鄙、卑贱、固执或厄运所激发。在同辈人的眼中，或者比起他们平庸无奇的生活，这些都赋予他们以某种辉煌，震慑心灵或者令人怜悯。①

　　一个时代的文艺状况，归根结底，是这一时代人的精神状况的折射；我们不能脱离后者去孤立地谈论文艺作品。同样，一个时代的人的精神状况，是这一时代现实情景的直接或间接的投影。没有人能够超越时代对他的限制，如同德国哲学家雅斯贝尔斯所说，"我之所是即时代之所是"②，因此，我们需要面对这个时代，回应这个时代提出的任务。但是，当我们需要清醒地认识一个时代的时候，又必须努力挣脱时代加在我们身上的诸种限制，否则就会处于盲人摸象的境地。换句话说，若想认识时代的"真相"，既要入乎其内，深入它的最底层，又要能站在更高的视点上，冷静地审视它。《三峡好人》这部电影，正体现了创作者以写实的手法贴近现实，观察现实，进而触发我们对现实中的问题进行思考的价值取向。

　　与前两部影片相比，将日本导演泷田洋二郎（Takita Youjirou）执导的《入殓师》③纳入日常生活的表现题材中谈论，似乎有些勉强。不过，正像影片意欲传达的，死亡与生命同属于日常生活的一部分；死亡虽然意味着生命的终结，但并不因此显得特别或特殊。也正因为如此，在 NK 社长佐佐木的眼里和心中，入殓师与其他的职业并没有什么太大的区别，没有必要去在意他人的眼神。人们对死亡的恐惧，对入殓师的躲避和不解，既来自对死亡的无知，又何尝不是来自对生命意义体察与理解上的含混。如果说，《入殓师》与前两部影片一样，也在执著地探寻世界的"真相"，那么，这一真相不是死亡的真相——死亡不可回避，无人能解——而是生命的真相，也就是说，我们是否珍惜了我们在生活中应当珍惜的一切，是否宽容了我们在生活中本应宽容的一切。

---

①　[法]米歇尔·福柯：《无名者的生活》，李猛译，《社会理论论坛》1999 年总第 6 期。

②　[德]卡尔·雅斯贝斯：《时代的精神状况》，王德峰译，上海译文出版社 1997 年版，第 23 页。

③　该片荣获第 81 届奥斯卡金像奖最佳外语片、第 32 届加拿大蒙特利尔国际电影节最高大奖等多项大奖。

影片中，小林大悟自幼习琴，原本是东京一家管弦乐团的大提琴演奏家。由于乐团解散，他卖掉了自己珍爱的琴，与女友美香一同回到故乡小镇，住进了自家的老屋。急于寻找工作养家糊口的他，在报上发现一则"NK代理商"发布的非常诱人的招聘广告，说是不拘年龄，保证高薪，实际劳动时间很短，主要工作是"帮助旅行"，于是欣然前往。当他来到事务所后，社长佐佐木未及多问便决定录用他，并预支了一大笔薪酬。让小林大吃一惊的是，这家事务所并不是从事所谓"帮助旅行"，而是"帮助他人踏上安稳的旅程"，NK即"NOUKAN"（入殓）的缩写。由于社会偏见所致，事务所人员流动性大，又难招到新人，只有社长和一位女办事员。在社长诚恳的请求下，犹豫彷徨的小林决定瞒着美香，先做着试试。没想到，刚入行的小林在第一次见习中，就遇到了一位死亡数周才被发现的老太太。已开始腐烂的尸体散发出恶臭，让他的生理和心理承受能力达到了极限，他总觉得浑身散发着死亡的气息，无法祛除。在随后的时间里，小林跟随社长见识了各种各样死难者的遗容：美女装扮却身为男儿的易性人，撒手年幼女儿西归的母亲，脸上留下后辈亲吻的各式唇印的老喜丧的爷爷，与男友出游遭遇车祸丧身的花季少女……自然，他也看见了遗属们的悲恸、争执、埋怨，目睹了社长无论面对何种情形与要求，都始终如一、一丝不苟地为死者履行庄重的入殓程序，以及当遗属看见死者经入殓师之手的点化，宛若重现生机与神采时的感动与发自内心的感谢。渐渐地，小林开始理解和尊重这份给死者带来尊严、给遗属带去抚慰的工作。但是，美香无意间看到了小林见习训练时的录像带，震惊之余，无法接受他所从事的"肮脏"职业，一气之下跑回了娘家。美香的离去让小林万分心痛，因为母亲几年前即已辞世，父亲则在他年幼时神秘失踪，美香是他唯一的亲人，是他生命的全部。不过，这并没有影响他像自己的师傅一样敬业守责，他也从自己的职业中获得了自豪感和成就感。不久，身怀六甲的美香回到家中，以孩子的名义恳求小林回心转意，另谋他业。正在这时，与小林一家有着世交的洗澡堂老板娘在操劳中溘然长逝，美香亲眼目睹了丈夫为逝者所做的入殓仪式，她和老板娘的儿子一样，被这庄严、神圣的职业所震撼，转变了观念。琴声再度悠扬，在山形平原的上空回荡。人与琴声，与天空回旋的白鹤，是如此的和谐，如此的安宁。从当初的踟躇，到第一次见到尸体的剧烈反应，到对死亡的敬重和对自我身份的认同，再到心境的平静、冲淡，小林完成了自我生命的洗礼与升华。影片结尾，从遥远的异乡港口，突然传来了一直杳无音信的父亲的死讯。小林和美香迅即赶到父亲生前的住所，他要亲自为父亲主持入殓仪式。我们很难猜测小林面对这位似乎绝情的父亲的遗体时的复杂情感，但是，当他为父亲弯曲手臂，发现父亲手中紧握一块鹅卵石，禁不住泪如雨下。那是童年时代他和父亲在河滩上玩游戏时相互交换的礼物，镌刻着他生命中最美好的一段时光。

贾樟柯曾把《三峡好人》称作"诗意现实主义"的影片，也许，这个称谓更适合于《入殓师》。《入殓师》的诗意不仅体现在它在朴素的写实风格中，自然加入了浪漫抒情的元素，而且还在于它以入殓师这一特殊职业为切入点，传达了东方人的生死观和哲学智慧。在东方人的眼里，生死相依循环，轮转不已。死亡不是寂灭，而是回到了自然之中，以另一种方式继续存在；天、地、人和谐共处，各归其位，整个宇宙方能永葆生机与活力。影片以日本山形县庄内平野为主要外景地，既与故事情节的发展相吻合，也是为了以怡人的大自然的四季风景，来含蓄地表达创作者对自然与人生的思考。

在《一一》中，导演杨德昌安排洋洋作为整个故事的叙述主体之一，是颇具艺术眼力的；围绕这样一位被叙事学称为"不可靠的叙述者"（相对于成人即"可靠的叙述者"）所展开的叙说，是影片中最具特色、最具感染力的一部分。因为我们知道，儿童的眼光和想法虽然幼稚、单纯，却丝毫没有像 NJ 公司伙伴和阿弟等成人的那种"装"；在无忌的童言中，常常能够道出成人不能、不敢道出的真理，扯下世间重重的遮羞布，而让成人汗颜、慨叹。这也是为什么有许多导演将镜头对准儿童，在他们的日常生活中去寻找童真、童趣，以及坚强、勇敢、坚毅这些弥足珍贵的品质。这其中，多位伊朗导演执导的以儿童为主角、带有写实风格和谐趣色彩的影片，赢得了业界的高度赞扬和影迷的喜爱。如马吉德·马吉迪执导的《天堂的孩子》（又译《小鞋子》，1998）①中，小哈里不慎丢失了妹妹仅有的一双鞋子，两人约定轮流穿他的鞋子上下学，以逃避父母的惩罚。为了赢取全市长跑比赛的奖品——一双鞋子——哈里拼尽了全力，也遭到了竞争者的暗算，最终未能如愿以偿。回到家中，妹妹难过地走开了，哈里脱下已经彻底磨烂了的唯一的鞋子，把满是水泡的脚浸在院内的水池中，一群红鱼围拢过来。而此时，父亲正在回家的路上，自行车上放着买给兄妹俩的新鞋子……观看过这部影片的人，几乎都被小哈里为了一个小小的奢望而拼尽全力的行为，被兄妹俩在贫寒、艰难的生活中相互关爱、永不放弃的品格深深地打动。其他影片如阿巴斯·基亚罗斯塔米自编自导的《何处是我朋友的家》②，伊本谦·富鲁撒殊自编自导的《水缸》③，贾法·潘纳西执导的《白气球》④，阿部法兹尔—贾力里自编自导的《在沙尘上跳舞》等，也都体现了创作者贴近儿童、尊重儿童，真实地再现他们在苦难的生活中追求梦想的艺术理念。特别令人称道的是，在导演的镜头中，无论这些孩子承受着

---

① 该片荣获 1999 年蒙特利尔电影节最佳影片，第 70 届奥斯卡金像奖最佳外语片提名奖等多项大奖。

② 该片荣获 1987 年德黑兰国际电影节最佳导演奖、1989 年戛纳电影节艺术电影奖等多项大奖。

③ 该片荣获第 47 届瑞士卢卡诺电影节大奖、法国贝尔福国际电影节大奖等多项大奖。

④ 该片荣获第 48 届戛纳电影节金摄影奖等。

多大的生活压力，面临着多少生存的困窘，影片自始至终传递给人们的是乐观、自信的精神，是温暖、欢笑、关爱和永远燃烧的希望。

"日常生活"是个很宽泛的概念，电影在这方面有着无限宽广的表现领域，也已经收获了累累果实，我们不可能在有限的篇幅内一一穷尽。简言之，对日常生活的关注与探索，是现代电影非常重要的一个发展路径。这与整个现代社会的文化思潮、哲学思想与美学观念的变迁有着密切关系。在这一领域内，电影创作者大都采取写实或纪实的表现手法，以最大限度地呈现生活的原貌，揭示其中的问题并作出自己的思考。观赏这类电影，需注意以下几点：

一是耐心。为了求得日常生活的"原汁原味"，这类电影相对来说叙事节奏比较缓慢，也不求复杂故事情节的编织及悬念的设置；不急不躁，有条不紊，娓娓道来，是创作者最为喜欢的叙事方式，也是对其艺术创造力的最大考验。因此，欣赏时要沉下心来，耐住性子，细细品味创作者泡制出的这一壶壶清茶。

二是用心。无论这些电影如何再现生活的原貌，那些看似凌乱的、不经意间撷取的、含有多层"杂质"的表象化碎片，都是用心选择与"配制"的结果，暗含着创作者对生活的态度、立场与倾向。用心体察其中的良苦用心，是欣赏的重要方面。

三是细心。具有现实主义风范的电影与同类的文学文本一样，善于"闲笔"与细节的运用。如《一一》开场，洋洋与小伙伴在舅舅的婚礼上合影，轮番被几位后排的女生敲打脑袋，却抓不住"凶手"。这看似日常生活场景的"照搬"，其实与后来洋洋试图让每个人都能看到自己的"背面"遥想呼应。又如《三峡好人》结尾，韩三明与农民工喝团圆酒，一位农民工给另一位夹菜并送到他嘴边的细节，就非常耐人寻味。如果观赏时不细心，这些饶有兴味的"闲笔"与细节就会从眼前一闪而过，影响对影片内涵的整体把握。

意大利作家卡尔维诺曾说，在优秀的文学文本中，"呈现在我们眼前的世界现实是多样的、多刺的，而且层层相叠"，所以在欣赏的时候，"重要的是可以不断将它剥开，像是一棵永远剥不完的朝鲜蓟，在阅读中发现愈来愈多新层面"。[1]以表现日常生活为己任的电影艺术亦不例外，需要我们以耐心、用心和细心去一层层剥开。

---

[1] ［意］伊塔洛·卡尔维诺：《世界是一颗朝鲜蓟》，见《为什么读经典》，李桂蜜译，译林出版社 2006 年版，第 229 页。

讨论题

1. 《一一》中的洋洋是位儿童，影片采用这样一位"不可靠的叙述者"作为叙事主体之一，有何用意？其叙事效果如何？

2. 对照观看故事片《三峡好人》和纪录片《东》，谈谈你对生活真实与艺术虚构之间关系的理解。

3. 从《一一》《三峡好人》或《入殓师》中找出两三处细节描写，并谈谈它们在影片中所起的作用。

值得一看

1. 贾樟柯作品《小武》（1997）。该片荣获第 48 届柏林国际电影节亚洲电影促进联盟奖、青年论坛首奖，第 20 届法国南特三大洲电影节最佳影片、最佳女主角，第 3 届釜山国际电影节新潮流奖等。

2. 台湾陈国富作品《征婚启事》（1998）。该片荣获第 35 届台湾电影金马奖评审团特别大奖，第 44 届亚太影展最佳女主角、最佳剧本等。

3. ［伊朗］阿部法兹尔—贾力里作品《在沙尘上跳舞》（1998）。该片荣获洛加诺国际电影节大奖等。

4. 霍建起作品《那山·那人·那狗》（1998）。该片荣获第 23 届加拿大蒙特利尔电影节观众奖，第 19 届中国电影金鸡奖最佳故事片、最佳男主角等。

5. 张艺谋作品《一个都不能少》（1998）。该片荣获第 56 届威尼斯国际电影节最高奖金狮奖，联合国教科文组织最佳影片大奖，中国电影华表奖优秀故事片、最佳导演，第 19 届中国电影金鸡奖最佳导演，第 22 届大众电影百花奖最佳故事片，1998 年中国大学生电影节最佳故事片等。

6. ［伊朗］马吉德·马吉迪作品《天堂的颜色》（1999）。该片荣获 2000 年蒙特利尔国际电影节最佳影片等。

7. ［美］保罗·哈吉斯作品《撞车》（2004）。该片荣获第 78 届奥斯卡金像奖最佳影片、最佳剪辑等。

8. ［蒙古］琵亚芭苏伦·戴娃作品《小黄狗的窝》（2005）。该片荣获 2005 年布拉索夫国际电影节大奖，汉普敦国际电影节最佳影片，慕尼黑电影节观众奖和导演奖等。

4.2. 电影与青春

好电影应该能唤起人的想象力，这样的作品才是伟大的。这种想象力是需要培养的，也是一种技术……

——［日］岩井俊二①

　　迷惘、狂躁、孤独、忧伤、性、欲望、暴力、冲动、冒险、倔强……提起青春，就会让我们想起这些描述青春的词汇。而青春的神秘与迷惑之处在于，它不是其中任何一个词汇可以表述的；它甚至不是所有我们能够想到的词汇的意义的简单相加。青春是每一个人成长的必由之路，而对个体的人而言，它又有着很不相同的特殊意味，因此更加复杂。或许，只有当人们回望自己走过的路、留下的足印时，青春的意味和价值才慢慢凸显出来，但很可能因为回忆总是带有对往事"篡改"的成分，而使那些日子重新蒙上朦胧的面纱。

　　正因为如此，在不同电影导演的视野里，青春显示出了它的五彩斑斓，变化万千。如果说这些以青春生活为题材的影片有什么共同的倾向，那就是它们都沉浸在有关青春的亦真亦幻、亦实亦虚、似有还无的记忆的描述中，小心翼翼地去捕捉那些似乎无法把捉的如烟似梦的事物。

　　著名演员姜文首次执导的电影《阳光灿烂的日子》（1994）②，改编自王朔的小说《动物凶猛》，被美国《时代》周刊称为该年度令人赞赏的、至今仍渴望观看的影片之一，一部从内容到形式堪称全新的中国电影。它也为中国大陆青春题材电影树立了一个标杆。影片一开始我们就听到了姜文极具个性化的旁白："北京，变得这么快……事实上，这种变化已经破坏了我的记忆，使我分不清幻觉和真实。我的故事总是发生在夏天，炎热的气候使人们裸露得更多，也更难以掩饰心中的欲望。那时候好像永远是夏天，太阳总是有空伴随着我，阳光充足，太亮了，使我眼前一阵阵发黑……"这个发生在夏天的一群男孩与女孩的故事，与其说是展示了青春的灿烂与炽热，不如说是以自叙传的方式，在多重张力情境之下，浓墨重彩地铺叙了青春的骚动与晕眩。

　　首先，故事的背景是在"文化大革命"时期，一个特殊的年代，地点则是在首都的一处部队大院。动乱的年代与相对平静的部队大院之间，构成了影片的第一重张力。因为身处动荡的时代，马小军（马猴）和其他孩子的父亲作为军人，才会被频繁地派往外地进行"三支"或拉练备战，这给了他们相当大的自由空间；也因为动乱，学校无法正常上课，马小军才有充裕的时间在外闲逛，与小伙伴厮混。自然，大院的平静只是一种表象，或者说，正是这种表面的平静为青春的骚动提供了演出的舞台：逃课，用自制的钥匙打开一把把陌生

---

　　①　支菲娜编译：《"我感觉做出了一件不可思议的事"——岩井俊二访谈》，《北京电影学院学报》2002年第5期。

　　②　该片荣获第51届威尼斯国际电影节最佳男演员奖，第33届台湾电影金马奖最佳影片、最佳导演、最佳男主角、最佳摄影奖等多项大奖。

的锁，打架，抽烟，拍婆子，成了他们生活的主题。而这样的无法为大院高墙所围困的青春的骚动与晕眩，又恰好与高墙外动荡不安的社会形成隐喻关系：影片正是通过成长中的青春期少年的懵懂、无知，折射出其时整个国家和社会都处于一种非理性的、无法控制的混乱状态。

对性的好奇、幻想、渴望与对性的神秘、美好、神圣的解构，构成这部影片的第二重张力，贯穿始终。几乎每一部与青春题材有关的影片，都会涉及青少年对性的好奇与臆想。而在那个特殊年代，性的话题成为绝对的禁忌。我们从马小军偷开父亲的抽屉，不知避孕套为何物而吹作气球玩耍的行为中，便可窥见一斑。但身体并不会因此拒绝成长，在极度的压抑之下，性的冲动与欲望只会以各种更加扭曲、隐讳的方式释放出来。影片中，充当着马小军性幻想对象的是两位少女，一是余北蓓，一是米兰。余北蓓对待男孩们的大胆（她竟然闯进澡堂直视一丝不挂的他们）、放肆（在他人的怂恿下嬉笑着强吻马小军，以致他恼羞成怒），让马小军感到性不过是众多打发无聊时间的作料之一，索然无味，毫无神圣与神秘可言。而从偷开米兰家的房门，见到她挂在墙上的身着泳衣的彩色照片那一刻开始，米兰便成为他心目中美丽高贵的女神的化身。他匍匐在她的床上嗅着若有若无的气息，从床单上捡起一丝长发在阳光上凝视，趴在床下屏住呼吸偷窥她在床沿下晃来晃去的小腿……然而，当裹挟着成熟、优雅气息的米兰出场，满足了他的虚荣心之后，事情的发展却急转直下：米兰成了自己的哥们刘忆苦的女友。马小军终于明白，米兰并没有他想象得那般纯洁与美好，她从来没有看上过他这个"小毛孩"。游泳池旁，当马小军一脚踹向米兰肥胖的屁股时，也宣告了性的神秘、美好的幻象在他头脑中的彻底瓦解；随后发生的强暴未遂事件，不过是为了让自己更加真切地从美妙的幻梦中摆脱出来，让自己说服自己，一切都是这么的"没劲"。

影片创设的第三重张力产生于"叙述自我"与"经验自我"之间。从叙事方式上说，影片采用了第一人称叙述，即成年后的马小军回忆自己当年的故事，是一种回顾性叙述。在这种叙述中，无论"我"在故事中是主人公还是旁观者，通常有两种眼光在交替起作用：一是作为故事讲述者的"我"——即"叙述自我"——追忆往事的眼光，一是被追忆的"我"——即"经验自我"——当时正在经历事件时的眼光。这两种眼光体现出"我"在不同的成长阶段，对事件的不同看法或认识程度，由此形成对比或反差。我们在影片中不时听到的画外音，即来自"叙述自我"。由于"叙述自我"往往带有反思和自省的意味，由此引起观众相应的心理活动，与之形成交流与沟通。更富意味的是，由"叙述自我"与"经验自我"交织而成的双重叙事视角，同时带来了影片讲述的青春故事的真实性与幻想性之间的张力。比如，当马小军开始怀疑自己对于米兰的神往与渴求纯属一厢情愿的单相思时，"叙述自我"便适时出面维护"经验自我"此时此地的感受："等等，我的记忆好像又出了毛病，事实和幻想搅在了一块。可能她根本就没有当着我的面睡过觉，可能她根本就没有那样凝视过我，挂在墙上的穿泳衣的彩色照片，可能并不存在。"又如，当马小军在老莫餐厅为了米兰而跟刘忆苦发生激烈冲突，冲动之下用敲碎的酒瓶猛砸刘忆苦时，又传来了画外"叙述自我"解嘲的笑声："哈哈，千万别相信这个，我从来都没有这样的勇气……"也就是说，叙述者一边讲自己的亲身经历，一边又对故事的真实性进行解构，让观众不要相信这套把戏。这种"叙述圈套"固然验证了"本片纯属虚构"的常识，却强化了青春的亦真亦幻、亦实亦虚，凸显了影片所要传达的意旨。在这多重张力的挤压或撕扯之下，"马小军们"长大了，无怨无悔。

"夏天到来，令我回忆。"外国民歌《夏天的回忆》中的这句歌词，非常适合描述《阳光灿烂的日子》所讲述的发生在夏天的故事。巧合的是，同样是讲述一群中学生故事的日本电影《关于莉莉周的一切》（又译《青春电幻物语》，2001），也把故事的主要背景设置在夏天，似乎在四季之中，夏天与青春有着某种微妙的对应。如果说，前者以灿烂阳光下青春的骚动而令人晕眩，那么，后者则以对青春的残酷与无助的细腻刻画，让人难以释怀。

《关于莉莉周的一切》由因拍摄《情书》（1995）而闻名遐迩的日本导演岩井俊二执导，该片公映时再度打破《情书》的票房纪录，轰动世界影坛。岩井俊二同时是位著名作家，从2000年4月开始，他用了三个月时间，以网络论坛的人群交际为题材，写下一部长篇小说，再将小说改编为同名电影。据说，岩井俊二主要是从个人网络主页"圆都"里得到灵感，他经常在名为"圆都通信"的BBS论坛里化身为普通ID，参与讨论，不动声色地观察着虚拟的网络世界。小说的第一章到第六章，全部是用论坛的帖子组合而成；改编为电影时，他也大量穿插使用了网络上的回帖，将看似零散的故事串联起来。

除了绿油油的麦田和偶尔一见的湛蓝的天空，整个影片的基调是晦暗的、模糊的，手持的摄影机总是在晃动、挪移，似乎找不到一个安稳的支点。青春的残酷不只是与暴力、血腥、犯罪有关，更多地来自这一切的无缘无故，缺乏逻辑，理不清头绪。成人很难理解这群十五六岁孩子的所作所为，所思所想，他们也无暇停下来思考自己的言行给周围人带来的影响及其后果。主人公莲见雄一和星野修介原本是非常要好的朋友，雄一正是在星野家中留宿时第一次看到莉莉周的海报，从此迷恋上了这位歌坛巨星。而星野刚升上中学的时候，还是一位坦诚、腼腆、正直的好学生，仿佛一夜之间，他突然像变了一个人。或许，这只能解释为，是用抢来的钱在美丽的冲绳旅游时所目睹的死亡惨状，改变了他循规蹈矩的人生。他开始了另一种活法：先是用利刃捅翻了班上的小霸王，逼迫他裸体在臭水塘中游泳，最终使他离开了学校；接着，以裸照为要挟，逼迫班上的女生津田诗织去做援助交际为他赚钱；又诱骗同班最漂亮、最有才华的女生久野洋子到自家废弃的工厂仓库里见面，却暗中指使同伴将她蹂躏。甚至连他最要好的朋友，一直默默听从他的指使，温顺驯服的雄一也难逃一劫。一天深夜，雄一被星野一伙叫出家门，无缘由地遭到了殴打。星野从他的背包中搜出了他最心爱的莉莉周的 CD，掰成两半，并且逼迫他在众人面前自慰。

即便是在遭受了这样奇耻大辱的时刻，雄一也似乎没有丝毫反抗的念头；他对星野的言听计从，甚至连站在一旁奉命监视他自慰的同伴都看不下去。这同样是没有缘由，说不清道不明的。在雄一身上，青春的残酷体现为一种深深的无助感和无奈感，一种连他自己可能都厌倦的软弱与无能；也正因为如此，他无力自拔。曾经的让两颗备感孤独的心依偎在一起的兄弟情谊的消逝，让他更深地沉浸在莉莉周的音乐之中，把情感全部寄托于他创建的关于莉莉周的网页，在聊天室里寻找知音带来的些许温暖。而在现实生活中，他越来越像一个不会说话的哑巴。雄一在聊天室里遇见了极度崇拜莉莉周的歌迷"青猫"，他们相约在莉莉周演唱会的入口见面。既出乎意料又在意料之中的是，他在簇拥的人群中看见星野手中拿着那个用作联络记号的青苹果……星野骗走了雄一的门票，在雄一的注视下揉作一团用力掷出去，然后独自走进会场。最后的这片虚拟的天空坍塌了，当演唱会散场，在众人向现身的莉莉周的欢呼声中，雄一终于做出了第一次、也是最后一次的反抗——他用刀捅向了毫无防备的星野。

这是一部令人心悸也令人心痛的"青春电幻物语"。除了因为导演对残酷、无助的青春的深入骨髓的体验与渲染，这种感受同时来自在残酷、无助之下的青春的脆弱与坚忍。当津田诗织静静地躺在高高的铁塔之下，我们的耳畔还回响着她刚刚述说的心愿："我想骑在风筝上。我想飞。"而当被蹂躏的久野洋子剃掉了飘逸的长发，以光头的形象安静地重回教室时，所有的人都会为她野草般顽强的生命力而慨叹。她依然在洒满阳光的教室里弹奏德彪西的音乐，仿佛一切都没有发生，而一切都已改变。

同样与夏天有关，同样是表现残酷的青春，杨德昌执导的《牯岭街少年杀人事件》(1991)①，被称为"青春之祭"。该片是根据导演学生时代一位校友轰动一时的真实案件改编。影片中，女孩小明对向她真诚表白的小四说道："你是要来帮助我改变我吗？你怎么跟别人一样啊。……要改变我，我就跟这个世界一样，这个世界是不会变的，你以为你是谁啊！"一场青春的悲剧似乎不可逆转地发生了。小四突然拔出一柄尖刀，一次又一次地捅在小明的肚子

---

① 该片荣获第 28 届台湾电影金马奖最佳剧情片、最佳编剧，第 36 届亚太影展最佳影片，第 4 届东京国际电影节评委会特别奖等。

上。当他面对倒地的小明一次次喊着"你快点站起来啊,你怎么不站起来"的时候,哭腔中满含着对于这个世界的绝望。

每个人都有着自己的青春之路,有着对于青春的记忆和回味。自然,青春并非总是意味着高亢激昂、轰轰烈烈,或大起大落、大悲大喜,也可能如小桥流水,如月上柳梢头,如风起青萍之末。相形之下,台湾导演林正盛执导的《美丽在唱歌》(1996)①,更像是一则关于青春岁月的小品,一曲"凡人的告白书",平凡人生随风飘飞的花絮,单纯、明朗、朴素、内敛。

"长大是一件有点悲伤的事,或许谈过几次恋爱,也失恋过几次,可是却愈来愈不敢轻易地谈恋爱,不敢去浪漫。你知道吗?有一天早晨醒来的时候,突然间想到,我已经是大人了,于是心情悲伤了起来,一直到现在。多可怕啊……在我还没有得到刻骨铭心的爱情时就变成大人了,实在有点不甘心。好想好想再好好爱一个人。"影片中电台主持人念出的这段听众来信,是对电影、对电影中的两位主人公心境的最好诠释。如此平淡,平淡中却渗透着一种挥之不去、念念在兹的落寞与忧伤。仿佛是机缘,也仿佛存在着某种神秘的感应,两位正值青春、相貌普通的女孩都叫美丽。一位住在台北闹市的高楼公寓里,名叫陈美丽;一位住在城郊旧街老瓦房里,名叫林美丽。一位外表冷漠清高,敢说敢做,率真任性,既见证了新婚兄嫂的如胶似漆,也目睹了父母间的沉默孤寂,相互折磨;另一位性格内向柔弱,有着和谐、温暖的大家庭,却因学习吃力、家境贫寒而中途退学。一位从没有遇到过真爱,也没有付出过情感;另一位暗恋了许多人,却从没有付诸行动,只在内心承受一次又一次情感的波澜。不期然,两位女孩在一个售票厅找到同一份工作,由相遇到相知,两颗孤独、寂寞的心灵似乎得到了安慰。她们对着窗口外来来往往的人品头论足,调侃戏谑,肆无忌惮地谈论着女孩子的隐私,坦诚分享着各自的情感体验。当无助的林美丽扑在陈美丽的怀里痛哭的那一刻,陈美丽由最初的不知所措,到紧紧地拥抱、爱抚她……同性情谊的突然爆发,使得双方都感到错愕。最终,林美丽选择了逃避,她留下一张纸条,辞去工作返回乡村,看护着日夜期盼阿公返回自己身边的年迈的阿妈。陈美丽则坐上火车,踏上了找寻她的路途。

在同类题材的影片中,这部电影显得异常的朴实无华,自然流畅,将一个完全封闭、隐秘的女性世界,鲜活地凸显在观众眼前。刘若英和曾静两位女主角的非常生活化的本色表演,将两位懵懂女孩的日常生活与内心世界演绎得真实可信,为影片增色不少。此外,影片以两位女孩的情感纠葛为主线,巧妙地融入了双方家庭中祖辈、父辈的不同的婚姻状况,因此在整体内涵上虽单纯而

---

① 该片荣获第 10 届东京国际影展最佳女主角奖等。

不单薄，明朗而不失含蓄，朴素中自有一种直抵事物内核的力量。导演有意在结尾留下空白，引人无限遐想。

　　每个人所珍藏的青春记忆都不一样，对青春的感受和品味也是人言言殊。与此相关，这类影片虽然有着各种各样的艺术风格和表现方式，但总体上侧重传达创作者对青春的别具一格的心理感受；影片中所呈现的现实情境，也更多地具有"心理现实主义"的意蕴。因此，除了直接传达心理感受的画外音、人物对白或独白，在欣赏时要注意从可视的影像、画面中，去仔细揣摩"不可见"的心理活动与情感悸动。同时，这类影片与我们正在经历的成长岁月相叠合，在欣赏时要充分调动我们每个人生活的经验和体验，包括阅读青春类文学作品所积累的间接经验，投射到电影中去，以丰富、拓展对影片的解读和评价。

讨论题

　　1．《阳光灿烂的日子》所运用的第一人称叙述方式，既有它的长处也有它的局限，请结合影片予以分析。

　　2．《关于莉莉周的一切》中，津田诗织和久野洋子两位女孩同属被胁迫、被侮辱的角色，但两人的命运迥然不同。请比较分析这两个人物形象。

　　3．你还看过哪些以青春为题材的电影？试列举一部并作简单评价。

值得一看

　　1．［法］埃里克·侯麦作品《四季的故事》之《夏天的故事》（1996）。

　　2．王小帅作品《十七岁的单车》（2000）。该片荣获第51届柏林国际电影节银熊奖暨评审团大奖等。

　　3．香港陈果作品《香港有个好莱坞》（2001）。该片荣获第39届台湾电影金马奖最佳导演等。

　　4．［法］伊万·萨姆埃尔作品《两小无猜》（2003）。

　　5．［法］克里斯托夫·巴拉蒂作品《放牛班的春天》（又译《歌声伴我心》《唱诗班男孩》，2004）。

　　6．［日］岩井俊二作品《花与爱丽丝》（2004）。

　　7．台湾魏德圣作品《海角七号》（2008）。该片荣获第45届台湾电影金马奖最佳男配角奖、年度杰出电影奖、年度杰出电影工作者奖等。

4.3.　　电影与动作

　　一个好的艺术品，应该是超越时间跟地域的限制，它具有这样的本质，除了做到特定性，一定也拥有一种持续性、全面性及概括性，才能触碰到很多人的内心。

——李　安①

在各种电影类型当中，动作片（Action Films）占有重要的地位。它以强烈紧张的惊险打斗、火爆刺激的追逐营救、快节奏的叙事流程和令人震撼的视听效果为基本特征，也被称为惊险动作片（Action-Adventure Films）。动作片常常与其他类型的影片，如犯罪片、战争片、惊悚片、科幻片、喜剧片等结合，产生出各种亚类型。一般情况下，动作片往往会成为票房的保证，为制片商带来不菲的收益，但由于故事情节的模式化和人物形象的扁平化，一味追求感官刺激，而很少受到评论界的关注。我们这里所讲的动作片，同样是一个宽泛的概念，主要是指以华人影坛为主导的武侠片和以好莱坞为主导的"暴力"动作片。

武侠文化是中国传统文化的重要组成部分，武侠类小说和影视剧一直深受大众的喜爱，其中的代表性作家如梁羽生、金庸、古龙等，为观众所喜爱的影视明星如李小龙、成龙、李连杰等，也为大家所耳熟能详。"功夫"成为通行世界各地的"中国元素"。正因为如此，武侠片或功夫动作片在华语影坛长盛不衰，风靡全球。而由台湾著名导演李安执导的《卧虎藏龙》②，则再度创造了华语电影的新神话。该片自公映以来，不仅收获了2.13亿美元的全球总票房，而且在世界各地席卷了30多个奖项，仅在奥斯卡金像奖上就获得10项提名，并最终捧走5座小金人。李安谈及这部影片时说，拍武侠片除了圆自己儿时的梦想，其实是对"古典中国"的一种神往。他认为，侠义世界是中国人曾经寄托情感及梦想的世界，但是港台以往的武侠片，极少能与国人的真实情感及文化产生关联，长期停留在感官刺激的层次，难有提升。这些以感官刺激为追求、为风尚的武侠片，显然会对海外人士了解中国文化产生误导作用，并且使创作者在一个内涵与形式极具张力、无限自由的精神文化世界中，自缚手脚，自我钳制。《卧虎藏龙》对既有武侠片的表达程式与创作理念的"提升"，主要表现在以下几个方面。

首先，影片一改原有武侠片对血腥暴力场景的刻意渲染和对神奇诡异、真真假假的器械、招式的津津乐道，呈现出一种柔和、冲淡的艺术格调，或者说，有着浓郁的艺术片的审美情调。片中，李慕白在月光的清辉之下舞动失而

---

① 《李安：十年一觉电影梦》，《楚天都市报》2007 年 12 月 28 日。

② 该片荣获第 73 届奥斯卡金像奖最佳外语片、最佳摄影、最佳艺术指导、最佳音乐 5 项大奖，第 58 届美国全球奖最佳导演、最佳外语片，第 54 届英国电影学院奖最佳外语片等 4 项大奖，第 37 届台湾电影金马奖最佳剧情片等 6 项大奖，第 20 届香港电影金像奖最佳导演等 8 项大奖，等等。

复得的青冥剑，他和玉蛟龙在翠绿的竹海里过招时的腾挪闪移，每每令人击节赞叹。影片精心挑选的外景地，如蜀南竹海、西递与宏村民居、九寨山水、武当云雾等，也都给人以心旷神怡的感受；而边疆大漠戈壁风景，恰恰反衬出了影片柔美、恬静的主调。自然，这些场景的选择与营造出于剧情的需要，同时也传递出导演内心认同的武侠世界的"布尔乔亚品位"——一种"感性"的浪漫色彩。这与我们从其他武侠片中所领略的"江湖"面貌，有着很大的反差。

其次，影片一反过去武侠片人物形象的扁平化弊端，将主要精力和心思放在对人物情感与心理的细腻描画上，将"武打戏"转换为"感情戏"，以不同人物之间的情感纠葛贯穿始终。碧眼狐狸固然是人所共诛的邪道中人，其形象也仍然难逃类型化的窠臼；不过，李慕白与碧眼狐狸你死我活的冲突只是故事的线索之一，而李慕白、俞秀莲与玉蛟龙之间的冲突则成为叙事的重点和焦点。与玉娇龙和罗小虎的感情戏相比，影片对李慕白和俞秀莲之间含蓄、绵远而又复杂的情感的铺叙，令人回味。比如两人在竹海旁一间素白小屋中的对话：

> 我们能触摸的东西没有永远。师傅一再地说，把手握紧，里面什么也没有；把手松开，你拥有的是一切。
> 慕白，这世间不是每一件事都是虚幻的，刚才你握着我的手，你能感觉到它的真实吗？
> 江湖里卧虎藏龙，人心里何尝不是？刀剑里藏真凶，人情里何尝不是？我诚心诚意地把青冥剑交出了，却带给我们更多的烦恼。
> 压抑只会让感情更强烈。
> ……

又如片尾，李慕白身中毒针而将死之际，俞秀莲明知他有最后的话要对自己说，却劝道："提升这一口气到达你这一生追求的境地。"李慕白则缓慢而平静地说道："我已经浪费了这一生，我要用这口气对你说，我一直深爱着你！……我宁愿游荡在你的身边做七天的野鬼，跟随你，就算落进最黑暗的地方，我的爱，也不会让我成为永远的孤魂。"

第三，影片对唯美的艺术基调的追求，对人与人之间情感纠葛的拿捏，体现的是导演对传统文化精髓的领悟和把握。影片的内涵，从浅处说，是告诉我们做人的道理：要守信义，"遵守江湖规矩"，对自己、对他人要真诚。从深处讲，则处处蕴含着道家的哲学观念和处世原则。李安在谈到片中主人公形象时说："一开始，我的着眼点就想放在两个女人身上。尤其是玉蛟龙与俞秀莲的'阴阳两性'，很好玩。书里玉蛟龙的戏份不够撑起一部电影，就加入俞秀莲。于是有了构想，一个是'外阴内阳'的玉蛟龙，一个是'外阳内阴'的俞秀莲，以两者的互相对比来推展剧情。"①而李慕白更是一位深得道家真义，刚柔并济，举重若轻，看透世事人心的人物形象。

正如影评家所言，李安的武侠视角，不在侠义而在江湖；他的用意，是要将江湖作为一个特殊的社会形态来描写、展示、分析。这种独特的视角赋予了影片丰富而深刻的人文内涵，为艺术作品如何有效地利用人们所熟悉的形式表达"中国经验"，提供了典范。

相对于国际市场的热烈反响和高度赞誉，《卧虎藏龙》在中国内地的反应较为平淡。真正搅热内地武侠片市场的，是张艺谋执导的《英雄》②。对一部影片褒贬不一本是十分正常的现象，但是，观众对该片评价上的两极分化，乃至赞扬者与否定者之间发生"口水战"，却是很耐人寻味的现象。究其原因，一是出于影片公映前一系列超常规的包装策划、营销宣传手段所造成的期待心理，与观众实际的接受效果之间，存在较大的反差。二是出于观众不可避免地会将该片与《卧虎藏龙》加以对比，得出自己的看法。三是出于对中国电影究竟往何处去的理性的思考，即：是完全顺应好莱坞"大片"的制作模式，以追逐最大商业利益，还是坚持自己的艺术风格和民族特色；在市场与艺术之间，如何找到一个最佳结合点。其间夹杂着有关"中国特色""民族性""世界性"等问题的辨析与诘问。对于张艺谋这样一位已经在各种表现题材和艺术风格之间表现出过人才华的导演来说，"能否"驾驭武侠片不是一个问题，关键是，在具有悠久文化传统和深厚历史内涵的武侠世界里，他是"如何"表达自己的理解，并让观众产生新的感悟。也正是在这里，我们看到了张艺谋与李安的分野。如前所述，李安认为武侠世界是寄托了中国人情感与梦想的世界，因此是一个抽象的世界，给了电影人无限自由的表现空间。对此张艺谋是认同的，他在导演阐述中说："我的看法是，武侠本来就是人创造出来的一个精神寄托，根本就不存在。秦汉之后大概就没有侠客，只有土匪了。既然是大家的一个梦，那就不要把这个梦规范化、固定化、千篇一律化了。……非要用大家凭空设定出的所谓'规范'来要求武侠，就无趣了。"③问题在于，艺术表现领域与形式上的无限自由，恰恰意味着创作者面临的是不自由的创作情境；没有人凭空设定"规范"，与创作者心中是否需要有"规范"，并且，这一"规范"是否能与欣赏者的"期待视野"形成碰撞与交流，原本是不同层面的问题，却

---

① 张靓蓓编著：《十年一觉电影梦——李安传》，此处引文据《新京报》2005 年 11 月 17 日。

② 该片荣获第 53 届柏林国际电影节特别创新作品奖，第 60 届美国金球奖最佳外语片提名，第 75 届奥斯卡金像奖最佳外语片提名，第 33 届香港电影金像奖最佳摄影等 7 项大奖，等等。

③ 载互联网：http://www.hudong.com/wiki/% E3% 80% 8A% E8% 8B% B1% E9% 9B% 84% E3% 80% 8B。

被混淆在了一起。李安的高明之处，在于以丰满、细腻的人物形象和流畅的故事情节，将抽象的"江湖"世界具象化；张艺谋片中老套的人物形象模式，不顾常识的故事叙述方式，与最终和盘托出的"天下"理想，却让抽象的世界更显缥缈。如果说，李安以他的用心、细心、专心拍出了"古典中国"的神韵，那么，张艺谋不过是借用武侠的外壳，向人们展示了被卷入全球同步浪潮中的"当代中国"文化上的粗鄙、漫不经心，而这种粗鄙往往会被精致、高雅的噱头掩饰，漫不经心被自诩为"天马行空"。简言之，创作者今天对武侠世界文化底蕴的独特理解，与其理解能否成功地转化为自成一体的艺术形式，这两个不能分割的问题，是武侠片未来发展需要认真思考的。

前面说到，动作片是一个相对的概念，它常与其他类型的影片结合在一起，形成新的品种。周星驰自编自导自演的《功夫》(2004)①，可以说是武侠片中的"另类"，将功夫与喜剧糅为一体。凭借周星驰在华语影坛的巨大号召力，以及别具一格的艺术风格，该片在中国内地、中国香港，北美等地创造了多项票房纪录。影片延续着周星驰一贯的"无厘头"风格，补偿了他孩提时代就有的成为武林高手的梦想，不仅他本人过足了戏瘾，也让他的粉丝欣喜异常。有"喜剧之王"美誉的周星驰，从不否认自己是一位喜剧演员，但也从不认为自己仅仅是一位喜剧演员；在内心深处，他似乎觉得喜剧并不像人们通常理解的那样简单，至少，"喜剧"二字并不能完全概括他的电影特色。当他前往日本宣传《功夫》时，曾对媒体记者说："我人生最失败的就是当了一名成功的喜剧演员。"至于那些往他的电影上贴"后现代"标签的人，原本不了解后现代；最起码，后现代非常反感将复杂事物作简单化、表面化理解的人。而把后现代当作是纯粹的颠覆、解构以至无意义、恶作剧的人，从来都是后现代最痛恨的敌人。周星驰似乎有一种特殊的本事：让每一个初次接触他的人，特别是青少年，立刻喜欢上他。也就是说，他的电影很容易让人产生认同感。不过，与其说这是我们对他产生认同，不如说我们是对自己产生认同；认同别人很难，认同自己却很容易。换句话说，周星驰是通过让每个人认同自己，从而对他产生认同。这可以用来回答周星驰的困惑，他面对"为什么那么多人喜欢你"的问题时说："不知道，不理解，可能是幻觉！"②不是幻觉，是很真实、很真切的认同，因为人们从他的影片中深刻感受到了他的人生经历和体验，感受到了他的真诚和永不放弃。他曾说："我的奋斗史，不是独一无二的，社会

---

① 该片主要荣获第42届台湾电影金马奖最佳剧情片等5项大奖，第24届香港电影金像奖最佳影片等6项大奖，第28届中国电影百花奖优秀故事片等2项大奖。

② 《〈功夫〉让我变沧桑——周星驰、李欧梵汕大对话》，见周星驰的粉丝著《就爱周星驰》，汕头大学出版社2005年版，第14页。

上比比皆是……像我这些个普通大众，如果不是靠着信念、斗志，怎能做出成绩？"①艺术应当包含艺术家的人生体验，艺术应当以情动人，周星驰在很多场合都谈及这些在别人看来简单到有些幼稚、甚至乏味的真理。但艺术的真理其实就是简单的，简单到如一潭碧水，却又深不见底。艺术就是"化腐朽为神奇"，但是今天，有很多以艺术家自居的人，却在干着"以腐朽为神奇"的事情。

《功夫》中，阿星是个小人物，也是一个小丑。影片前半截基本上是在展示他作为小丑的各种丑态：假扮斧头帮大哥，不仅在猪笼城寨男女老少面前，也在斧头帮面前丑态百出；捉弄哑女，而且捉弄之后还要嘲笑、鄙视她。他显然知道自己是个无能的小丑，为什么还要这样做？因为要面子，讲自尊。自尊与自卑如何在小人物身上浑然一体，周星驰把握得非常准，而这很容易让人产生共鸣。现实中的绝大多数都是小人物，小人物最鲜明的性格或形象特征就是可以自卑到无地自容，也可以自尊到狂妄自大。而且，从阿星身上可以看到，这种性格的形成来自童年不可磨灭的创伤：童年的阿星上了江湖骗子的当而不自知，以为真的得到了武林秘籍，没曾想第一次出手帮哑女，就遭到了对手以尿浇顶的羞辱。这一场戏是整部影片中相当感人的一段，完全是悲剧性的。从这里也可以推测，阿星带有周星驰的影子。这样的经验、这样的刻骨铭心的感受，如果被"喜剧"二字一笔带过，确实让周星驰难以释怀。周星驰的喜剧，包括《功夫》，始终传递着这样一种信念：人是可以主宰自己命运的，关键是人要有目标、有追求、去奋斗；正义终将战胜邪恶，小人物也会成为无人可敌的大英雄。在他和梁朝伟报考无线艺员训练班之前，两人私下拍过一个8分钟的短片，梁朝伟后来回忆说："那都是周星驰的主意，当时我对演戏不开窍，那个短片他既当导演又当演员，我只是演员。故事主要讲好人和坏人在山上打架，最后好人获胜。他安排我演坏蛋，最后，我演的角色被他无情打死……"②周星驰也说过："我还是相信，命运是掌握在自己手中。我的电影也有这样的反映，至少在关键时刻的那个决定，都是小人物自己选择的。"③这也使得他的影片带有模式化的印痕，但《功夫》显示了求新、求变的努力。这种努力同样体现在后来的《长江七号》（2008）中。

从文学的角度看，喜剧这种艺术形式与其创作者的天性、本能之间有很密切的关系；也正是由于喜剧出自天性、本能，所以创作者可以淋漓尽致地发挥自己的想象力和创造力，同时又显得悠游、从容，充满孩子气的天真、浪漫。

① 师永刚、刘琼雄编：《周星驰映画》，作家出版社 2006 年版，第 88 页。
② 师永刚、刘琼雄编：《周星驰映画》，作家出版社 2006 年版，第 40 页。
③ 师永刚、刘琼雄编：《周星驰映画》，作家出版社 2006 年版，第 268 页。

《功夫》正是一部具有典型的浪漫主义风格的功夫喜剧，难以复制。

在层出不穷的当代"暴力"动作片中，香港导演吴宇森以其"暴力美学"而独树一帜。 1986年执导的《英雄本色》①，不仅是吴宇森电影生涯的转折点，也是华语影坛警匪动作片的一座丰碑。片中狄龙、张国荣、周润发搭档出演，堪称完美，倍受推崇。其中，周润发饰演的 Mark Lee（小马哥），飘逸、俊朗、血气方刚、重情重义，给人留下难以磨灭的印象。他用假钞点烟、嘴叼牙签等细节，二十年后在贾樟柯《三峡好人》中自诩为"小马哥"的男二号身上，得到活灵活现的再现。片中黑道之间砍杀、火拼的场景，尤其是结尾在码头的生死决战，一举奠定了吴宇森"暴力美学"的电影风格，并在其后的《英雄本色2》（1987）、《喋血双雄》（1989）等影片中得到强化。

武侠动作片中的江湖与警匪动作片里的黑道一样，都是一种特殊的社会形态，也都有自己的"规范"。这一"规范"在《卧虎藏龙》中体现为"遵守江湖规矩"，在《英雄本色》《喋血双雄》中则是"做人要坚持自己的原则"。同时，作为类型影片，任何一位创作者都需要在尊重类型片已积淀而成的"规范"的前提下，去推陈出新。

1993年之后，吴宇森到好莱坞继续发展，先后接拍了《终极标靶》（1993）、《断箭》（1996）、《碟中谍2》（2000）等动作片。其中，《断箭》一片中有不少吴宇森式的动作片经典招式，如放飞白鸽、飞身开枪、慢镜场面等。该片也以其强烈的风格化影像和超级巨星汤姆·克鲁斯出色的个人表演，俘获了无数影迷的心，也创造了间谍动作片的新票房纪录。

近年来，虽然像法国、俄罗斯等国也相继拍摄了一些场面宏大、情节扣人心弦、制作精良的惊险动作片，向好莱坞动作片"叫板"，但尚难撼动后者的霸主地位。动作片与科幻片、奇幻片等的结合，正成为一种新的趋势和时尚。某种意义上，动作片及其各种亚类型片，能够充分发挥电影艺术在影像与音效方面的特长，显示科技发展对电影的巨大推动和改变，给人带来感官的享受和愉悦。但动作片毕竟是类型片中的一种，过多地沉溺其中，会妨碍我们欣赏的视野。

讨论题

1．有人认为，经典武侠片大多围绕主角来叙事，而《卧虎藏龙》里没有明显的主角与配角之分，导演始终站在一个比较中立的立场上，这使得影片显得比较冷静。你认为呢？

2．《英雄》被称为一场"视觉盛宴"，请结合片中具体场景加以分析。

3．周星驰的电影常被称为"无厘头""搞笑"剧，结合《功夫》谈谈你对这个问题的理解。

---

① 该片荣获第6届香港电影金像奖最佳影片、最佳男主角，第23届台湾电影金马奖最佳导演等多项大奖，并被评为香港20世纪80年代十大名片之一。

值得一看

1．香港张鑫炎作品《少林寺》（1982）。该片荣获中国文化部1982年优秀影片特别奖。

2．香港王家卫作品《东邪西毒》（1994）。该片荣获第14届香港电影金像奖最佳摄影等3项大奖，第31届台湾电影金马奖最佳摄影等2项大奖。

3．［美］布莱恩·德·帕尔玛作品《碟中谍》（1996）。

4．［法］露易斯·莱特瑞尔作品《非常人贩2》（又译《玩命速递2》，2005）。

5．［俄］瓦季姆·舒梅列夫作品《密码疑云》（又译《反恐启示录》，2007）。

6．香港林超贤作品《证人》（2008）。该片荣获第28届香港电影金像奖最佳男主角、最佳男配角。

7．香港叶伟信作品《叶问》（2008）。该片荣获第28届香港电影金像奖最佳电影、最佳动作指导，第16届北京大学生电影节最佳男主角。

4.4.　电影与战争

> 人类需要边缘体验，当导演或编剧把你领到边缘时，你好像跌入了一个梦境，不过在触地之前，你就会惊醒。
>
> ——［美］史蒂文·斯皮尔伯格①

提到战争片，许多中国观众的头脑中会立即浮现一系列苏联拍摄的经典佳作，如《列宁在一九一八》《钢铁是怎样炼成的》《青年近卫军》《第四十一》《一个人的遭遇》《战争与和平》《这里的黎明静悄悄》等。20世纪70年代以来美国拍摄的越战影片，如《归家》《猎鹿人》《现代启示录》《野战排》等，也都在现代电影史上占有重要地位。按其不同的侧重，战争片大体可分为三类：一类是在战争的背景下，以塑造人物形象为主，着力刻画人物的思想性格，如美国影片《巴顿将军》等；一类是以反映战争事件为主，通过人物和故事情节，形象展示某一重大军事行动，如中国影片《南征北战》、苏联影片《莫斯科保卫战》等；还有一类则揭示战争给人们带来的灾难和心灵创伤，探索人与战争关系的描写，如上述的部分苏联电影和美国越战电影等。最近十余年来，从题材上说，反映二战时期的影片依然热度不减；从思想内涵上说，探索在战

---

① 袁晋编译：《斯皮尔伯格：触地之前就会惊醒》（访谈），《东方早报》2005年6月21日。

争机器碾压下个体的命运，凸显人性的复杂、多变，则成为一种趋势。科技的发展、电影技术的进步与市场的成熟，使得这类影片在影像和音效制作上日臻完善，每每令观众有身临其境之感。

以二战期间德国纳粹屠杀犹太人为题材的电影《辛德勒的名单》（1993）①，是由素有好莱坞"金牌导演"之称的史蒂文·斯皮尔伯格执导的。影片公映后，震惊了世界，无数观众为之潸然泪下。那份由老式打字机透过一条犹如浸染鲜血的色带敲打出的名单，记载着人类一段噩梦般的历史，也谱写着一位义人拯救苦难生命的乐章。正如影片中所说："这份名单代表着至善，这份名单就是生命。""因为你的善行，生命才得以承传下去。"打字机敲出的一个个字母的声音，仿佛重重敲击在每一位观众的心上，也在提醒着我们，生命并不是抽象的符号，不是可以任意践踏的草芥。

尊重历史原貌，还原历史真实，是该片最令人称道的艺术特征。影片及小说原著是根据真人真事创作而成：二战期间，德国企业家奥斯卡·辛德勒利用自己开办的工厂，倾其所有地保护了1100多名犹太人免遭法西斯杀害。战争结束时，波兰仅剩下不到4000名犹太人，而今天，有6000多人是当年辛德勒救下的犹太人的后裔。影片真实地再现了这一历史事件，既呈现了德国纳粹疯狂屠戮犹太人的血腥恐怖场面，也描述了辛德勒由良知觉醒到出手相救的艰辛曲折过程，给人以非比寻常的震撼。为了尽可能地再现历史场景，导演别出心裁地使用黑白摄影为主调，一方面使影像和画面更具历史感，另一方面也暗喻了纳粹统治时代的黑暗，及其在人的心灵上造成的沉重压抑和窒息。即便如此，影片仍不失其大手笔、大制作的宏大场景和史诗般的磅礴气势。据统计，全片共有126个角色，动用3万多名临时演员出演。影片没有得到在奥斯威辛集中营里实景拍摄的许可，导演便在门外另一侧搭建了一处几乎一模一样的场景，来拍摄发生在这个死亡集中营里的戏。影片的历史真实除了体现在对大的历史事实和场景的尊重外，对细节的真实、可信也是孜孜以求。我们在影片中看到，辛德勒因为在生日宴会上亲吻前来致谢的犹太小姑娘，触犯了纳粹种族法令而被关入监狱，那位小姑娘作为幸存者之一出现在片尾辛德勒的墓地上。当然，艺术真实并不完全等同于历史真实，也不可能要求所有的细节都与史实一一吻合；但导演即使是在艺术处理的过程中，也尽可能做到有凭有据。例如，纳粹开始"清洗"克拉科夫犹太区这一段，剧本提供的情节只有一页。导演根据幸存目击者的证词，将拍摄场景增加到20页，时间长达20分钟。其中

---

① 该片荣获第66届奥斯卡金像奖最佳影片、最佳导演、最佳改编剧本、最佳艺术指导、最佳摄影、最佳电影剪辑、最佳配乐7项大奖，第57届美国金球奖最佳影片（剧情类）、最佳导演、最佳编剧3项大奖，等等。

有个场景是一位年轻人在逃跑中遭遇一队纳粹士兵，他急中生智地向他们敬礼，谎称自己被命令清理大街上的杂物，以方便通行，从而躲过一劫。这一情节就是来自一位幸存者的讲述。

细腻刻画人物形象，展示人性嬗变轨迹，是该片令人动容的另一大特点。主人公辛德勒对待犹太人的态度、情感，经历了一个变化的过程。作为一个精明的、想大发战争财的商人，辛德勒聘请犹太人斯泰恩作会计，大量雇佣犹太人进厂做工，只是出于生意上的考虑，他本人也是一名纳粹党员。这一点，从影片开始斯泰恩对辛德勒频频示好所遭到的冷漠态度中可以看出。对于斯泰恩趁机以技术工人的名义招徕不合格的同胞进厂，辛德勒虽不明说，但十分恼怒。他是为了工厂的前途才把斯泰恩从火车上救下来，对其他人的死活并不关心。辛德勒的转折发生在他在山冈上亲眼目睹纳粹对犹太人居住区进行的残暴"清洗"。在一片混乱的场景中，辛德勒突然看见一个穿红衣裙的小女孩，奔走在暴力和杀戮之间，没有一丝惊慌的神色。犹如一位小天使，她打开了辛德勒尚未锈蚀的心扉，触发了他没有完全泯灭的良知——仿佛为了强化这一暗示，在黑白画面中，斯皮尔伯格有意将小女孩形象处理为彩色。当我们再次看到红衣女孩时，她从地下被挖掘出来，躺在一辆运尸车上被送往临时的焚烧点。

对于另一位反派角色、党卫军头目戈特，斯皮尔伯格同样没有作脸谱化处理。戈特身上的邪恶无法用常人的逻辑解释，他可以在大"清洗"中自如地在钢琴上弹奏巴赫；他杀人如麻，却好像并非为了取乐，而只是打发无聊的时光。但他对于亲自挑选的犹太女仆海伦·凯丝，又怀着一种特殊的、难以捉摸的情感，时而谦恭有礼，时而残忍虐待；他宁肯朝她的脑袋上开一枪，也不情愿把她交给辛德勒。仅仅由于贪财的本性，他才一次次满足了辛德勒提出的要求。影片结尾，当戈特被捕并被处以绞刑的时候，执刑者几次试图踢翻他脚下的凳子，都没有成功。斯皮尔伯格用这样一个不起眼的细节，不动声色地揭穿了这个杀人恶魔的贪生怕死、色厉内荏的秉性。

德国投降后，辛德勒无须再为犹太工人操心，自己却不得不开始逃亡的命运。临行前，他吩咐斯泰恩把厂里的东西全部分给工人。工人们自愿把银牙拔出，融化打铸成一个简朴的戒指，上面刻着一句希伯来经文：凡救一命，即救世界。斯泰恩写了封信交给辛德勒，上有所有工人的签名，以期对他有所帮助。此时此刻的辛德勒激动万分，难以自持。他说："如果我的生活不那么奢侈，我可以再多救些人。如果我再多赚点钱……我太荒唐挥霍了……"拯救了1100名犹太人的辛德勒，也拯救了自己。

这部影片的巨大成功，与斯皮尔伯格身上流淌的犹太人血液，童年时代即遭人歧视，大家族中有17位成员在纳粹集中营被谋害等事实分不开，当然更与他深怀一颗虔诚感恩的心去面对辛德勒，以过人的勇气和睿智直面梦魇般的历史分不开。他说："这次我感到重要的不是我的想象力，而是我的良心，突然间，我一惯用来逃避现实的摄像机直面现实，在拍摄中我哭了，每天都流下了热泪。"该片全球票房高达 3.21 亿美元，但斯皮尔伯格拒绝接受所有的片酬，而是捐献给了相关的基金会、纪念馆等机构。

斯皮尔伯格执导的另一部以二战为题材的电影《拯救大兵瑞恩》（1998）①，被誉为"战争片中的里程碑"。许多亲历过二战的老兵给予该片极高的评价，称它是"最真实反映二战的影片"。尤其是影片一开始长达 25 分钟的诺曼底登陆的恢宏场面，以纪实手法真实地再现了历史，其画面和音效极具震撼力。

影片讲述的是，美军某空降师二等兵詹姆斯·瑞恩的三位兄长相继在不同的战区阵亡。这一情况被层层上报给了最高长官。为了不使一位母亲失去她所有的儿子，美军参谋长马歇尔上将下令派出一支搜索分队，寻找瑞恩并把他带离战场。上尉约翰·米勒奉命率 7 名士兵组成的突击队，穿越德军占领区去执行任务。在历尽艰险、牺牲了两位战友之后，他们终于在一处桥梁要塞找到瑞恩。但瑞恩拒绝跟随他们回家，坚持要与生死与共的兄弟把守要塞，等待援军到来。米勒与突击队员也选择留了下来。在随后与德军的激战中，米勒身负重伤，临死前对瑞恩说："别辜负大家……"

用搜索分队成员的生命作冒险，去救回一个不知身在何处，不知是死是活的大兵，是否值得？这一问题一开始即被提出。在最高指挥部，面对同僚的质疑和反对，马歇尔上将并未直接作答，而是找出林肯总统在南北内战期间写给一位 5 个儿子全部阵亡的母亲的信，念给大家听。纵然士兵是为自由、为国家而战，死得其所，但他不愿意这样的悲剧再次发生，不愿意一位伟大的母亲怀着破碎的心度过余生。这当然是上将的未加明说的考虑。对于接受"苦差"的突击队员来说，疑惑同样存在，抵触的情绪很难消弭，"有没有人解释一下，八个人为何冒险救一个人？"米勒上尉自然无须回答，军人的天职是服从命令。但当第二位战友为此丧生，不满的情绪瞬间爆发，一位狙击手愤怒地要离开突击队，另一位队友则拿枪抵住了他的脑袋。同样的疑惑也存在于被救者瑞恩心中，当得知有两位战友为他而牺牲时，他对让他回家的命令更加百思不得其解："这样完全不合理。我有什么资格离开？为什么不是他们？他们也在全力作战。"自然，每一位观众的心中也有类似的疑惑。影片并不是为解答这一疑惑而展开，它甚至从一开始就不准备提供答案，而宁愿让所有的人带着同样

---

① 该片荣获第 71 届奥斯卡最佳导演、最佳摄影、最佳剪辑、最佳音响、最佳音效剪接 5 项大奖等，并在 2006 年美国电影协会评选的"百部最鼓舞人心的电影"榜单中，名列第 10。

的疑惑去行动，并在行动中去思考一个人的生命与其他人的生命、个人生命与国家利益之间的关系。在搜索与救援过程中，战争与人的关系这一主题被逐渐凸显出来。米勒上尉英勇善战，顾全大局，在他人眼中一副硬汉形象，但他也会在登陆战时因内心的恐惧而留下右手颤抖的毛病，也会在无人之处低声啜泣。战争改变了人，不仅改变了一个人原来的身份、职业和在他人眼中的形象，也使他无法再做回原来的自己，"我只知道我每杀一个人，我离家就越远"。而当从未在战场上开过枪的翻译员厄本，杀死他曾为之求情的德军俘虏时，他也被这场战争彻底改变了。

以二战为题材的意大利影片《美丽人生》（1998）①，则是一部战争喜剧片。"这是个简单的故事，但很难讲述。像寓言，有悲有喜；也像寓言，教人不可思议。"电影开场的讲述者是故事主人公圭多的儿子乔舒亚。长大后他才明白，在这个简单而又不可思议的故事里，他的父亲为他做出了多么巨大的牺牲，在他和母亲身上倾注了多么深厚的爱。

1939年，二战前夜，纳粹种族主义势力已开始渗入意大利社会的各个角落。犹太青年圭多和好友菲鲁乔驾着破车从乡间来到阿雷佐小镇，希望在镇上开一家书店，却因犹太血统得不到批准，只好在一家饭店当了侍应生。虽然出尽了洋相，惹了不少麻烦，心地善良、生性乐观、情感奔放的圭多却以自己的执著和真诚，赢得了教师多拉的芳心。多拉从订婚典礼上和圭多私奔，两人幸福地生活在一起，书店开了业，还有了聪明乖巧的儿子乔舒亚。此时，街上已有纳粹巡逻，圭多书店的大门上也被刷上"犹太店铺"字样。乔舒亚5岁生日这天，与父亲一起被纳粹分子抓走，即将被送往集中营。为了不让他幼小的心灵受到伤害，圭多哄骗儿子说这是一次筹备已久的旅行，要带给他一份惊喜。多拉赶到火车站，没有犹太血统的她坚持要求和丈夫、儿子一同前往。多拉被关在女牢，圭多继续着美丽的谎言，告诉儿子所有的人都在玩一场游戏，遵守规则的人最终能赢得头奖——一辆真正的坦克。那正是乔舒亚梦寐以求的。在极端恶劣的生存环境里，圭多一方面千方百计向女牢里的妻子传递他和儿子平安的信息，一方面抓住一切时机让天真的乔舒亚确信游戏一直在进行。苏联红军攻入集中营的前夕，圭多将儿子藏在一个废弃的配电箱里，自己却在寻找妻子的过程中被抓获，倒在纳粹的枪口下。天亮了，纳粹已仓皇逃窜，乔舒亚从铁柜里爬出来，站在院子里。这时，一辆苏制坦克真的轰隆隆地开到他的面前，他惊讶万分地张大嘴巴。一位苏联士兵将他抱上坦克，途中与从集中营里逃出来的妈妈相会，两人情不自禁地高喊："我们赢了！"

---

① 该片荣获第 71 届奥斯卡最佳外语片、最佳男主角、最佳剧情片配乐 3 项大奖，第 51 届戛纳电影节评审团大奖等。

该片导演罗伯托·贝尼尼是著名喜剧演员，在片中还身兼编剧、主演。影片在摘取奥斯卡金像奖最佳外语片桂冠的同时，贝尼尼也获得了最佳男主角奖。论题材，该片与《辛德勒的名单》并无不同，都是反映二战期间纳粹对犹太人的种族灭绝，描写惨绝人寰的犹太人集中营生活。论风格，两者则迥然有异：《辛德勒的名单》根据真实人物和历史事件改编而成，力图在还原历史图景的前提下，揭示人性的邪恶及其历史成因，冷静而凝重，悲剧色彩浓重；《美丽人生》另辟蹊径，以喜剧的手法，将在极端严酷环境中人的乐观、自信、坚忍、亲情表达得淋漓尽致。为了不使儿子纯洁幼小的心灵过早受到伤害，父亲编织了一个弥天大谎，并费尽心机不让谎言露出丝毫破绽。而在这个美丽的谎言之下，隐含着一个颠扑不破的真理：人生是一场大戏，或者，人生是一个谜语，难以看透也难以琢磨；但正像贝尼尼所欣赏的流亡者利昂·托洛茨基写下的那句临终遗言：无论如何，人生是美丽的。从这个意义上说，贝尼尼"重构"了那一段历史，并以对那段历史的极具个人化的叙说，来传达他的人生观念；历史被用来服务于这一观念，不可避免会产生"变形"。我们看到，正是这一观念在推动着剧情的发展，左右着导演对历史的剪辑，使片中其他人物沦为三口之家的陪衬。也因此，我们不必去推敲或追问其中的某些情节或细节是否合乎逻辑或常情，比如，乔舒亚如何能够在监管严密的集中营躲过检查，父子俩何以能够通过集中营的广播向多拉传话而不被查出，或者，乔舒亚怎么能够在宴会上和纳粹的孩子们共餐，等等。过强的观念性，使得影片前半部显得冗长，表演也有些过头，却在后半部让我们体会了"含泪的微笑"，意识到苦中作乐并非总是出于无奈，而更可能是一种活法，一种以乐观的心境去面对人生一切苦难的睿智选择。当纳粹士兵押着圭多经过乔舒亚藏身的铁柜时，他知道儿子正通过小孔看着这一切，便以他标志性的夸张、滑稽的步伐向前走去，逗得柜中的儿子低声笑起来。他不仅成功地让儿子继续沉浸在游戏中而不被发现，也是在告诉他：人生的游戏仍将继续，但黑暗不会永远笼罩大地。那一刻我们感到了酸楚，也感到了影片散发的熨帖心灵的温暖。

我们在谈论周星驰的《功夫》时曾说到，喜剧片常常具有浓厚的浪漫主义色彩。这一点在《美丽人生》中再次得到验证，尽管它是一部战争喜剧片。喜剧并不是一系列逗人发笑的噱头的堆砌，优秀的喜剧往往体现了创作者天才的想象力和创造力，能够从陈旧的题材中挖掘出新意，让人耳目一新；同时，优秀的喜剧也总是浸透了能够撼动人心的真诚情感。心灵的自由，不受一切题材、形式的束缚，以及情感的真挚动人，正是浪漫主义文艺作品最核心的特征。这或许也是《美丽人生》在全球受到追捧的原因：这部制作成本为650万美元的影片，票房突破了1亿美元大关。

由波斯尼亚年轻导演丹尼斯·塔诺维奇执导的《无主之地》（又译《无人

地带》，2001）①，在众多的战争片中可能显得很不起眼，不仅制作成本低，没有大腕明星，其拍摄速度也让人惊叹：塔诺维奇仅用14天就写完剧本，26天完成了拍摄。作为他的第一部剧情片，《无主之地》斩获了包括奥斯卡金像奖最佳外语片在内的各大电影节的诸多奖项，令人瞩目。当然，这一切并不是偶然的。此前，作为摄影记者，塔诺维奇一直奔波于波黑内战前线，全景式地记录了战争实况。他所拍摄的300多个小时的战争纪录片在世界各大媒体播放，并在国际性电影节上获奖。《无主之地》一片不仅融入了他在战争前线的亲身经历和深刻感受，也将他多年来对战争和人性的洞察、剖析和反省，淋漓尽致地展现在观众眼前。塔诺维奇在阐述该片时说："我记得当战争在波斯尼亚爆发时那种古怪的感觉，尤其是看到建筑物上的黑色子弹孔和地面上炸弹留下的弹坑。……这不和谐感是一种视觉震撼，它让我变得冷漠，感到痛苦和无助。这种冲击就是我试图通过电影所重新制造的。一边是漫长的夏日中美丽的自然和浓烈的色彩，一边是人性中黑暗的疯狂。而这个炎热漫长的夏日就反映了电影本身的氛围。行动如此沉重，思想难以捕捉，时间缓慢流逝，张力潜藏着又始终在场。"②

故事发生在1993年波黑战争期间。一群波斯尼亚士兵在夜晚的大雾中迷路，就地休息。当天光大亮，他们才发现自己置身于塞尔维亚阵地前沿。对方密集的枪弹无情吞噬着他们，只有西基被炮火掀翻到一条废弃的战壕里，胸部受伤。这里地处波、塞两军阵地的交界处，属于"无主之地"。不明情况的塞方派出一位经验丰富的老兵带着新兵尼诺前去搜索。两人把一名克族士兵塞拉的尸体拖进战壕，压在一枚跳雷上，拔出引线，布置成陷阱。愤怒的西基从掩体内跳出来，打死了老兵，击伤了尼诺。无路可走的西基逼迫尼诺脱光衣裤，站在战壕边喊叫，以求援助，不想引来了无法辨明其身份的塞方的炮火。两人躲在掩体里互相指责是对方挑起战争，毁坏家园。这时，一件最令人意想不到的事发生了：身下压着跳雷的塞拉竟然苏醒过来。原来，他只是被炮弹炸伤，震晕过去。现在，三人陷入困境之中，西基不会抛弃塞拉，而只要塞拉一动，地雷就会爆炸。西基和尼诺为了摆脱困境，只有携手合作。两人一同站在战壕边挥舞白汗衫，终于引起了双方部队的注意，向联合国维和部队求援。驻扎在前哨的法国维和部队的中士不顾上校按兵不动的指令，擅自驱车赶到战壕了解情况，却被严令返回。归途中，中士遇见了一直监听维和部队通话的环球电视台女记者，她威胁要将维和部队的不作为曝光。越来越多得知消息的媒体赶来

---

① 该片荣获第54届戛纳电影节最佳编剧，第59届美国金球奖最佳外语片，第74届奥斯卡金像奖最佳外语片等。

② 载互联网：http://zhidao.baidu.com/question/63341618.html。

作现场报道，这条小小的战壕成为世界关注的焦点。上校为了挽回维和部队的形象，派出拆弹专家，并亲自前往处理。局势似乎变得越来越难以捉摸了，每个人——中士、拆弹专家、上校，蜂拥而至的媒体记者——都怀着各自的目的和意图加入到援救的行列中。可怜的塞拉还能坚持多久？炸弹能否被成功拆除？西基和尼诺会泯灭仇视，和平共处吗？维和部队将以怎样的姿态和形象，从这里离开？这一天显得如此漫长而焦灼……

几乎每一部战争片，都有着反战的主题，也都会在不同程度上反思战争的残暴与人性的邪恶。《无主之地》的出色之处，在于它对"进行时"的战争现场"介入"当中所获得的独特视角。这首先表现在题材的特殊，它把镜头对准了发生在身边的、由民族冲突而引发的内战。原本和睦相处的同胞兄弟之间的相互屠戮，不共戴天，使得创作者对战争有了不同以往的新的审视和反省。而由于深入其间，耳闻目睹，这些思考带着创作者的体温，是鲜活的，也是滚烫的。其次，对剧情片来说，创作者的这些思考要通过故事情节来巧妙地传达。该片的故事非常简单，我们甚至可以从中看出欧洲古典戏剧"三一律"结构模式，即：讲述单一的故事（波、塞两族三位士兵的矛盾冲突及其调解），事件发生在一个地点（"无主之地"），并在一天内完成。导演兼编剧的塔诺维奇显然谙熟这种戏剧结构，而将剧本推崇为圣经的他，又在情节的编织上下足了工夫，整个剧情显得一波三折，跌宕起伏，既有峰回路转，也有山穷水尽。这一看似封闭的戏剧结构和无处不在的各类人等之间的戏剧冲突，使得影片所营造的戏剧情境和氛围如同一张紧绷的弓弦，一触即发而又引而不发。正像塔诺维奇所言，"张力潜藏着又始终在场"。从文学的角度看，与其说这是一部"黑色幽默"片，不如说是一出典型的荒诞戏剧。"黑色幽默"中确实充满各种各样的对比和不协调，是一种能够将痛苦与欢笑、荒谬的事实与平静得不相称的反应、残忍与柔情并列在一起的喜剧，而且擅长此道的艺术家对待意外、倒行逆施和暴行，往往能像小丑一样耸肩一笑。[1]但塔诺维奇更深的体味，是在内战的硝烟和维和的幌子下世界与人的存在的荒诞，是不可理喻的冷酷、自私、嗜血的人性与政治游戏。或许戏谑俯拾即是，却无法阻止无助的绝望如迷雾一般蔓延。当所有似乎来帮助塞拉的人接踵而至，曝光在照相机和摄像机之下的他异常清醒。他对不离不弃的西基说："首先他们向我开枪，然后把我压在地雷上。现在全世界都在看着我，我真想大便。"拆弹专家轻轻抬起他的手，他的手上捏着妻子的照片，背景是一丛娇艳的玫瑰花。孤独地在夜幕下死去是他的宿命，早已被决定。

---

[1]　参见袁可嘉等选编：《外国现代派作品选·黑色幽默》第三册（下），上海文艺出版社 1984 年版，第 621 页。

战争给人们留下的思索和反省是多方面的。今天的我们欣赏这些题材、风格各异的影片，除了可以增长历史知识，了解一个国家、民族走过的不平凡的历程，还能够领悟正义与邪恶、人性与反人性之间的较量从未停息过。我们要珍惜和平、宁静的环境，敬重生命。

讨论题

1. 《辛德勒的名单》采用黑白摄影为主调，有什么艺术效果？
2. 你如何看待《拯救大兵瑞恩》中，以八个人的性命去换取一个人的生还的行为？
3. 有人说，《美丽人生》是一部"超越常规的喜剧片"，你是怎么看的？
4. 试分析《无主之地》的情节结构。

值得一看

1. ［美］弗朗西斯·福特·科波拉作品《现代启示录》（1979）。该片荣获第32届戛纳电影节最佳影片金棕榈奖等。

2. ［苏］埃列姆·克利莫夫作品《自己去看》（1985）。

3. ［美］奥利弗·斯通作品《野战排》（1986）。该片荣获第59届奥斯卡金像奖最佳影片、最佳导演、最佳剪辑、最佳音响4项大奖，第44届美国金球奖最佳影片（剧情类）、最佳导演、最佳男配角3项大奖等。

4. ［法］让-雅克·阿诺作品《决战中的较量》（2001）。

5. ［英］雷利·史考特作品《黑鹰坠落》（2001）。该片荣获第74届奥斯卡金像奖最佳音效、最佳电影剪接2项大奖等。

6. ［俄］亚历山大·罗高斯基作品《战场上的布谷鸟》（又译《春天的杜鹃》，2002）。该片荣获莫斯科国际电影节最佳男演员、最佳导演等。

7. 香港吴宇森作品《风语者》（又译《风语战士》，2002）。

8. ［美］克林特·伊斯特伍德作品《父辈的旗帜》（2005）。

4.5.　　电影与奇幻

　　你总是想将得到的经验施用于新的东西，在下一次想方设法做得更好，创造更好的奇观镜头。……但是最困难的还是制作一部由衷的、充满感情和灵魂的电影，一部能和原版相媲美的电影。

——［新西兰］彼得·杰克逊①

---

① ［美］乔·福特海姆：《缘起——〈指环王〉导演彼得·杰克逊访谈》，米静译，《北京电影学院学报》2004年第3期。

近年来，奇幻电影异军突起，成为世界影坛的一道"奇观"，也成为电影与大众传媒研究的一个新领域。截至 2008 年年底统计的全球票房收入前 10 位影片中，《指环王》系列之三《王者归来》、之二《双塔奇兵》，与《哈利·波特》系列之一《哈利·波特与魔法石》、之五《哈利·波特与凤凰社》，分别位居第 2、第 8 和第 5、第 7；如果算上具有奇幻色彩的《加勒比海盗》系列，则奇幻片占据了 10 大票房影片中的 6 席，总票房接近 60 亿美元。2009 年 7 月 15 日在全球大部分地区同步上映的《哈利·波特》系列之六《哈利·波特与混血王子》，首映日就在全球席卷 1.04 亿美元的票房，提前锁定了年度票房前五的宝座。由此也可以看到奇幻片的一些基本特点：首先，它们大都为系列影片，人物及情节具有连续性。除上述影片外，《纳尼亚传奇》系列之一《狮子、女巫和魔衣柜》（2005）、之二《凯斯宾王子》（2008）也已上映，整个系列预计由 7 部组成。其次，它们走的都是大投资、大制作的商业"大片"路线，票房收入也都十分惊人。《纳尼亚传奇》前两部的票房也分别高达 7 亿、4.19 亿美元。第三，它们都采用了实拍场景与计算机虚拟画面相结合的方式，充分利用计算机特技制作的成熟手段，并不断创新，带给观众神奇瑰丽、超越现实的"奇观"享受。

中文"奇幻"一词译自"fantasy"。据西方学者考证，该词在中世纪即开始使用，最早可追溯至古希腊的"phantasia"，其字面义是指"制造出的形象"。古希腊、古罗马神话如荷马的《奥德赛》，日耳曼神话史诗如《贝奥武夫》，以及北欧神话，均可看作是西方奇幻文学的源头。而中世纪骑士文学与其后的哥特文学，包括英格兰传说中亚瑟王的神奇故事，则为当代奇幻文学的兴盛奠定了坚实基础。20 世纪中叶，著名奇幻作家 J. R. R. 托尔金的《霍比特人》《指环王》，C. S. 刘易斯的《纳尼亚魔幻王国》等奇幻小说系列获得了巨大成功，引来众多的模仿者和模仿之作，也为奇幻影片的崛起提供了重要素材和潜在的广阔市场。尽管目前对什么是奇幻片众说纷纭，难有定论，但从上述简单的勾勒来看，奇幻片与奇幻文学之间关系密不可分，同属于奇幻文本。通常认为，一部文本被称为奇幻，至少必须具备两项要素：一是文本中存在超自然的魔法现象，二是围绕这一魔法现象展开虚拟的故事情节和形象塑造。简言之，在奇幻文本中，存在着一个来源于远古神话传说的、被遗忘的魔法世界，这个世界自成一体，其中蕴含着祖先对神秘、不可知的超自然现象的种种阐释，寄托了他们的情感和梦想。

从总体来看，奇幻片具有以下几方面的艺术特征：

一是致力于"第二世界"的创造。托尔金认为，我们生活的现实世界为"第一世界"，是由神创造的。而人利用神赋予的权利，用"幻想"创造出的想象的世界，则是"第二世界"。奇幻片与奇幻文学一样，将全部精力集中在对迥异于"第一世界"的"第二世界"的建构与呈现，并以此唤醒接受者对沉睡已久的神妙莫测的世界的记忆，摆脱现实世界的重重束缚而进入一个虚幻的时空中去。想象与幻想，可以说是一切被称为文学艺术文本的基本特征，也是一名合格的欣赏者在欣赏中必须具备的基本素质和能力；但是，如前所述，奇幻片倚重想象和幻想，目的是创造出一个与现实世界并峙的魔法世界，内容多包含有魔法、剑、神、恶魔、先知、精灵等元素，叙事上则有与远古神话传说一脉相承的类型化特征。而其他文学艺术中的想象和幻想，大都有着现实的依据，其目的也是为了拓展、丰富对现实的表现，增强接受者对现实的感悟和认知能力。此外，由于电影以影像为叙事语言，奇幻片可以通过实景制作和充分依靠计算机数字动画技术，将"第二世界"不可思议的形象、力量，直接展现在观众眼前，极大地调动起他们的观赏兴趣，满足其心理诉求。这是奇幻片吸引了比奇幻文学更为庞大的接受群体的重要原因。

二是共同拥有"寻找—实现"的母题和英雄、恶魔等原型。文学理论中的母题概念，是从民俗学那里借用来的。民俗学所说的"母题"（motive），是指一种反复出现的、与叙事类型化特征相关的最小单元或成分。俄国学者、结构主义叙事学鼻祖普洛普在《故事形态学》中，列举了这样一些神奇故事的例子：

1. 沙皇赠给好汉一只鹰。鹰把好汉送到了另一个王国。
2. 老人赠给苏钦科一匹马。马把苏钦科驮到了另一个王国。
3. 巫师赠给伊万一艘小船。小船把伊万载到了另一个王国。
4. 公主赠给伊万一个指环。从指环中出来的好汉们将伊万送到了另一个王国。①

他分析说，这些神奇故事中既有常量也有变量：人物的名字在变，每个人的特征也在变，但他们的行动和功能都不变。这些不变的"常量"，就是一个在民间神话传说中反复出现的、不可再分的基本叙事单位，也就是一个"母题"。奇幻片同样讲述的是"神奇故事"，同样会出现诸如"好汉""老人""巫师（即魔法师）""公主"，以及鹰、马、指环等形象，它构筑的也正是"另一个王国"，因此，它们有着基本相同的母题。按照普洛普的方式，我们可以把其中人物的功能和行动抽象地概括为"寻找—实现"。比如，在《指环王1：护戒使者》（2001）和《哈利波特1：哈利波特与魔法石》中，

---

① ［俄］弗拉基米尔·雅科夫列维奇·普洛普:《故事形态学》，贾放译，中华书局2006年版，第17页。

都隐藏着一个受挫的黑暗势力，它必须得到一件宝物（魔戒或魔法石）才能恢复强大无比的力量。于是，两部影片中同样有一位肩负重大使命的孩子，寻找某种方式和契机来阻止阴谋，最终在朋友的帮助下与黑暗势力展开生死决战，不辱使命。另外像《哈利·波特与火焰杯》（2005）中，三强争霸赛是重头戏，哈利·波特与其他三位勇士必须完成三项艰巨任务才能捧起冠军杯，而每一项任务其实都是一次"寻找—实现"的过程。全片的故事情节其实也是建立在这一母题之上的，即"寻找"黑暗势力的踪影，并"实现"对他兴风作浪的阴谋的阻止。

奇幻片中代表正义和邪恶力量的主人公，往往具有原型①意味：一方是英雄，一方是恶魔。除此之外，奇幻片中还有许多人物形象和物象具有浓厚的原型意味，无须一一赘述。由于母题和原型都是文化传统和文学传统的重要组成部分，是在某一族群积累的人生经验的基础上生成，并积淀着这一族群共有的文化传统和审美习惯，因此，一旦它们出现，就会唤醒欣赏者相应的情感反应和审美经验，赢得广泛而深入的共鸣。

三是以历险故事和悬念丛生的情节取胜。虽然奇幻片的母题大同小异，但在具体情节上却是悬念迭起，扣人心弦。例如在《纳尼亚传奇1：狮子、女巫和魔衣柜》中，影片开场部分并无任何传奇、历险色彩，当小女孩露西无意间从老教授家一个奇特的衣橱中跌入冰天雪地的魔法王国纳尼亚时，观众都会大吃一惊。她的哥哥姐姐却不相信她所说的话，只当是她头脑中的胡思乱想。由于另一次意外的发生，他们才跟随妹妹一同走进了魔幻王国，但发现露西的好朋友、半羊人都纳先生不见了踪影。后来他们得知，白女巫用阴谋颠覆了狮王的统治，将纳尼亚变成一片终年寒冷的冰天雪地，用残忍的手法对待那些不顺从她的人。而他们是将这个王国从暴政中解救出来，帮助狮王重新夺回王位的关键性力量。于是他们决定留下来，和狮王的朋友们一道，与邪恶势力决一死战，并实现了心愿。由于奇幻片倾力打造的是"另一个王国"发生的故事，因此在历险的框架内，创作者构思、编排情节的自由度是相当大的，极少受到"不真实""不合理"一类的质疑，极大地满足观众求新、求异、求趣的欣赏心理。

在奇幻片中，《潘神的迷宫》（2006）②是一部不太引人注意但风格独具的电影。由墨西哥影坛新生力量的代表人物吉尔莫·德尔·托罗自编自导的这部影片，在第59届戛纳电影节上赢得了观众长达22分钟的掌声。该片以二战期间西班牙佛朗哥法西斯政权对游击队的屠杀为背景，将残酷的现实场景与奇异

---

① 有关原型的阐释请参见本教材"小说欣赏"部分的"原型与互文性"一节，此处不赘述。

② 该片荣获第79届奥斯卡金像奖最佳摄影、最佳化妆、最佳艺术指导3项大奖。

的魔幻世界糅合在了一起。12岁的奥菲丽娅和怀孕在身的母亲来到西班牙北部山区，与继父、法西斯军官维达相聚。维达正在那里镇压游击队，他急切盼望着自己的骨肉降临。一天，孤独的、爱幻想的奥菲丽娅被一个蜻蜓模样的精灵吸引，好奇地跟着精灵进入森林中一座巨大的犄角形迷宫。迷宫的守门人、长着山羊犄角和透明眼珠的半兽人自称为"潘神"（罗马神话里牧神和酒神的化身），他告诉奥菲丽娅，她原本是一个地下王国失踪的公主，他和精灵们的任务是找到她并把她带回去。而要重返王国，奥菲丽娅必须接受三个挑战。奥菲丽娅能完成这些挑战吗？她会遇到哪些危险？她能顺利回到地下王国吗？与此同时，在现实世界中又发生了什么？她的继父、母亲和游击队的命运又会如何呢？

在谈到该片的类型时，编导曾使用"童话"的说法。或许，在他心目中，童话并不只是意味着爱丽丝的"仙境"，美丽、浪漫、动人，它也意味着黑暗、诡异、恐怖。影片中暴虐的战争场面，维达所嗜好的酷刑折磨，他的自虐行为，再加上魔幻世界里夸张、怪异的非人非兽造型，阴森可怖的氛围，表明该片虽然也充满了惊险、刺激的元素，但并不像其他奇幻片一样适合儿童观看。编导通过"第一世界"与"第二世界"影像的交替更迭，使得奥菲丽娅在迷宫中遭遇的考验，与地上发生的大屠杀之间，巧妙地形成呼应和对比。邪恶与善良、死亡与生存的对峙与抗争无处不在，每个人都必须面对。

如前所述，青少年观众对奇幻片的热捧乃至痴迷，与这类影片能够充分发挥影像与音效的叙事手段和技巧，完美运用计算机虚拟、合成技术等分不开，自然也与编导者超人的艺术想象力和创造力密切相连。从文学欣赏的角度说，奇幻片提醒我们重新思考个人创作与文学传统，文学创新与母题、原型等之间的关系。它也促使我们再度品味美国学者哈罗德·布鲁姆关于经典的箴言："一切强有力的文学原创性都具有经典性。""没有经典，我们会停止思考。"[1]或者，如意大利作家卡尔维诺所说："经典作品是这样一些书，我们越是道听途说，以为我们懂了，当我们实际读它们，我们就越觉得它们独特、意想不到和新颖。""一部经典作品是这样一部作品，哪怕与它格格不入的现在占统治地位，它也坚持至少成为一种背景噪音。"[2]一位在奇幻片中只听到喧嚣、厮杀，而没有注意它的"背景噪音"的观众，很难说真正进入了文学的"魔法世界"。

---

① ［美］哈罗德·布鲁姆：《西方正典》，江宁康译，译林出版社2005年版，分别见于第18页、29页。
② ［意］伊塔洛·卡尔维诺：《为什么读经典》，黄灿然等译，译林出版社2006年版，于第5页、9页。

讨论题

1. 以《哈利·波特》系列中的一部为例，谈谈你对奇幻影片中"奇幻"因素的理解。

2. 人们为什么会对奇幻片中英雄历尽艰辛战胜邪恶这样的主题乐此不疲？

值得一看

1. ［新西兰］彼得·杰克逊作品《指环王3：王者归来》（2003）。该片荣获第76届奥斯卡金像奖最佳影片、最佳导演、最佳改编剧本、最佳剪辑、最佳艺术指导、最佳服装设计、最佳化妆、最佳视觉效果、最佳音效、最佳配乐、最佳歌曲11项大奖，与《宾虚》《泰坦尼克号》并列成为奥斯卡历史上获奖最多的影片。

2. ［新西兰］安德鲁·亚当森作品《纳尼亚传奇1：狮子、女巫和魔衣柜》（2005）。该片荣获第77届奥斯卡金像奖最佳化妆。

3. ［美］戈尔·维宾斯基作品《加勒比海盗2：亡灵宝藏》（2006）。

4. ［英］大卫·叶茨作品《哈利·波特与混血王子》（2009）。

后记

阅改完这部教材的最后一行，已经是乙酉新年了。从启动教材的编写到教材完成，经历了近两年时间，现在教材终于能够交付出版，心中喜悦自不待言。

为文学专业的学生开设"文学欣赏导引"，目的在于通过不同类型、不同风格文学作品的欣赏，结合相关文学理论初步知识的传授，逐步改变学生文学欣赏中的若干不良习惯，培养学生良好的审美心态和欣赏趣味，训练学生从文本的鉴赏达到对文本审美意蕴的深刻理解，帮助学生建立起文学阅读的专业眼光，从而使学生尽快完成从中学语文学习到大学文学专业学习的过渡和深化，并为学习文学理论、文学史课程打下初步的基础。我们从20世纪80年代初期开始这门课程的教学实验，到现在已经形成较为稳定的基本形式，但仍然存在不少需要在实践中不断加以完善的不足之处。我们诚恳希望听到同行专家及读者的批评和建议。

本书由王先霈、王耀辉拟订编写大纲及具体编写意见。写作分工是："总论"部分由王耀辉（华中师范大学）、梁艳萍（湖北大学）、王先霈（华中师范大学）撰写；"诗、文欣赏"部分由徐敏（华中师范大学）、焦亚东（广西民族学院）撰写；"小说欣赏"部分由梅兰（华中科技大学）、朱平珍（湖南理工学院）、梁艳萍、赵志军（湛江师范学院）撰写。各部分概述由王耀辉撰写，全部书稿由王耀辉完成前期统稿修改工作，由王先霈最终改定。

这里要特别感谢高等教育出版社的徐挥先生和云慧霞博士，感谢华中师范大学教务处、社科处的关心和支持。

主　编
2005年2月8日

修订后记

　　这本《文学欣赏导引》已经出版、使用八年多了，根据教学的实际需要和学界文学理论研究的进展以及出版社的要求，进行了此次修订工作。此次修订的重点主要是三个方面，一是对原教材的各种疏漏或不准确的地方进行校订，包括改正打印或排印中的差错，修改叙述中各种技术性和知识性的不准确处，修改不适应教学和学习的新的需要之处；二是在保持教材的大体稳定的前提下吸收学术研究新成果；三是根据社会生活发展和近年学生的实际情况，增加"电影欣赏"部分。

　　参与此次修订工作的有：王先霈、魏天无、徐敏、梅兰、朱平珍。

　　魏天无执笔撰写了"电影欣赏"部分，并协助主编对全书修订稿做了统稿工作。

　　本教材出版后，我们曾在教育部高教司文科处的支持下，与高等教育出版社一起，主办了两期全国骨干教师研讨班，参加的一百多位教师对教材的反应和提出的意见、建议，使我们深受鼓舞和得到教益。希望此次修订能回应使用教材的师生的要求，促进相关教学工作，同时，一如既往地恳请大家提出宝贵的批评意见，以便进一步完善。

主　编

2013年12月

郑重声明

高等教育出版社依法对本书享有专有出版权。任何未经许可的复制、销售行为均违反《中华人民共和国著作权法》，其行为人将承担相应的民事责任和行政责任；构成犯罪的，将被依法追究刑事责任。为了维护市场秩序，保护读者的合法权益，避免读者误用盗版书造成不良后果，我社将配合行政执法部门和司法机关对违法犯罪的单位和个人进行严厉打击。社会各界人士如发现上述侵权行为，希望及时举报，我社将奖励举报有功人员。

反盗版举报电话　　（010）58581999　58582371
反盗版举报邮箱　dd@hep.com.cn
通信地址　北京市西城区德外大街4号
　　　　　高等教育出版社法律事务部
邮政编码　100120